プリント形式のリアル過去問で本番の臨場感！

広島県

広島大学附属中学校

2025年春受験用

解答集

本書は，実物をなるべくそのままに，プリント形式で年度ごとに収録しています。
問題用紙を教科別に分けて使うことができるので，本番さながらの演習ができます。

■　収録内容

・解答集(この冊子です)

書籍ＩＤ番号，この問題集の使い方，最新年度実物データ，リアル過去問の活用，
解答例と解説，ご使用にあたってのお願い・ご注意，お問い合わせ

・2024(令和６)年度 ～ 2020(令和２)年度　学力検査問題

○は収録あり	年度	'24	'23	'22	'21	'20	
■ 問題収録		○	○	○	○	○	
■ 解答用紙		○	○	○	○	○	
■ 配点							

全教科に解説
があります

注)問題文等非掲載:2022年度社会の6

資料の非掲載につきまして

著作権上の都合により，本書に収録している過去入試問題の資料の一部を掲載しておりません。ご不便をおかけし，誠に申し訳ございません。

JN131868

教英出版

■　書籍ＩＤ番号

入試に役立つダウンロード付録や学校情報などを随時更新して掲載しています。
教英出版ウェブサイトの「ご購入者様のページ」画面で，書籍ＩＤ番号を入力してご利用ください。

書籍ＩＤ番号　101132

（有効期限：2025年9月30日まで）

【入試に役立つダウンロード付録】
「要点のまとめ（国語／算数）」
「課題作文演習」ほか

■　この問題集の使い方

年度ごとにプリント形式で収録しています。針を外して教科ごとに分けて使用します。①片側，②中央のどちらかでとじてありますので，下図を参考に，問題用紙と解答用紙に分けて準備をしましょう（解答用紙がない場合もあります）。

針を外すときは，けがをしないように十分注意してください。また，針を外すと紛失しやすくなりますので気をつけましょう。

① 片側でとじてあるもの

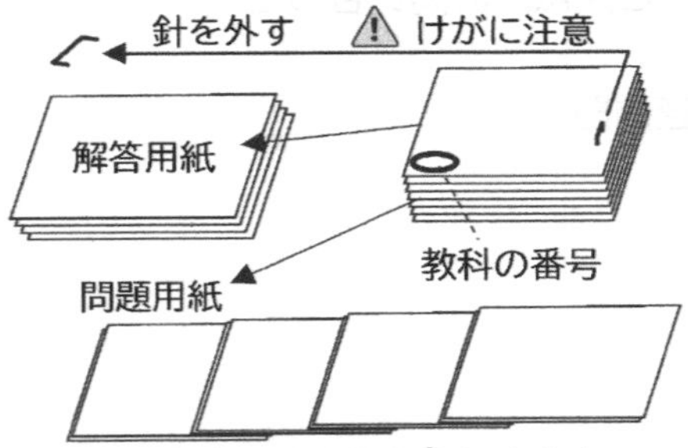

② 中央でとじてあるもの

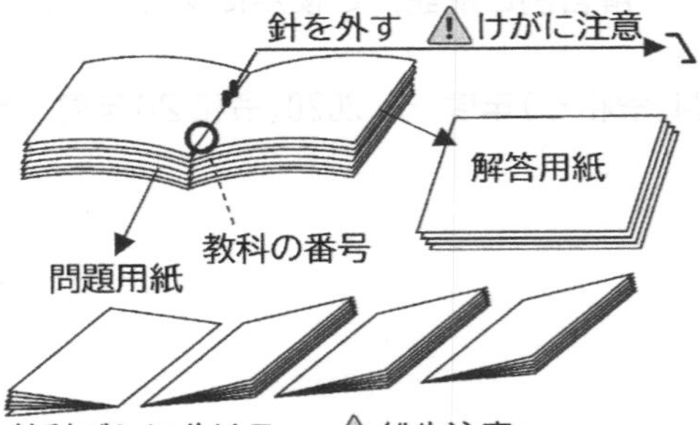

※教科数が上図と異なる場合があります。
解答用紙がない場合や，問題と一体になっている場合があります。
教科の番号は，教科ごとに分けるときの参考にしてください。

■　最新年度 実物データ

実物をなるべくそのままに編集していますが，収録の都合上，実際の試験問題とは異なる場合があります。実物のサイズ，様式は右表で確認してください。

問題用紙	Ｂ４片面プリント
解答用紙	Ｂ４片面プリント

リアル過去問の活用

～リアル過去問なら入試本番で力を発揮することができる～

本番を体験しよう！

問題用紙の形式（縦向き / 横向き），問題の配置や余白など，実物に近い紙面構成なので本番の臨場感が味わえます。まずはパラパラとめくって眺めてみてください。「これが志望校の入試問題なんだ！」と思えば入試に向けて気持ちが高まることでしょう。

入試を知ろう！

同じ教科の過去数年分の問題紙面を並べて，見比べてみましょう。

① 問題の量

毎年同じ大問数か，年によって違うのか，また全体の問題量はどのくらいか知っておきましょう。どのくらいのスピードで解けば時間内に終わるのか，大問ひとつにかけられる時間を計算してみましょう。

② 出題分野

よく出題されている分野とそうでない分野を見つけましょう。同じような問題が過去にも出題されていることに気がつくはずです。

③ 出題順序

得意な分野が毎年同じ大問番号で出題されていると分かれば，本番で取りこぼさないように先回りして解答することができるでしょう。

④ 解答方法

記述式か選択式か（マークシートか），見ておきましょう。記述式なら，単位まで書く必要があるかどうか，文字数はどのくらいかなど，細かいところまでチェックしておきましょう。計算過程を書く必要があるかどうかも重要です。

⑤ 問題の難易度

必ず正解したい基本問題，条件や指示の読み間違いといったケアレスミスに気をつけたい問題，後回しにしたほうがいい問題などをチェックしておきましょう。

問題を解こう！

志望校の入試傾向をつかんだら，問題を何度も解いていきましょう。ほかにも問題文の独特な言いまわしや，その学校独自の答え方を発見できることもあるでしょう。オリンピックや環境問題など，話題になった出来事を毎年出題する学校だと分かれば，日頃のニュースの見かたも変わってきます。

こうして志望校の入試傾向を知り対策を立てることこそが，過去問を解く最大の理由なのです。

実力を知ろう！

過去問を解くにあたって，得点はそれほど重要ではありません。大切なのは，志望校の過去問演習を通して，苦手な教科，苦手な分野を知ることです。苦手な教科，分野が分かったら，教科書や参考書に戻って重点的に学習する時間をつくりましょう。今の自分の実力を知れば，入試本番までの勉強の道すじが見えてきます。

試験に慣れよう！

入試では時間配分も重要です。本番で時間が足りなくなってあわてないように，リアル過去問で実戦演習をして，時間配分や出題パターンに慣れておきましょう。教科ごとに気持ちを切り替える練習もしておきましょう。

心を整えよう！

入試は誰でも緊張するものです。入試前日になったら，演習をやり尽くしたリアル過去問の表紙を眺めてみましょう。問題の内容を見る必要はもうありません。どんな形式だったかな？受験番号や氏名はどこに書くのかな？…ほんの少し見ておくだけでも，志望校の入試に向けて心の準備が整うことでしょう。

そして入試本番では，見慣れた問題紙面が緊張した心を落ち着かせてくれるはずです。

※まれに入試形式を変更する学校もありますが，条件はほかの受験生も同じです。心を整えてあせらずに問題に取りかかりましょう。

2024 解答例 令和6年度 広島大学附属中学校

《国　語》

一　問1．a．画期　b．性急　c．連結　d．指標　問2．A．ウ　B．エ　C．ア　問3．ア
問4．イ　問5．遊びやゆと　問6．Ⅰ．芸術は人間の生命維持に必要だという考え方　Ⅱ．必要だから保護するという発想ではダメだ　問7．イ　問8．役に立つかどうかで判断したり、効率化や合理化を追い求めたりするのをやめ、「ムダ」なものを社会に取り込んでいくべきである。

二　問1．A．エ　B．イ　C．ア　D．カ　問2．a．ウ　b．エ　問3．抱えている鬱屈すべてが積み重なり、それが奥歯の痛みを引き起こしているという説。　問4．ア　問5．ウ　問6．豆皿一枚でくよくよするような弱い自分をはじなくていいのだと、肯定し安心させてくれた、救いの言葉。　問7．エ　問8．一見、役に

《算　数》

1　問1．$\frac{29}{50}$　問2．330　問3．18　問4．(1)$\frac{12}{43}$　(2)12　問5．(1)7　(2)う…9　え…6　お…10

2　問1．4　問2．$\frac{2}{3}$

3　問1．33　問2．22

4　問1．32　問2．6　問3．12

5　問1．A．2　B．4　問2．115　問3．最小の整数…81　最大の整数…95

《理　科》

1　問1．とう明　問2．イ，カ　問3．ア，ク　問4．アルカリ性　問5．食塩水　問6．炭酸水
問7．③，④，⑦

2　問1．(1)ア　(2)イ　(3)ア　(4)イ　問2．(1)ウ　(2)①しん食　②たい積　問3．ア　問4．れき

3　問1．やご　問2．幼虫はえさを食べるが，さなぎはえさを食べない。
問3．イ，オ，キ　問4．イ，エ　問5．右図　問6．(1)オ　(2)ア
問7．あしの数が6本ではないから。／からだが頭部，胸部，腹部の3つに分かれていないから。などから1つ

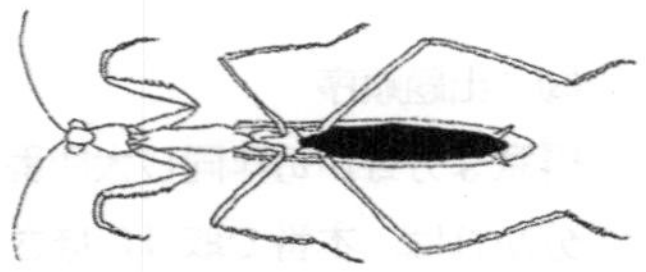

4　問1．ふりこの長さ　問2．1.0　問3．ウ　問4．50　問5．ア，イ

《社　会》

1　問1．用心　問2．イ　問3．清潔を保ち，牛が病気になるのを防ぐため。　問4．イ→ア→ウ→エ
問5．ラムサール　問6．(1)鹿児島県　(2)♨　(3)ア

2　問1．(1)A．大仙　B．埴輪　(2)ウ　問2．(1)イ，オ　(2)正倉院　問3．(1)平清盛　(2)ウ　問4．(1)E．明　F．金閣　(2)イ→ウ→ア　問5．(1)G．石見　H．南蛮　(2)ア　問6．(1)Ｉ．日光　Ｊ．(徳川)家光　(2)イ，エ

3　問1．ウ　問2．エ　問3．ウ→ア→イ　問4．イ　問5．イ　問6．イ　問7．シャクシャイン
問8．1945年8月9日　問9．ゼレンスキー

4　問1．ア　問2．地方公共団体〔別解〕地方自治体　問3．(1)1947年5月3日　(2)納税の義務　問4．ウ
問5．教育を受ける権利　問6．ア　問7．ユニセフ　問8．イ

《2024　国語　解説》

一

問3　── 部①の「所有しない生き方」とは、なるべくモノを所有しない、身軽でシンプルとされている生き方である。現代の「シンプルな生き方」は、その人の周囲でムダがはぶかれているだけである。── 部①で言っているのは、「シンプルでムダのない生き方」の背景には、それを支える巨大《きょだい》で複雑なシステムがあり、「ムダはただ消えてなくなってしまったわけではなく、よそに置き換《か》えられただけ」だということ。アは、「ムダ」とされる雑用をはぶくために、報酬《ほうしゅう》を払《はら》うことで他の人にその雑用をやってもらっている。つまり、「シンプルでムダのない生き方」をするために、「ムダ」をよそに置き換えている。よって、アが適する。

問4　スマートには、洗練されている、すらりとしていてかっこいいなどの意味がある。「どこが『スマート』なのだろう？」の意味は、同じ段落の内容から読み取る。まず、スマートフォンに使われている材料を手に入れるために、「壮絶《そうぜつ》な競争」が行われ、「強引な採掘《さいくつ》は、生産国に深刻な環境破壊《かんきょうはかい》を引き起こしている」。そして、完成したスマートフォンを動かすには電気が必要で、その電気を作るために「環境や社会に大きな負荷を与《あた》えている」。つまり、スマートフォンに使われる物資(材料など)やエネルギー(電気)を調達することが、環境や社会に大きな影響《えいきょう》や負荷を与えている。そうした意味でスマートフォンは「スマート」ではないと言える。よって、イが適する。

問5　3～4行後に「これ(＝「グローバル化のしっぺ返し」)に対処するには、『もう少しゆとりというか遊びを持った、効率とは違《ちが》う原理を持つ社会の分野を、もっと厚くしないといけない』」とある。下線部は、内容としてはあてはまるが、「三十字以内」という字数指定と合わない。文章の最後の段落に、「遊びやゆとりといった『ムダ』をあえて取りこんでいく」とあり、これが内容、字数指定ともに条件を満たしている。

問6Ⅰ　「手厚い支援《しえん》をする国」が、どういう考え方によってそれを行ったかを読み取る。ドイツでは、「アーティストは必要不可欠であるだけでなく、我々の生命維持《いじ》に必要だ」という考え方に基づいて、手厚い予算を組んだ。

Ⅱ　直後にあるように、坂本龍一は「根本的には人間にとって必要だからとか、役に立つから保護するという発想ではダメです」と述べている。

問7　音楽の感動が、ある意味で「個々人の誤解の産物」であるということは、音楽の正しい解釈《かいしゃく》など存在しないということになる。よって、イが適する。

問8　── 部⑤の「曲がり角」とは、分かれ目という意味。具体的には、「グローバル化がもたらした危機を～さらなる効率化や合理化によって切り抜けようとするのか～遊びやゆとりといった『ムダ』をあえて取りこんでいくのか」の分かれ目である。段落1では、問題は「『ムダをはぶく』ことにあまりにも性急に傾《かたむ》いてしまった社会なのであ」り、そんな社会が、かえって物事を増殖《ぞうしょく》させ、世界を煩雑《はんざつ》なものにし、「人間を人類史上もっとも寂《さび》しく孤立《こりつ》した存在にしてしまったのではないか」と述べている。つまり、「ムダをはぶく」ことばかり追求する社会を問題視している。段落2では、サティシュの言葉を多く引用し、「すべてのものが目的へと連結し、効率性に裏打ちされなければならないという社会の風潮」を否定的にとらえ、目的もなく何かの役に立つわけでもないもの、つまり「ある意味ではムダ」なものが必要なのだという考え方を示している。段落3では、坂本龍一のインタビュー記事を引用しながら、グローバル化の負の側面やリスクと、それに対処する方法、芸術についての坂本の考えなどに触《ふ》れ、「グローバル化がもたらした危機を～さらなる効率化や合理化によって切り抜けようとする」のではなく、「『役に立つ』という発想そのものを超《こ》えて、遊びやゆとりといった『ムダ』をあえて取りこんでいく」べきだと訴《うった》えている。

二 問3　ここより前で、「私」は、「全員が犯人ってことはありませんか」と尋《たず》ねている。歯の痛みは心因的なものだと宣告された「私」は、「真なる痛みの正体」について考えた。その結果、その候補《こうほ》が「芋《いも》づる式にずるずると浮《う》か」んだ。「私」は、「それら(＝抱《かか》えているそれなりの鬱屈《うっくつ》)のすべてが積みかさなり、総体として私を追いつめている可能性もある」と考えた。これが「全員犯人説」である。

問4　後の方で、「私」は、「黄色い豆皿は本当に、本当に特別だったんです」と言っている。そして、十年間大事にしてきたその皿を割ってしまったとき、「私」は「ショックで、へたりこんで、しばらく動け」なかったほどだった。捨てることができずに流しに置いたままになっている黄色い豆皿を、日々目にしているのに「意識から閉めだして」いたのは、本当に大事にしていた豆皿だったために、割れてしまったことを認めたくなかったからだと考えられる。よって、アが適する。

問5　── 部③の前後で、「私」は、「豆皿一枚でくよくよしているなんて～おとなげないじゃないですか」「まさかとは思ったんです。だって、豆皿ですよ。物ですよ」と言っている。「私」は、歯の痛みの原因は豆皿を失ったことにあるのではないかと思いながらも、半信半疑で少し混乱していた。すると、「私」の話を聞いた風間先生は、そのうまく整理できていないことを言い当てた。それに対して、── 部④の後で、「私」は、「こんなことってあるんでしょうか。交際相手を失うより、豆皿を失うほうがダメージが大きいなんて」と言った。この言葉からは、豆皿が真犯人だと言われたことへの恥《は》ずかしさや納得しきれない気持ちが読み取れる。よって、ウが適する。

問6　11 行前で「私」は、「こんなときに、豆皿一枚で、私は……」と言っている。ここからは、豆皿一枚を心の支えにし、それを失ったことにくよくよするような弱い自分を恥《は》じる「私」の気持ちが読み取れる。その言葉に対して風間先生は、「それだけあなたがそのお皿を大切にしていたってことです。僕《ぼく》は素敵だと思います。素敵な犯人です」と言った。── 部⑤の直後に「すべてを肯定《こうてい》してくれるその一語に～感情が流れだす」とあるように、「素敵な犯人」という言葉は、「私」を肯定し、安心させてくれた、救いの言葉といえるものである。

問7　「私」は、割ってしまった黄色い豆皿を「意識から閉めだして」いたり、歯の痛みの原因が豆皿にあるのではないかと思っても、そのことを疑い、納得しきれない気持ちを抱《いだ》いたりした。風間先生は、「私」が自分の気持ちと向き合えるように、「私」に寄り添《そ》い、話をしたり聞いたりしている。そんな風間先生のおかげで、「私」は、自分と向き合い、自分の気持ちを言葉で表現できている。よって、エが適する。

問8　豆皿は、値段も安く、ほとんどの人にとってはさほど思い入れのない物だと考えられる。しかし、「私」にとっての「黄色い豆皿」は、本当に大事にしていた、かけがえのない存在であり、心の支えだった。黄色い豆皿に対する「私」の態度は、一の段落2でいえば、「一見、役に立ちそうにない、なんの意味もないモノやコトを近くに置いて、それを楽しむ」ことにあたる。

《2024　算数　解説》

1 問1　与式 $= 1\frac{3}{5} - \frac{12}{5} \times (\frac{24}{40} - \frac{7}{40}) = 1\frac{3}{5} - \frac{12}{5} \times \frac{17}{40} = 1\frac{3}{5} - \frac{51}{50} = 1\frac{30}{50} - 1\frac{1}{50} = \mathbf{\frac{29}{50}}$

問2　**【解き方】２つの数が反比例しているとき，２つの数の積は一定になる。**

$x \times y = 2024 \times 3.75 = 7590$ だから，$x = 23$ のとき，$y = \frac{7590}{23} = \mathbf{330}$

問3　正十角形の１つの外角は 360°÷10＝36° だから，１つの内角は 180°－36°＝144° である。右図の太線の三角形は二等辺三角形だから，角あ＝(180°－144°)÷２＝**18°**

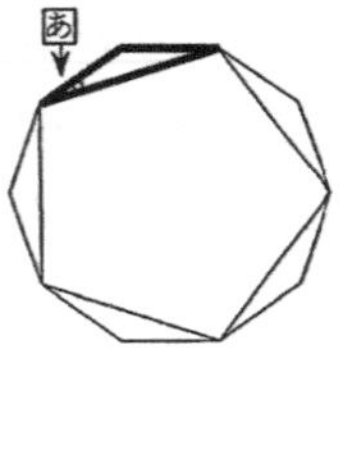

問4(1)　分母を最大に，分子を最小にすればよいので，最小の分数は，$\frac{\mathbf{12}}{\mathbf{43}}$である。

(2)　[う]＝3の場合に1より大きくなるのは，[あ]＝4のときである。

つまり，$\frac{4\square}{3\square}$となるときであり，残った1と2の入れ方は2通りある。

同様に，$\frac{3\square}{2\square}$となるとき，$\frac{4\square}{2\square}$となるときも1より大きくなり，2通りずつある。

$\frac{\square\square}{1\square}$となるときも1より大きくなり，残った3つの数の入れ方は，$3\times2\times1=6$(通り)ある。

よって，1より大きい分数は全部で，$2\times3+6=$**12**(個)できる。

問5(1)　「あ」と「い」の和は，$39-3-8-12-2=14$だから，「あ」＝「い」$=14\div2=$**7**

(2)　記録が30m以上の生徒は，$39\times\frac{1}{3}=13$(人)だから，「お」$=13-3=$**10**

39個のデータの中央値は，$39\div2=19$余り1より，小さい方(または大きい方)から20番目の値である。中央値は20m以上25m未満の階級に入っているのだから，「う」は$20-3-8=9$以上である。最も大きい度数は「お」の10だけだから，「う」＝**9**に決まる。よって，「え」$=39-3-8-9-10-3=$**6**

以上のようになると，20m以上25m未満の階級と度数が同じ他の階級はないという条件にも合う。

[2]　問1　Pは$\frac{4}{3}$秒ごとに正三角形ＡＢＣの頂点を通過する。Qは$\frac{4}{2}=2$(秒)ごとに正三角形ＡＢＣの頂点を通過する。Pが正三角形ＡＢＣの頂点を通過する時間が整数になるのは，「3の倍数」回目に通過するときであり，7秒後までだと，$\frac{4}{3}\times3=4$(秒後)だけである。4秒後はQも頂点の上にあるので，求める時間は**4秒後**である。

問2　7秒後までにPは正三角形ＡＢＣの頂点を，$7\div\frac{4}{3}=\frac{21}{4}=5\frac{1}{4}$より，5回通過する。したがって，7秒後までにPが辺ＢＣの上にあるのは，頂点を1回目に通過してから2回目に通過するまでと，4回目に通過してから5回目に通過するまでである。その時間は，$\frac{4}{3}\times1=\frac{4}{3}=1\frac{1}{3}$(秒後)から$\frac{4}{3}\times2=\frac{8}{3}=2\frac{2}{3}$(秒後)までと，$\frac{4}{3}\times4=\frac{16}{3}=5\frac{1}{3}$(秒後)から$\frac{4}{3}\times5=\frac{20}{3}=6\frac{2}{3}$(秒後)までである。

7秒後までにQは正三角形ＡＢＣの頂点を，$7\div2=3\frac{1}{2}$より，3回通過する。したがって，7秒後までにQが辺ＢＣの上にあるのは，頂点を2回目に通過してから3回目に通過するまでである。その時間は，$2\times2=4$(秒後)から$2\times3=6$(秒後)までである。

よって，PとQが両方とも辺ＢＣの上にあるのは，$5\frac{1}{3}$秒後から6秒後までだから，全部で$6-5\frac{1}{3}=\frac{\mathbf{2}}{\mathbf{3}}$(秒)である。

[3]　問1　**【解き方】色紙ア1枚と色紙イ1枚を1セットとする。1セット増えるごとの横の長さ(または縦の長さ)の変化を考える。**

1セットの横の長さは$3+5-1=7$(cm)だから，1セットだけはったときの横の長さは7cmである。2セット目以降は，さらに1セット追加するごとに横の長さが$7-1=6$(cm)増える。したがって，$(200-7)\div6=32$余り1より，全部で$1+32=33$(セット)はれる。残りの横の長さは1cmだけだから，これ以上色紙アははれないので，色紙アは全部で**33**枚はれる。

問2　**【解き方】赤い色紙と青い色紙が重なる真ん中あたりの図を実際にかいてみる。**

真ん中の3セットを除いて考えると，赤い色紙は左側に，$(33-3)\div2=15$(セット)はることができ，その横の長さは，$7+6\times(15-1)=91$(cm)である。したがって，赤い色紙を左上に15セット，青い色紙を右上に15セットはると，真ん中に横の長さが$200-91\times2=18$(cm)残る。その部分を図にかくと，右図のようになり，重なる部分は色をつけた部分である。

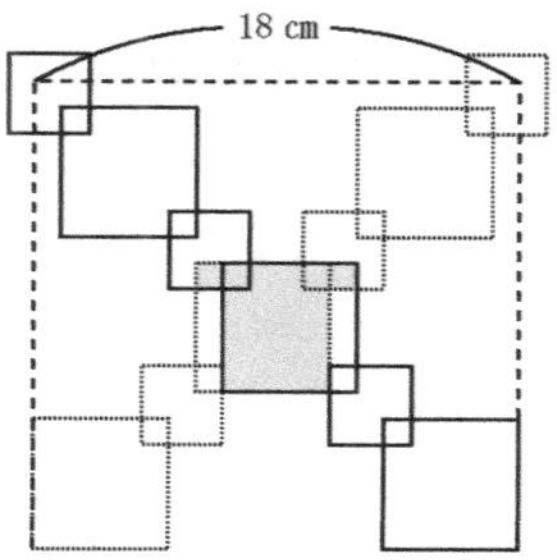

よって，求める面積は，$5\times4+(1\times1)\times2=$**22**(cm²)

4　問１　**【解き方】できた直方体の表面積は，**
（立方体Ａ12 個の表面積の和）－（重なったことでなくなった表面積）だから，なるべく立方体Ａの面どうしが重なるように直方体を作った方が，表面積が小さくなる。

直方体の縦，横，高さをかけると 12 になるから，直方体が全部で４種類できるということは，12 を３つの整数の積で表す表し方が４通りあるということである。12 を素数の積で表すと，12＝２×２×３となる。これを参考に考えると，４種類の直方体の（縦，横，高さ）として，（１，１，12）（１，２，６）（１，３，４）（２，２，３）が見つかる。このうち，立方体Ａの面が最も重なるように作ったものは，形が一番立方体に近い，（２，２，３）である。
２cm×２cmの面を底面と考えると，この直方体の表面積は，２×４×３＋（２×２）×２＝**32（cm²）**

問２　**【解き方】問１と同様に，24 を３つの整数の積で表す表し方を求める。**

24 を素数の積で表すと，24＝２×２×２×３となる。これを参考に考えると，直方体の（縦，横，高さ）として，（１，１，24）（１，２，12）（１，３，８）（１，４，６）（２，２，６）（２，３，４）の６通りが見つかる。よって，直方体は全部で**６種類**できる。

問３　**【解き方】問２と同様に，108 を３つの整数の積で表す表し方を求める。**

108 を素数の積で表すと，108＝２×２×３×３×３となる。これを参考に考えると，直方体の（縦，横，高さ）として，（１，１，108）（１，２，54）（１，３，36）（１，４，27）（１，６，18）（１，９，12）（２，２，27）（２，３，18）（２，６，９）（３，３，12）（３，４，９）（３，６，６）の 12 通りが見つかる。よって，直方体は全部で **12 種類**できる。

5　**【解き方】②の移動で消費するエネルギーは，４×10＋１×10＝50 だから，②を実行すると，50－ウだけエネルギーを消費する。③を実行すると，２×10＋１×10＝30 だけエネルギーを消費する。**

問１　ウ＝30 なので，②を実行すると 50－30＝20 だけエネルギーを消費する。
実行した命令と，それを実行した直後の残りのエネルギーを順に書くと，次のようになる。
①115→②95→③65→①80→②60→③30→①45→③15→①30→③０
②を２回，③を４回実行したので，求める個数は**荷物Ａが２個，荷物Ｂが４個**である。

問２　ウ＝20 なので，②を実行すると 50－20＝30 だけエネルギーを消費する。
実行した命令と，それを実行した直後の残りのエネルギーを順に書くと，次のようになる。
①125→②95→③65→①90→②60→③30→①55→②25→③途中でエネルギーが０になる。
最後の③では，Ｙ地点に着いたとき残りのエネルギーが 25－20＝５なので，Ｙ地点から５÷１＝５（m）進んだところでエネルギーが０になった。②と③を実行するとそれぞれ 20m移動するので，求めるきょりは，
20×５＋10＋５＝**115（m）**

問３　**【解き方】ウ＝40 なので，②を実行すると 50－40＝10 だけエネルギーを消費する。したがって，①→②→③と実行すると合計でエネルギーは 10＋30－25＝15 減り，①→③と実行すると合計でエネルギーは 30－25＝５減るから，エネルギーは次第に減っていく。つまり，荷物Ａを３個運んだということは，最初に①→②→③を３回くり返して，その後は①→③をくり返したということである。**

実行した命令と，それを実行した直後の残りのエネルギーを順に書くと，次のようになる。
①125→②115→③85→①110→②100→③70→①95→②85→③55→①80→③50→……
残りのエネルギーが 95 のときに３回目の②を実行したので，イは 95 以下である。
残りのエネルギーが 80 のときに４回目の②を実行しなかったので，イは 81 以上である。
よって，イにあてはまる整数として考えられる最小の整数は **81**，最大の整数は **95** である。

《2024　理科　解説》

1　問１　水よう液はとう明である。ただし，色がついていることはある。

問２　熱するための実験用ガスコンロと水よう液を入れるための蒸発皿が必要である。

問３　リトマス紙には直接手をふれず，ピンセットで取り出す。また，リトマス紙に液体をつけるときは，直接液体の中に入れるのではなく，ガラスぼうに液体をつけて，それをリトマス紙のはしの方につける。

問４　赤色のリトマス紙を青く変えるのがアルカリ性，青色のリトマス紙を赤く変えるのが酸性である。また，どちらのリトマス紙も色が変わらないのが中性である。

問５　Ａが○になる(固体がとけている)のは，重そうがとけている重そう水か，食塩がとけている食塩水か，水酸化カルシウムがとけている石灰水のいずれかである。これらのうち，Ｃが×になる(アルカリ性ではない)のは食塩水である。なお，重そう水と石灰水は，どちらもにおいがなく(Ｂが×)，アルカリ性(Ｃが○)だから，⑤にあてはまる。

問６　Ａが×になる(液体か気体がとけている)のは，塩化水素(気体)がとけているうすい塩酸か，二酸化炭素(気体)がとけている炭酸水か，アンモニア(気体)がとけているうすいアンモニア水のいずれかである。これらのうち，Ｂが×になる(においがない)のは炭酸水である。なお，うすい塩酸とうすいアンモニア水はどちらもにおいがあり(Ｂが○)，うすい塩酸は酸性(Ｃが×)だから②，うすいアンモニア水はアルカリ性(Ｃが○)だから⑥にあてはまる。

問７　問５，６解説より，①，②，⑤，⑥，⑧にはあてはまる水よう液がある。

2　問１　上流の方が川のかたむきが急だから水の速さは速く，川はばがせまいため，川底が大きくけずられてＶ字谷ができやすい。また，上流にある石は，けずるはたらきをそれほど受けていないため，大きさは大きく，角ばっているものが多い。

問２　川の曲がったところでは，外側の方が水の速さが速く，川岸や川底が大きくけずられてがけができやすい。これに対し，内側は水の速さがおそいため，土砂がつもって川原ができやすい。

問３　れき(直径２㎜以上)，砂(直径0.06㎜～２㎜)，どろ(直径0.06㎜以下)はつぶの大きさで区別される。大きいつぶほど重く，先にしずむので，水そうの底からつぶが大きい順(れき→砂→どろの順)につもる。

問４　つぶが大きいほど，つぶとつぶのすき間が大きくなるので，水がしみこみやすい(通りぬけやすい)。よって，水が出終わるまでの時間が短い順に，れき→砂→どろとなる。

3　問３　トンボとイとオとキは，卵→幼虫→成虫の順に育つ不完全変態のこん虫である。なお，それ以外の選択しは，卵→幼虫→さなぎ→成虫の順に育つ完全変態のこん虫である。

問４　ア×…手で持てるものを見るときは，虫めがねを顔に近づけたまま手で持てるものを近づけたりはなしたりして，はっきり見えるようにする。　ウ×…虫めがねで近くのものを見るときには，上下左右が同じ向きに見える。

問５　あしがすべてむねについていることから考える。一番後ろのあしの付け根の位置に着目し，それより後ろ側がはらだと考えればよい。

問６　(1)オ○…エンマコオロギのグループは卵，カブトムシのグループは幼虫，アゲハはさなぎ，ナナホシテントウは成虫で冬をこす。　(2)ア○…アゲハは花のみつ，オオカマキリのグループは動物，カブトムシのグループは樹液，エンマコオロギは植物や動物(雑食)，ショウリョウバッタは植物を食べる。

問７　ダンゴムシはエビやカニなどと同じ甲殻類《こうかくるい》に分類される。ダンゴムシのあしは14本で，からだは頭部，胸部，腹部，尾部《びぶ》の４つの部分に分かれている。なお，羽がないこん虫もいるので，羽がないことはダンゴムシがこん虫ではないことの理由にならない。

4 問１　条件が１つだけ異なる操作の結果を比べると，その条件によって結果が変わるかどうかを確かめることができる。①と②を比べると，ふりこの１往復する時間(周期)はおもりの重さによって変わらないと考えられる。②と④を比べると，周期はふりこの長さによって変わる(ふりこの長さが長くなると周期も長くなる)と考えられる。⑥と⑦を比べると，周期はふれはばによって変わらないと考えられる。

問２　３回分の10往復する時間を合計すると10.1＋10.0＋9.9＝30.0(秒)で，ふりこは合計で10×３＝30(往復)したから，１往復する時間の平均は30.0÷30＝1.0(秒)と求められる。

問３　問１解説より，ふりこの長さが75cmの⑤での10往復する時間が17秒以上だから，ふりこの長さを75cmよりも長い100cmにすると，10往復する時間はさらに長くなるから，ウが適切である。

問４　表２の①の10往復する平均の時間が，表１のふりこの長さが50cmのときと同じであることから，ふりこの長さは50cmだと考えられる。ふりこの長さは，支点からおもりの重さがかかる点(重心)までの長さであり，図２の①では縦にならんだ３つのおもりのうち，真ん中のおもりの中心に全体の重心がある。このため，ふりこの長さが，44＋４＋(４÷２)＝50(cm)になる。

問５　周期が最も長くなるのは，ふりこの長さが最も長くなるときだから，重心が地面に最も近くなる乗り方を選べばよい。

《2024　社会　解説》

1 問１　用心　　消防庁が発表した 2024 年全国統一防火標語は，「守りたい　未来があるから　火の用心」であった。

問２　イ　　温暖な沖縄県では３～４月の平均気温は 20℃前後になるため，海開きが可能である。本州では７月に海開きが行われる地域が多い。

問３　家畜を守るための取り組みとして，人間が病原菌を持ち込まないことが挙げられる。

問４　イ→ア→ウ→エ　　プレス(鉄の板を切って圧力をかけ，パーツをつくる作業)→ようせつ(車体部品をつなぎ合わせる作業)→とそう(車体にさび止めや色をつける作業)→組み立て(とそうした車体に部品をつける作業)

問５　ラムサール　　ラムサールはイランの都市である。

問６⑴　鹿児島県　　「火山」＝桜島・霧島山など，「天然の温泉」＝霧島温泉・指宿温泉など，「宇宙センター」＝種子島宇宙センター，などから鹿児島県と判断する。　⑶　ア　　砂防ダムは，大雨が降ったときに土石流から守るための施設である。水力発電所のあるダムにも洪水を抑える機能があるが，その機能は２次的なものとなるため，最も適当とはいえない。

2 問１⑴　A＝大仙　B＝埴輪　　大仙古墳は，百舌鳥・古市古墳群として，世界文化遺産に登録された。

⑵　ウ　　５世紀ごろは古墳時代である。アは弥生時代後半，イは飛鳥時代前半，エは飛鳥時代末。

問２⑴　イ，オ　　行基は，聖武天皇の大仏づくりに協力して，聖武天皇から大僧正の称号を与えられた。鑑真は，正しい仏教の戒律を伝えるために聖武天皇によって唐から招かれた。中大兄皇子と小野妹子は飛鳥時代，藤原道長は平安時代の人物。　⑵　正倉院　　シルクロードを通じてインドや西アジアなどから唐に伝わり，遣唐使によって日本に持ち帰られた品物が，正倉院に収められている。

問３⑴　平清盛　　武士として初めて太政大臣に就いた平清盛は，大輪田泊を修築し，海路の安全を厳島神社に祈願して日宋貿易を進め，巨万の富を得た。　⑵　ウ　　御成敗式目は，源氏の将軍が３代で途絶えたあと，北条泰時によってつくられた。

問４⑴　E＝明　F＝金閣　　足利義満は，倭寇の取り締まりを条件に，明との朝貢形式での貿易を許された。その際，倭寇と正式な貿易船を区別するために勘合と呼ばれる合い札を利用したため，日明貿易は勘合貿易ともいう。

(2)　イ→ウ→ア　　イ(15 世紀末)→ウ(16 世紀前半)→ア(16 世紀中ごろ)

問５(1)　Ｇ＝石見　Ｈ＝南蛮　　当時世界で産出された銀の約３分の１を日本が産出しており，そのほとんどが石見銀山で産出されたものであった。スペイン・ポルトガルとの南蛮貿易では，中国産の生糸や絹織物，鉄砲，火薬，ガラス製品などが輸入され，大量の銀が輸出された。　(2)　ア　　朝鮮出兵の際に連れてこられた朝鮮人の陶工によって，有田焼などの焼き物がもたらされた。イ．誤り。織田信長が行ったことである。ウ．誤り。織田信長が行ったことである。エ．誤り。検地(太閤検地)と刀狩りによって，武士と百姓の身分の違いがはっきりした(兵農分離)。

問６(1)　Ｉ＝日光　Ｊ＝徳川家光　　日光東照宮は，徳川秀忠が建て，徳川家光が改修して現在の形となった。

(2)　イ，エ　　江戸・大阪・京都・長崎・奈良などの重要都市のほか，金山や銀山のある場所も幕府の直轄地となった。佐渡には佐渡金山があった。

3　**問１**　ウ　　東海道新幹線は，東京オリンピックの開幕に合わせて 1964 年に開通した。

問２　エ　　東京の新橋と神奈川の横浜の間に鉄道が開通した。ア．誤り。ペリーは浦賀(現在の神奈川県)に現れた。イ．誤り。富岡製糸場は群馬県につくられた。ウ．誤り。大塩平八郎は大阪で兵を挙げた。

問３　ウ→ア→イ　　ウ(1950 年代後半)→ア(1968 年)→イ(1973 年・1979 年)

問４　イ　　ＮＧＯは非政府組織，ＯＤＡは政府開発援助，ＵＮＥＳＣＯは国連教育科学文化機関の略称。

問５　イ　　アメリカ同時多発テロは，2001 年９月 11 日におこった。ベルリンの壁の崩壊は 1989 年，阪神・淡路大震災は 1995 年，ソビエト連邦の崩壊は 1991 年。

問６　イ　　東海道は，江戸の日本橋と京都の三条大橋までを結んでいた。

問７　シャクシャイン　　大量の鮭をわずかな米と交換させられるなど，松前藩に不利な取り引きを強いられていたアイヌの人々は，シャクシャインを指導者として立ち上がったが，松前藩との戦いに敗れ，さらに厳しく支配された。

問８　1945 年８月９日　　８月６日午前８時 15 分にウラン型のリトルボーイが広島に，８月９日午前 11 時２分にプルトニウム型のファットマンが長崎に投下された。

問９　ゼレンスキー　　広島サミットには，Ｇ７(日本・イタリア・カナダ・アメリカ・ドイツ・イギリス・フランス)のほか，オーストラリア・ブラジル・コモロ・クック諸島・インド・インドネシア・韓国・ベトナムが招待国として，ウクライナがゲスト国として，それぞれの首脳が参加した。

4　**問１**　ア　　裁判官をやめさせる裁判をする弾劾裁判所は，国会に常設される。

問２　地方公共団体〔別解〕地方自治体　　都道府県・市町村などが地方公共団体にあたる。

問３(1)　1947 年５月３日　　1946 年 11 月３日に日本国憲法は公布され，半年後の５月３日に施行された。

(2)　納税の義務　　日本国憲法第 30 条に「国民は，法律の定めるところにより，納税の義務を負ふ」とある。

問４　ウ　　文部科学省の外局にはスポーツ庁・文化庁がある。

問５　教育を受ける権利　　日本国憲法第 26 条に「すべて国民は，法律の定めるところにより，その能力に応じて，ひとしく教育を受ける権利を有する」とある。

問６　ア　　国際連合の本部はアメリカのニューヨークにある。

問７　ユニセフ　　国連児童基金やＵＮＩＣＥＦでもよい。

問８　イ　　内閣が外国と条約を結び，その前後に国会が条約締結の承認をする。

2023 解答例 令和5年度　広島大学附属中学校

《国　語》

一　問1．(a)イ　(b)エ　(c)ア　(d)オ　　問2．ウ　　問3．B．ウ　C．ア　D．イ　　問4．人とロボットの相互作用を促すために、あえて人の手を必要とする設計とし、人のサポートを引き出してタスクを達成するロボット。

問5．ア　　問6．ア　　問7．X．人がゴミを出してもロボットがきれいにしてくれる　Y．ゴミの存在や人とゴミの関係を意識することは大切だ　　問8．エ

二　問1．A．イ　B．エ　C．ウ　D．ア　　問2．X．ヘ　Y．エ　　問3．半信半疑　　問4．奈津子が霧多布に住んでいたころに、同級生からクジラの肉を拾いに行くという話を聞いた時の記憶が、突然よみがえったこと。

問5．ウ　　問6．ウ　　問7．母を待たせていることや札幌に帰らないことを気にせず、小旅行を楽しむのを選ぶこと　　問8．エ

《算　数》

1　問1．$\frac{5}{6}$　　問2．17，77　　問3．36　　問4．(1)12　(2)40

問5．4

2　問1．あ4　い6　　問2．(x＝3，a＝6)，(x＝6，a＝2)

3　問1．右グラフ　　問2．5.5，7，11.5，16　　問3．6，8，11

4　問1．(C，D)，(A，B，F)　　問2．はじめ…C，E　追加…B

5　問1．22.5　　問2．0.57　　問3．2

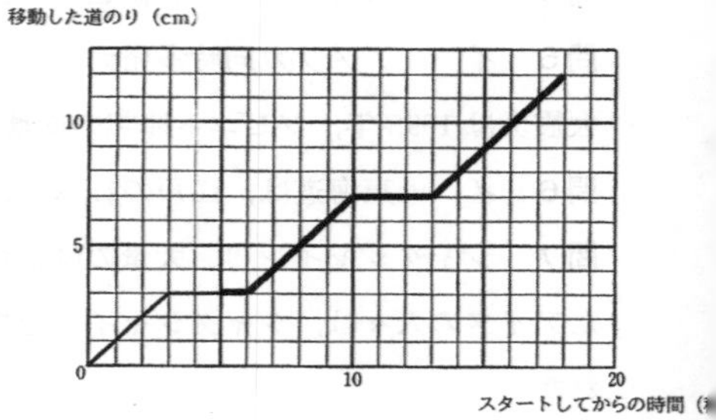

《理　科》

1　問1．ボーリング試料　　問2．エ　　問3．(1)水がにごらなくなる　(2)記号…イ　理由…つぶが角ばっている

問4．キ

2　問1．あ．水蒸気　い．結ろ　　問2．ウ　　問3．エ

問4．う．体積が大きくなった〔別解〕ぼう張した　え．体積が小さくなった〔別解〕収縮した

3　問1．ア　　問2．あ．2　い．3　う．1　　問3．ア　　問4．え．温度　お．明るさ〔別解〕光

問5．記号…①，②　理由…苗に，日光が十分に当たらなかった　　問6．ウ

4　問1．右図　　問2．ア，ウ，オ　　問3．オ　　問4．みがこう　　問5．エ，オ

問6．(1)電流の大きさがちがう　(2)エナメル線の長さを同じにする。

問7．い．電流　う．電磁石　え．磁石

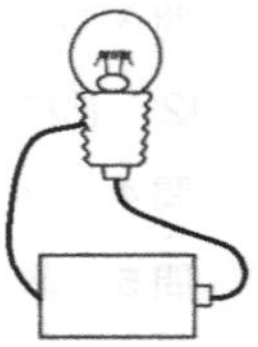

《社　会》

1　問1．**文**　　問2．エ　　問3．1．台風　2．高れい　3．洗たく　　問4．エ

2　問1．消火せん　　問2．ア　　問3．ハイブリッドカー　　問4．廃棄される食品を減らすため。

3　問1．卑弥呼　　問2．イ　　問3．ウ　　問4．2．水墨画　3．足利義政　　問5．幕府は相手から土地をうばえなかったから。　　問6．エ　　問7．オランダ

4　問1．徳川慶喜　　問2．ア　　問3．ア　　問4．日本国内に，引き続き米軍基地を置くこと。
問5．ドイツ　　問6．ウ→ア→エ→イ　　問7．室町時代〔別解〕戦国時代　　問8．(1)G　(2)F　(3)L　(4)I

5　問1．1．ウ　2．エ　3．ア　　問2．ロシア／ウクライナ　　問3．(例文)商品を買うとポイントが付与される。／商品数を増やして，選択の幅を広げる。

6　問1．イ　　問2．ウ　　問3．厚生労働省　　問4．ウ　　問5．ウ

《2023　国語　解説》

一　問１ａ　「多少」とイの「異同」は、反対の意味の漢字の組み合わせ。　ｂ　「発言」とエの「消火」は、「(下の漢字)を(上の漢字)する」の形になっている。　ｃ　「解放」とアの「計測」は、同じような意味の漢字の組み合わせ。　ｄ　「不便」とオの「無料」は、上の漢字が下の漢字を打ち消している。

問２　「ゴミ箱ロボット」には、ゴミを拾う手段がないので、「ゴミのそばに止まって」人間がゴミを拾って入れてくれるのを待つしかない。しかし、ただ「ゴミのそばに止まって」いるだけでは人間に気づいてもらえないので、その場で何かの信号を出したり、何かの仕草《しぐさ》をしたりすると考えられる。人間の助けを求めるという点から考えると、選択肢《せんたくし》の中で最も自然なのは「モジモジ」することである。よって、ウが適する。

問４　―― 部①の後、「強い」ロボットとは何かを説明し、次の段落で「弱いロボット」について説明している。ここでは、「対する弱いロボットとは、ロボット単体だけでは目的を達成《たっせい》できない『他力本願』なロボット～あえて人の手を必要とする設計とする。そうすることで人のサポートを引き出して～タスクを達成するのが弱いロボットの目的である」「(弱いロボットは)人とロボットの相互《そうご》作用を促《うなが》すのが第一義の目的であり」と説明している。

問５　前の段落に、「科学技術の自動化、つまり『強さ』は、人々に利便性という恩恵《おんけい》をもたらすと同時に、技術が自動で行ってくれるからこそ、人間の目から途中《とちゅう》経過を見えなくしてしまう」とある。これをトイレにあてはめると、「自動洗浄《せんじょう》トイレ」は、トイレの水を自動で流してくれるという「利便性」を人々にもたらすと同時に、「技術が自動で行ってくれるからこそ」、子供どもたちの目から「水を流す」という部分を見えにくくしてしまう。つまり、自動洗浄トイレが普及《ふきゅう》したことで、子どもたちは「水を流す」という部分を意識しにくくなり、水を流す習慣が身につかなくなったということ。よって、アが適する。

問６　直後の一文に「弱いロボットであるゴミ箱ロボットは、人との共同作業を通して～『ゴミを捨ててきれいにできた』という充足感《じゅうそくかん》を与《あた》えたりする」とある。これを子どもたちの側から見ると、ゴミ箱ロボットといっしょに掃除《そうじ》をする中で、ゴミを拾うという作業をすることで役に立つことができたという充足感が得られるということになる。よって、アが適する。

問７Ｘ　文章中に「科学技術の自動化、つまり『強さ』は、人々に利便性という恩恵をもたらすと同時に、技術が自動で行ってくれるからこそ、人間の目から途中経過を見えなくしてしまう」とあり、「ゴミを除去することに関する自動化」が加速していることに関して、「ゴミを出すことに無頓着《むとんちゃく》になってしまう、他人事となってしまう」と述べている。つまり、「お掃除ロボット」の自動化が加速すれば、ゴミを除去するのはロボットの仕事だという意識が強くなり、「ゴミを出すこと」に頓着しなくなるのである。　Ｙ　「ゴミ箱ロボット」について説明した部分に、「ゴミの存在が強調され～人とゴミの関係性を意識するようになるだろう」とある。また、筆者は、「お掃除ロボット」の強さがもたらすデメリットを説明した上で、「人とゴミとの関係を新たな形で結びなおす必要性が出てくる」と述べている。

問８　筆者は、強いロボットである「お掃除ロボット」と、弱いロボットである「ゴミ箱ロボット」について、その特徴《とくちょう》や、人間との関係、メリットとデメリットなどを説明している。その上で、「ゴミ箱ロボットとお掃除ロボットは～異なる点で人とゴミの関係性を可視化する」、「人とゴミとの関係を新たな形で結びなおす必要性が出てくる」と述べ、本文全体で、人とロボットがどのように関わっていけばよいかを考えてもらおうとしている。よって、エが適する。

三 **問２Ｘ**　口をへの字に曲げるというのは、不快感を表す仕草である。奈津子は、肉を拾うのは泥棒《どろぼう》だと思い、このような仕草をした。　**Ｙ**　直後に「理解が追い付かない」とあるので、きょとんとする様子を表す、エの「ぽかんと」が適する。

問３　半信半疑とは、半分信じて半分疑うこと。

問４　引き出しが空けば、中にしまいこんであるものが見えたり取り出せたりする。このことから考えると、「記《き》憶《おく》の引き出しに隙間《すきま》が空く」という表現は、これまでしまいこまれていた記憶がよみがえったことを表している。その記憶とは、「霧多布《きりたっぷ》の小学校に転校して間もなくの頃《ころ》」のクジラに関する記憶である。

問５　「何かと世話をやいてくれ」た子であれば、他にもいろいろな記憶や思い出がありそうなものである。それが残っていないということは、それだけ遠い昔のことだということ。また、ヨッちゃんについての記憶がほんの少ししか残っていないということは、他のことも記憶からぬけ落ちているはずである。よって、ウが適する。

問６　少し前で、奈津子は「心の中で簡単な計算をし」、霧多布にいたのは「五十五年も前」だと気づいた。また、２～３行後に「その景色もまた、時とともに移り変わって当たり前なのだ」とある。よって、ウが適する。

問７　直前に「ちょっとした一泊《いっぱく》二日のサボタージュとして小旅行を楽しんでみようか。一度そう考えを切り替《か》えてしまうと、母を待たせていること、予定通りに札幌に帰らないことへの後ろめたさが～免罪符《めんざいふ》へと変わっていくような気がする」とある。また、直後に「偶然巡《ぐうぜんめぐ》り合った天候と風景に行動を後押《あとお》しされたような気がして」とある。ここで後押しされた行動とは、サボタージュとしての「小旅行」である。ふだんなら、母や札幌の家族に迷わくをかけると思ってやめたであろう「小旅行」だが、「偶然巡り合った」晴天という天候と、のんびりとした時を象徴《しょうちょう》する風車の回る風景のおかげで後ろめたさがうすれ、実行に移せたのである。

問８　「霧多布の小学校に転校して間もなくの頃」のクジラにまつわる記憶がよみがえったのは、バスに乗っていて体が揺《ゆ》れた時である。その記憶の内容が、他の登場人物との会話や、奈津子の心の中の声、夕食時の情景などを中心に描かれている。よって、エが適する。

《2023　算数　解説》

1 **問１**　与式$=(\frac{2}{9}+\frac{4}{3})\div(\frac{11}{5}-\frac{1}{3})=(\frac{2}{9}+\frac{12}{9})\div(\frac{33}{15}-\frac{5}{15})=\frac{14}{9}\times\frac{15}{28}=\mathbf{\frac{5}{6}}$

問２　**【解き方】３で割っても５で割っても２余る数は，３と５の公倍数(最小公倍数である 15 の倍数)より２大きい数である。４で割ると１余り５で割ると２余る数は，４と５の公倍数(最小公倍数である 20 の倍数)より３小さい数である。**

20 の倍数より３小さい最小の数は 17 である。これは 15 の倍数の倍数より２大きい数でもある。15 と 20 の最小公倍数は 60 だから，条件に合う数は 17 に 60 を足すたびに現れる。よって，求める数は，**17** と 17＋60＝**77** である。

問３　**【解き方】計算が簡単になるように複数の立体に分けて考える。**

この立体は，①縦，横，高さがそれぞれ６cm，１＋２＋１＝４(cm)，１cmの直方体の上に，②直角を作る２辺の長さが２cmの直角二等辺三角形が底面で，高さが２cmの三角柱と，③上底と下底の長さが２cm，６cm，高さが２cmの台形が底面で，高さが１cmの四角柱が乗っていると考えられる。下線部①の体積は６×４×１＝24(cm³)，下線部②の体積は２×２÷２×２＝４(cm³)，下線部③の体積は(２＋６)×２÷２×１＝８(cm³)だから，求める体積は24＋４＋８＝**36**(cm³)である。

問４(1)　**【解き方】中央値は得点を大きさ順に並べたとき，25÷２＝12.5 より，13 番目の児童の得点だから，クラスの児童全員の得点を右表のように大きさ順に並べて**

A小学校の６年１組の児童 25 人の計算テストの得点(点)												
5	5	5	8	8	8	8	10	10	10	10	12	12
12	12	14	14	14	14	14	18	18	20	20	20	

考える。

表より，13 番目の児童の得点は 12 点だから，中央値は **12** 点である。

(2) クラスの計算テストの平均値は(5×3＋8×4＋10×4＋12×4＋14×5＋18×2＋20×3)÷25＝12.04(点)である。よって，クラスの平均値より得点が高い人は 14 点以上の人だから，10 人いる。したがって，求める割合は$\frac{10}{25}$×100＝**40**(%)である。

問５　【解き方】４けたの数の十の位の数を△，一の位の数を㋐としたとき，28△÷73 の商は，73×３＝219，73×４＝292 より，３である。よって，筆算は右のようになる。

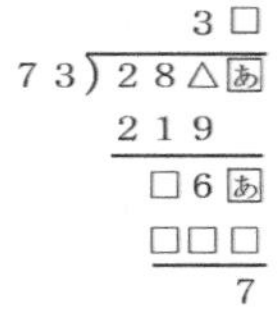

28△－219 を計算した一の位が６だから，△＝５となり，285－219＝66 となる。割り算の商の一の位は，66㋐÷73 を考えればよいから，73×９＝657 より，９を入れればよい。

よって，66㋐－657＝７となるから㋐＝**４**である。

2 問１　Ａが拾ったどんぐりはx個だから，Ｂが拾ったどんぐりは(x×２＋a)個である。よって，Ｃが拾ったどんぐりは(x×２＋a)×２＋a＝４×x＋３×a(個)である。したがって，a＝２のとき，㋐＝**4**，㋑＝３×２＝**6**

問２　【解き方】問１の解説より，４×x＋３×a＝30 となるようなxとａの組を探せばよい。

４×xと 30 は偶数だから，３×ａも偶数なので，ａは偶数である。

ａが偶数のときのxの値《あたい》を調べると，右表のようになる。

a	2	4	6	8	10
x	6	4.5	3	1.5	0

xは１けたの整数なので，条件に合うxとａの組は，**(x＝3，a＝6)**，**(x＝6，a＝2)**である。

3 問１　Ｐは毎秒１cmの速さで進むから，スタートして３秒でＢに到着《とうちゃく》し，３秒間停止する。Ｂを出発して４秒でＣに到着し，３秒間停止する。その後，Ｃを出発して５秒でＡにもどる。よって，最終的には３＋３＋４＋３＋５＝18(秒)で，移動した道のりが３＋４＋５＝12(cm)となる。これをグラフにすればよい。

問２　【解き方】Ｑのグラフを問１の図にかき加えると右の図ｉのようになる。グラフが交わるところの時間をグラフから読み取る。

図ｉ

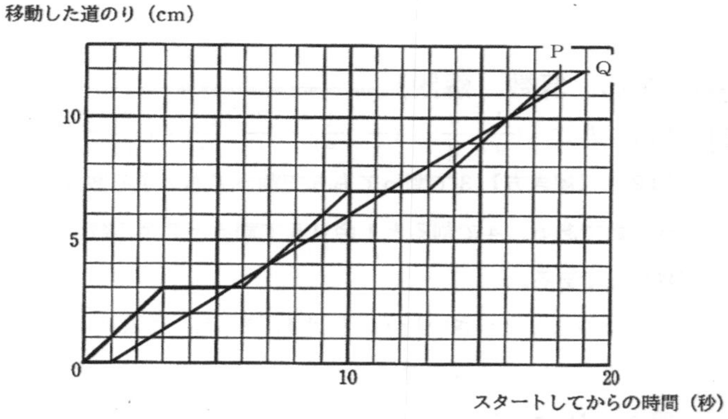

最初に交わるところを拡大すると，図ⅱのようになる。図形の対称性から，２つのグラフが交わっているのは５秒と６秒のちょうど中間の 5.5 秒とわかる。

２回目に交わっている時間は７秒である。

３回目に交わっている時間は，１回目と同様に考えて，11 秒と 12 秒のちょうど中間の 11.5 秒である。

４回目は 16 秒である。

以上より，a＝**5.5**，**7**，**11.5**，**16** である。

図ⅱ

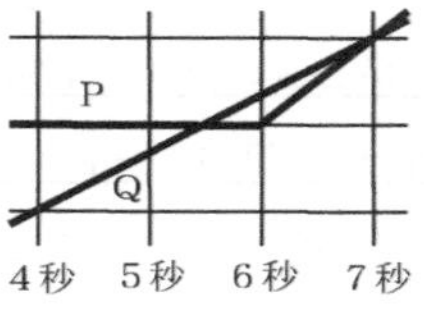

問３　【解き方】ＰとＱがＢＣ上にあるときの三角形ＡＰＱの面積は，(ＰＱ×３÷２)㎠だから，これが$\frac{1}{2}$㎠となるとき，ＰＱ＝$\frac{1}{3}$cmである。

問２で求めたＰとＱが重なる時間の前後に，ＰＱ＝$\frac{1}{3}$cmとなるときがあるはずである。

１回目にＰとＱが重なるのは 5.5 秒後であり，ＱがＢＣ上にあるのは 5.5 秒後以降である。

３～６秒後はＰが止まっているから，5.5秒後のあとにＰＱ＝$\frac{1}{3}$cmとなるのは，さらに$\frac{1}{3}\div\frac{2}{3}$＝0.5(秒後)なので，5.5＋0.5＝６(秒後)である。

２回目にＰとＱが重なるのは７秒後である。このあとＰがＱの$\frac{1}{3}$cm前にくるのは，$\frac{1}{3}\div(1-\frac{2}{3})$＝１(秒後)だから，ＰがＱの$\frac{1}{3}$cm後ろにあったのは１秒前である。したがって，７秒後の前後でＰＱ＝$\frac{1}{3}$cmとなるのは，７－１＝６(秒後)と７＋１＝８(秒後)である(６秒後は先ほど求めた時間と重なる)。

３回目にＰとＱが重なるのは11.5秒後であり，ＱがＢＣ上にあるのは11.5秒後以前である。

10～13秒後はＰが止まっているから，11.5秒後の前にＰＱ＝$\frac{1}{3}$cmとなるのは，11.5－0.5＝11(秒後)である。

以上より，ｂ＝**６**，**８**，**11**である。

4 **問１　【解き方】定価の合計が1000円未満の場合と1000円以上の場合で分けて考える。**

定価の合計が1000円未満のとき，２割引きされた代金が720円になるので，定価の合計は720÷(１－0.2)＝900(円)である。３種類のお弁当の定価の合計は最低でも260＋320＋420＝1000(円)だから，合計が900円になるのは２種類の組み合わせである。そのような組み合わせはＣとＤだけである(420＋480＝900)。

定価の合計が1000円以上のとき，４割引きされた代金が720円になるので，定価の合計は720÷(１－0.4)＝1200(円)である。２種類のお弁当の定価の合計は最高でも540＋620＝1160(円)，４種類のお弁当の定価の合計は最低でも260＋320＋420＋480＝1480(円)だから，合計が1200円になるのは３種類の組み合わせである。そのような組み合わせはＡとＢとＦだけである(260＋320＋620＝1200)。

したがって，求める組み合わせは**(Ｃ，Ｄ)，(Ａ，Ｂ，Ｆ)**である。

問２　【解き方】２種類のお弁当に１つ追加で買っても代金が同じなので，はじめの２種類の定価の合計は1000円未満，３種類の定価の合計は1000円以上である。はじめの２種類の定価の合計を○円，３種類の定価の合計を□円とすると，○×0.8＝□×0.6より，○：□＝３：４(ただし，○＜1000，1000≦□)となる。

○円と，追加のお弁当の定価の比は３：(４－３)＝３：１だから，はじめの２種類のお弁当の定価の合計が，追加のお弁当の定価の３倍の金額となるような組み合わせを考えればよい。

ある数を３で割った余りは，各位の数の和を３で割った余りと等しくなることを利用して，６種類のお弁当の定価を３で割った余りを調べると，右表のようになる。

お弁当	Ａ	Ｂ	Ｃ	Ｄ	Ｅ	Ｆ
定価を３で割った余り	２	２	０	０	０	２

したがって，Ａ，Ｂ，Ｆを２つ組み合わせて３の倍数を作ることはできないから，はじめの２種類はＣ，Ｄ，Ｅのいずれかである。

ＣとＤの定価の合計の$\frac{1}{3}$は(420＋480)×$\frac{1}{3}$＝300(円)で，定価が300円のお弁当はない。

ＣとＥの定価の合計の$\frac{1}{3}$は(420＋540)×$\frac{1}{3}$＝320(円)で，定価が320円のお弁当はＢである。

ＤとＥの定価の合計の$\frac{1}{3}$は(480＋540)×$\frac{1}{3}$＝340(円)で，定価が340円のお弁当はない。

以上より，はじめに買おうとしたお弁当は**Ｃ**と**Ｅ**，追加で買うことにしたお弁当は**Ｂ**である。

ＣとＥの定価の合計は1000円未満で，Ｂを加えると1000円以上になるから，条件に合う。

5 **問１**　図ｉの角ＪＥＩは正方形ＥＦＧＨの１つの内角だから90°

ＥＩ＝ＥＪより，三角形ＥＩＪは直角二等辺三角形なので，角ＩＪＥ＝45°

三角形ＤＪＫは三角形ＥＩＪと合同な直角二等辺三角形だから，ＤＪ＝ＥＪ

よって，三角形ＪＤＥは二等辺三角形だから，三角形の１つの外角は，これととなり合わない２つの内角の和に等しいことを利用すると，角㋐×２＝45°

よって，角㋐＝45°÷２＝**22.5°**

図ｉ

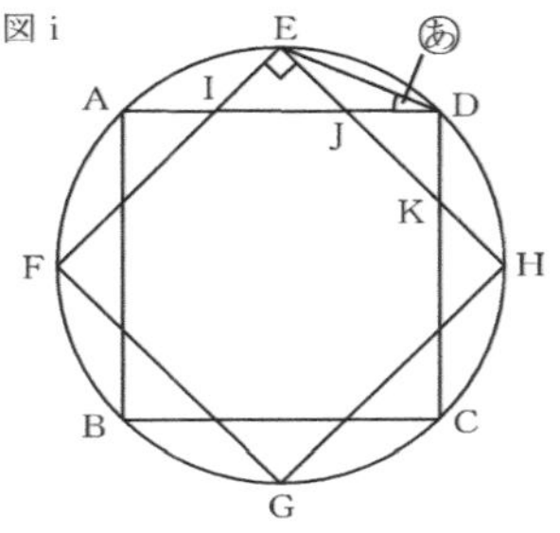

問２　【解き方】図ⅱで直線ＯＡを引くと，斜線《しゃせん》部分の面積は，おうぎ形ＯＡＦの面積から直角二等辺三角形ＯＡＬの面積(色つき部分の面積)を引いた値に等しい。また，正方形の面積は，(対角線の長さ)×(対角線の長さ)÷２で求められることを利用する。

図ⅱ

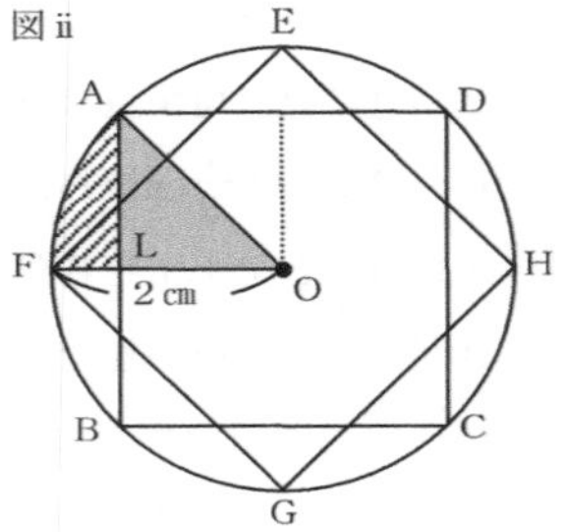

おうぎ形ＯＡＦの面積は，半径２㎝の円の面積の$\frac{1}{8}$だから，

$2\times2\times3.14\times\frac{1}{8}=1.57$(㎠)

正方形ＡＢＣＤの対角線の長さは$2\times2=4$(㎝)であり，三角形ＯＡＬの面積は，

正方形ＡＢＣＤの面積の$\frac{1}{8}$だから，$4\times4\div2\times\frac{1}{8}=1$(㎠)

よって，求める面積は$1.57-1=$**0.57**(㎠)

問３　【解き方】図ⅲの四角形ＯＢＧＮの面積を求める。四角形ＯＢＧＮは対角線が垂直に交わる四角形なので，その面積はひし形と同様に，(対角線の長さ)×(対角線の長さ)÷２で求められる。

図ⅲ

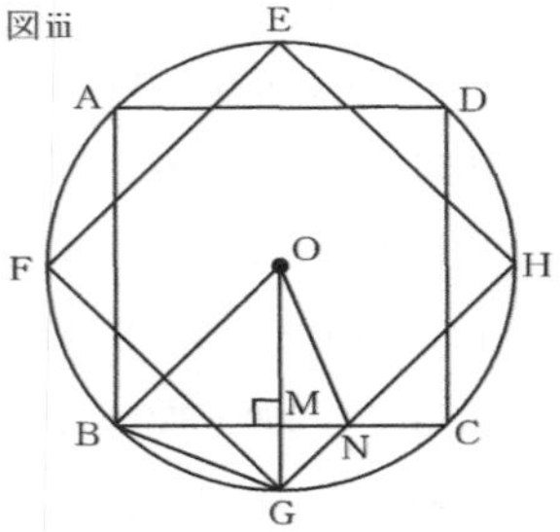

角ＢＯＧ＝45°，角ＯＧＮ＝45°だから，三角形ＭＢＯと三角形ＭＮＧは

直角二等辺三角形である。よって，ＢＮ＝ＢＭ＋ＭＮ＝ＯＭ＋ＭＧ＝２㎝

したがって，求める面積は，ＯＧ×ＢＮ÷２＝２×２÷２＝**２**(㎠)

《2023　理科　解説》

1　**問２**　砂はつぶの直径が0.06㎜～２㎜である。なお，つぶの直径が0.06㎜以下のものはどろ，２㎜以上のものはれきである。

問３(2)　砂やれきなどのつぶは，川を流れてくる間に他の石や川底などにぶつかって角がとれるため丸みを帯びている。これに対し，火山灰のつぶは，流水のはたらきを受けないため角ばっている。

問４　断層がないという情報の他に，地層のかたむきについての情報がなければ，はなれた地点の地下の様子を考えることはできない。Ａ～Ｃはすべて，砂と火山灰の１種類または２種類のたい積物からなるため，Ｑの近くの地点の柱状図の可能性がある。

2　**問２**　水はあたためられると軽くなって上に移動する。よって，温度の高い水が上部にたまっていくので，Ｂの方が温度が高いままで変化する。

問３　ペットボトルがへこむのは，水や空気の温度が低くなることで体積が小さくなるためである。温度変化が同じときの体積の変化は水よりも空気の方が大きいため，空気が多く入っているものほどへこみが大きくなる。

3　**問１**　ある条件が必要かどうかを確かめるには，その条件だけが異なる２つ以上の実験の結果を比べる必要がある。２班は空気の条件が異なる実験，３班は水と空気の２つの条件が異なる実験をしている。

問２　表２より，種子が発芽したのは１班の①と２班の①だから，これらと空気の条件だけが異なる(空気だけが不足している)実験で，種子が発芽していないことを確かめれば，種子が発芽する条件として空気が必要であると考えることができる。空気だけが不足している実験は２班の②と３班の①だから，１班の①と２班の①，２班の②と３班の①から，それぞれ１つずつ組み合わせて結果を比べればよい。

問３　種子の発芽に適切な温度が必要であるとすると，南にある「暖地」のまく時期が最も早く，北にある「寒地・寒冷地」のまく時期が最もおそくなり，あたたかい時期が長く続く「暖地」や「温暖地」では１年で２回，まくのに適した時期が訪れると考えられる。よって，アが正答となる。

問4　え．②では冷蔵庫の中に入れたので温度が一定に保たれるが，①では時刻とともに温度が変化する。①で，保温庫に入れれば，あたたかい温度で一定に保つことができる。　お．ここでは，適切な温度が必要かどうかについて調べる実験を行うので，温度以外の条件をそろえなければならない。①では光が当たるが，②では冷蔵庫の中で光が当たらないので，明るさの条件がそろっていない。①で，保温庫に入れれば，光が当たらないようにできる。

問5　太陽は，東の地平線からのぼり，南の空を通って西の地平線にしずむので，①と②のように，南に建物がある場所は日光が十分に当たらない。また，植物の葉に日光が当たると，二酸化炭素と水を材料にしてでんぷんと酸素がつくられる光合成が行われ，植物は光合成でつくられたでんぷんを使って成長する。よって，①と②に置いた苗《なえ》では光合成が十分に行われず，あまり成長しなかったと考えられる。

問6　植物がよく成長するには肥料が必要である。苗１や２と同じ場所に置けば日光はよく当たる（光合成が十分に行われている）ので葉が黄色くなることはないが，肥料が不足するため苗１や２と比べると成長していない。

4　**問1**　豆電球の側面の金属部分と底の金属部分のそれぞれに，かん電池の＋極と－極のどちらか一方がつながるようにする。

問2　モーターから出ている色の濃《こ》い導線と薄《うす》い導線がかん電池の＋極と－極のどちらとつながっているかに着目し，図２のときと同じになっていれば，モーターの回る向きも同じになる。アは２個のかん電池が並列つなぎになり，濃い導線と＋極がつながっている。ウは上のかん電池だけがモーターとつながり，濃い導線と＋極がつながっている。オは２個のかん電池が直列つなぎになり，濃い導線と＋極がつながっている。なお，イは上のかん電池だけがモーターとつながり，濃い導線と－極がつながっているから，モーターの回る向きは図２と反対になる。また，エは２個のかん電池の向きが反対になっているため，モーターは回らない。

問3　直列につなぐかん電池の数を増やすと，モーターに流れる電流が大きくなり，モーターの回る速さが速くなる。よって，問２解説より，オが正答となる。なお，２個のかん電池を並列つなぎにした場合のモーターに流れる電流は，かん電池１個のときと同じだから，アのモーターの回る速さは図２と同じである。

問4　エナメル線は，銅線の表面に電気を通さないエナメルをぬったものである。よって，エナメル線のはしをそのまま回路につないでも電流が流れないので，紙やすりなどでみがいてエナメルのまくをはがしておく必要がある。

問5　電流計はコイルに対して直列つなぎになるようにする。また，かん電池の＋極側からの電流が，電流計の＋たんしｂに流れこむようにする。エではｆ→ｂ→ａ→ｃ→ｄ→ｅ，オではｆ→ｄ→ｃ→ｂ→ａ→ｅの順に電流が流れる。なお，アとイでは電流計がコイルに対して並列つなぎになり，ウとカでは電流がエやオと反対向きに流れる。

問6　巻き数の条件だけが異なるようにしなければ，巻き数のちがいによる電磁石の強さを正しく比べることができない。表１より，ここでは巻き数だけなく，電流の大きさも異なることに着目する。このような結果になったのは，６ｍのエナメル線を２ｍと４ｍに分けたこと，つまりエナメル線の長さをそろえなかったことが原因である。エナメル線の長さが長いときほど電流が流れにくくなるので，巻き数のちがいにかかわらずエナメル線の長さは同じにする必要がある（あまった部分は束ねておくとよい）。

問7　電流の大きさを大きくすると，電磁石の強さは強くなり，電磁石と磁石が引き付け合う力やしりぞけ合う力が大きくなるため，モーターの回る速さは速くなる。

《2023　社会　解説》

1　問1　**文**　　高等学校(⊗)と間違えないようにする。

問2　エ　　愛媛県をふくむ四国地方には，活火山は一つもない。

問3　1＝台風　2＝高れい　3＝洗たく　　1．高知県を通過し大きな被害がでた台風として，室戸台風が挙げられる。　2．人口全体に占める65歳以上の人の割合を高齢化率といい，高齢化率が７％をこえると高齢化社会，14%をこえると高齢社会，21%をこえると超高齢社会と呼ぶ。　3．洗たく板とたらいの写真である。

問4　エ　　太平洋に面する高知県高知市は，夏の降水量が多く，冬に乾燥する太平洋側の気候に属する。

2　問2　ア　　四日市コンビナートの工場から排出される亜硫酸ガスなどによって，コンビナートの風下の地域で，四日市ぜんそくが発生した。

問3　ハイブリッドカー　　ハイブリッドカーはＨＶと省略されることがある。電気自動車(ＥＶ)や燃料電池自動車(ＦＣＶ)などと合わせて覚えておきたい。

問4　食品ロスを減らす取り組みであることが書かれていればよい。日本の食品ロスは，年間およそ600万トン，国民１人あたりに換算すると，毎日茶わん１杯分の食料を捨てている。

3　問1　卑弥呼　　『魏志』倭人伝に，卑弥呼は，「親魏倭王」の称号と金印，100枚あまりの銅鏡を，魏の王から授かったという記述がある。

問2　イ　　イの土偶が正しい。アの銅鐸は弥生時代，ウの埴輪は古墳時代，エの銅鏡は弥生時代以降。

問3　ウ　　遣唐使が停止された頃から，唐の文化を，日本の風土や生活に合うように自由につくりかえて発達させた国風文化が栄えた。国風文化を代表するものとして，かな文字，寝殿造，十二単，大和絵などがある。アは奈良時代，イは江戸時代，エは室町時代。

問4　2＝水墨画　3＝足利義政　　水墨画は墨絵でもよい。足利義政は，応仁の乱に関連する将軍として知られている。

問5　鎌倉時代は，幕府(将軍)と御家人が，土地を仲立ちとした御恩と奉公の関係で結ばれていた。御家人たちは，幕府(将軍)のために命がけで戦い，幕府(将軍)は功労のあった御家人に対して，御家人の古くからの領地を保護したり，新たな土地の地頭に任命したりした。防衛戦であった元寇では，領地をうばうことができなかったため，御家人に与える領地がなく，生活に苦しむ御家人も少なくなかった。

問6　エ　　1543年，種子島に漂着した中国船に乗っていたポルトガル人によって，鉄砲が伝えられた。

問7　オランダ　　「鎖国」が行われているなか，江戸幕府は，キリスト教を布教しないオランダと長崎の出島で貿易をしていた。

4　問1　徳川慶喜　　1867年は，徳川慶喜が大政奉還を行った年である。

問2　ア　　アメリカ独立は1776年だから，江戸時代のいわゆる田沼時代にあたる。1774年，オランダ語の解剖書『ターヘル・アナトミア』を杉田玄白らが翻訳し，『解体新書』として出版した。天草四郎は江戸時代の17世紀，津田梅子は明治時代，今川義元は戦国時代。

問3　ア　　デパート(百貨店)は，大正時代には存在し，関東大震災の際には，日用品販売までしていた。白黒テレビと電気冷蔵庫は，1960年代に普及した三種の神器であり，クーラーは1970年代から広まった３Ｃ(新三種の神器)の一つである。

問4　サンフランシスコ平和条約と同じ日に，日米安全保障条約が結ばれた。

問5　ドイツ　　第二次世界大戦は，ドイツ軍がポーランドに侵入したことから始まった。

問6　ウ→ア→エ→イ　　ウ(真珠湾攻撃　1941 年)→ア(ミッドウェー海戦　1942 年)→エ(学童疎開　1944 年〜)→イ(ソ連の満州侵攻　1945年)　　1944年にサイパン島が陥落したことで，アメリカ爆撃機による本土空襲が本格化し，空襲から逃れるために学童疎開が行われた。

問7　室町時代　　コロンブス新大陸到達は 1492 年だから，室町時代にあたる。また，応仁の乱(1467 年)以降であることから，戦国時代としてもよい。

問8　(1)G　(2)F　(3)L　(4)I　　(1)日本は，1933 年国際連盟脱退を通告し，1935 年に正式に脱退した。(2)関東大震災は 1923 年に発生した。(3)地球温暖化防止京都会議は 1997 年に開かれた。(4)日本で初めて開通した高速道路は，1963 年の名神高速道路(栗東ＩＣ－尼崎ＩＣ間)である。

5 **問1**　1＝ウ　2＝エ　3＝ア　　野菜のような１次産品より，加工食品の方が生産に携わる人や機会が増えるため，値上がりの影響を受けやすくなる。

問2　ロシア／ウクライナ　　2022 年２月 24 日，ロシアがウクライナに軍事侵攻した。

問3　商品を買う際に，客にどのようなメリットを与えることができるかを考える。購入特典，購入できる商品の多様性による選択の幅を解答例とした。

6 **問1**　イ　　事実と違う報道で悪者にされ，その後疑いが晴れても，風評被害はなくならなかったり，デジタルタトゥーとして誤った情報が事実のように残ってしまったりすることがある。

問2　ウ　　内閣が作成した予算案をもとに，国会が最終的に決定する。

問3　厚生労働省　　厚生労働省は，健康・医療・福祉・介護・雇用・労働・年金等に関する業務を担う。

問4　ウ　　国会議員と内閣が提出する法案では，内閣が提出する法案の方が圧倒的に可決しやすい。これは，内閣が与党の国会議員の多くで構成されているためである。野党の国会議員が提出する法案は，与党の国会議員が提出する法案に比べて通りにくい。

問5　ウ　　全体の貧困率は 10%を下回ったことはないので，10 人に１人は貧困状態にあるといえる。

★広島大学附属中学校

《国　語》

一　問１．Ａ．イ　Ｂ．エ　　問２．ウ　　問３．イ　　問４．よく熟れているか確かめるということ。
問５．朝食の味や組みあわせがすばらしかったから。　　問６．無理にしゃべろうとしていることを見ぬかれたことで、自分の心をハイディに見透かされたように感じたから。　　問７．ア　　問８．ククイの木についての会話でハイディと心が通じたと感じ、今後の生活における心の支えを得たような気持ち。

二　問１．ａ．放　ｂ．半円　ｃ．満足　　問２．Ⅰ．エ　Ⅱ．ア　Ⅲ．イ　　問３．理想　　問４．「現実」は「事実」よりも少し意味が狭く、「理想」の実現を邪魔するものといった意味合いもあるから。　　問５．虹の根もと〔別解〕具体的なこと　　問６．エ　　問７．ウ

《算　数》

1　問１．４　　問２．金　　問３．20／高い　　問４．95

2　問１．(あ)３　(い)180　(う)120　　問２．210

3　問１．1300　　問２．540

4　問１．15　　問２．45　　問３．65

5　問１．ア　　問２．208　　問３．31.4

《理　科》

1　問１．ウ　　問２．食物連さ　　問３．呼吸　　問４．自ら養分をつくり出す　　問５．ア，カ　　問６．キ

2　問１．アルカリ性　　問２．二酸化炭素　　問３．イ，エ　　問４．空気　　問５．酸素
問６．青色は変化しなかった。赤色は変化しなかった。　　問７．イ

3　問１．⑴クレーター　⑵ウ　　問２．②　　問３．キ　　問４．図１のとき…ア　図２のとき…キ

4　問１．９　　問２．ａ．支点からの目盛りの数　ｂ．２　ｃ．３　ｄ．４　ｅ．60　　問３．４
問４．③７　④30　　問５．⑤遠く　⑥近く　　問６．⑦Ｆ　⑧Ｄ　⑨Ｅ　⑩作用点　⑪力点　⑫小さく

《社　会》

1　Ａ．ウ　　Ｂ．ア　　Ｃ．イ

2　問１．ア，イ，エ　　問２．１．白神　２．ブナ　３．間伐　　問３．Ａ．イ　Ｂ．ウ　Ｃ．ア
問４．ウ→イ→ア　　問５．防潮堤〔別解〕堤防

3　問１．北九州　　問２．国分寺　　問３．貴族　　問４．エ　　問５．３．御家人　４．御恩　５．京都
問６．執権　　問７．外様　　問８．１）武家諸法度　２）居城の修理をする　３）③

4　問１．１．福沢諭吉　２．野口英世　　問２．エ　　問３．ウ　　問４．エ　　問５．ウ　　問６．横浜
問７．エ　　問８．エ

5　問１．①　　問２．農業試験場　　問３．ア
問４．Ａ．部品の供給がストップする　Ｂ．自動車の組み立てができなくなる

6　問１．イ　　問２．⑴健康　⑵教育　⑶平等　⑷平和　　問３．ア

《2022　国語　解説》

一　**問１Ａ**　少しあとに「日本の感覚からすると、広い庭ということになる」とある。「小さな」というのは、ハワイやアメリカの基準で言えば、ということ。よって、物事を限定するときに使う、イの「あくまでも」が入る。

Ｂ　「ごちそう」を英語でなんと言えばよいかわからなかった真奈は、何も言わないのはまずいと思ったのか、「ゴージャスですね！」と言ってみた。これは、本当に言いたい言葉というよりは、とりあえず言ってみた言葉である。よって、エが適する。

問２　少しあとの「まるで、ジャングルみたいな庭だ。すみずみまで手入れが行きとどいていた、レオナさんたちの庭とは対照的～そこら中に、いろんな草木が生《お》いしげっている。のびのびと、自由に、わがもの顔に、わがままに」に着目する。いろいろな植物が生え、それらがのびのびと自由に育っている様子から、多様な植物への愛情と、自然をあるがままに受け入れる態度が読み取れる。よって、ウが適する。

問４　直前の「下の方の、よく熟《う》れたものを選ぶ～パパイアがあなたに『食べて』と、教えてくれる」から読み取る。ハイディは、食べごろのパパイアを選ぶ方法を説明している。――部３は、パパイアの実の色や感しょくから、よく熟れているかどうか確かめるように言っているとわかる。

問５　直前に「とにかく、何もかもがすてきで」とある。真奈は、用意された朝食のすばらしさに感動し、「わくわくして」いるのである。直前の５段落に、「色とりどりのごちそう」の、味や組み合わせのすばらしさが表現されている。

問６　直前に「ハイディに、あたしの心を見透《みす》かされたような気がしていた」とあり、これが恥《は》ずかしく感じた理由である。では、どんな心を見透かされたかというと、母のメールを思いだし、「何かしゃべらなくちゃ」と思って、無理に話題を見つけてしゃべろうとしていることである。

問７　――線⑤の前で、ハイディは「しゃべりたくないときに、あなたは無理やり、しゃべらなくていい」と言っている。これは、無理に話題を見つけて話そうとした真奈に対して言ったことである。一方、ククイの木についての質問は、「気がついたら」口にしていた素直な疑問だった。ハイディは、真奈の疑問が、無理にしゃべろうとして出たものではない素直な疑問であることを感じ取り、うれしくなって笑顔を見せたのである。また、ナイフとフォークを置いて、真奈の方を見て笑ったというハイディの行動は、真奈ときちんと向き合い、受け入れようとする気持ちの表れである。よって、アが適する。

問８　問７の解説にあるように、真奈が素直な疑問を口にしたことで、ハイディは初めて笑顔を見せ、真奈のことを受け入れてくれた。ククイの木についての会話がきっかけで、真奈はハイディと心が通じたように感じた。また、最後の段落に「人間を守ってくれる木は、あたしを守ってくれる木、なのかもしれない」とある。「あたしを守ってくれる木」が「心のなかにも生えた」ように感じたというのは、これからの生活で自分を守ってくれるもの、つまり心の支えのようなものを得たように感じたということである。

二　**問３**　黒井氏の文章の、「誰《だれ》でも一度は」虹《にじ》の「根もとまで行ってみたい」と思ったはずだという部分について、誰でも「何かに一心に憧《あこが》れて、それに近づいてみたいと思ったことはあるはずです」と述べている。この「何かに一心に憧れて、それに近づいてみたいと思」うというのは、理想を追い求めるということである。

問４　同じ段落で説明されているように、「現実」という言葉は、「事実」よりも「もう少し意味が狭《せま》くて、しかも『思い込《こ》み』と食い違《ちが》うもの、『理想』の実現を邪魔《じゃま》するもの、という意味合いがある」。こうした違いがあるので、ぴったりと合わないのである。

問５　── 部②の「それ」が直接指すものは、前の行の「具体的なこと」である。この段落では、「虹の根もと」が指すものについて説明している。── 部②の一文では、「虹の根もと」という具体的なものを「いったん抽象《ちゅうしょう》化《か》して一般《いっぱん》化《か》して」考えてみることが大切だと述べている。

問６　直後の６行の内容に着目する。「ぼくが幸せであったのは～偶然《ぐうぜん》その答にぶつかったことであった」「もしかしたら～小説との出会いが、ぼくにとっては虹をのせた金の皿の発見と同じ意味をもっていたのかもしれない」とある。小説に出てくる「金の皿」は、黒井氏にとっての「虹の根もと」と同じく、追い求めるものである。小説の中でニジマスは、金の皿を探そうとしてはだめで、偶然見つければ金の皿が手に入ると言っている。筆者は、追い求めていたものの答えを探そうとしてこの小説を読んだのではなく、偶然この小説を読み、答えを見つけた。黒井氏は、求めるものとの出会いは偶然になされるものだという「美しく完璧《かんぺき》な」答えを見つけると同時に、それを体験したのである。よって、エが適する。

問７　黒井氏は、子供の頃《ころ》に「虹の根もとがどうなっているか」という謎《なぞ》を見つけた。そして、「虹の根もとに行く方法を大人に聞くことは」せず、ずっと謎のまま持ち続けた。また、大人がこの問いに対して、子供が満足する「答を与《あた》えることはむずかしい」とも書いている。この謎は、簡単に答えが見つかるものではなかった。最後の段落に、「子供の時の疑問を、子供は何十年もかけて追い求め、自分が何を探していたのか忘れかけた頃になって、初めて謎を解く鍵《かぎ》を与えられる。『謎こそが子供の命であり、不思議こそが子供の糧《かて》なのだ』と言うのです」とある。つまり、簡単に答えが見つからず、ずっと持ち続ける謎を見つけることが、子供時代の意味なのである。よって、ウが適する。

《2022　算数　解説》

1　**問１**　与式$=(\frac{5}{4}+5\times\frac{3}{20})\div(\frac{3}{4}-\frac{1}{4})=(\frac{5}{4}+\frac{3}{4})\div\frac{2}{4}=\frac{8}{4}\times 2=4$

問２　**【解き方】１年は365日であり，365÷７＝52余り１より，１年後の同じ日の曜日は１つあとの曜日となる。ただし，うるう年の２月29日をまたぐ場合は，２つあとの曜日となる。**

2021年７月23日から３年後の2024年７月23日の曜日は，うるう年を１回またいでいるので，金曜日の４つあとの火曜日である。よって，2024年７月26日の曜日は，火曜日の26－23＝３(つ)あとの金曜日である。

問３　**【解き方】割引《わりびき》前の商品の値段《ねだん》をＡ円として，割引後の値段を考える。**

割引後の商品の値段は，ゆきこさんの売り方では(Ａ－100)×(１－0.2)＝Ａ×0.8－100×0.8＝Ａ×0.8－80(円)，このお店の売り方ではＡ×(１－0.2)－100＝Ａ×0.8－100(円)となる。よって，(Ａ×0.8)円が100円以上であれば，ゆきこさんの売り方の方が，このお店の売り方より，100－80＝20(円)高い値段で売ることになる。

問４　**【解き方】図２の中央点を結んだときの線の長さは１＋１＝２(㎝)である。最後の長方形は横向きなので，最初と最後の長方形の中央点を結んだ四角形は，平行四辺形となり，底辺が２㎝だから，高さは376÷２＝188(㎝)となる。高さについて，規則性を考える。**

図２の長方形から，長方形を２個加えると，最初と最後の長方形の中央点を結んだ四角形は，右図のようになる。よって，長方形を２個加えるごとに，最初と最後の長方形の中央点を結んだ四角形の高さは１＋２＋１＝４(㎝)増えることがわかる。高さが188㎝となるのは，長方形を$2\times\frac{188}{4}$＝94(個)加えたときなので，求める長方形の個数は，１＋94＝95(個)

2　**問１**　**【解き方】２人の間のきょりが最大になるのは，２人の間のきょりが長方形ＡＢＣＤの周の長さの半分に**

なったときである。また，２人の間のきょりが０ｍになるとき，兄が弟を追い抜くのだから，その後の１分間は，弟は休んでいる。よって，(う)のときは弟が１分間休んで再び進み始めるときである。

長方形ＡＢＣＤの周の長さの半分は，60＋120＝180(m)だから，(い)＝180

兄は弟よりも分速(120－60)ｍ＝分速 60m速いから，(あ)＝180÷60＝３

２人の間のきょりが０ｍになってから，兄は１分間で 120m進むので，(う)＝120

問２　【解き方】弟と兄が何分後にどの位置にいるのかを表にまとめて整理すると，次のようになる。

何分後か	0	0.5	1	1.5	2	2.5	3	3.5	4	4.5	5	5.5	6	6.5	7	7.5	8	8.5	9	9.5	10	10.5	11	11.5	12	12.5	13	13.5	14
弟の位置	A		B				C		D				A		A		B				C		D		D				A
兄の位置	A	B		C	D		A	B		C	D		A	B		C	D		A	B		C	D		A	B		C	D

色付き部分のときにたかしさんが見ることができるので，求める時間は，０～0.5 分後と５～6.5 分後と 11～12.5 分後の，0.5＋(6.5－５)＋(12.5－11)＝3.5(分間)，つまり，3.5×60＝210(秒間)である。

８秒後は，弟がＢを，兄がＤを同時に通過するので，同時に見ることができる時間は０秒間となる。

3　問１　【解き方】レシートを家に持って帰ると，残りのお小遣《こづか》いの半分の金額《きんがく》がもらえるので，その時の金額は残りのお小遣いの１＋0.5＝1.5(倍)になる。

１回目に入館したとき，残りのお小遣いは 1300－380＝920(円)になるので，レシートを家に持って帰ると，残りのお小遣いは，920×1.5＝1380(円)になる。

同様にして，２回目に入館してレシートを家に持って帰ると，残りのお小遣いは(1380－380)×1.5＝1500(円)になり，３回目に入館してレシートを家に持って帰ると，残りのお小遣いは(1500－380)×1.5＝1680(円)になる。

よって，４回目に入館したときの残りのお小遣いは，1680－380＝1300(円)

問２　【解き方】水族館の１回の入館料を①円として，問１の考えを逆算して，最初のお小遣いを丸数字で表す。

４回目に入館したときの残りのお小遣いが０円だから，３回目に入館してレシートを家に持って帰ったとき，残りのお小遣いは①円だとわかる。

よって，３回目に入館したときの残りのお小遣いは①÷1.5＝$\textcircled{\frac{2}{3}}$(円)なので，２回目に入館してレシートを家に持って帰ったとき，残りのお小遣いは，$\textcircled{\frac{2}{3}}$＋①＝$\textcircled{\frac{5}{3}}$(円)

同様にして，１回目に入館してレシートを家に持って帰ったときの残りのお小遣いは，$\textcircled{\frac{5}{3}}$÷1.5＋①＝$\textcircled{\frac{19}{9}}$(円)，

最初のお小遣いは，$\textcircled{\frac{19}{9}}$÷1.5＋①＝$\textcircled{\frac{65}{27}}$(円)

これが 1300 円にあたるので，①は 1300÷$\frac{65}{27}$＝540 にあたる。よって，求める金額は，540 円である。

4　【解き方】ドットプロットを作ると，右図のようになる。

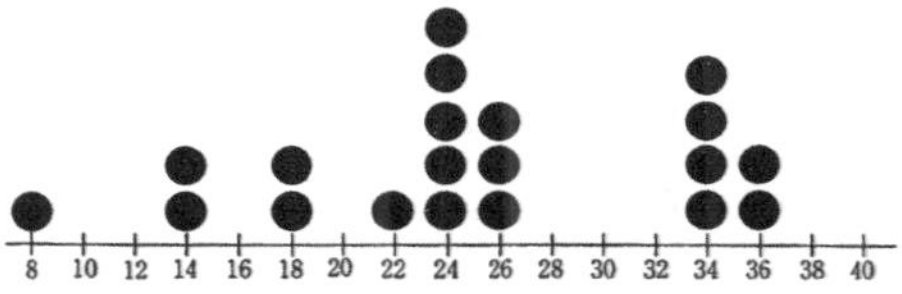

問１　出席番号 11 の人の得点は 22 点なので，高い方から数えて，２＋４＋３＋５＋１＝15(番目)である。

問２　このクラス 20 人の平均点は，

(８＋14×２＋18×２＋22＋24×５＋26×３＋34×４＋36×２)÷20＝25(点)

平均点と得点のちがいが４点以下の人は，得点が 25－４＝21(点)以上 25＋４＝29(点)以下なので，１＋５＋３＝９(人)いる。よって，求める割合は，$\frac{9}{20}$×100＝45(%)

問３　【解き方】(少なくとも１回は一番大きな円より外側の部分に当てたことのある人の人数)＝(クラス全体の人数)－(３回とも大きな円より内側の部分に当てた人の人数)で求められる。

大きな円より内側の部分に当てたときの得点は，すべて４の倍数である。よって，３回とも大きな円より内側の部

分に当てた人は，合計得点が4の倍数で，4×3＝12(点)以上である。2点を2回当てた場合も合計得点が4の倍数となるが，その合計得点は最大で2×2＋16＝20(点)である。12点以上20点以下で4の倍数の点数の人はいないから，3回とも大きな円より内側の部分に当てた人は，合計得点が24点，36点の5＋2＝7(人)いる。
少なくとも1回は一番大きな円より外側の部分に当てたことのある人は20－7＝13(人)いるので，求める割合は，
$\frac{13}{20}\times100=65$(%)

5 問1　順に広げていくと，右図のようになる。
この図形は，直線ℓと直線mについて線対称であり，点Oについて点対称である。

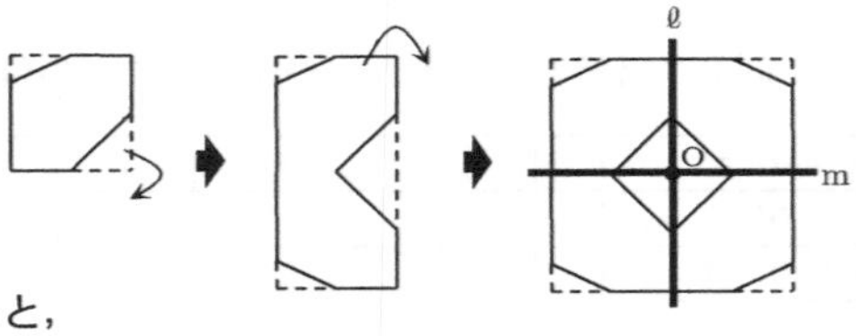

問2　【解き方】1回折るごとに面積は半分になるから，3回折ると，
面積は$\frac{1}{2}\times\frac{1}{2}\times\frac{1}{2}=\frac{1}{8}$(倍)になる。よって，求める面積は，3回折った後の色付き部分の面積の8倍である。
3回折ったあとの図形は，直角をはさむ2辺の長さが16÷2＝8(cm)の直角二等辺三角形である。
3回折ってから切った部分は，直角をはさむ2辺の長さが2cmの直角二等辺三角形3つなので，3回折った後の色付き部分の面積は，8×8÷2－(2×2÷2)×3＝26(cm²)　求める面積は，26×8＝208(cm²)

問3　【解き方】順に広げていくと，
右図のようになる。
半径が4cmの円の面積から，半径が1cmの円6個分の面積を引けばよいので，
4×4×3.14－1×1×3.14×6＝
(16－6)×3.14＝10×3.14＝31.4(cm²)

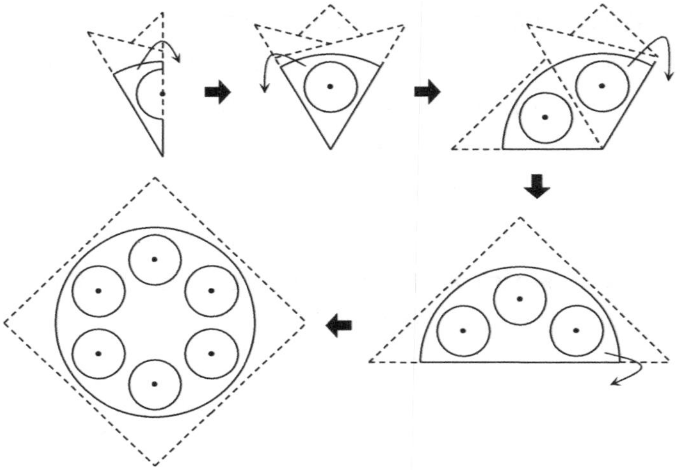

《2022　理科　解説》

1 問3　気体アはすべての生物が取り入れるので酸素，気体イはすべての生物が出すので二酸化炭素である。酸素を取り入れて二酸化炭素を出すことを呼吸という。

問4　植物(生き物A)の葉では，日光を受けて，水と二酸化炭素を材料にして自らでんぷんと酸素をつくり出す。このはたらきを光合成という。

問5　生き物Aは，自らでんぷんをつくり出すミドリムシ，イカダモ，クンショウモがあてはまる。生き物Bは水中の小さな生き物Aをえさとする動物だから，メダカがあてはまる。生き物Cは生き物Bを食べるので，サワガニがメダカを食べるアとアメリカザリガニがメダカを食べるカが正答である。

問6　生き物Bの数が増えると，生き物Bに食べられる生き物Aの数が減り，生き物Bをえさとする生き物Cの数が増える。

2 問1　酸性の水溶液《すいようえき》は青色リトマス紙を赤色に変え，アルカリ性の水溶液は赤色リトマス紙を青色に変える。中性の水溶液はどちらのリトマス紙の色も変えない。

問２　Ａでは石灰水が白くにごったので，とけているものは二酸化炭素である。

問３　Ｄでは赤色リトマス紙が青色に変わったので，アルカリ性の水溶液である。

問４，５　Ｅは重そう，Ｆは過炭酸ナトリウム(酸素系漂白剤《ひょうはくざい》の主成分)である。１本目は２本目に比べて空気が多くふくまれているので，二酸化炭素が発生するＥでは，１本目に２本目よりも多くの酸素がふくまれ，１本目の方がよく燃えた。また，酸素が発生するＦでは，２本目に１本目よりも多くの酸素がふくまれ，２本目の方がよく燃えた。

問６　酸素は水にとかすと中性を示すので，どちらのリトマス紙の色も変化しない。

問７　線こうの火の燃え方は酸素の割合で決まる。二酸化炭素と酸素が50%ずつふくまれている試験管では，酸素が約20%ふくまれる空気中よりも酸素の割合が大きいので，線こうがはげしく燃えて明るくなる。

3　**問１(2)**　月は太陽の光を受けて，かがやいているので，すべてのくぼみでかげが同じ向きにできる。なお，くぼみの形や大きさによって，できるかげの形，長さ，面積はことなる。

問２　②○…月は太陽や星と同じように，東の地平線からのぼり，真南で最も高くなって，西の地平線にしずむ。

問３　月は新月→三日月(約３日後)→上弦《じょうげん》の月(約７日後)→満月(約 15 日後)→下弦の月(約 22 日後)→新月(約 29.5 日後)の順に満ち欠けするので，図２の満月の１週間後には下弦の月になる。下弦の月は真夜中に地平線から出てくるので，夕方には見えない。

問４　月は太陽の光を受けて，かがやいているので，図４で観察者から見て太陽の光が当たって見える部分が光って見える。よって，右側半分が光って見える図１の上弦の月はア，図２の満月はキである。なお，下弦の月はオ，新月はウである。

4　**問１**　表２より，力点の位置が９の目盛りのときに，黒色のおもりが持ち上がることがわかる。

問２　表２で20ｇのときの棒のかたむきが水平になったのは，白色のおもりの位置が８のときである。このことからも，[重さ(ｇ)×支点からの目盛りの数]が左右で等しくなるときに，棒が水平になることがわかる。黒色のおもりは支点からの目盛りの数(ｂ)が５－３＝２だから，ｅは 30×２＝60 である。白色のおもりの重さが 20ｇ，15ｇのときもｅ＝60 になるようにする。ｃは 60÷20＝３，ｄは 60÷15＝４である。

問３　表４より，黒色のおもりの位置が４のとき，黒色のおもりが持ち上がることがわかる。

問４　もっと軽い(白色の)おもりで，黒色のおもりを持ち上げることができるかどうかを調べたいので，黒色のおもりの重さは引き続き 30ｇにして実験を続ける。表５の 15ｇのときの棒のかたむきが４のときに棒が水平になっていることに着目する。このとき[重さ(ｇ)×支点からの目盛りの数]の値が左右で等しく，棒を左にかたむけるはたらきは 30×(５－４)＝30 だから，支点からの目盛りの数が 30÷15＝２となるように，白色のおもりを７の目盛りの位置につり下げたことがわかる。

問５　これらの実験より，白色のおもり(力点)は支点からなるべく遠く，黒色のおもり(作用点)は支点からなるべく近くするほど，小さな力で荷物を持ち上げることができる。

問６　支点(Ｆ)から力点(Ｅ)までのきょりが支点から作用点(Ｄ)までのきょりよりも近いことで，力点よりも作用点のほうにはたらく力の大きさが小さくなるくふうがされている。

《2022　社会　解説》

1　**Ａ**　ウが正しい。インターネットショッピングの売上額が急増している背景には，携帯電話やスマートフォンの普及がある。　ア．ＳＮＳ上では誹謗中傷や個人情報などを書いてはならない。情報の拡散力があるため，情報モラルを意識して正しく活用しよう。　イ．他人の作品をコピーして使うことは著作権の侵害にあたるため，禁じられている。　エ．「ＰＯＳシステム」ではなく「ＧＰＳ」である。ＰＯＳシステムは販売時点情報管理システムである。

Ｂ　アが正しい。コンバインは稲を刈取り，もみを脱穀し，わらを裁断する農業機械である。　イ．米(ミニマム・アクセス米)の輸入義務を受け入れて，1999 年に米の輸入ができるようになったので，日本では米を輸入している。　ウ．米の消費量は下がり続けている。また，2009 年以降，日本の人口は減少し続けている。　エ．「秋田県」ではなく「山形県」である。最上川の下流には庄内平野が広がる。

Ｃ　イが正しい。西之島は巨大な海底火山の山頂部で，2013 年の噴火で出現した新島が溶岩流によって西之島と陸続きとなり，陸地が拡大した。　ア．日本は国土の約４分の３が山地である。　ウ．北海道も台風の被害を受ける。ただし，台風は北海道に上陸する前に勢力を弱めることが多い。　エ．一年中温暖な那覇市よりも，内陸の松本市の方が平均気温の年較差が大きい。

2　**問１**　アとイとエを選ぶ。地図記号は，記念碑が「」，博物館が「」，図書館が「」，小・中学校が「文」，果樹園が「」である。なお，県庁(◎)の地図記号は現在使われていない。また，弘前市は県庁所在地ではない。

問２(1)　白神山地(青森県・秋田県)は世界自然遺産に登録されている。　**(3)**　木と木の間を広げて太陽の光が届くように，ところどころの木を切る。林業では，植栽(植林)，下(草)刈り，枝打ち，間伐，伐採の順で行う。

問３　プレスは，鉄板を切ったり曲げたりして，ドアや屋根などの部品をつくること。溶接は，部品を熱でとかしてつなぎ合わせること。塗装は色を塗ること。段々と完成形に近づいていくから，イ→ウ→アの順になる。

問４　東から順に，ウ．京葉工業地域→イ．中京工業地帯→ア．北九州工業地域。中京工業地帯は機械工業の割合が高く，京葉工業地域は化学工業の割合が高いことから判断できる。

問５　防潮堤は，台風による高潮や地震による津波の被害を防ぐ。2011 年の東日本大震災をきっかけにして，津波から逃れるために津波避難タワーなどが増えたことも覚えておこう。

3　**問１**　８世紀初めの国を治めるための法律は大宝律令である。防人は，飛鳥時代の白村江の戦い以降に作られた兵士の役である。

名称	内容
租	収穫した稲の約３％
調	布または特産物
庸	10 日間の労役にかわる布
雑徭	年間 60 日以内の労役
衛士	１年間の都の警備
防人	３年間の九州北部の警備

問２　聖武天皇は，仏教の力で世の中を安定させようとして全国に国分寺を，奈良の都に東大寺と大仏をつくらせた。

問３　藤原道長は平安時代の有力な貴族であり，藤原氏の摂関政治(娘を天皇のきさきとし，生まれた子を次の天皇に立て，自らは天皇の外戚として摂政や関白となって実権をにぎる政治)が全盛だった頃の摂政であった。

問４　エが誤り。文化の日は国民の祝日であり，日本国憲法が公布された 1946 年 11 月３日に由来する。

問５　御恩は，将軍が功績のあった御家人に対して，以前からの領地を保護したり，新たな領地を与えたりしたこと。源氏の将軍が三代(源頼朝・頼家・実朝)で途絶えたのをきっかけに，後鳥羽上皇が鎌倉幕府打倒をかかげて挙兵した(承久の乱)。鎌倉幕府方は，北条政子の呼びかけのもと，これを打ち破った。その結果，西国の武士や朝廷の監視を目的に京都に六波羅探題が置かれ，西国の地頭に関東の御家人が任じられ，幕府の支配は九州～関東に及んだ。

問６　源氏の将軍が途絶えた後も御家人と将軍の主従関係は続いていたが，将軍は名目的存在であり，将軍を補佐する執権についた北条氏が政治の実権をにぎった。

問７　1600 年の関ヶ原の戦い直後に取りつぶされた大名が多いことから，関ヶ原の戦い前後に徳川氏に従った外様大名と判断する。外様大名は最も江戸から遠ざけられ，徳川家一門の親藩や古くから徳川氏に従っていた譜代大名が要地に配置されていた。

問８３）　③「大きな船をつくってはならない」から，徳川家光によって制定された寛永令(1635 年)と判断する。

武家諸法度は，1615年に徳川家康の命令で徳川秀忠のときに初めて定められた。寛永令では参勤交代も制定された。

4 **問1**(1) 福沢諭吉は『学問のすゝめ』の著者，慶応義塾大学の創立者として知られる。 (2) 野口英世は黄熱病を研究した細菌学者として知られる。

問2 エが誤り。国際連盟は満州国の独立を認めなかった。そのため，日本は国際連盟に対して1933年に脱退を通告し，1935年に正式に脱退した。

問3 ウが誤り。平泉(岩手県)は世界文化遺産である。日本の世界自然遺産は登録順に，屋久島(鹿児島県)・白神山地(青森県・秋田県)・知床(北海道)・小笠原諸島(東京都)・奄美大島，徳之島，沖縄島北部及び西表島(鹿児島県・沖縄県)である。

問4 エが誤り。夏目漱石は明治末期から大正初期にかけて活躍した小説家なので，江戸時代末期に暗殺された坂本龍馬と期間はかぶらない。

問5 ウ．沖縄返還と同じ1972年に日中共同声明が発表され，後に日中平和友好条約が結ばれたことから，Ⅲと判断する。日米安全保障条約の締結(1951年)，東京オリンピック・パラリンピック(1964年)，日中平和友好条約の締結(1978年)

問6 1872年，横浜－新橋間に日本初の鉄道が開通した。昭和時代前半まで鉄道輸送が中心となり，その後，自動車輸送が中心になっていった。

問7 両方とも誤りだからエを選ぶ。 X．西郷隆盛は岩倉使節団として派遣されなかった。岩倉使節団の大久保利通らが帰国後に征韓論を退けると，征韓論を主張していた板垣・西郷らが明治政府を去った(明治六年政変)。
Y．岩倉使節団は不平等条約の改正に失敗した。岩倉使節団派遣の目的は，幕末に結んだ日米修好通商条約などを改正するための予備交渉であったが，交渉に失敗したため，欧米の進んだ政治や産業を学ぶことにきりかえ，2年近く欧米を歴訪した。

問8 エが正しい。葛飾北斎は江戸時代後期の化政文化を代表する浮世絵師である。歌川広重は「東海道五十三次」などの浮世絵を描いた。本居宣長は『古事記伝』を書き，国学を大成した。近松門左衛門は『曽根崎心中』など，浄瑠璃・歌舞伎の脚本を書いた。

5 **問1** ①高価な農機具を農家で共同購入することでコストを削減し，効率よく米作りができるので利益を増やせる。

問2 消費者の要望に合わせて品種改良を重ねた米はブランド米と呼ばれる。品種改良によって病害虫に強い種類の作物の開発を進めたりしている。

問3 アが正しい。水産物のブランド化の例には，チョコレートを混ぜたエサを与えて育てた，愛媛県産の「チョコブリ」などが有名である。イは⑤，ウは④，エは①と同様の工夫である。

問4 ジャスト・イン・タイム方式は，必要なときに必要なものを必要なだけ生産する方式のこと。そのため，倉庫に余分な在庫が保管されないので，天災などにより部品などの関連工場が操業を停止すると，被害のない工場でも操業を停止せざるを得なくなる。

6 **問1** 現在は17の目標の「ＳＤＧｓ(持続可能な開発目標)」が掲げられ，環境・経済・人間社会のバランスがとれた社会を取り戻し継続していくことが世界中で目指されている。

問3 アが正しい。ユニセフ(国連児童基金)は，世界の子どもたちが平和で健康な生活を送れるように，食料や医薬品を届けたり，予防接種を受けられるようにするための募金活動を行ったりしている。イはユネスコ(国連教育科学文化機関)，ウはＷＨＯ(世界保健機関)，エは安全保障理事会。

★広島大学附属中学校

《国　語》

[一] 問１．a．意外　b．前提　c．関門　問２．A．ア　B．オ　C．エ　D．イ　問３．文字を読むこと。
問４．私たちの心　問５．ア　問６．ウ　問７．ウ　問８．複雑で洗練された「嘘」に慣れ、際どい嘘をうまく利用して言葉としなやかに付き合う力がつくという良さ。

[二] 問１．A．ア　B．オ　C．イ　問２．エ　問３．a．ア　b．ウ　問４．きん張が解けてつかれを感じたが、気じょうにふるまい、まだ危ないと言う祖父を安心させようとする様子。　問５．イ　問６．エ　問７．【え】
問８．自信のない美緒を守る役割から、染織職人になる覚悟を固め、その一歩をふみ出させる役割に変化した。

《算　数》

[1] 問１．商…51　あまり…１　問２．$\frac{6}{7}$　問３．６　問４．56
問５．(1)(う)　(2)(お)

[2] 問１．右グラフ　問２．３　問３．1600

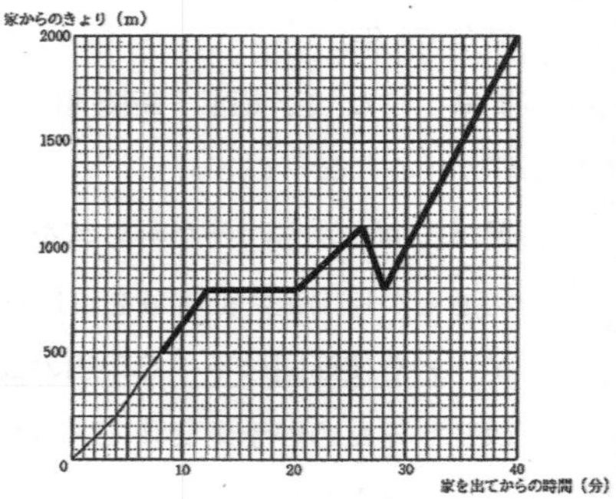

[3] 問１．(1)辺ＥＦ，辺ＤＣ，辺ＨＧ　(2)340　問２．(1)5.72　(2)15

[4] 問１．１になる整数…17，23　同じになる整数…11，13，29　問２．47

[5] 問１．（７，２）（４，６）（１，10）　問２．（４，10，２）（７，２，７）

《理　科》

[1] 問１．あ．子葉　い．２　問２．ア　問３．ア　問４．(1)関節　(2)い．ア　う．ウ　問５．(1)ア　(2)イ

[2] 問１．オ　問２．①×　②×　問３．高度　問４．ア　問５．ア

[3] 問１．あ．イ　い．ウ　問２．あ．水面の位置の変化　い．わかりやすく
問３．とつ然，激しくふっとうするのを防ぐため。　問４．イ　問５．あ．ア　い．ア　う．イ
問６．記号…ウ　理由…水から変化した水蒸気がガラス管を通って丸底フラスコの外に出ていったから。

[4] 問１．エ　問２．B．イ　C．ウ　問３．(1)ク　(2)b　問４．a．イ　b．ア　c．ア　問５．イ

《社　会》

[1] 問１．大西洋　問２．イ　問３．津波〔別解〕高潮　問４．ウ　問５．四国山地と中国山地にはさまれた

[2] 問１．ア　問２．１．化学肥料　２．堆肥　問３．化学　問４．イ

[3] 問１．(1)F　(2)B　(3)B　問２．(1)B　(2)②→③→①　問３．(1)E　(2)③→②→①
問４．(1)a．F　b．G　c．C　(2)a．ウ　b．オ　c．ア　問５．１．アイヌ　２．松前　３．朝鮮　４．オランダ

[4] 問１．１．廃藩置県　２．日清戦争　問２．イギリス　問３．ア→ウ→エ→イ　問４．厳島神社
問５．イ　問６．(1)H　(2)K　(3)E　(4)H

[5] 問１．①ア　②イ　③ウ　問２．(1)法律　(2)裁判所
問３．(1)児童手当の給付／保育所の運営／介護保険の運営 などから１つ　(2)保険料／地方税　問４．(1)エ　(2)エ
問５．国民主権／平和主義

《2021　国語　解説》

一 問２Ａ　「読書そのものから人が遠ざかりつつある～紙の頁《ページ》よりもパソコンやスマートフォンの『画面』でしょう」ということを認めたうえで、「でも」以降で、「本質的な部分はそれほど違《ちが》わないのでは～人が言葉と無縁《むえん》になったわけでは決してない」という筆者の意見を述べている。このつながりから、アの「もちろん」が適する。

Ｂ　「～情報であっても」につながるので、オの「たとえ」が適する。　Ｃ　「自分のことを言われているような」につながるので、エの「まるで」が適する。　Ｄ　仮想現実にひたることが問題だというよりは、「虚構《きょこう》との付き合い方を忘れてしまった」ことのほうが問題だと指摘しているので、イの「むしろ」が適する。

問３　――部①をふくむ文の直後で「やはりそこには文字がある。読むことが必要である」と述べている。紙でも、パソコンやスマートフォンの画面でも、文字を読む点では同じだということ。

問４　「小説離《ばな》れ文学離れ」の理由について、――部②をふくむ段落の二つ後の段落で述べている。「何しろ、それ(小説)は虚構(つくりばなし)である。私たちの心や身体には元々、異物や偽物《にせもの》や不要な物を排除《はいじょ》するメカニズムが備わっています～嘘《うそ》だとわかると～しらけるのです」とある。小説(文学)は「嘘」であることが前提となっているものだから、身体のメカニズムによって、「くさみ」を感知すると避《さ》けたくなるということ。

問５　――部③をふくむ段落では、「なぜ～小説が読めないのか」という問いに対する筆者の答えが述べられている。この段落の内容に合う、アが適する。

問６　――部④の具体例は、その前にある「将来について仮想し準備を整えるとき」や、「すでに起きてしまった現実を前にして～『忘れよう』と思うことで前に進む」ときである。よって、ウが適する。

問７　筆者が「どうも違うな」と思っているのは、「ネット上の仮想現実にばかりひたっているから現実世界と対応できない、といった批判」である。筆者は「仮想であること自体が悪いのではありません」と述べ、「人が虚構との付き合い方を忘れてしまった」こと、「際《きわ》どい嘘を、うまく利用することができなくなってきた」ことを問題視しているので、ウが適する。

問８　どのような良さがあるから小説を読もうというのか。後ろから３段落目に「そこはまさに小説の活躍《かつやく》するはずの場所なのです」とあることに着目する。「そこ」とは、その直前の段落より、虚構とうまく付き合えるところ、「際どい嘘」がうまく語られているところだと読み取れる。そのようなものを読まなくなったから「複雑で洗練された『嘘』に反応できない人も増えた」のだと述べている。つまり、小説を読むと「複雑で洗練された『嘘』」に慣れる、「際どい嘘」とうまく付き合えるようになる、「言葉との付き合い方が頑《かたく》なに」ならない、ということ。

二 問１Ａ　直前の「一筋ずつ～やさしく」より、ていねいに心をこめて作ってくれたものだということ。よって、アの「慈《いつく》しむよう」が適する。　Ｂ　祖父の行動を見て、美緒《みお》も急いで消火器を取りに行ったということ。よって、オの「弾《はじ》かれたよう」が適する。　Ｃ　美緒から「染めを教えてください」と言われて、祖父はすぐに答えたわけではない。理由をたずね、目を閉じて「お前のお祖母《ばあ》さんも昔、まったく同じことを言って～去っていった」ことなどに思いをめぐらせたうえで、やっと「わかった」と言った。よって、イの「絞《しぼ》り出すよう」が適する。

問２　――部①に続く部分に着目する。「水仙《すいせん》月の四日」の中に出てくる「赤い毛布をかぶり、吹雪《ふぶき》のなかで遭難《そうなん》した子ども」のことを考えた後、「赤いショールを頭に深くかぶった自分」の姿を見つめ、「頭からショールを外し、両肩《りょうかた》に掛《か》けてみた」、そして「これが～色と布の力だ」と思っている。この内容に、エが適する。

問４　必死で火を消している最中には感じなかった「消火器の重さ」を「ずしりと」感じたのは、火を消すことができて「大丈夫《だいじょうぶ》、もう大丈夫だよ」と言える状態になったからだと考えられる。それでも「なるべく軽《かる》やかに(消火器を)持ち～残りの薬剤《やくざい》を天井に吹《ふ》き付《つ》ける」という行動をしたのは、「さがりなさい、危ないから」と言った(まだ危ないと思っている)祖父を安心させようとしたということ。これらの内容をまとめる。

問5　美緒は「おじいちゃんは下がって！」と言って消火器を使い、火を消した。このたのもしい様子とは対照的に、祖父は床《ゆか》にうずくまって「私はもう……駄目《だめ》かもしれない」と言い、自分の限界を感じている。だからこそ、美緒の成長を感じた今、その思いをはっきり聞いておきたいと思ったのである。この内容に、イが適する。

問6　美緒は「昨夜の炎《ほのお》の色が目にまだ残っている」ため「赤」と答えるのをためらったが、決意をきちんと伝えようと「赤です」と言ったところ、案の定「祖父が目を伏《ふ》せた」。この様子を見て、やはり気落ちしている今の祖父に話すのはやめたほうがいいのではないかという気持ちになった。しかし、その気持ちを抑《おさ》えて「美緒は言葉を続ける」とあるので、どうしても今伝えなければと思っていることがわかる。この内容に、エが適する。

問7　【あ】の前は、「日が沈《しず》むと」「月の光が」といった表現から、夜であることがわかる。【あ】から【い】の間も、同じ日の夜。【う】の前のやり取りは、「翌日の夜～ホットサンドを運んだ」ときのもの。蝉《せみ》は夜に鳴かないので、【あ】～【う】は適さない。「三日後の朝～染め場に入った」ときの様子が書かれた、【え】が適する。

問8　――部①と【あ】の間の内容に着目する。母からの「職人になる覚悟《かくご》はあるのか」という問いにはっきり答えられなかった美緒が「覚悟……と考えながら～ショールを頭からかぶる」姿は、「見るからに自信がなさそうな子ども」のようであった。しかし、そのショールを「両肩に掛けてみた」ところ、自分が「堂々として」見えた。そして「背筋を伸ばすと顔が晴れやかになり～力が湧《わ》いてくる」とある。このとき美緒は「(ショールに)守られるのではなく、背中を押《お》されているみたいだ」と思い、「赤がいい。強くそう思った」「今すぐ、作り始めたい衝動《しょうどう》に突《つ》き動かされ、部屋を出た」とある。美緒にこのような心情の変化をもたらしたショールの役割を説明する。

《2021　算数　解説》

1　問1　与式＝(27＋3901)÷77＝3928÷77＝51 余り 1

問2　**【解き方】オレンジジュースの本数を，21 と 9 の最小公倍数である$\textcircled{63}$として，りんごジュースとパインジュースの本数を表す。**

りんごジュースの本数は，オレンジジュースの本数の$\frac{22}{21}$倍だから，$\textcircled{63}\times\frac{22}{21}=\textcircled{66}$

パインジュースの本数は，オレンジジュースの本数の$\frac{11}{9}$倍だから，$\textcircled{63}\times\frac{11}{9}=\textcircled{77}$

よって，りんごジュースの本数とパインジュースの本数の比は$\textcircled{66}$：$\textcircled{77}$＝6：7だから，比の値は$\frac{6}{7}$である。

問3　**【解き方】サッカーと野球の割合から，5年生全体の人数を求める。**

サッカーが一番好きな人は全体の 0.395 倍以上 0.405 倍未満だから，19÷0.395＝48.1…，19÷0.405＝46.9…より，5年生全体の人数は，47 人か 48 人だとわかる。野球が一番好きな人の割合を，小数第3位を四捨五入して百分率で表すと，47 人の場合は$\frac{15}{47}$＝0.319…より 32%，48 人の場合は$\frac{15}{48}$＝0.3125 より 31%となるので，5年生全体の人数は 47 人である。よって，テニスが一番好きな人の人数は，47－(19＋15＋4＋3)＝47－41＝6(人)

問4　**【解き方】1時間＝60 分より，Aさんと B さんの同じ時間でぬることができるかべの面積の比は，同じかべの面積をぬるのにかかる時間の比である 60：50＝6：5の逆比の5：6となる。**

Aさん，Bさんが1分でぬることができるかべの面積をそれぞれ，5，6とする。

１日目は２人が同時に１時間 40 分＝100 分ぬったので，ぬることができたかべの面積は，$(5+6)\times100=1100$

これが全体の$\frac{2}{3}$だから，かべ全体の面積は $1100\div\frac{2}{3}=1650$，１日目にぬり残したかべの面積は，$1650-1100=550$

２日目にＡさんが１人でかべをぬっていた時間は 11 分であり，その時間でぬったかべの面積は $5\times11=55$ だから，２人でかべをぬっていた時間は，$(550-55)\div(5+6)=45$(分)である。

したがって，求める時間は，$11+45=56$(分)

問５(1)　(あ)は正方形，(い)は長方形，(う)はひし形，(え)は平行四辺形，(お)は台形，(か)はたこ形(となり合う２本の辺の長さが等しい組が２組ある四角形)である。

(あ)～(お)のうち，線対称な図形は(あ)，(い)，(う)，(お)，(か)，点対称な図形は(あ)，(い)，(う)，(え)である。条件に合うのは(う)であり，対称の軸，対角線はともに図 i の太点線である。

図 i

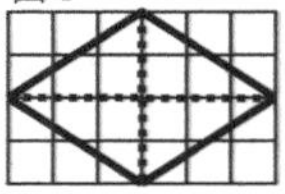

図 ii

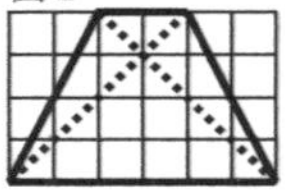

(2)　(1)をふまえる。条件に合うのは(お)であり，対角線は図 ii の太点線である。

２　**問１**　時速３km＝分速$\frac{3\times1000}{60}$m＝分速 50m，時速 4.5 km＝分速 75m，時速９km＝分速 150m

よって，Ａさんは 10 時４分－10 時＝４分間で $50\times4=200$(m)進み，コンビニエンスストアまで残り $800-200=600$(m)を分速 75m で進んだから，コンビニエンスストアには 10 時４分＋$(600\div75)$分＝10 時 12 分に着いた(家からの距離《きょり》は 800m)。その後 10 時 20 分まで休憩《きゅうけい》し，コンビニエンスストアを出発した。

10 時 20 分＋$(300\div50)$分＝10 時 26 分に，家からの距離が $800+300=1100$(m)の地点でかさを忘れたことに気がつき，10 時 26 分＋$(300\div150)$分＝10 時 28 分にコンビニエンスストアに再び着いた。

そこからは一定の速さで歩き，10 時 40 分に図書館に着いた。

以上より，グラフは，出発してから８分後までは解答用紙にかかれているので，(８分，500m)(12 分，800m)(20 分，800m)(26 分，1100m)(28 分，800m)(40 分，2000m)をそれぞれ直線で結べばよい。

問２　【解き方】問１をふまえ，２回目にコンビニエンスストアを出発してから図書館へ向かうときの速さを求め，そこからかさをさして歩いた時間を求める。

コンビニエンスストアから図書館までの２km－800m＝2000m－800m＝1200m を 10 時 40 分－10 時 28 分＝12 分で進んだのだから，２回目にコンビニエンスストアを出発してから図書館へ向かうときの速さは，分速$(1200\div12)$m＝分速 100m である。かさをさして歩いたのはそのうちの 300m だから，求める時間は，$300\div100=3$(分間)

問３　【解き方】問１をふまえる。同じ時間で進む道のりの比は，速さの比に等しいことを利用する。

時速 12 km＝分速$\frac{12\times1000}{60}$m＝分速 200m である。10 時 28 分に，兄は家を出て，弟はコンビニエンスストアを出た(２回目)から，ここから兄がＡさんに追いつくまでに進む道のりと弟が進む道のりの比は，速さの比に等しく，200：100＝２：１である。この比の数の $2-1=1$ が 800m(家からコンビニエンスストアまでの距離)にあたるので，兄がＡさんに追いついた地点は，家からの距離が $800\times2=1600$(m)である。

これは 2000m(家から図書館までの距離)をこえていないので，正しい。

３　**問１(1)**　図１の底面(あ)は台形であり，図２の面ＡＥＦＢと面ＤＨＧＣは平行なので，ＡＢと平行な辺は，辺ＥＦ，辺ＤＣ，辺ＨＧである。

(2)　【解き方】図２について，図１のように広げたときの記号をかきこむと，右図のようになる。

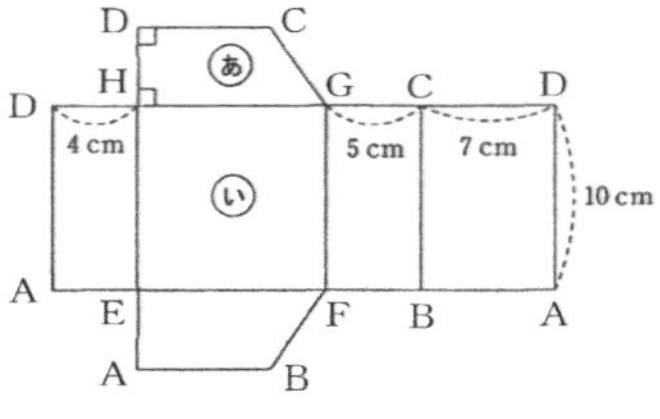

これより，四角柱の底面は上底ＡＢ＝７cm，下底ＥＦ＝ＤＡ＝10 cm，高さＡＥ＝４cmの台形で，高さがＤＡ＝10 cmだから，体積は，

$\{(7+10)\times4\div2\}\times10=34\times10=340$(cm³)

問２⑴　**【解き方】右のように作図する。求める面積は，１辺４㎝の正方形の面積から，半径が４÷２＝２(㎝)，中心角が90°のおうぎ形の面積の２倍と，１辺２㎝の正方形の面積をひけばよい。**

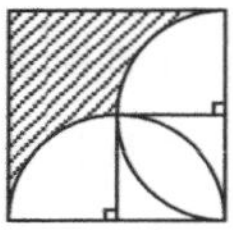

$4\times4-2\times2\times3.14\times\frac{90^\circ}{360^\circ}\times2-2\times2=16-6.28-4=5.72$(㎠)

⑵　**【解き方】右のように作図する。三角形ＡＢＣはＢＡ＝ＢＣ＝４㎝の二等辺三角形，三角形ＢＣＤは正三角形を二等分してできる図形であることに気づきたい。**

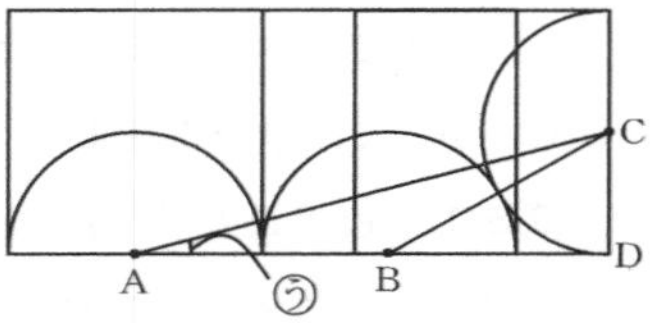

ＢＣ＝ＢＡ＝２＋２＝４(㎝)，ＤＣ＝２㎝だから，三角形ＢＣＤは正三角形を二等分してできる図形である。したがって，角ＣＢＤ＝60°÷２＝30°

三角形の１つの外角はこれととなり合わない２つの内角の和と等しいことと，角ＢＡＣ＝角ＢＣＡであることから，角㋒＝30°÷２＝15°

4　問１　それぞれを変化させる。

11→26→13→28→14→７→22→11　　13→28→14→７→22→11→26→13　　17→32→16→８→４→２→１

23→38→19→34→17→32→16→８→４→２→１　　29→44→22→11→26→13→28→14→７→22

よって，「１になる整数」は，17と23，「同じになる整数」は，11と13と29である。

問２　**【解き方】操作をさかのぼっていき，条件に合う数を探す。２の積だけで表せる整数は「１になる整数」だから，２の積だけで表せる整数から，「15をひく」，「２倍する」という操作を33以上の奇数になるまでくり返し行う。２の積だけで表せる整数から15をひいたあとは，これより小さい奇数にはならないから，「15をひく」，「２倍する」を交互に行って探す。16から15をひくと１になってしまうから，32からさかのぼって考える。**

操作をさかのぼると，32は32－15＝17にさかのぼる。17は17×２＝34にさかのぼる。このようにしてさかのぼると，32←17←34←19←38←23←46←31←62←47より，47が見つかる。これは，32×２＝64からさかのぼった場合の64－15＝49より小さく，これ以降さかのぼっても49より小さい奇数にならないから，条件に合う。

よって，求める整数は47である。

5　問１　**【解き方】20と15の最小公倍数は60なので，Ａ60÷20＝３(箱)はＢ60÷15＝４(箱)に置きかえることができることを利用する。まずは，Ａを一番多く使用する組み合わせを考える。**

Ａを一番多く使用する組み合わせは，20×７＋15×２＝170より，(７，２)である。

ここから，Ａ３箱はＢ４箱に置きかえられるので，求める組み合わせは，(７，２)(４，６)(１，10)である。

問２　**【解き方】ボールの個数の一の位の数に注目する。Ａ，Ｂに入っているボールの個数の合計の一の位の数は０か５であり，ボールは全部で254個だから，Ｃに入っているボールの個数の合計の一の位の数は４となる(Ａ，Ｂのボールの個数の合計の一の位の数は０)。よって，考えられるＣの箱の数は，12×２＝24より２箱，12×７＝84より７箱，12×12＝144より12箱である(箱は全部で16箱だから)。**

Ｃが２箱のとき，ＡとＢは全部で16－２＝14(箱)あり，ＡとＢに入っているボールは全部で254－24＝230(個)

14箱すべてＢだとすると入っているボールは15×14＝210(個)となり，実際より230－210＝20(個)少ない。

Ｂ１箱をＡ１箱に置きかえると，入っているボールは20－15＝５(個)多くなるので，Ａは20÷５＝４(箱)，Ｂは14－４＝10(箱)となる。

Cが7箱のとき，AとBは全部で16－7＝9(箱)あり，AとBに入っているボールは全部で254－84＝170(個)

問1より，170個となる組み合わせのうち，AとBが全部で9箱になるのは，Aが7箱，Bが2箱のときである。

Cが12箱のとき，AとBは全部で16－12＝4(箱)あり，AとBに入っているボールは全部で254－144＝110(個)

Aが4箱でも20×4＝80(個)となり110個をこえないので，条件に合うA，Bの組み合わせはない。

したがって，求める組み合わせは，(4，10，2)(7，2，7)である。

《2021　理科　解説》

1 **問1**　発芽したときに最初に出てくる芽を子葉という。ヘチマの子葉は2枚である。

問2　ア○…図2では，日がたつにつれて気温が上がっていっていること，25日の気温が30℃近くなっていることから，7月ごろだと考えられる。4月18日に子葉が出たヘチマは7月にはくきがのびて，葉の数がふえている。

問3　ア○…図3では，日がたつにつれて気温が下がっていっていること，25日の気温が10℃以下になっていることから，11月だと考えられる。11月には冬鳥のカモが池に見られる。

問5　うでを曲げたときは，筋肉①はちぢみ，筋肉②はゆるむ。一方，うでをのばしたときは，筋肉①はゆるみ，筋肉②はちぢむ。

2 **問1**　オ○…川は上流ほど流れが急だから，川底がけずられて川はばがせまくなる。

問2①　×…川の曲がっているところの内側では水の流れがゆるやかで，小石や砂がたい積して川原ができやすい。したがって，川原はbに見られ，aには見られない。　②　×…石の角は，流れる水によって運ばれてくる間に川底や他の石とぶつかってけずられる。

問4　ア○…オリオン座のベテルギウスとさそり座のアンタレスはいずれも赤っぽい色の星である。

問5　ア○…オリオン座は冬，さそり座は夏の星座で，それぞれの季節の午後8時に南の空に見える。星座を同じ時刻に観察すると，1か月に30度ずつ西へ移動し，1年後にもとの位置にもどるので，5月の午後8時には，オリオン座の一部が西の空の低い位置に，さそり座の一部が東の空の低い位置に見える。

3 **問1**　水は4℃のときに体積が最も小さく，4℃から温度を下げていっても上げていっても体積は大きくなる。実験1では20℃の水を②であたため，③で冷やしているので，②では水の体積が増えて，水面はしるしよりも上の位置にある。一方，③では水の体積が減って，水面はしるしよりも下の位置にある。

問2　ガラス管が太いと，水の温度が変化して体積が変化しても，水面の位置の変化が小さくなって，変化がわかりにくくなる。

問4　イ○…水を加熱すると温度が上がっていき，100℃に達すると水が水蒸気に変化するのに熱が使われるため，温度が一定になる。

問5　水がふっとうしているとき，出てくるあわは液体の水が変化してできた水蒸気(気体の水)である。ガラス管から出てきた水蒸気が空気中で冷えて，小さな水てきに変化して目に見えるようになったものが湯気である。

4 **問1**　エ○…Cには虫めがねを通った光がすべて集まっているので，Aよりも明るく，Bは，影になって光が当たらないDと同じくらい暗い。

問2　Bには光が当たらないので，暗いまま変化しない。また，Cが小さくなっていくと，よりせまい部分に同じ量の光が集まるので，しだいに明るくなる。

問3(1)　ク○…虫めがねを通った光は虫めがねよりも広がったので，cの明るさはaよりも暗く，dは取っ手によって日光がさえぎられ，虫めがねを通った広がった光だけが当たっているので，cと同じ明るさである。

(2)　b○…光が集まって明るい部分ほど，あたたかくなる。

問４　日光が直接当たる部分の明るさは変化しないので，ａの明るさは変化しない。虫めがねを通った光が当たる部分はさらに広がって暗くなるので，ｂとｃは暗くなる。

問５　イ○…ｃとｆには虫めがねを通った光だけが当たっているので，これらの明るさは区別できなくなる。

《2021　社会　解説》

1　問１　三大洋は，大きい順に太平洋，大西洋，インド洋である。

問２　イを選ぶ。灯台がないのは，海のない栃木県・群馬県・埼玉県・山梨県・長野県・岐阜県・滋賀県・奈良県。新幹線が通らないのは，千葉県・山梨県・福井県・三重県・奈良県・和歌山県・島根県・鳥取県・香川県・徳島県・高知県・愛媛県・長崎県・大分県・宮崎県・沖縄県。高速道路は全都道府県に通っている。

問３　海抜が低い地域は，震災発生時には津波，台風通過時には高潮が流れ込む危険性がある。

問４　ウが誤り。防風林は，日本海から吹く北西季節風の強い風から家を守るための工夫である。

問５　夏の南東季節風が四国山地の南側に雨を降らせ，冬の北西季節風が中国山地の北側に雪を降らせる(右図参照)。

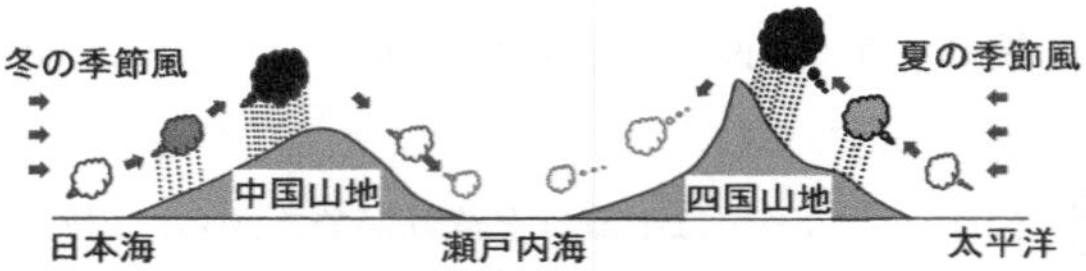

2　問１　アが正しい。稚魚を一定の大きさまで育てた後，海や川に放流して自然の中で育てるさいばい漁業と，いけすや網で区切った海などで，出荷するまで人工的に育てる養殖の違いを押さえる。

問２(2)　家畜ふん堆肥には，農作物の養分となる肥料の効果の他，土壌環境を改善する土づくりの効果もある。

問３　日本は1950年代後半から1970年代初めにかけて，化学工業の発展によって高度経済成長を遂げた。

問４　イ．地熱発電は火山活動によって生み出された地熱によって発生する蒸気を利用し，Ｂの大分県には日本最大の八丁原発電所がある。Ａは福岡県，Ｃは熊本県，Ｄは宮崎県。

3　問１(1)　Ｆ．日明貿易(勘合貿易)は，室町時代に足利義満が始めた。　(2)　Ｂ．中国の歴史書『魏志』倭人伝には，弥生時代に邪馬台国の卑弥呼が魏に使いを送り，「親魏倭王」の称号や，100枚ほどの銅鏡を授かったことが記されている。　(3)　Ｂ．機織りの技術や漢字は，古墳時代に大陸から日本に移り住んだ渡来人によって伝えられた。

問２(1)　仏教は古代に伝わったからＢを選ぶ。　(2)　朝鮮半島を経由し，中国の仏教が日本に伝わったので，②→③→①の順になる。

問３(1)　中世にあたるＥを選ぶ。　(2)　③一ノ谷の戦い(平安時代末期)→②承久の乱(1221年／鎌倉時代)→①元寇(1274年・1281年／鎌倉時代)

問４(1)・(2)ａ　Ｆ．龍安寺(ウ)は，室町時代に京都に建てられた。　ｂ　Ｇ．日光東照宮(オ)は，江戸時代に栃木県に建てられた。　ｃ　Ｃ．法隆寺(ア)は，飛鳥時代に聖徳太子によって奈良に建てられた。

問５(1)・(2)・(3)　鎖国中，対馬藩は朝鮮，松前藩はアイヌの人々(蝦夷地)，薩摩藩は琉球王国との窓口になった。

(4)　オランダ語で書かれた書物を通じて西洋の学術を研究しようとした蘭学は，８代将軍徳川吉宗の享保の改革の中で，漢文に訳された洋書の輸入をゆるめたことで登場した。

4　問１(1)　廃藩置県によって，明治政府から派遣された役人(県令や府知事)がそれぞれの県を治めることとなり，江戸時代の幕藩体制が完全に解体された。　(2)　日清戦争に勝利した日本は，講和条約の下関条約(1895年)で，多額の賠償金や台湾・澎湖諸島・遼東半島(後に三国干渉で清に返還)を獲得した。

問2　日英同盟は，ロシアの南下政策に対抗するために結ばれた。

問3　ア．日独伊三国同盟の締結(1940 年)→ウ．真珠湾攻撃(1941 年)→エ．学徒出陣(1943 年)→イ．アメリカ軍の沖縄上陸(1945 年)

問4　厳島神社は，平安時代末期，平清盛による日宋貿易の際に航海の守護神として信仰された。

問5　イ．　1582 年に大友義鎮(宗麟)・大村純忠・有馬晴信の３キリシタン大名は，天正遣欧少年使節をローマ教皇のもとに派遣した。

問6(1)　H．日韓基本条約の締結は 1965 年。　(2)　K．東日本大震災は 2011 年。　(3)　E．男子普通選挙法の制定は 1925 年。　(4)　H．東海道新幹線の開通は 1964 年。

5　**問1**①　ア.「国から制限を受けない」から自由権を導く。　②　イ.「国が積極的に関わる」から社会権を導く。　③　ウ.「基本的人権を守る」から参政権を導く。

問2(1)　国会は「国の唯一の立法機関」であると日本国憲法で定められている。これは，国会以外の機関が法律を制定することはできないという意味である。　(2)　国会が制定した法律が憲法に違反していないかどうかを審査する違憲審査権は，すべての裁判所が持つ権限である。

問3(1)　子育てや，介護・医療などに関する取組をおこなっている。　(2)　少子高齢化が進む中で，社会保険料を納める働く世代が減少する一方，年金や医療保険給付を受ける高齢者が増えており，社会保障制度の改革が議論されている。

問4(1)　エが誤り。衆議院に立候補できるのは満 25 歳以上である。　(2)　エを選ぶ。裁判員裁判では，重大な刑事事件の一審について，くじで選ばれた６人の裁判員と３人の裁判官で審議し，有罪か無罪か，有罪であればどのような量刑が適当かを決定する。個人間の私的なもめごとを審理するのは民事裁判である。

★広島大学附属中学校

《国　語》

一　問１．エ　　問２．ア　　問３．⑴隠していたはずの自分の脚の不調にただひとり気づいた　⑵１００の決勝前に異変を感じたことには気づかなかった　　問４．エ　　問５．イ　　問６．天野の脚のためを思って言ったのだが、そのせいで天野がインターハイのリレーに出られなくなったから。　　問７．ウ　　問８．ア　　問９．自分自身の心の中に、天野の脚の不調に気がつかなかった方がよかったのかもしれないという迷いや不安がわだかまっていること。

二　問１．ａ．技術　ｂ．養　ｃ．条件　ｄ．支　　問２．少ない農地 ～ 能であった　　問３．イ　　問４．ア　問５．⑴生産性が低い土地で収量を増やすために農地の面積を広げてきたということ。　⑵生産性の高さを生かして、限られた面積の中で手をかけてきたということ。　　問６．イ　　問７．ウ　　問８．イ

《算　数》

1　問１．0.8　　問２．32　　問３．60　　問４．⑴36　⑵エ，オ

2　問１．1004.8　　問２．109.68　　問３．12

3　問１．252　　問２．1027　　問３．⑴63　⑵8

4　問１．33，20　　問２．12，24　　問３．8，20

5　問１．ア．13　イ．12　　問２．⑴3　⑵4

問３．⑴右図　⑵右図

〔別解〕

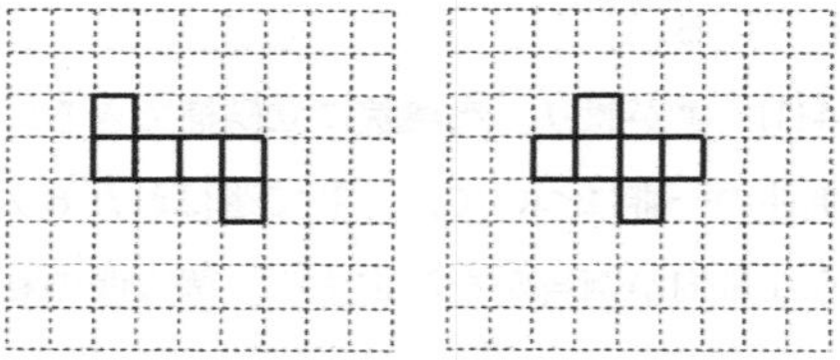

5問３⑴の図

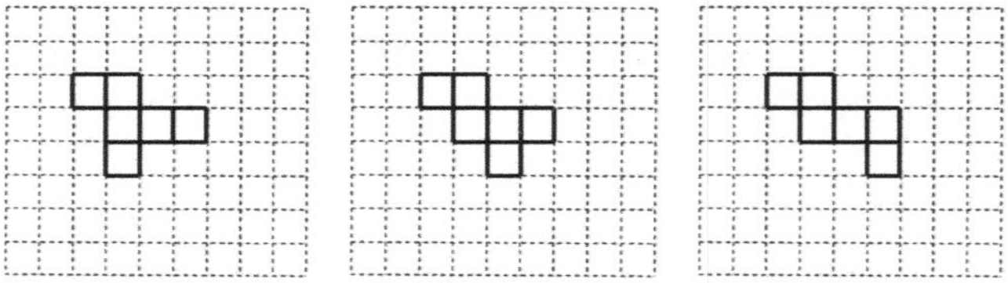

から１つ

5問３⑵の図

《理　科》

1　問１．雨が降った日…３日目　理由…１日を通して気温の変化が小さいから。　問２．⑴札幌市…ア　広島市…ウ　⑵B→A→C　問３．⑴積乱　⑵①反対　②台風の進む方向　⑶ア

2　問１．⑴豆電球も発光ダイオードもハンドルを回す回数が多い方が明かりがついている時間が長い。また，ハンドルを回す回数が同じであれば発光ダイオードの方が明かりがついている時間が長い。　⑵①同じ向き　②エ　問２．⑴イ　⑵右図

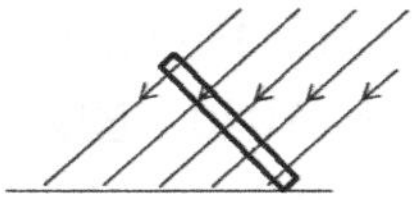

2問２⑵の図

3　問１．ウ．クンショウモ　オ．ミジンコ　問２．ア，ウ，エ，カ　問３．オ　問４．キ．調節ねじ　ク．対物レンズ　ケ．反射鏡　問５．C→B→D→A　問６．ア　問７．エ

4　問１．10.8　問２．ア　問３．ウ　問４．右図　問５．①こく　②蒸発　問６．エ　問７．うすい塩酸　問８．①アンモニア　②水よう液

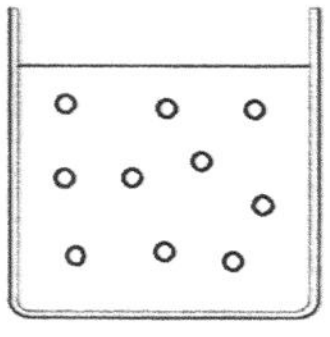

とかしたあと

4問４の図

《社　会》

1　問１．119　問２．ウ　問３．ウ　問４．⑴梅雨　⑵イ

2　問１．品種改良　問２．(排他的)経済水域　問３．原材料の輸入と製品の輸送に船を使うために港の近くにある。　問４．ア　問５．イ

3　問１．ウ　問２．イ　問３．大和王権〔別解〕ヤマト政権　問４．物見やぐら　問５．奉公　問６．元寇〔別解〕蒙古襲来　問７．イ　問８．大ききん

4　問１．ア，ウ　問２．ウ　問３．エ　問４．満州　問５．田中正造　問６．東海道新幹線　問７．昭和最初…アムステルダム　平成最初…バルセロナ　問８．第一次世界大戦・第二次世界大戦があったため。

5　問１．ウ　問２．ア　問３．ユニバーサル

6　問１．あ．象徴　い．貴族　問２．a．イ　b．カ　c．エ　問３．イ　問４．A．法律　B．自由

←解答例は前のページにありますので，そちらをご覧ください。

《2020　国語　解説》

一　問１　Ⅰ．５行前に「勢いのまま駆《か》け寄った」とあるので、イの「こそこそと」は適さない。　Ⅱ．アの「ゆっくり」は、直後の「曇《くも》った」にうまくつながらないので、適さない。　Ⅲ．天野はこの時、自分はインターハイのリレーに出ないことを決めている。天野の言い方や、少し後の「なぜか愉快《ゆかい》そうに笑った」という様子から、ウの「へなへなと」は適さない。よって、エが適する。

問２　天野は、足の不調を「ちゃんと隠《かく》して」いて、「誰《だれ》にも気づかれなければ、やり過ごせるかと思」い、インターハイのリレーにも出るつもりだった。しかし、――部③の後にあるように、「思うように回復しない」ために苦しんでいると思われる。そのような状況《じょうきょう》で、グラウンドのはじっこに移動してすぐに足の状態をたずねられたので、――線①のように反応したのである。よって、アが適する。　ウ．天野は、最初に咲良《さくら》に話しかけられたときに「気づかれてたか」と言い、足の不調を認めているので、適さない。

問３⑴　天野は、足(脚《あし》)の不調を「ちゃんと隠して」いて、そのことに他の部員は誰も気づかなかった。しかし、同じように周囲にけがを隠した経験のある咲良には見破られてしまった。このことに感心して「さすが」と言っている。　⑵　咲良は「リレーの決勝の(バトンを渡《わた》す)とき」に天野の足の不調に気づいたと言っている。しかし、天野が自分の足の異変に気づいたのは「100 の決勝の前」だった。100 の決勝の時の異変には気づけなかったことを「甘《あま》い」と言っている。

問４　「うそぶく」とは、大きなことを言う、平然と言うという意味。よって、エが適する。

問５　目の前で風船が割れれば、ふつうは驚《おどろ》く。直後の「あっけにとられた」は、意外なことに驚きあきれるという意味。この後の部員の言葉や反応から、天野がリレーに出ないというのは考えられないことであることがわかる。その日のリレー練習は「通常通りに行われた」とあるので、天野の代わりにリレーに出ると聞かされた大黒は、突然《とつぜん》のことに相当驚いたと思われる。よって、イが適する。

問６　直後に「咲良はかえって悪いことをしたような気になった」とある。「かえって」とあるのは、天野の足のことを心配して言ったことが、天野がリレーに出られなくなるという事態につながったことを、咲良が意識しているからである。

問７　大熊先生に「個人(に出るの)も今回は見送るか？」と聞かれた天野は、即座《そくざ》に「出ますっ！」と答えた。そして、その後の言葉からは、ライバルである「山科《やましな》と大好きな走りを共有したい」という陸上への強い思いがうかがえる。そんな天野を見て、咲良は「天野の自己規制の厳しさにも気圧《けお》されそうに」なった。少し後に「天野は本当はリレーにだって出たいのだ」とあることからわかるように、「自己規制」とは、個人種目とはちがってリレーは団体競技なので、チームに迷惑《めいわく》をかけないように出場しないと決めたことを指す。咲良は、天野の陸上への強い思いに感動するとともに、それでもチームのことを考えてリレーへの出場は我慢《がまん》したことに対して心を動かされている。よって、ウが適する。

問８　A．８行前に「直《なお》は思案気《しあんげ》な表情を浮《う》かべた」とある。直は咲良の相談を受けていろいろなことを考えている。駆けだしそうになった咲良を止めた後、直は自分が考えていることが咲良に伝わるように、適切な言葉を探しながら伝えていると考えられる。よって、アの「言葉を選びながら」が適する。　B．「助っ人を頼みましょう」という言葉は、いろいろなことを考えていた直が出した結論を伝えるものである。いろいろ考えた上での結論なので、アの「意を決したような」またはウの「覚悟《かくご》を決めたような」が入ると考えられる。

問9　直後の内容に着目する。「天野が抜《ぬ》けた不安やプレッシャー」の大きさに気づき、「自分さえ天野の脚の調子に気がつかなければ」と感じている。

三 **問2**　──部①の直前の「これ」が指すものは、「日本(の風景)はごちゃごちゃしていて猥雑《わいざつ》」だということ。ここでいう日本の風景とは、「田畑の面積が小さく、そこら中に農村集落がある」風景であり、これは「少ない農地でたくさんの人たちが食べていくための食糧《しょくりょう》を得ることが可能であった」という「日本の田んぼのすごさ」を表している。

問3　少し前に「イネは生産力がずば抜けて高い」「イネを作ることは多くの人口を養うことを可能にする」とある。稲作《いなさく》は、イネを作れない地域から見ればうらやましい農業だといえるので、イが適する。

問5(1)　ヨーロッパの農地は生産性が低いため、「収量を上げようとすれば、農地の面積を広げるしかない」「ヨーロッパでは伝統的に土地を広げ大規模にする努力がなされ、面積を広げた代わりに～発達した」とある。この「面積を広げる」ことを「広く広くと横方向に発達」と表現している。　**(2)**　日本の土地は「潜在的《せんざいてき》な生産性が高い」ため、「限られた面積の中で、いかに手をかけて、収量を増やすかに努力が払《はら》われてきた」とある。面積を広げるのではなく、ていねいに手をかけることを「深く深くと縦方向に発達」と表現している。

問6　──部③にある「問題は単純ではない」とは、直前の段落に書かれているような様々な理由で、イネを栽培《さいばい》する人が減っている以上、イネを栽培する人を増やすのは難しいということ。このことをふまえた上で、──部③以降で、「高い生産力を誇《ほこ》る日本の農地が使われずに荒《あ》れ果てている」のはおかしいと感じ、日本の田んぼをいかした農業を行うべきだと述べている。よって、イが適する。

問7　問6の解説にもあるように、──部③以降では、「高い生産力を誇る日本の農地が使われずに荒れ果てている」のはおかしいと感じ、日本の田んぼをいかした農業を行うべきだと述べている。〰〰部BとCもこうした問題提起を行うための表現である。よって、ウが適する。

問8　ア．1ではむしろ、生産力が高いという日本の農業のよい点を指摘《してき》しているので、「日本の農業の問題点を指摘し」は誤り。また、「解決案を提案し」も誤り。　ウ・エ．問5、問6の解説を参照。ウには「外国とのかかわり方について提案している」とあり、エには「今後の方向性について予想している」とあるが、5では、おもに日本の農業の問題点を指摘し、筆者の主張を展開している。

《2020　算数　解説》

1 **問1**　与式＝2.4－0.4×4＝2.4－1.6＝0.8

問2　Aさんがとった後の残りの$1-\frac{1}{3}=\frac{2}{3}$が 11＋3＝14(本)だから，Aさんがとった後の残りは$14\div\frac{2}{3}=21$(本)である。したがって，全体の$1-\frac{1}{4}=\frac{3}{4}$が 21＋3＝24(本)だから，えんぴつは最初$24\div\frac{3}{4}=32$(本)あった。

問3　折り返すと重なる三角形は合同だから，大きさが等しい角に記号をおくと，右図のようになる。図より，三角形ABCと三角形AFDは，2組の角の大きさが等しいから，同じ形とわかる。したがって，角㋐＝△である。また，図の太線で囲んだ部分より，△＝180÷3＝60(度)だから，角㋐＝60度である。

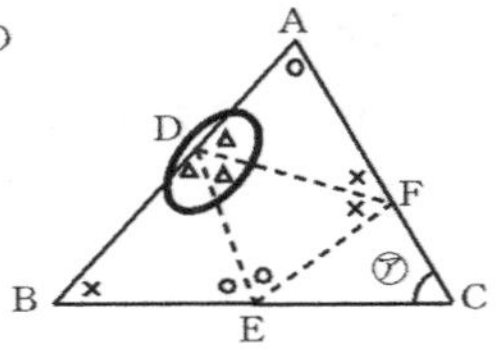

問4(1)　それぞれ得点は，かずおさんが3点，きょうへいさんが3×0＋2×9＝18(点)，くにひろさんが3×0＋2×3＝6(点)，けんたろうさんが3×1＋2×4＝11(点)，こころさんが3×0＋2×6＝12(点)である。よって，最も多く得点した人の得点はきょうへいさんの18点，5人の得点の合計は3＋18＋6＋11＋12＝

50(点)だから，求める割合は，$\frac{18}{50}\times100=36(\%)$である。

(2)　この試合の５人の得点貢献度は，かずおさんが$3\div(5+2+1)=\frac{3}{8}$，きょうへいさんが$18\div(0+16+1)=\frac{18}{17}$，くにひろさんが$6\div(2+4+1)=\frac{6}{7}$，けんたろうさんが$11\div(3+8+1)=\frac{11}{12}$，こころさんが$12\div(1+9+1)=\frac{12}{11}$である。

アとウについて，３点シュートをした数が最も多いのはかずおさんであるが，得点貢献度が最も大きいのはこころさんだから，どちらも正しくない。イについて，くにひろさんの得点貢献度は$\frac{6}{7}$だから，正しくない。

エについて，個人のシュート総数が０であるとき，個人の得点は０点だから，得点貢献度は$0\div(0+1)=0$となるので，正しい。オについて，３点シュートのみをして，すべて入った場合に得点貢献度が最も大きくなる。このときの得点貢献度は$\frac{3\times(\text{シュートの総数})}{(\text{シュートの総数})+1}$で求められ，$\frac{3\times(\text{シュートの総数})}{(\text{シュートの総数})}$は必ず３となるが分母の数がそれより１大きいから，得点貢献度は必ず３より小さくなるので，正しい。

よって，エとオを選べばよい。

2　問１　$6\times6\times3.14\times10-2\times2\times3.14\times10=(36-4)\times3.14\times10=32\times31.4=1004.8$(cm³)

問２　真上から見ると，右図のようになる。

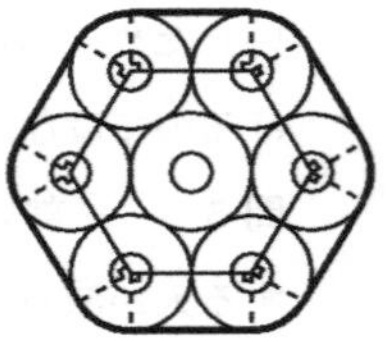

したがって，６本の直線部分の和は$6\times2\times6=72$(cm)，６つの曲線部分を合わせると，半径６cmの円の円周になるから，曲線部分の和は$6\times2\times3.14=37.68$(cm)である。

よって，求める長さは$72+37.68=109.68$(cm)である。

問３　図３と図４の円の中心を直線で結ぶと，右図③と図④のようになる。図③の斜線《しゃせん》部分を合わせると半径６cmの円となり，図④の斜線部分を合わせると半径６cmの円となるから，求める面積の差は，図③の斜線部分と色付き部分を合わせた正方形と，図④の斜線部分と色付き部分を合わせた平行四辺形の面積の差に等しい。

図③

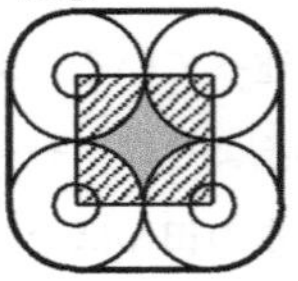

図④

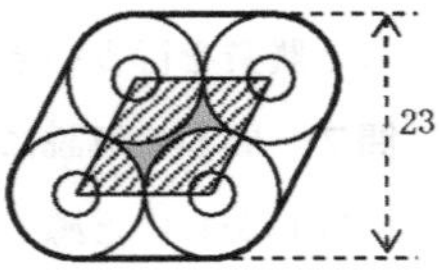

図③の正方形は１辺の長さが$6\times2=12$(cm)，図④の平行四辺形は底辺が12 cm，高さが$23-6\times2=11$(cm)だから，求める面積の差は，$12\times12-12\times11=12\times(12-11)=12$(cm²)である。

3　問１　１けたの数は１枚，２けたの数は２枚，３けたの数は３枚のカードを使う。１けたの数は１～９までの９個，２けたの数は10から99までの$99-10+1=90$(個)，３けたの数は100から120までの$120-100+1=21$(個)あるから，求めるカードの枚数は，$1\times9+2\times90+3\times21=9+180+63=252$(枚)である。

問２　１から999までの整数をつくると，３けたの数は100から999までの$999-100+1=900$(個)だから，カードは合計$9+180+3\times900=189+2700=2889$(枚)使う。3000枚まで，あと$3000-2889=111$(枚)で，４けたの数は１個につき４枚のカードを使うから，$111\div4=27$余り３より，はじめて3000枚をこえるのは４けたの数を28個つくったときである。1000が１個目だから28個目の整数は1027である。

問３(1)　１から99までの整数をつくると，カードは全部で189枚並ぶ。色をぬったカードは，並んだカードの３枚に１枚だから，$189\div3=63$(枚)である。

(2)　１けたの数で[1]のカードを使う整数は１だけで，これは色をぬったカードである。

２けたの数で[1]のカードを使う整数は，十の位が１の数と，一の位が１の数である。十の位が１の数は，①０，1①，１２，①３，1④，１５，①６，1⑦，１８，①９(○のついた数字は色をぬったカード)となるから，

5枚ある。一の位が1の数は，11，21，31，41，51，61，71，81，91がある。11の一の位の[1]を0番目とすると，(3の倍数)番目のカードが色をぬったカードである。このとき，21の[1]は2×10=20(番目)で，31の[1]は20+20=40(番目)，41の[1]は40+20=60(番目)，…となるから，1①，２１，３１，4①，５１，６１，7①，８１，９１とわかる。11の一の位の[1]は十の位が1の数であるときに数えているから，求めるカードの枚数は，全部で１＋５＋２＝８(枚)である。

4 **問1**　水そうの容積は30×80×50=120000(cm³)で，1L=1000mL=1000cm³だから，120000cm³=$\frac{120000}{1000}$L=120Lである。よって，求める時間は，120÷3.6=$\frac{100}{3}$=33$\frac{1}{3}$(分)，つまり33分($\frac{1}{3}$×60)秒=33分20秒である。

問2　水そうの左右の容積はどちらも，30×40×30=36000(cm³)，つまり36Lである。水道管Xだけから水そうの左側に仕切りの高さまで水が入るのにかかる時間は36÷2.4=15(分)，水道管Yだけから水そうの右側に仕切りの高さまで水が入るのにかかる時間は36÷3.6=10(分)である。したがって，最後に水面の高さのちがいが1cmになるまでに，先に水そうの右側がいっぱいになり，仕切りをこえて右側から左側に水が入るので，水面の高さは，右側が30cm，左側が30−1=29(cm)とわかる。このときまでに入る水の量は，36000×2−30×40×1=70800(cm³)，つまり，70.8Lである。最初の1分間に水道管Xから入った水の量は2.4Lだから，水道管Xと水道管Yの両方から水を入れていた時間は，(70.8−2.4)÷(2.4+3.6)=68.4÷6=$\frac{57}{5}$=11$\frac{2}{5}$(分間)である。
よって，求める時間は，1+11$\frac{2}{5}$=12$\frac{2}{5}$(分後)，つまり12分($\frac{2}{5}$×60)秒後=12分24秒後である。

問3　水道管Xから入った水の量は2.4×25=60(L)だから，水道管Yから入った水の量は120−60=60(L)である。したがって，水道管Yから水を入れていた時間は60÷3.6=$\frac{50}{3}$=16$\frac{2}{3}$(分間)である。よって，求める時間は，25−16$\frac{2}{3}$=8$\frac{1}{3}$(分後)，つまり8分($\frac{1}{3}$×60)秒後=8分20秒後である。

5 **問1**　必要な棒の本数が最も多くなるのは，共有する辺が最も少ないときだから，例えば右図Iのⓐの図形であり，棒はア13本使われる。必要な棒の本数が最も少なくなるのは，共有する辺が最も多いときだから，右図Iのⓑの図形であり，棒はイ12本使われる。

図I
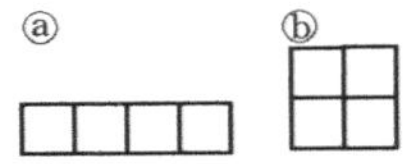

問2(1)　正方形が5つつながった図形のうち線対称なものを探すと，右図IIの6個が見つかる。それぞれの図形の対称の軸は図IIの点線のようになるから，対称の軸の本数でグループに分けると1本，2本，4本の3つのグループができるとわかる。

図II
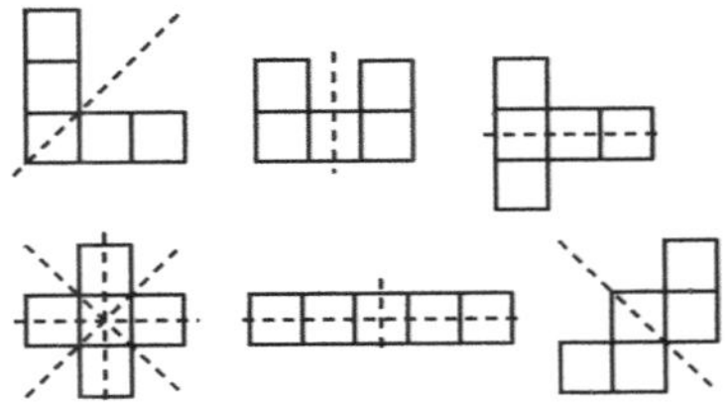

(2)　図IIより，対称の軸が1本だけである図形は4個ある。

問3　立方体の展開図は右図IIIの11個ある。

図III
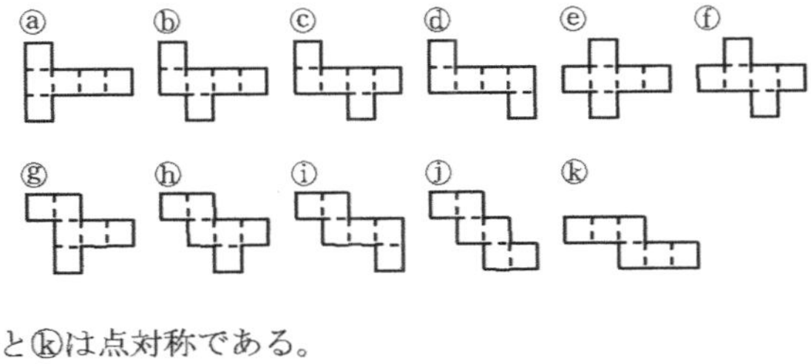

(1)　図IIIのうち，4つの正方形が一列につながっているのはⓐ～ⓕで，点対称になっているものは，ⓓとⓕである。

(2)　図IIIのうち，4つの正方形が一列につながっていないのはⓖ～ⓚである。この中に線対称のものはなく，ⓙとⓚは点対称である。
よって，条件に合うものは，ⓖとⓗとⓘである。

《2020　理科　解説》

1 **問1**　晴れの日は，太陽の光が地面をあたためて，あたためられた地面によってその上の空気があたためられることで，気温が上がる。このため，太陽が最も高くなる正午から少しおくれて気温が最も高くなる。これに対し1日中雨の日は，空が雲でおおわれていて，熱の出入りがほとんどないため，1日を通して気温の変化が小さくなる。

問2(1) 雲画像の白くなっている部分に雲がある。したがって，Cのときに1つだけくもりになっているアが札《さっ》幌《ぽろ》市，Bのときに1つだけ雨になっているイが那《な》覇《は》市，残りのウが広島市の天気だと考えられる。 **(2)** 日本付近の上空には強い西風(偏西風《へんせいふう》)がふいていて，この風の影《えい》響《きょう》を受けて雲は西から東へ移動していく(天気が西から東へ変化していく)ことが多い。ここでは，Bの関東地方から西側をおおっている雲が，A→Cの順に東へ移動していったと考えられる。

問3(3) 日本の南海上で発生した台風は，太平洋高気圧の西側のふちを沿《そ》うように日本に向かって北上してくる。

2 **問1(1)** ハンドルを回す回数が多いほどコンデンサーにたくわえられる電気の量が多く，発光ダイオードは豆電球より少ない量の電気で明かりがつくと考えられる。 **(2)** ハンドルがひとりでに回っているときのコンデンサーにたくわえられた電気が流れる向きは，ハンドルを回しているときに流れる電気の向きと逆向きである。ただし，ハンドルを回しているときはハンドルの動きを電気に変かんしているのに対し，ハンドルがひとりでに回っているときは電気をハンドルの動きに変かんしていて，エネルギーが変かんする向きも逆になっているため，ハンドルは同じ向きに回る。

問2(1) 発光ダイオードは豆電球より少ない量の電気で明かりがつく。光電池1つでは，(正しいつなぎ方にしたとき)発光ダイオードの明かりをつけることができるが，豆電球の明かりをつけることができないということであり，もう1つの光電池を直列につなぎ，豆電球に流れる電気を多くすれば，豆電球の明かりがつく可能性があると考えられる。 **(2)** 太陽の光が光電池に対して垂直にあたるようにすれば，光電池にあたる太陽の光の量が最も多くなり，発電量が最も多くなる。

3 **問1，2** アはボルボックス，イはツリガネムシ，ウはクンショウモ，エはイカダモ，オはミジンコ，カはミドリムシである。ア，ウ，エ，カは緑色をしていて，太陽の光を受けて光合成を行う。

問3 ア～カの生物のうち，動き回るのはイ，オ，カである。これらのうち，オは肉眼で見ることができる。

問5 プレパラートをステージに置く前に視野全体が明るくなっていることを確かめること(C→B)，横から見ながら対物レンズとプレパラートを近づけたあと，接眼レンズをのぞきながら対物レンズとプレパラートをはなしていくこと(D→A)などに注意しよう。

問6 ア○…けんび鏡で観察したものは，実際とは上下左右が逆向きに見える。したがって，見えるはんいの左下にあるものは実際には右上にあるので，中央に移動させるにはプレパラートを左下に動かす必要がある。

問7 見えるはんいや観察したいものの大きさの変化の他に，倍率を高くすると暗く見えるようになることも覚えておこう。

4 **問1** ビーカーを熱することで水が水蒸気に変化して，ビーカー全体の重さが減る。ここでは減った水が220－200＝20(g)だから，残っている水は100－20＝80(g)である。食塩は20℃の水100gに36gまでとけるから，20℃の水80gには$36\times\frac{80}{100}=28.8$(g)までとかすことができる。したがって，食塩はあと28.8－18＝10.8(g)とける。

問2 ア○…食塩は水にとけても重さが変わらないので，加えた食塩がagのとき，すべて水にとけたかとけ残ったかにかかわらず，ふりまぜたあとの容器全体の重さは常に〔はじめにはかった容器全体の重さ＋a〕gである。したがって，b＝〔はじめにはかった容器全体の重さ＋a〕－〔はじめにはかった容器全体の重さ〕＝aとなるから，aとbの値は常に等しい。

問３　ウ○…モールにしみこんだミョウバンの水よう液中のミョウバンがつぶになり，それをもとにつぶが大きくなっていく。モールの形は関係ない。

問４　食塩の10個のつぶが，水よう液全体に一様に広がっているようすが表されていればよい。

問６，７　リトマス紙の色の変化から，Ｐがアルカリ性のうすいアンモニア水，Ｑが中性の食塩水，ＲとＳが酸性のうすい塩酸か炭酸水のどちらかだとわかり，さらにＲにはにおいがあることから，Ｒがうすい塩酸，Ｓが炭酸水だとわかる。石灰水を加えて白くにごるのは，二酸化炭素の水よう液であるＳを加えたときである。

問８　酸性やアルカリ性などの性質は，水よう液の性質である。したがって，かわいた赤色リトマス紙を気体のアンモニアにふれさせてもリトマス紙の色は変化しないが，水でぬらした赤色リトマス紙を気体のアンモニアにふれさせると，水にとけやすいアンモニアはリトマス紙にふくまれる水にとけて水よう液になり，リトマス紙の色を変化させる。

《2020　社会　解説》

1　問１　緊急通報用電話番号である，「119(消防・救急)」「110(警察)」「118(海上保安庁)」を覚えておこう。

問２　ウ．九州南端から北海道北端までが2000㎞弱だから，東京から知床までは，およそ半分の1000㎞程度と判断する。知床は北海道，屋久島は鹿児島県，父島(小笠原諸島)は東京都に属する。

問３　ウを選ぶ。県庁所在地は，岩手県が盛岡市，群馬県が前橋市，滋賀県が大津市，愛媛県が松山市である。

問４(1)　梅雨がない北海道では６月の降水量が少なくなることを覚えておこう。　(2)　イを選ぶ。冬の北西季節風が日本海をわたるときに，暖流の対馬海流上空で蒸発した水分を大量に含むため，日本海側では大雪が降る。太平洋側の地域では夏の降水量が多くなり，内陸の地域や瀬戸内の地域では１年を通して降水量が少なくなる。

2　問１　農家では，米の消費量を増やすために，農薬や化学肥料を使わない(有機栽培)米やメニューに合わせた米の開発をしたり，地域ごとに協力してブランド米(生産地の名前を入れてブランド価値を付け，消費者の要望に合わせて品種改良を重ねた米)を開発したりするなどの取り組みを行っている。

問２　排他的経済水域では，沿岸国が水産資源・鉱産資源を優先的に開発・管理することができる。1970年代の後半から各国が経済水域を設定し始めたことで，ほかの国の経済水域内にあたる海洋で行う漁業が制限されるようになり，日本の遠洋漁業は衰退した。

問３　製鉄所が輸入する石炭や鉄鉱石は重量が重いため，１度に大量かつ重量のある物資を遠距離まで運ぶことができる海上輸送が利用されている。

問４　連絡が「社会福祉協議会」にいくことから高齢者支援のための取り組みと判断できるので，アが誤り。2010年に超高齢社会(全人口に対する高齢者の割合が21％をこえる社会)へ突入した日本では，今後も一人暮らしの高齢者や夫婦のみで暮らす高齢者が増えていく予測のため，情報通信機器を活用した高齢者の体調管理が進められている。

問５　イ．牛肉や小麦はアメリカやオーストラリア，パルプはアメリカやカナダ，原油はサウジアラビアやアラブ首長国連邦から主に輸入している。

3　問１　ウが誤り。近畿地方よりも東に位置する関東地方や東北地方でも古墳は見られる。

問２　2019年に世界文化遺産に登録されたのは百舌鳥・古市古墳群だからイを選ぶ。大阪府堺市にある大仙古墳は日本最大の前方後円墳で，仁徳天皇の墓と伝えられている。

問３　古墳時代，大和(現在の奈良県)の豪族は強い勢力をほこり，やがて大和王権(ヤマト政権)を中心にまとまるようになった。大和王権の中心となった者は，大王(後の天皇)と呼ばれるようになった。

問４　門の上の物見やぐらには弓矢などを置き，敵の襲来に備えていた。

問５　土地を仲立ちとした，ご恩と奉公による主従関係を封建制度という。

問６　元寇は防衛戦であったため，幕府は十分な恩賞を御家人に与えることができなかった。そのため生活に困窮する御家人が増え，領地を手放す者も少なからずいた。そこで幕府は永仁の徳政令を出し，御家人がただで領地を取り戻せるとしたが，長期的に見れば混乱を招いただけで終わった。

問７　イ．新田開発が進められ，江戸時代の中ごろの耕地面積は室町時代の初めの２倍ほどに増加した。商品作物(直接現金収入を得ることを目的とした農作物)の生産が広まると，農民の間では貧富の差が拡大するようになった。

問８　天明の大ききんが 1782 年～1787 年，天保の大ききんが 1833 年～1839 年に発生した。これらの大ききんは，1732 年の享保の大ききんと合わせて江戸三大ききんと呼ばれる。

4　問１　アとウが正しい。鹿鳴館の建設は 1883 年，学制の公布は 1872 年。小村寿太郎による関税自主権の回復は 1911 年，普通選挙法の制定は 1925 年，関東大震災は 1923 年で，イ，エ，オはすべて 20 世紀のできごとである。

問２　ウが誤り。ポツダム宣言は日本に対して無条件降伏をうながすものだった。ドイツの無条件降伏(1945 年５月)はポツダム宣言の発表(1945 年７月)よりも前である。ポツダム会談では，ドイツの戦後処理等について話し合われた。

問３　エが誤り。大久保利通は明治時代に活躍した。維新の三傑と言われた西郷隆盛，木戸孝允，大久保利通はいずれも 1877 年～1878 年にかけて戦死，病死，暗殺と亡くなっている。

問４　1931 年，柳条湖事件(日本軍が南満州鉄道の線路を爆破した事件)をきっかけとして始まった一連の軍事行動を満州事変という。日本軍は満州に兵を進め，翌年満州国を建国し，清朝最後の皇帝溥《ふ》儀《ぎ》を元首とした。

問５　足尾銅山鉱毒事件は，明治時代後半に渡良瀬川流域で起こった。足尾銅山から出た鉱毒が渡良瀬川に流れこみ，流域で農業や漁業を営んでいた人々が大きな被害を受けた。衆議院議員であった田中正造は，帝国議会でこの事件を取り上げて政府の責任を追及し，議員を辞職した後も，鉱毒問題の解決に努めた。

問７　昭和元年は 1926 年だから，1928 年オランダ開催のアムステルダムオリンピックを選ぶ。平成元年は 1989 年だから，1992 年スペイン開催のバルセロナオリンピックを選ぶ。

問８　1916 年のベルリンオリンピックは第一次世界大戦(1914 年～1918 年)，1940 年のヘルシンキオリンピックと 1944 年のロンドンオリンピックは第二次世界大戦(1939 年～1945 年)中のため，中止になった。また，1940 年のヘルシンキオリンピックは，日中戦争中のため中止となった東京オリンピックの代替オリンピックでもあった。

5　問１　「バリアフリー」はできるだけ障壁となるものを取りのぞこうとする考え方だから，日照権についての記述のウが誤り。

問２　アが正しい。国土交通省は，道路や公園などの整備・国土の利用や開発などを行う行政機関である。イは気象庁や環境省，ウは財務省，エは外務省や経済産業省についての記述である。

問３　ユニバーサルデザインは，すべての人が使いこなせるようにつくられた製品や施設などのデザインである。

6　問１　「い」について，貴族院は皇族・華族のほか，天皇が任命した議員で構成されたため，選挙では選ばれなかった。なお，日本国憲法では参議院と衆議院の二院制を定めている。

問２(a)　イ．大日本帝国憲法は天皇が主権者である欽定憲法，日本国憲法は国民が主権者である民定憲法である。

問３　イが誤り。憲法改正の提案は国会の持つ権限である。

問４　大日本帝国憲法では国民が天皇の臣下という位置づけだったため，自由権が法律によって制限されていた。一方，日本国憲法では法律によって政治権力を制限し(法の支配)，国民の人権を守り保障している(立憲主義)。

■ ご使用にあたってのお願い・ご注意

（1）問題文等の非掲載

著作権上の都合により，問題文や図表などの一部を掲載できない場合があります。
誠に申し訳ございませんが，ご了承くださいますようお願いいたします。

（2）過去問における時事性

過去問題集は，学習指導要領の改訂や社会状況の変化，新たな発見などにより，現在とは異なる表記や解説になっている場合があります。過去問の特性上，出題当時のままで出版していますので，あらかじめご了承ください。

（3）配点

学校等から配点が公表されている場合は，記載しています。公表されていない場合は，記載していません。
独自の予想配点は，出題者の意図と異なる場合があり，お客様が学習するうえで誤った判断をしてしまう恐れがあるため記載していません。

（4）無断複製等の禁止

購入された個人のお客様が，ご家庭でご自身またはご家族の学習のためにコピーをすることは可能ですが，それ以外の目的でコピー，スキャン，転載（ブログ，ＳＮＳなどでの公開を含みます）などをすることは法律により禁止されています。学校や学習塾などで，児童生徒のためにコピーをして使用することも法律により禁止されています。
ご不明な点や，違法な疑いのある行為を確認された場合は，弊社までご連絡ください。

（5）けがに注意

この問題集は針を外して使用します。針を外すときは，けがをしないように注意してください。また，表紙カバーや問題用紙の端で手指を傷つけないように十分注意してください。

（6）正誤

制作には万全を期しておりますが，万が一誤りなどがございましたら，弊社までご連絡ください。
なお，誤りが判明した場合は，弊社ウェブサイトの「ご購入者様のページ」に掲載しておりますので，そちらもご確認ください。

■ お問い合わせ

解答例，解説，印刷，製本など，問題集発行におけるすべての責任は弊社にあります。

ご不明な点がございましたら，弊社ウェブサイトの「お問い合わせ」フォームよりご連絡ください。迅速に対応いたしますが，営業日の都合で回答に数日を要する場合があります。

ご入力いただいたメールアドレス宛に自動返信メールをお送りしています。自動返信メールが届かない場合は，「よくある質問」の「メールの問い合わせに対し返信がありません。」の項目をご確認ください。

また弊社営業日（平日）は，午前９時から午後５時まで，電話でのお問い合わせも受け付けています。

2025 春

株式会社教英出版
〒422-8054　静岡県静岡市駿河区南安倍３丁目 12-28
TEL　054-288-2131　　FAX　054-288-2133
URL　https://kyoei-syuppan.net/
MAIL　siteform@kyoei-syuppan.net

教英出版の親子で取りくむシリーズ

公立中高一貫校とは？適性検査とは？受検を考えはじめた親子のための最初の１冊！

「概要編」では公立中高一貫校の仕組みや適性検査の特徴をわかりやすく説明し，「例題編」では実際の適性検査の中から，よく出題されるパターンの問題を厳選して紹介しています。実際の問題紙面も掲載しているので受検を身近に感じることができます。

- 公立中高一貫校を知ろう！
- 適性検査を知ろう！
- 教科的な問題〈適性検査ってこんな感じ〉
- 実技的な問題〈さらにはこんな問題も！〉
- おさえておきたいキーワード

定価：1,078円（本体980+税）

適性検査の作文問題にも対応！「書けない」を「書けた！」に導く合格レッスン

「実力養成レッスン」では，作文の技術や素材の見つけ方，書き方や教え方を対話形式でわかりやすく解説。実際の入試作文をもとに，とり外して使える解答用紙に書き込んでレッスンをします。赤ペンの添削例や，「添削チェックシート」を参考にすれば，お子さんが書いた作文をていねいに添削することができます。

- レッスン１　作文の基本と，書くための準備
- レッスン２　さまざまなテーマの入試作文
- レッスン３　長文の内容をふまえて書く入試作文
- 実力だめし！入試作文
- 別冊「添削チェックシート・解答用紙」付き

定価：1,155円（本体1,050+税）

絶賛販売中！

詳しくは教英出版で検索

教英出版　検索

URL https://kyoei-syuppan.net/

教英出版　2025年春受験用　中学入試問題集

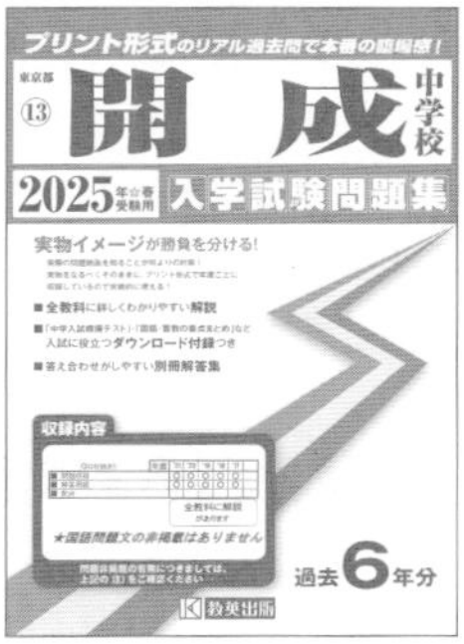

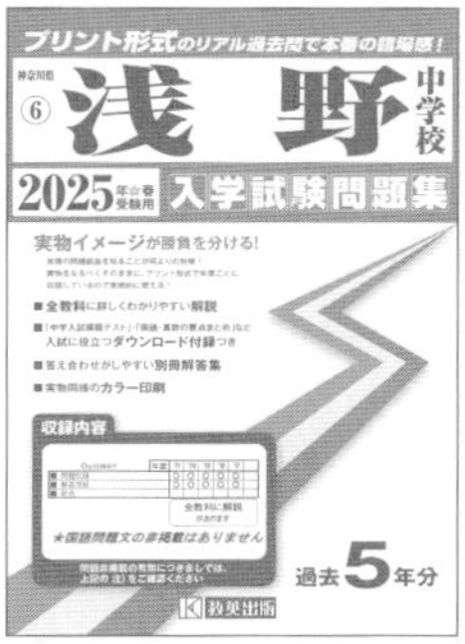

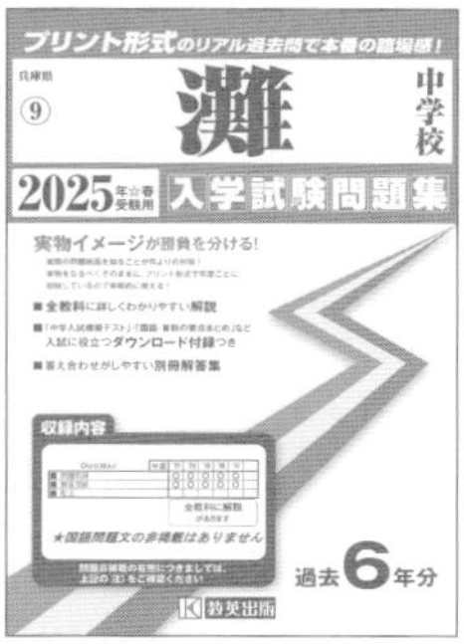

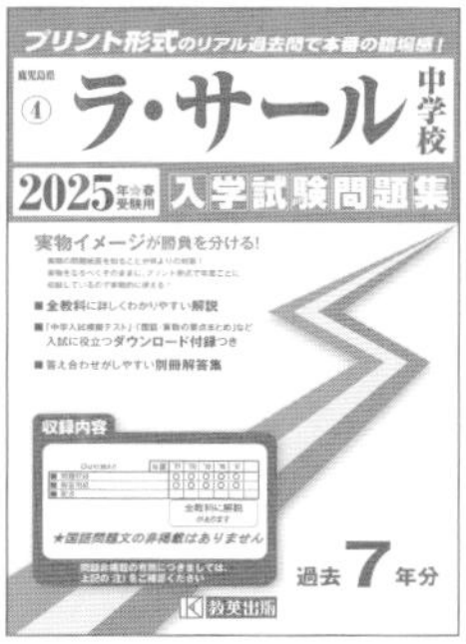

学校別問題集

✿はカラー問題対応

北海道

①[市立]札幌開成中等教育学校
②藤女子中学校
③北嶺中学校
④北星学園女子中学校
⑤札幌大谷中学校
⑥札幌光星中学校
⑦立命館慶祥中学校
⑧函館ラ・サール中学校

青森県

①[県立]三本木高等学校附属中学校

岩手県

①[県立]一関第一高等学校附属中学校

宮城県

①[県立]宮城県古川黎明中学校
②[県立]宮城県仙台二華中学校
③[市立]仙台青陵中等教育学校
④東北学院中学校
⑤仙台白百合学園中学校
⑥聖ウルスラ学院英智中学校
⑦宮城学院中学校
⑧秀光中学校
⑨古川学園中学校

秋田県

①[県立]
- 大館国際情報学院中学校
- 秋田南高等学校中等部
- 横手清陵学院中学校

山形県

①[県立]
- 東桜学館中学校
- 致道館中学校

福島県

①[県立]
- 会津学鳳中学校
- ふたば未来学園中学校

茨城県

①[県立]
- 日立第一高等学校附属中学校
- 太田第一高等学校附属中学校
- 水戸第一高等学校附属中学校
- 鉾田第一高等学校附属中学校
- 鹿島高等学校附属中学校
- 土浦第一高等学校附属中学校
- 竜ヶ崎第一高等学校附属中学校
- 下館第一高等学校附属中学校
- 下妻第一高等学校附属中学校
- 水海道第一高等学校附属中学校
- 勝田中等教育学校
- 並木中等教育学校
- 古河中等教育学校

栃木県

①[県立]
- 宇都宮東高等学校附属中学校
- 佐野高等学校附属中学校
- 矢板東高等学校附属中学校

群馬県

①
- [県立]中央中等教育学校
- [市立]四ツ葉学園中等教育学校
- [市立]太田中学校

埼玉県

①[県立]伊奈学園中学校
②[市立]浦和中学校
③[市立]大宮国際中等教育学校
④[市立]川口市立高等学校附属中学校

千葉県

①[県立]
- 千葉中学校
- 東葛飾中学校

②[市立]稲毛国際中等教育学校

東京都

①[国立]筑波大学附属駒場中学校
②[都立]白鷗高等学校附属中学校
③[都立]桜修館中等教育学校
④[都立]小石川中等教育学校
⑤[都立]両国高等学校附属中学校
⑥[都立]立川国際中等教育学校
⑦[都立]武蔵高等学校附属中学校
⑧[都立]大泉高等学校附属中学校
⑨[都立]富士高等学校附属中学校
⑩[都立]三鷹中等教育学校
⑪[都立]南多摩中等教育学校
⑫[区立]九段中等教育学校
⑬開成中学校
⑭麻布中学校
⑮桜蔭中学校
⑯女子学院中学校
✿⑰豊島岡女子学園中学校
⑱東京都市大学等々力中学校
⑲世田谷学園中学校
✿⑳広尾学園中学校(第2回)
✿㉑広尾学園中学校(医進・サイエンス回)
㉒渋谷教育学園渋谷中学校(第1回)
㉓渋谷教育学園渋谷中学校(第2回)
㉔東京農業大学第一高等学校中等部(2月1日 午後)
㉕東京農業大学第一高等学校中等部(2月2日 午後)

神奈川県

①[県立]（相模原中等教育学校 / 平塚中等教育学校
②[市立]南高等学校附属中学校
③[市立]横浜サイエンスフロンティア高等学校附属中学校
④[市立]川崎高等学校附属中学校
✿⑤聖光学院中学校
✿⑥浅野中学校
⑦洗足学園中学校
⑧法政大学第二中学校
⑨逗子開成中学校（１次）
⑩逗子開成中学校（2·3次）
⑪神奈川大学附属中学校（第1回）
⑫神奈川大学附属中学校（第2·3回）
⑬栄光学園中学校
⑭フェリス女学院中学校

新潟県

①[県立]（村上中等教育学校 / 柏崎翔洋中等教育学校 / 燕中等教育学校 / 津南中等教育学校 / 直江津中等教育学校 / 佐渡中等教育学校
②[市立]高志中等教育学校
③新潟第一中学校
④新潟明訓中学校

石川県

①[県立]金沢錦丘中学校
②星稜中学校

福井県

①[県立]高志中学校

山梨県

①山梨英和中学校
②山梨学院中学校
③駿台甲府中学校

長野県

①[県立]（屋代高等学校附属中学校 / 諏訪清陵高等学校附属中学校
②[市立]長野中学校

岐阜県

①岐阜東中学校
②鶯谷中学校
③岐阜聖徳学園大学附属中学校

静岡県

①[国立]静岡大学教育学部附属中学校（静岡·島田·浜松）
②（[県立]清水南高等学校中等部 / [県立]浜松西高等学校中等部 / [市立]沼津高等学校中等部
③不二聖心女子学院中学校
④日本大学三島中学校
⑤加藤学園暁秀中学校
⑥星陵中学校
⑦東海大学付属静岡翔洋高等学校中等部
⑧静岡サレジオ中学校
⑨静岡英和女学院中学校
⑩静岡雙葉中学校
⑪静岡聖光学院中学校
⑫静岡学園中学校
⑬静岡大成中学校
⑭城南静岡中学校
⑮静岡北中学校
⑯（常葉大学附属常葉中学校 / 常葉大学附属橘中学校 / 常葉大学附属菊川中学校
⑰藤枝明誠中学校
⑱浜松開誠館中学校
⑲静岡県西遠女子学園中学校
⑳浜松日体中学校
㉑浜松学芸中学校

愛知県

①[国立]愛知教育大学附属名古屋中学校
②愛知淑徳中学校
③（名古屋経済大学市邨中学校 / 名古屋経済大学高蔵中学校
④金城学院中学校
⑤椙山女学園中学校
⑥東海中学校
⑦南山中学校男子部
⑧南山中学校女子部
⑨聖霊中学校
⑩滝中学校
⑪名古屋中学校
⑫大成中学校
⑬愛知中学校
⑭星城中学校
⑮名古屋葵大学中学校（名古屋女子大学中学校）
⑯愛知工業大学名電中学校
⑰海陽中等教育学校（特別給費生）
⑱海陽中等教育学校（I·II）
⑲中部大学春日丘中学校
新刊⑳名古屋国際中学校

三重県

①[国立]三重大学教育学部附属中学校
②暁中学校
③海星中学校
④四日市メリノール学院中学校
⑤高田中学校
⑥セントヨゼフ女子学園中学校
⑦三重中学校
⑧皇學館中学校
⑨鈴鹿中等教育学校
⑩津田学園中学校

滋賀県

①[国立]滋賀大学教育学部附属中学校
②[県立]（河瀬中学校 / 守山中学校 / 水口東中学校

京都府

①[国立]京都教育大学附属桃山中学校
②[府立]洛北高等学校附属中学校
③[府立]園部高等学校附属中学校
④[府立]福知山高等学校附属中学校
⑤[府立]南陽高等学校附属中学校
⑥[市立]西京高等学校附属中学校
⑦同志社中学校
⑧洛星中学校
⑨洛南高等学校附属中学校
⑩立命館中学校
⑪同志社国際中学校
⑫同志社女子中学校（前期日程）
⑬同志社女子中学校（後期日程）

大阪府

①[国立]大阪教育大学附属天王寺中学校
②[国立]大阪教育大学附属平野中学校
③[国立]大阪教育大学附属池田中学校

- ④[府立]富田林中学校
- ⑤[府立]咲くやこの花中学校
- ⑥[府立]水都国際中学校
- ⑦清風中学校
- ⑧高槻中学校（A日程）
- ⑨高槻中学校（B日程）
- ⑩明星中学校
- ⑪大阪女学院中学校
- ⑫大谷中学校
- ⑬四天王寺中学校
- ⑭帝塚山学院中学校
- ⑮大阪国際中学校
- ⑯大阪桐蔭中学校
- ⑰開明中学校
- ⑱関西大学第一中学校
- ⑲近畿大学附属中学校
- ⑳金蘭千里中学校
- ㉑金光八尾中学校
- ㉒清風南海中学校
- ㉓帝塚山学院泉ヶ丘中学校
- ㉔同志社香里中学校
- ㉕初芝立命館中学校
- ㉖関西大学中等部
- ㉗大阪星光学院中学校

兵庫県

- ①[国立]神戸大学附属中等教育学校
- ②[県立]兵庫県立大学附属中学校
- ③雲雀丘学園中学校
- ④関西学院中学部
- ⑤神戸女学院中学部
- ⑥甲陽学院中学校
- ⑦甲南中学校
- ⑧甲南女子中学校
- ⑨灘中学校
- ⑩親和中学校
- ⑪神戸海星女子学院中学校
- ⑫滝川中学校
- ⑬啓明学院中学校
- ⑭三田学園中学校
- ⑮淳心学院中学校
- ⑯仁川学院中学校
- ⑰六甲学院中学校
- ⑱須磨学園中学校(第1回入試)
- ⑲須磨学園中学校(第2回入試)
- ⑳須磨学園中学校(第3回入試)
- ㉑白陵中学校
- ㉒夙川中学校

奈良県

- ①[国立]奈良女子大学附属中等教育学校
- ②[国立]奈良教育大学附属中学校
- ③[県立]
  - 国際中学校
  - 青翔中学校
- ④[市立]一条高等学校附属中学校
- ⑤帝塚山中学校
- ⑥東大寺学園中学校
- ⑦奈良学園中学校
- ⑧西大和学園中学校

和歌山県

- ①[県立]
  - 古佐田丘中学校
  - 向陽中学校
  - 桐蔭中学校
  - 日高高等学校附属中学校
  - 田辺中学校
- ②智辯学園和歌山中学校
- ③近畿大学附属和歌山中学校
- ④開智中学校

岡山県

- ①[県立]岡山操山中学校
- ②[県立]倉敷天城中学校
- ③[県立]岡山大安寺中等教育学校
- ④[県立]津山中学校
- ⑤岡山中学校
- ⑥清心中学校
- ⑦岡山白陵中学校
- ⑧金光学園中学校
- ⑨就実中学校
- ⑩岡山理科大学附属中学校
- ⑪山陽学園中学校

広島県

- ①[国立]広島大学附属中学校
- ②[国立]広島大学附属福山中学校
- ③[県立]広島中学校
- ④[県立]三次中学校
- ⑤[県立]広島叡智学園中学校
- ⑥[市立]広島中等教育学校
- ⑦[市立]福山中学校
- ⑧広島学院中学校
- ⑨広島女学院中学校
- ⑩修道中学校
- ⑪崇徳中学校
- ⑫比治山女子中学校
- ⑬福山暁の星女子中学校
- ⑭安田女子中学校
- ⑮広島なぎさ中学校
- ⑯広島城北中学校
- ⑰近畿大学附属広島中学校福山校
- ⑱盈進中学校
- ⑲如水館中学校
- ⑳ノートルダム清心中学校
- ㉑銀河学院中学校
- ㉒近畿大学附属広島中学校東広島校
- ㉓AICJ中学校
- ㉔広島国際学院中学校
- ㉕広島修道大学ひろしま協創中学校

山口県

- ①[県立]
  - 下関中等教育学校
  - 高森みどり中学校
- ②野田学園中学校

徳島県

- ①[県立]
  - 富岡東中学校
  - 川島中学校
  - 城ノ内中等教育学校
- ②徳島文理中学校

香川県

- ①大手前丸亀中学校
- ②香川誠陵中学校

愛媛県

- ①[県立]
  - 今治東中等教育学校
  - 松山西中等教育学校
- ②愛光中学校
- ③済美平成中等教育学校
- ④新田青雲中等教育学校

高知県

- ①[県立]
  - 安芸中学校
  - 高知国際中学校
  - 中村中学校

福岡県

- ①[国立]福岡教育大学附属中学校（福岡·小倉·久留米）
- ②[県立]
  - 育徳館中学校
  - 門司学園中学校
  - 宗像中学校
  - 嘉穂高等学校附属中学校
  - 輝翔館中等教育学校
- ③西南学院中学校
- ④上智福岡中学校
- ⑤福岡女学院中学校
- ⑥福岡雙葉中学校
- ⑦照曜館中学校
- ⑧筑紫女学園中学校
- ⑨敬愛中学校
- ⑩久留米大学附設中学校
- ⑪飯塚日新館中学校
- ⑫明治学園中学校
- ⑬小倉日新館中学校
- ⑭久留米信愛中学校
- ⑮中村学園女子中学校
- ⑯福岡大学附属大濠中学校
- ⑰筑陽学園中学校
- ⑱九州国際大学付属中学校
- ⑲博多女子中学校
- ⑳東福岡自彊館中学校
- ㉑八女学院中学校

佐賀県

- ①[県立]
  - 香楠中学校
  - 致遠館中学校
  - 唐津東中学校
  - 武雄青陵中学校
- ②弘学館中学校
- ③東明館中学校
- ④佐賀清和中学校
- ⑤成穎中学校
- ⑥早稲田佐賀中学校

長崎県

- ①[県立]
  - 長崎東中学校
  - 佐世保北中学校
  - 諫早高等学校附属中学校
- ②青雲中学校
- ③長崎南山中学校
- ④長崎日本大学中学校
- ⑤海星中学校

熊本県

- ①[県立]
  - 玉名高等学校附属中学校
  - 宇土中学校
  - 八代中学校
- ②真和中学校
- ③九州学院中学校
- ④ルーテル学院中学校
- ⑤熊本信愛女学院中学校
- ⑥熊本マリスト学園中学校
- ⑦熊本学園大学付属中学校

大分県

- ①[県立]大分豊府中学校
- ②岩田中学校

宮崎県

- ①[県立]五ヶ瀬中等教育学校
- ②[県立]
  - 宮崎西高等学校附属中学校
  - 都城泉ヶ丘高等学校附属中学校
- ③宮崎日本大学中学校
- ④日向学院中学校
- ⑤宮崎第一中学校

鹿児島県

- ①[県立]楠隼中学校
- ②[市立]鹿児島玉龍中学校
- ③鹿児島修学館中学校
- ④ラ・サール中学校
- ⑤志學館中等部

沖縄県

- ①[県立]
  - 与勝緑が丘中学校
  - 開邦中学校
  - 球陽中学校
  - 名護高等学校附属桜中学校

もっと過去問シリーズ

北海道

北嶺中学校
7年分（算数・理科・社会）

静岡県

静岡大学教育学部附属中学校
（静岡·島田·浜松）
10年分（算数）

愛知県

愛知淑徳中学校
7年分（算数・理科・社会）
東海中学校
7年分（算数・理科・社会）
南山中学校男子部
7年分（算数・理科・社会）
南山中学校女子部
7年分（算数・理科・社会）
滝中学校
7年分（算数・理科・社会）
名古屋中学校
7年分（算数・理科・社会）

岡山県

岡山白陵中学校
7年分（算数・理科）

広島県

広島大学附属中学校
7年分（算数・理科・社会）
広島大学附属福山中学校
7年分（算数・理科・社会）
広島学院中学校
7年分（算数・理科・社会）
広島女学院中学校
7年分（算数・理科・社会）
修道中学校
7年分（算数・理科・社会）
ノートルダム清心中学校
7年分（算数・理科・社会）

愛媛県

愛光中学校
7年分（算数・理科・社会）

福岡県

福岡教育大学附属中学校
（福岡·小倉·久留米）
7年分（算数・理科・社会）
西南学院中学校
7年分（算数・理科・社会）
久留米大学附設中学校
7年分（算数・理科・社会）
福岡大学附属大濠中学校
7年分（算数・理科・社会）

佐賀県

早稲田佐賀中学校
7年分（算数・理科・社会）

長崎県

青雲中学校
7年分（算数・理科・社会）

鹿児島県

ラ·サール中学校
7年分（算数・理科・社会）

※もっと過去問シリーズは
国語の収録はありません。

教英出版
〒422-8054
静岡県静岡市駿河区南安倍3丁目12−28
TEL 054-288-2131
FAX 054-288-2133
詳しくは教英出版で検索
教英出版 検索
URL https://kyoei-syuppan.net/

広島大学附属中学校

二〇二四（令和六）年度
中学校入学検査問題

国語

（検査時間　四十五分）

〈受検上の注意〉一、答えは、すべて解答用紙に記入しなさい。
二、字数制限のある問題では、句読点や記号も一字に数えます。

[一] 次の文章を読んで、あとの問いに答えなさい。（問題作成にあたり、一部手を加えました。文章を大きく三つの段落にわけて [1]・[2]・[3]をつけています。）

[1] コロナ禍《か》で、ホテルなどに〝住み〟こんで、のんびり働く人々が現れた。スーツケースひとつに着《き》替《が》えの服などを詰《つ》めて、身軽で、気軽で、雑用から自由なシンプル・ライフによって、効率的に仕事を進めようというわけだ。だが、もちろん、ホテル代や食事代として支《し》払《はら》われるお金は、はぶかれたムダな雑用を肩《かた》がわりする人々への報酬《ほうしゅう》となる。つまり、ムダはただ消えてなくなってしまったわけではなく、よそに置《お》き換《か》えられただけ。

いや、ぼくが＊ミニマリストについて言ったことは、彼《かれ》らだけではなく、日本中のほとんど誰《だれ》についても言えることなのである。[A]、キッチンをはぶくとか、はぶかないとかいうそのはるか前に、キッチンにやってくる食べものたちが、生きものとして成長していた田畑や飼育場などは、都会という場所からすっかりはぶかれていたのである。

ミニマリストに限らず、なるべくモノを所有せずに、シンプルに軽々と生きる、という言い方もよく聞く。例えば、自動車や不動産を個人で所有するというムダをはぶいて、共同で使用するという＊シェアリング・エコノミーが注目されている。たしかにそれには＊CO2の排出《はいしゅつ》を減らすという効果もあるし、高価なモノを所有するために必要な膨大《ぼうだい》な賃金労働や時間を節約するという人生にとっての大きな効用もあるだろう。

[B]、それでも、その背景に同じ複雑な＊インフラからなる巨大《きょだい》な経済システムがしっかりと立っていなければ、シェアリング・エコノミーという＊ニッチが成り立たないのは事実だろう。とすれば、「シンプルで、軽々」は、じつはなかなか複雑で、重々しいものによって可能になっているのではないだろうか。①「所有しない生き方」は相変わらず、地球上のほとんどすべてを「所有」しないではおかないしくみの手のひらに乗っている。

現代のリッチでシンプルな生き方を可能にしているのは、スマートフォンに代表される、小さな機械のなかに凝縮《ぎょうしゅく》された豊かな情報の世界である。これもまた、言うまでもなく、モノの資本主義から、情報の資本主義へ、という(a)カッキ的な―ある人々に言わせれば革命的な―大転換《だいてんかん》の成果だ。その果実を存分に享受《きょうじゅ》できる人は、しかし、世にやかましく宣伝されているほど、多くはない。大多数はそこから除外されている、というのは言いすぎだろうか。

もうひとつの大きな問題は、スマートフォンも立派なモノであるということだ。そこに使われる＊リチウムやほかのさまざまな＊レアメタルをめぐって、いわゆる先進国や巨大企業《きぎょう》は、壮絶《そうぜつ》な競争をくり広げ、その強引《ごういん》な採掘《さいくつ》は、生産国に深刻な環境《かんきょう》破壊《はかい》を引き起こしていることは、あまり知られていない。できた製品を動かすのには電気が必要で、そのために石油や石炭、ウラニウムなどを採掘し、輸送し、燃やすことが、環境や社会に大きな負荷《ふか》を与《あた》えていることにも、まったく目新しさはない。②スマートフォンのどこが「スマート」なのだろう？

モノから情報への転換《てんかん》で、ぼくたちの社会がなんとなく「クリーン」になったように思わされているとすれば、それは幻想《げんそう》でしかないのだろう。なんとなく、より合理的な方向へと社会が進化して、ムダなものが徹底的《てっていてき》にはぶかれたように見えるが、じつは、要と不要を区別する基準がシフトしただけのこと。ある視点からよく見れば、世の中には相変わらず、ムダなモノやコトがあふれかえっているではないか。

問題はどうやら、「ムダをはぶく」ことにあまりに(b)セイキュウに傾《かたむ》いてしまった社会なのである。そんな社会が、かえって物事を増殖《ぞうしょく》させ、この世界をこんなにも煩雑《はんざつ》なものにしてしまったのではないか。人と人、人と自然のあいだにあるべき緊密《きんみつ》な関係を分断し、人間を人類史上もっとも寂《さび》しく孤立《こりつ》した存在にしてしまったのではないか。だとすれば、それはなんと皮肉なことだろう。そして、あれがムダ、これもムダと、〝ムダはぶき〟に励《はげ》んでいるうちに、自分自身が何よりムダな存在になっていた、なんてことはもう、何もめずらしいことではないのだと思う。

[2] 7、8年前のことだったと思う。ぼくと仲間たちは、思想家のサティシュ・クマールを日本に招いて講演ツアーを行っていた。鎌倉《かまくら》での、彼を囲む会も終わりに近づいた頃《ころ》、ぼくと同じようにサティシュ（彼はいつでもどこでも、誰からも、ファーストネームで呼ばれることを望んでいる）を敬愛する友人が、こう質問した。

「無駄《むだ》のないシンプルな生活を大切にすべきだと思いますが、[C]、サイコロジー（心理学）という言葉のスペルは、発音されないPで始まりますよね。辻信一《つじしんいち》さんの造語スロソフィー（スロー学）という言葉にも、いちばん前に、発音しないPがつけてある。簡素な生活を送ることももちろん大事ですが、一方では、読まないPのような無駄を楽しむことも重要なのではないでしょうか」

一瞬《いっしゅん》、ぼくにはこれがその場にふさわしい質問とは思えなかった。ムダとまでは言わないが、それほど価値のある質問には思えなかった、というのが正直なところだ。だから、サティシュが身を乗り出すようにして反応したのには驚《おどろ》いた。彼は言った。

「それは非常に大事な指摘《してき》です。一見、何の目的もないものをもつことは大事なことなのです。逆に問題なのは、すべてのものを目的と結びつけて、目的からすべてを正当化するようなやり方なのです。それこそが、人生を、世界を、非常に硬直《こうちょく》させたものにしてしまいます」

ぼくはガツーンとやられたような、でも同時に、ウキウキするような気分だった。ぼくは質問をした友人をチラッと見ながら、謝《あやま》りたいような、同時に、感謝したいような気持ちだった。なんとぼくは彼の質問を、ムダなものとして心のうちではぶこうとしていたのだ！

「一見、役に立ちそうにない、なんの意味もないモノやコトを近くに置いて、それを楽しむ。これは一種のユーモアです。すべてのものが目的へと（c）レンケツし、効率性に裏打ちされなければならないという社会の風潮への、一種の批判であり、*諧謔《かいぎゃく》、皮肉、風刺《ふうし》でもある。詩もそうですね。何か目的があるわけではないし、何らかの役に立つというわけでもない。一見、それがなければ生きていけないというものでもない。ある意味ではムダです。これといった効用があるわけではないのですから」

そして、サティシュは質問への応答をこう締《し》めくくった。

「同じことが芸術全般《ぜんぱん》についても言えるでしょう。つまり、不必要なものが必要なのです」

3　コロナ禍が始まって間もない2020年の5月、尊敬する音楽家、坂本龍一《さかもとりゅういち》のインタビュー記事を読んで、心洗われる思いがした。それは、「〝無駄〟を愛《め》でよ、そして災禍《さいか》を変革の好機に」（朝日デジタル）と題されていた。

坂本はまず「今回のコロナ禍で、③まさにグローバル化の負の側面、リスクが顕在化《けんざいか》した」と指摘する。生産拠点《きょてん》を海外に移してグローバルな*サプライチェーンを築く。国外の安い労働力に依存《いそん》する一方では、国内の労働力の非正規化を進める。こうしたやり方がうちに抱《かか》え込《こ》んだ矛盾《むじゅん》が、パンデミックのなかで、顕《あら》わになったというのだ。坂本はそれを「グローバル化のしっぺ返し」と呼ぶ。

そしてこれに対処するには、「もう少しゆとりというか遊びを持った、効率とは違《ちが》う原理を持つ社会の分野を、もっと厚くしないといけない」と言う。

〈社会保障を充実《じゅうじつ》させることはもちろん、医療《いりょう》で言えば、人員も病床《びょうしょう》ももっと*バッファを持った体制を作るべきだし、経済で言えば、国内の雇用《こよう》を安定化させ、生産も、より自国に戻《もど》していくべきです〉

「ゆとり」や「遊び」は、効率を第一義とする経済合理主義にとって、ムダなものとしか見えない。逆に、そうしたゆとりや遊びという「ムダ」をどれだけ抱《かか》えているかが、少なくとも社会の成熟度の（d）シヒョウとなる、と坂本は考える。

今回のコロナ禍であらためて顕わになったのは、国による音楽や芸術への理解度の違いだ。文化相が「アーティストは必要不可欠であるだけでなく、我々の生命維持《いじ》に必要」だという考え方に基《もと》づいて、文化施設《しせつ》と芸術文化従事者の支援《しえん》に手厚い予算を組んだドイツとは対照的に、日本の政府や行政による支援は乏《とぼ》しい。草の根で、*クラウドファンディングなどでアーティストやミュージシャンを支援する「動きが広がっているのは、本当にうれしい」と坂本。

④でもその一方で、彼はこうも言う。

〈根本的には人間にとって必要だからとか、役に立つから保護するという発想ではダメです。芸術なんてものは、おなかを満たしてくれるわけではない。お金を生み出すかどうかも分からない。誰かに勇気を与えるためにあるわけでもない。⑤例えば音楽の感動なんてものは、ある意味では個々人の誤解の産物です。（中略）何に感動するかなんて人によって違うし、同じ曲を別の機会に聴《き》いたらまったく気持ちが動かないことだってある〉

坂本は、「役に立つアート」という考え方そのものに危《あや》うさを感じる。かつてナチス・ドイツがワーグナーの音楽を国民総動員に利用するとともに、役立つアートと役立たずのアートを峻別《しゅんべつ》した。アートを政治目的に利用したのは、戦時中の日本や旧社会主義圏《しゅぎけん》の国々も同様だ。自分自身の音楽についても、「何かの役に立つこともない」し、「役に立ってたまるか、とすら思います」と言う。

〈芸術なんていうものは、何の目的もないんですよ。ただ好きだから、やりたいからやってるんです。ホモサピエンスは、そうやって何万年も芸術を愛でてきたんです。それでいいじゃないですか〉

グローバル化がもたらした危機を、さらなる効率化や合理化によって切《き》り抜《ぬ》けようとするのか、はたまた、「役に立つ」という発想そのものを超《こ》えて、遊びやゆとりといった「ムダ」をあえて取りこんでいくのか。⑥社会は曲がり角に立っているように見える。

（辻《つじ》　信一《しんいち》『ナマケモノ教授のムダのてつがく——「役に立つ」を超える生き方とは——』による）

（注）＊ミニマリスト…ものを減らして必要最低限のものだけで暮らす人。　＊シェアリング・エコノミー…個人が保有する資産の貸し出しを仲立ちするサービス。　＊CO2…二酸化炭素　＊インフラ…産業基盤《きばん》・生活基盤を形成するものの総称。　＊ニッチ…市場で大企業が進出しない分野。
＊リチウム…電池に使われる金属の一つ。　＊レアメタル…希少な金属のこと。　＊諧謔…おもしろみのある気のきいたことば。
＊サプライチェーン…商品や製品が消費者に届くまでの流れ。　＊バッファ…スケジュールや予算などに持たせる余裕のこと。
＊クラウドファンディング…プロジェクトを立ち上げた人に対して不特定多数の人が資金を供与する仕組みのこと。

問1　══部(a)～(d)のカタカナを漢字に直しなさい。

問2　空欄《くうらん》［A］～［C］にあてはまる言葉として最も適切なものを次のア～オからそれぞれ選び、記号で答えなさい。

ア　たとえば　　イ　だから　　ウ　そもそも　　エ　しかし　　オ　まるで

問3　――部①とありますが、筆者はどういうことを指して言っているのですか。最も適切なものを次のア～エから選び、記号で答えなさい。

ア　効率的に仕事を進めようとして自分で雑用をせずに、報酬を払《はら》うことで他の人にやってもらえる環境にいること。
イ　田畑や飼育場などを所有していないように見えて、食べものを供給する人はそれらを所有せざるを得ないこと。
ウ　自動車や不動産を個人で所有せずに共同で所有することで、高価なモノを所有するための時間を作っていること。
エ　住まいを一か所に決めずにホテルなどに〝住み〟こむ生活をすることで、様々な場所に家を持つ気分を味わうこと。

問4　――部②とありますが、なぜ筆者はこのように言うのですか。最も適切なものを次のア～エから選び、記号で答えなさい。

ア　スマートフォンの普及《ふきゅう》によって簡単に情報が入手できるようになり、人間の探究心を失わせてしまったから。
イ　スマートフォンに使われる物質やエネルギーを調達することが、社会や環境に大きな影響《えいきょう》を与《あた》えているから。
ウ　スマートフォンは情報の資本主義を生み出したが、その恩恵《おんけい》を受けている人はそれほど多くはないから。
エ　スマートフォンは人間のコミュニケーションのために生み出されたのに、人間を孤独《こどく》にしてしまったから。

問5　――部③とありますが、そのことに対して具体的にどうすればよいと述べられていますか。段落［3］から三十字以内で抜《ぬ》き出《だ》して最初の五字を答えなさい。

問6　――部④とありますが、このことを説明した次の文の空欄［Ⅰ］・［Ⅱ］にあてはまる適切なことばを、それぞれ二十字以内で答えなさい。

［Ⅰ］によって手厚い支援《しえん》をする国をうらやましく思う一方で、［Ⅱ］とも感じる。

問7　――部⑤とありますが、ここではどういうことを言おうとしていますか。最も適切なものを次のア～エから選び、記号で答えなさい。

ア　音楽を作る人は鑑賞者《かんしょうしゃ》を誤解させるような作品を生み出さないと、感動させることはできないということ。
イ　様々な音楽が人々を感動させてきたが、音楽の正しい解釈《かいしゃく》というものは実際には存在しないということ。
ウ　音楽はその時の個人の状況《じょうきょう》で解釈したもので、いつでも誰でも感動できるというわけではないということ。
エ　誤解を恐《おそ》れずに音楽の評価について発言をしてきた人が、正しいとされる解釈を作ってきたということ。

問8　――部⑥とありますが、ここにあらわれている筆者の主張を、文章全体をふまえて六十字以内で説明しなさい。

二　次の文章を読んで、あとの問いに答えなさい。（問題作成にあたり、一部手を加えました。）

奥歯《おくば》の激しい痛みに襲《おそ》われ、「私」は風間《かざま》歯科医院で診察《しんさつ》を受ける。そこで、奥歯は神経が通っておらず、痛みは心因的なものだと宣告される。そして、真なる痛みの正体を見極《みきわ》める必要があると言われる。

芋《いも》づる式《しき》にずるずると浮《う》かぶ。

私にかぎらず、この非常事態の渦中《かちゅう》にいれば、誰しもそれなりの鬱屈《うっくつ》を抱えているだろう。それらのすべてが積みかさなり、総体として私を追いつめている可能性もある。

「全員が犯人ってことはありませんか」

私は風間先生にふたたび電話をして尋《たず》ねた。

「有名なミステリー小説にもありましたよね。登場人物の全員が共犯者なんです」

「確かにそのようなケースもあります」

現実は小説よりも奇《き》なり、を地でいく先生は言った。

「あるんですか」

「ええ、記憶《きおく》に新しいところですと、二十三人の児童を受けもつ小学校の先生を追いつめていたのは、二十三人全員だった、とか」

「あ……今、一瞬どきっとしちゃいましたけど、じつは普通《ふつう》の話かも」

「はい。誰に対しても平等に心を配る、いい先生だったのです。だからこそ、彼女《かのじょ》を日々(a)やきもきさせていた二十三人は、共犯者であるのと同時に、救済者にもなり得ました。皆《みな》からの励ましの手紙が何よりの薬だったようです」

「いい話ですね」

「はい。でも、加原《かはら》さんは違います」

「はい？」

「加原さんのケースは単身犯だと僕《ぼく》は思います」

いつになく確信的な言いきり。私の胸が暴れだす。

「なぜわかるんですか」

「勘《かん》です」

「は？」

「ええ、歯です。僕、歯を見ればわかるんです」

ときどき彼の言うことがわからない私に、風間先生は根気強く説いた。

「どうかもう一度、じっくりと考えてみてください。どんな些細《ささい》なことでも結構です。あなたが取るにたらないと思いこもうとしていることが、じつはそうでなかったりする。それが*代替《だいたい》ペインです」

流し台の片隅《かたすみ》にチラつく黄色に視線を定めたのは、①全員犯人説を否定されたその夜のことだ。

その黄色はもう何日も前からそこにチラついていた。はるか以前からキッチンの構成要素の一部であったかのように、ステンレスの台に溶《と》けこんでいた。②日々、幾度《いくど》となく私の視界に入りこんでいたのを、意識から閉めだして放っていたのだ。

しかし、この日にかぎってその黄色が妙《みょう》に生々しく感じられ、私は A 歩みよった。

真っ二つに割れたかけらを手に取る。

右手と左手に一つずつ。

かすかな、しかし確かな痛みが、瞬間《しゅんかん》、胸骨の奥《おく》を駈《か》けぬけた。

まさか——。

暗がりの中、息を殺して、私はその鋭利《えいり》なかけらに見入りつづけた。

「まめざら?」

風間歯科医院の患者《かんじゃ》はこの日も私だけだった。「一応、ポーズだけでも」と通された診察室で、形ばかり椅子《いす》に体をあずけた私に、二メートルのソーシャルディスタンスを置いた先から風間先生は困惑《こんわく》のまなざしを向けた。

「それは、豆の一種ですか」

「いいえ、お皿の一種です」

これくらいの、と私は両手の指でタマネギ大の円を象《かたど》った。

「小さなお皿です。お醤油《しょうゆ》入れにしたり、取り皿にしたり、いろいろ使えて便利なんです。場所も取らないし、値段も安いし、なにより見た目がかわいいので、私、集めているんです。食事のたびに豆皿を変えるだけで、なんとなく気分が上がるっていうか」

「なるほど」と、風間先生は表情をゆるめた。「日々の彩《いろど》りですね」

「はい。上京して一人暮らしを始めた大学時代からこつこつ集めはじめて、今、百枚ちょっとかな。ながめているだけでも気持ちがなごむんです」

陶器《とうき》、磁器、漆《うるし》。円形、多角形、扇形《おうぎがた》。花や野菜、動物の形を模したもの。素材も形もバラエティ豊かで、個々それぞれの味がある。豆皿の世界は奥深《おくぶか》い。

診療《しんりょう》椅子の上で語ることではないと思いつつ、私は豆皿について熱く語った。

「とりわけ気に入っている何枚かは、すぐ取りだせる食器棚《しょっきだな》の最前列に重ねています。センターポジションです」

「お皿にも序列があるわけですね」

「はい。中でも不動のナンバーワンは、黄色い豆皿でした」

私は声を落とした。

「淡《あわ》い、優《やさ》しい黄色です。ホットケーキの上でとろけるバターみたいに。形はシンプルな円形ですけど、よく見ると、縁《ふち》に沿ってぐるりとリーフ模様が彫《ほ》りこまれているんです」

その豆皿と出会ったのは*常滑《とこなめ》の街だった。旅先での常として、新たな豆皿を求めて(b)そぞろ歩いていた私は、北欧《ほくおう》風のカラフルな常滑焼きを扱《あつか》う店の前で足を止めた。その狭《せま》い店内を映やす色彩《しきさい》の渦《うず》の中、たしかにぴかりと光っていたあの黄色い一枚との出会いは、*まごう方なき運命だったと思いたい。

電撃的《でんげきてき》なひとめぼれ。自分だけの太陽を見つけたようなときめき。手に触《ふ》れた瞬間、心に B 陽《ひ》が差した。

その光はその後も絶えることなく、私の地味な食卓《しょくたく》をほがらかに照らしつづけてくれた。全体的に茶色くパッとしない料理も、黄色い豆皿を横に添《そ》えれば、一気にぐんと華《はな》やいだ。冷めた料理だってふたたび湯気を立てる気がした。

直径十センチの小さな太陽。いつも私を温めてくれた。だからこそ、私はその豆皿を多用しすぎないようにと自分を律していた。

「黄色い豆皿は本当に、本当に特別だったんです。いやなことがあった日とか、気持ちがふさいでいるときとか、あの明るさを本当に自分が必要としているときだけ使っていいお皿」

C 息をつき、私は言った。

「十年間、大事にしてきたそのお皿を割ってしまいました」

風間先生の凪《な》いだ瞳に変化はなかった。話の展開を読んでいたのかもしれない。

「ぼうっとしていて、お皿を洗っているとき、うっかり割ってしまったんです。ショックで、へたりこんで、しばらく動けませんでした。割れたお皿も捨てられなくて、今も流しに置いたきりです」

でも、と私はマスクの下のくちびるを噛《か》んだ。

「でも、なるべくそれを見ないようにもしていたんです。こんなことを引きずっちゃいけない、落ちこんじゃいけない、って。こんなときに……世界中がとんでもないことになっているときに、豆皿一枚でくよくよしているなんて、なんかおめでたいっていうか、不謹慎《ふきんしん》? とにかく、おとなげないじゃないですか。だから、豆皿のことはなるべく考えないようにしていたんですけど……」

尻《しり》すぼみに声がとぎれた。続きをなかなか言えずにいると、風間先生が代わって口にしてくれた。

「あなたは豆皿を失った痛みから目をそむけてきた。行き場を失った痛みは代替ペインとなって歯を襲った。そうお考えなのですね」

③私は頬《ほお》を熱くした。

「まさかとは思ったんです。だって、豆皿ですよ。物ですよ。でも昨日、夜遅《よるおそ》くまで豆皿のことを考えていたら、今朝、心なしか奥歯の痛みがやわらいでいたんです」

風間先生の目が微笑《ほほえ》んだ。

「おめでとうございます。ついに真犯人を突《つ》きとめましたね」

④私は微笑みかえせなかった。

「でも、こんなことってあるんでしょうか。交際相手を失うより、豆皿を失うほうがダメージが大きいなんて」

「僕も加原さんのお話を聞いて、元彼《もとかれ》よりも、割れた豆皿を惜《お》しく思いましたよ」

「でも……でも、しょせん豆皿は豆皿ですよ。しつこいようですけど、世界は今ひどい状況《じょうきょう》で、前代未聞《ぜんだいみもん》の危機に瀕《ひん》していて……」

目を閉じ、私は思い起こす。日増しにふくれあがっていく各国の死者数。医療現場の*逼迫《ひっぱく》。観光業や外食産業の悲鳴。「マスクない」の大合唱。

「こんなときに、豆皿一枚で、私は……」

「こんなときだからこそ、その豆皿一枚があなたには必要だったんじゃないですか」

この数日間、私がマスクを隔《へだ》てず会話をした唯一《ゆいいつ》の人である先生の言葉に、[D]目を開いた。

無影灯の下には万物《ばんぶつ》の陰《かげ》を吸いこむような笑顔《えがお》があった。

「いつ終わるとも知れない緊張《きんちょう》の連続の中で、あなたはいつも以上に毎日のぬくもりを求めていたはずです。そんなときに太陽を失った。それは宇宙規模の喪失《そうしつ》です。それだけあなたがそのお皿を大切にしていたってことです。僕は素敵《すてき》だと思います。素敵な犯人です」

⑤素敵な犯人。すべてを肯定《こうてい》してくれるその一語に、肩からふっと力が抜《ぬ》けた。私を縛《しば》っていた何かがほつれる。滞《とどこお》っていた感情が流れだす。

「風間先生。私、豆皿のことで悲しんでもいいんですか」

「もちろんです。悲しんでください。思う存分、どっぷりと。その代替ペインが消えるまで、心の痛みを痛みつくしてください」

「十分に悲しめば、痛みは消えますか」

「消えます。もうすでに消えはじめているはずです」

「あ……」

言われてみれば、今朝よりもさらに痛みが薄《うす》らいでいる気がする。今晩はまともにものが食べられるかもしれない。早くも食欲さえ兆《きざ》しはじめている自分の*現金さに驚く。

「わかりました。やってみます。見苦しい未練のかぎりを尽《つ》くして、ジタバタ悲しみぬきます」

私は風間先生に約束した。

「痛みが完全に消えたら、またご報告に来ます」

「ええ、待っています」

（森《もり》 絵都《えと》「太陽」による）

（注）*代替ペイン…代わりに現れる痛み。
*常滑…愛知県にある市。焼き物が有名。
*まごう方なき…間違いない
*逼迫…追いつめられて余裕のない状態になること。
*現金さ…目先の利益によってすぐに態度を変えること。

問1 空欄《くうらん》[A]～[D]にあてはまる最も適切なものを次の**ア**～**カ**からそれぞれ選び、記号で答えなさい。

ア ふうっと　**イ** ぽっと　**ウ** すごすごと　**エ** そろりと　**オ** ゆったりと　**カ** はたと

問2 ＝＝部(a)・(b)の意味として最も適切なものを次の**ア**～**エ**からそれぞれ選び、記号で答えなさい。

(a)
ア なんとなく暗い気持ちにさせていた
イ 取り合って共有しようとしていた
ウ あれこれと気をもんでいらだたせていた
エ 嫉妬《しっと》による恐怖《きょうふ》におとしいれていた

(b)
ア 非日常との出会いを求めて歩き回っていた
イ ある目的を達成するつもりで歩いていた
ウ 人目を気にしながらひそかに歩いていた
エ 気の向くままにのんびり歩き回っていた

問3 ——部①とは、どういうものですか。四十字以内で答えなさい。

問4 ——部②とありますが、その理由として最も適切なものを次の**ア**～**エ**から選び、記号で答えなさい。

ア 自分が大切にしていた豆皿が割れてしまったことを認めたくなかったから。
イ 歯の痛みが引かないのに割れた豆皿を片付けるのがめんどうくさかったから。
ウ 豆皿という単なる物なのに視界に入りこんでくるのが気味が悪かったから。
エ 新たに豆皿を買いに行かなければいけないという気持ちになりたくなかったから。

問5 ——部③・——部④とありますが、これらの部分の「私」の気持ちを説明したものとして最も適切なものを次の**ア**～**エ**から選び、記号で答えなさい。

ア 自分で痛みの原因をわかっていて黙《だま》っていたのに、風間先生にそれを見透かされていたとわかっていたたまれない気持ち。
イ 自分の気持ちを吐露《とろ》することができてうれしく思うと同時に、風間先生の推理については違《ちが》うのではないかと思う気持ち。
ウ 自分の中でうまく整理できていないことを風間先生に言い当てられて恥《は》ずかしく思いながらも、まだ納得《なっとく》しきれない気持ち。
エ 自分の曖昧《あいまい》な推理に対して風間先生の的確な指摘《してき》を受けて納得《なっとく》するも、言葉に含《ふく》まれた皮肉を感じてしまい複雑な気持ち。

問6 ——部⑤とは、「私」にとってどういう意味を持つ言葉ですか。五十字以内で答えなさい。

問7 「風間先生」の存在は本文でどのように描《えが》かれていますか。最も適切なものを次の**ア**～**エ**から選び、記号で答えなさい。

ア 「私」の歯の痛みの原因を明確に把握《はあく》しており、高度な技術で「私」の痛みを適切に取り除いてくれる科学者のような存在。
イ 歯の痛みの原因を「私」が突《つ》きとめられるまで、「私」に厳しいことを言いながら引っ張っていく指導者のような存在。
ウ 世間の情報には疎《うと》く「私」との会話もかみ合わない時もあるが、「私」をリラックスさせてくれるマスコットのような存在。
エ 「私」が自分の気持ちと向き合っていくため、「私」に寄《よ》り添《そ》って言葉で表現させていくカウンセラーのような存在。

問8 「私」の豆皿に対するような態度は[一]の本文でも書かれています。その一文を[一]の段落[2]から抜《ぬ》き出《だ》して最初の五字を答えなさい。

2024（令和６）年度
中学校入学検査問題

算　数

（検査時間　45分）

＜受検上の注意＞　答えは，すべて解答用紙に記入しなさい。

1　次の問いに答えなさい。

問１　次の計算をしなさい。

$1\frac{3}{5}-2.4\times\left(\frac{3}{5}-\frac{7}{40}\right)$

問２　y が x に反比例し，x の値《あたい》が 2024 のときの y の値は 3.75 です。
x の値が 23 のときの y の値を答えなさい。

問３　下の図は正十角形と正十角形の頂点を１つおきに５つ結んでできる正五角形です。
図の あ の角の大きさは何度か答えなさい。

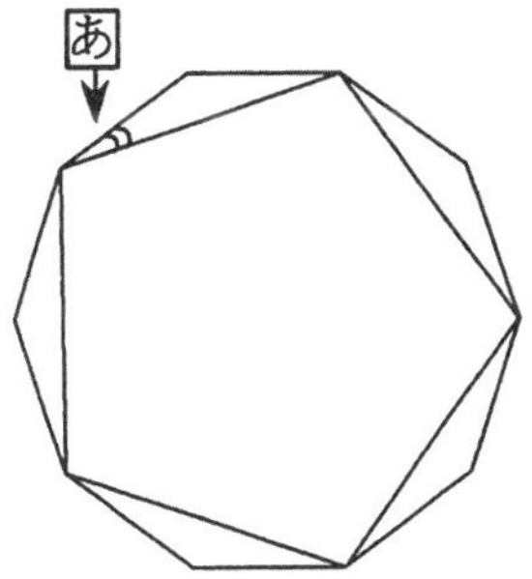

問４　１から４までの数字を右の あ，い，う，え にあてはめて
分母と分子がともに２けたの整数となる分数をつくります。
ただし，同じ数字は１回しか使うことができません。
また，つくった分数は約分せず，例えば，$\frac{32}{14}$ は $\frac{16}{7}$ とせずに $\frac{32}{14}$ として考えます。

$\frac{あい}{うえ}$

（１）　つくることができる分数のうち，最も小さい分数を答えなさい。

（２）　つくることができる分数のうち，１より大きい分数は全部で何個あるか答えなさい。

問５　A 小学校の６年１組と６年２組はともに 39 人のクラスです。右の表は，この２つのクラスのソフトボール投げの記録を度数分布表に整理したものです。

きょり(ｍ)	1組(人)	2組(人)
10以上～15未満	3	3
15　～20	あ	8
20　～25	8	う
25　～30	12	え
30　～35	い	お
35　～40	2	3
合計	39	39

（１）　あ と い にあてはまる数は同じです。
その数は何か答えなさい。

（２）　２組の児童 39 人の記録について次のことがわかっています。う，え，お にあてはまる数をそれぞれ答えなさい。

○２組の記録について，記録が 30 m 以上だった児童の割合は $\frac{1}{3}$ です。

○２組の記録について，最も度数が多い階級は，30 m 以上 35 m 未満の階級です。

○２組の記録について，20 m 以上 25 m 未満の階級と度数が同じ他の階級はありません。

○２組の記録について，中央値は 20 m 以上 25 m 未満の階級に入っています。

2 1辺の長さが4 cmの正三角形ABCがあります。
点Pは最初に点Aの上にあり，三角形ABCの辺の上を毎秒3 cmの速さで，A→B→C→Aの順に移動し，点Aに着いたら進む向きを変えて，A→C→B→Aと移動し，点Aに着いたら再び進む向きを変えてA→B→C→Aと移動します。このように，点Pは点Aに着くたびに進む向きを変えて移動します。
また，点Qは最初に点Cの上にあり，点Pが最初に点Aをスタートするのと同時に点Cをスタートし，三角形ABCの辺の上を毎秒2 cmの速さで，C→A→B→Cと進むことをくり返します。点Qが進む向きを変えることはありません。

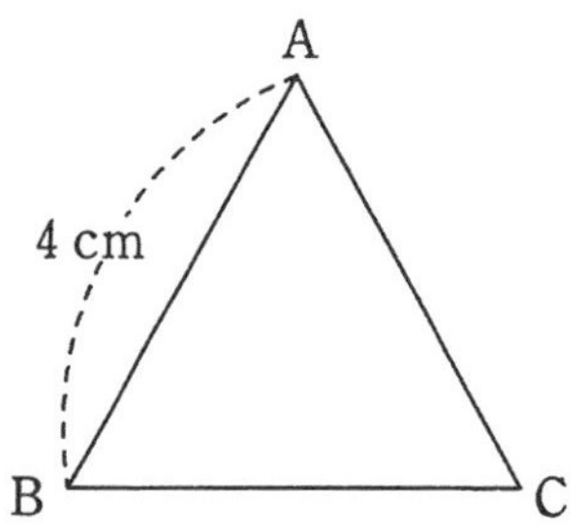

このとき，次の問いに答えなさい。

問1　点Pと点Qがスタートしてから7秒の間に，点Pと点Qが両方とも三角形の頂点の上にあることが，1回あります。そのようになるのはスタートしてから何秒後か答えなさい。ただし，「点Pが点Cの上で点Qが点Bの上」のように点Pと点Qが違う頂点の上にあってもかまいません。また，スタートするしゅん間はふくめないものとします。

問2　点Pと点Qがスタートしてから7秒の間に，点Pと点Qが両方とも辺BCの上にある時間は全部で何秒か答えなさい。

3 1辺の長さが3 cmの赤色の正方形の**色紙ア**と，1辺の長さが5 cmの赤色の正方形の**色紙イ**がたくさんあります。1辺の長さが200 cmの正方形の方眼紙に，**図1**のように**色紙ア**と**色紙イ**を左上から右下に向かって，たてと横がともに1 cmずつ重なるように，できるだけたくさん交互にはっていきます。ただし，**色紙ア**と**色紙イ**は1辺の長さが200 cmの正方形の方眼紙からはみ出すようにはってはいけません。
このとき，次の問いに答えなさい。

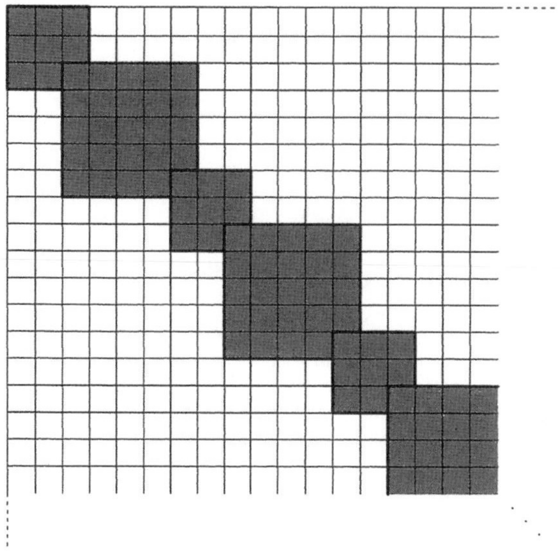
図1

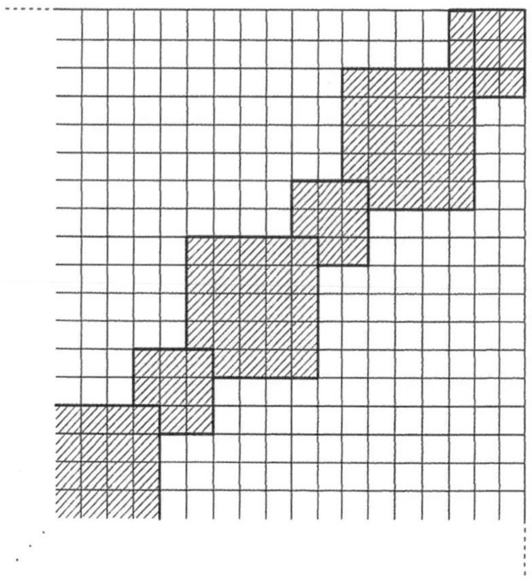
図2

問1　**色紙ア**は全部で何枚はることになるか答えなさい。

問2　1辺の長さが3 cmの青色の正方形の**色紙ウ**と，1辺の長さが5 cmの青色の正方形の**色紙エ**をたくさん準備します。先ほど**色紙ア**と**色紙イ**をはった方眼紙に，**図2**のように**色紙ウ**と**色紙エ**を右上から左下に向かって，たてと横がともに1 cmずつ重なるようにできるだけたくさん交互にはっていきます。ただし，**色紙ウ**と**色紙エ**は1辺の長さが200 cmの正方形の方眼紙からはみ出すようにはってはいけません。赤色の色紙（**色紙ア**と**色紙イ**）と青色の色紙（**色紙ウ**と**色紙エ**）が重なった部分の面積は何 cm^2 か答えなさい。

4 1辺の長さが1 cmの立方体Aがたくさんあります。この立方体Aを面と面がぴったり重なり合うようにはりあわせていろいろな直方体をつくります。ただし，中に空どうのあるものは直方体とは考えません。

このとき，次の問いに答えなさい。

問１　立方体Aをちょうど12個使ってできる直方体は全部で4種類あります。この4種類の直方体のうち表面積がもっとも小さくなるものの表面積は何 cm^2 か答えなさい。

問２　立方体Aをちょうど24個使ってできる直方体は全部で何種類あるか答えなさい。

問３　立方体Aをちょうど108個使ってできる直方体は全部で何種類あるか答えなさい。

5 ロボットKはX地点とX地点から10 mはなれたY地点の間を荷物を運びながら移動し続けるロボットです。ロボットKは次のコマンド（命令）にしたがい，①②③を順にくり返して実行します。ただし，コマンド（命令）の [ア]，[イ]，[ウ] には整数があてはまります。また，②の～～～の条件を満たさない場合には，①を実行した後に②を実行せずに③を実行します。

コマンド（命令）
① エネルギーを [ア] だけ補給する。
② エネルギーが [イ] 以上あれば，荷物Aを1つ持ってX地点からY地点に運び，Y地点に荷物Aを1つ置いて，X地点に戻ってきて，エネルギーを [ウ] だけ補給する。
③ 荷物Bを1つ持ってX地点からY地点に運び，Y地点に荷物Bを1つ置いて，X地点に戻ってくる。
(ふたたび①に戻る)

最初，ロボットKには100のエネルギーがあり，移動をすることで次のようにエネルギーを消費し，エネルギーが0になるとその場で停止します。なお，ロボットKに補給できるエネルギーに上限はなく，移動以外でエネルギーを消費することはありません。また，X地点には荷物Aと荷物Bがたくさんあるものとします。

○ 荷物Aを持った状態の移動では，ロボットKは1 mあたり4のエネルギーを消費する
○ 荷物Bを持った状態の移動では，ロボットKは1 mあたり2のエネルギーを消費する
○ 荷物を持っていない状態の移動では，ロボットKは1 mあたり1のエネルギーを消費する

例えば，[ア] が10，[イ] が70，[ウ] が5であれば，ロボットKは次のようにX地点とY地点の間を移動します。なお，この例では①②③を実行した直後の残りのエネルギーを（　　）の中に示しています。また，この例では，ロボットKが停止したときに，Y地点には荷物Aが1個，荷物Bが3個あります。

①を実行（エネルギー110）→②を実行（エネルギー65）→③を実行（エネルギー35）
→①を実行（エネルギー45）→②を実行せずに③を実行　（エネルギー15）
→①を実行（エネルギー25）→②を実行せずに③を実行しようとするが，Y地点からX地点に戻ってくる途中でエネルギーが0となり停止

このとき，次の問いに答えなさい。

問１　[ア] が15，[イ] が60，[ウ] が30のとき，ロボットKが停止したときにY地点にある荷物Aの個数と，荷物Bの個数をそれぞれ答えなさい。

問２　[ア] が25，[イ] が40，[ウ] が20のとき，ロボットKが最初の状態から停止するまでに，実際に移動したきょりの合計は何 mか答えなさい。

問３　[ア] が25，[ウ] が40で，ロボットKが停止したときに，Y地点にある荷物Aの個数はちょうど3個でした。このとき，[イ] にあてはまっていたと考えられる整数はいくつかあります。そのうち，最小の整数と最大の整数を答えなさい。

２０２４（令和６）年度
中学校入学検査問題

理 科

（検査時間　社会とあわせて４５分）

〈受検上の注意〉　答えは，すべて解答用紙に記入しなさい。

1　次の文章を読んで，あとの問いに答えなさい。

うすい塩酸，重そう水，炭酸水，食塩水，うすいアンモニア水，石灰水があります。これらの６種類の水よう液について，次に示す**性質Ａ～Ｃ**があるかないかを調べることにしました。

性質Ａ　熱して水を蒸発させたときに，固体が出るという性質
性質Ｂ　においがあるという性質
性質Ｃ　赤色のリトマス紙を青く変え，青色のリトマス紙を変化させないという性質

性質Ａ～Ｃがあるかないかで，水よう液は下の**表**の①～⑧のいずれかのグループに分けられます。○印は性質があることを，×印は性質がないことを示しています。たとえばグループ①は，**性質Ａ**はあるが，**性質Ｂ**と**性質Ｃ**はないことを示しています。

表

性質＼グループ	①	②	③	④	⑤	⑥	⑦	⑧
性質Ａ	○	×	×	○	○	×	○	×
性質Ｂ	×	○	×	○	×	○	○	×
性質Ｃ	×	×	○	×	○	○	○	×

問１　水よう液とは何ですか。次の文の（　　）にあてはまることばを答えなさい。
「ものが水にとけて（　　　　　）になった液」

問２　ある水よう液について，**性質Ａ**があるかないかを調べる実験を行うためには，どの実験器具を使ったらよいですか。次の**ア～ケ**から適切なものを**２つ選び**，記号で答えなさい。

ア　ガラスぼう　　**イ**　蒸発皿　　**ウ**　水そう　　**エ**　ろうと　　**オ**　ろうと台
カ　実験用ガスコンロと加熱用金あみ　　**キ**　メスシリンダー　　**ク**　ピンセット
ケ　温度計

問３　ある水よう液について，**性質Ｃ**があるかないかを調べる実験を行うためには，赤色と青色のリトマス紙と，どの実験器具を使ったらよいですか。**問２**の**ア～ケ**から適切なものを**２つ選び**，記号で答えなさい。

問４　**性質Ｃ**を何といいますか。

問５　６種類の水よう液のうち，グループ①にあてはまる水よう液はどれですか。水よう液のなまえを答えなさい。

問６　６種類の水よう液のうち，グループ⑧にあてはまる水よう液はどれですか。水よう液のなまえを答えなさい。

問７　グループ②～⑦のうち，６種類の水よう液のいずれもがあてはまらないグループはどれですか。**すべて選び**，番号で答えなさい。

2　**図１**は，ある川が流れている土地の高さを表したものです。これについて，次の問いに答えなさい。

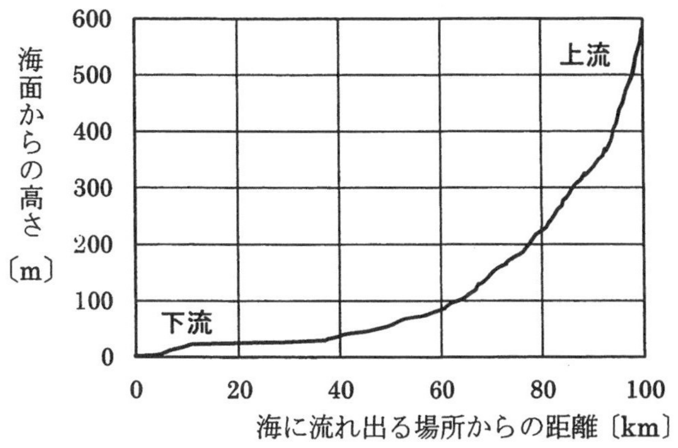

図１

問１　**図１**に示した川の上流と下流でどのようなちがいがあるのかを，次の（１）～（４）について調べました。上流についてあてはまるものは，**ア**と**イ**のどちらですか。（１）～（４）それぞれについて記号で答えなさい。

（１）川を流れる水の速さ　（**ア**　速い　　**イ**　おそい）
（２）川はば　（**ア**　広い　　**イ**　せまい）
（３）川にある石の大きさ　（**ア**　大きい　　**イ**　小さい）
（４）川にある石のかたち　（**ア**　丸い　　**イ**　角ばっている）

問２　**図２**は，**図１**の川の一部を模式的に表したものです。次の（１）と（２）に答えなさい。

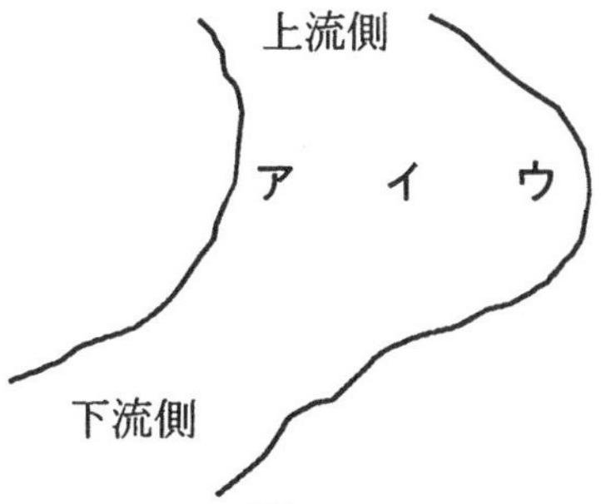

図２

（１）**図２**の**ア～ウ**のうち，川を流れる水の速さが最も速いところはどこになりますか。記号で答えなさい。

（２）流れる水には，①<u>地面をけずるはたらき</u>や，運ぱんされてきた②<u>土や石をつもらせるはたらき</u>があります。下線部①と②の流れる水のはたらきを何といいますか。それぞれ答えなさい。

問３　川を流れる水のはたらきを調べるために，**図３**のようにして，●の部分から水を流し，水そうに れき・砂・どろ がたまる様子を観察しました。しばらくそのままにしておいてから，水そうにたまった れき・砂・どろ を観察しました。れき・砂・どろ はどのようにつもりましたか。あとの**ア～エ**から最も適切なものを１つ選び，記号で答えなさい。

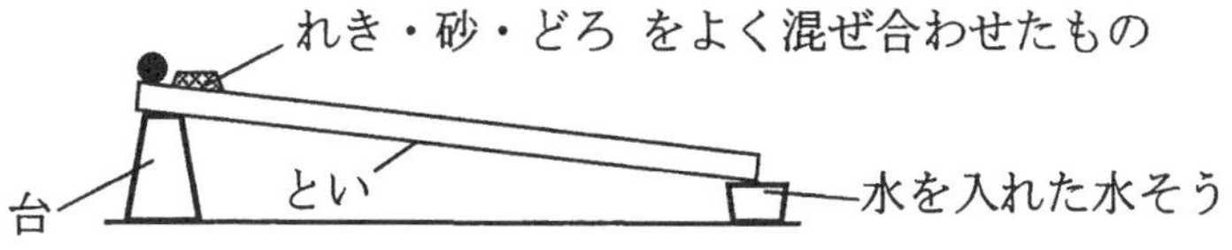

図３

ア　水そうの底から，れき・砂・どろ の順番でつもった。
イ　水そうの底から，どろ・砂・れき の順番でつもった。
ウ　水そうの底から，砂・どろ・れき の順番でつもった。
エ　れき・砂・どろ が分かれずに，れき・砂・どろ が混じり合ったままであった。

問4　れき・砂・どろ を用いて，水のしみこみ方を調べるために，**図4**のような底に穴をあけたプラスチックのコップにガーゼをしいたものを３つ用意し，れき・砂・どろ それぞれの高さが同じになるように別々のコップに入れました。コップの上から同じ量の水を入れたとき，底にあけた穴から最も短い時間で水が出終わったものは，れき・砂・どろ のうち，どれですか。

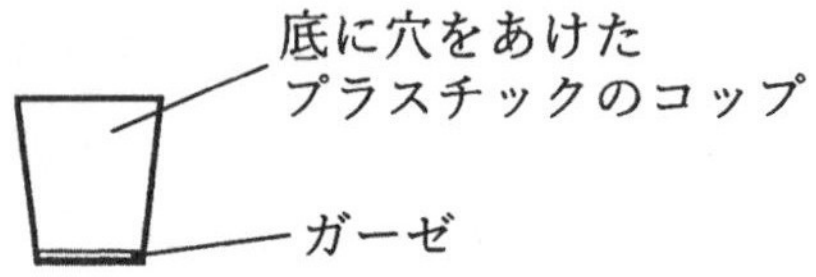

図4

3

次のひろしさんとみどりさんの会話文を読んで，あとの問いに答えなさい。

ひろし：プールのそうじをしたら，思っていた以上にたくさんの生き物がいておどろいたよ。
みどり：トンボの幼虫が多かったね。トンボの幼虫は，(　　　)というなまえでも呼ばれているよ。何匹《びき》かもらって帰って飼っているけど，このまえ，そのうちの１匹が成虫になったよ。
ひろし：そうなんだ。どうやって飼っているの？
みどり：水そうに土と水草と水を入れて，あとは木のぼうを立てて入れているかな。えさは，イトミミズやアカムシをあげているよ。
ひろし：春にモンシロチョウを育てたときには，a 卵，幼虫，さなぎ，成虫の順序で育ったけど，トンボも同じ順序で育つのかな？
みどり：いや，トンボにはさなぎの時期はなかったよ。
ひろし：こん虫は，b 育ち方のちがいによって，２つに分けられるんだね。そういえば妹に，「ダンゴムシはこん虫なの？」って質問されたんだけど，うまく説明できなくて。
みどり：前の授業で，c 虫めがねを使っていろいろなこん虫のからだのつくりを観察したときのノートを見てみようか。

問1　会話文中の空らんにあてはまるなまえを，ひらがな２文字で答えなさい。

問2　下線部aについて，幼虫とさなぎのちがいはどんなことですか。それぞれの特ちょうがわかるように説明しなさい。

問3　下線部bについて，トンボと同じ順序で育つこん虫を，次の**ア〜ク**から適切なものを**すべて選び**，記号で答えなさい。

ア　カイコガ　　イ　トノサマバッタ　　ウ　アゲハ　　エ　カブトムシ
オ　アブラゼミ　　カ　クロオオアリ　　キ　オオカマキリ　　ク　ゲンジボタル

問4　下線部cについて，虫めがねについて述べた文のうち正しいものを，次の**ア〜エ**から**すべて選び**，記号で答えなさい。

ア　手で持てるものを見るときは，虫めがねを手で持てるものに近づけたまま顔を近づけたりはなしたりして，はっきり見えるようにする。
イ　手で持てないものを見るときは，虫めがねを近づけたりはなしたりして動かしながら，はっきり見えるようにする。
ウ　虫めがねで近くのものを見ると，けんび鏡と同じように，上下左右が逆に見える。
エ　虫めがねで太陽を見てはいけない。

問5　右の図はオオカマキリをはら側から観察した模式図です。オオカマキリの「はら」はどの部分ですか。解答らんの図を黒くぬりつぶしなさい。

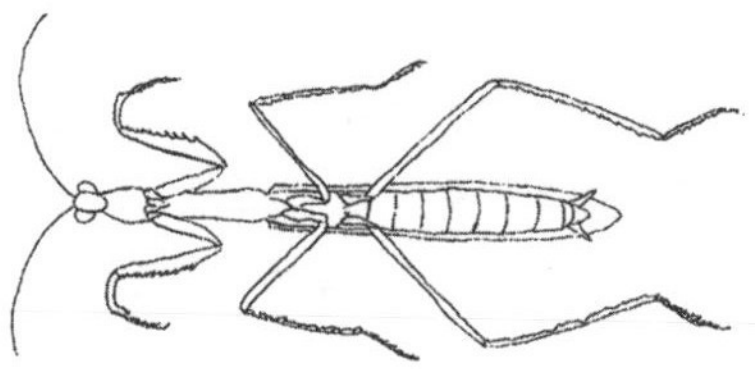

図

問6　ひろしさんとみどりさんは，次の７種類のこん虫について，同じ特ちょうを持つものどうしでなかま分けを行いました。（１）と（２）は，それぞれどのような特ちょうでなかま分けを行ったものですか。あとの**ア〜オ**のうちから最も適切なものをそれぞれ選び，記号で答えなさい。

アゲハ	エンマコオロギ	オオカマキリ	カブトムシ
クマゼミ	ショウリョウバッタ	ナナホシテントウ	

（１）

- エンマコオロギ　オオカマキリ　ショウリョウバッタ
- アゲハ
- カブトムシ　クマゼミ
- ナナホシテントウ

（２）

- アゲハ
- カブトムシ　クマゼミ
- オオカマキリ　ナナホシテントウ
- エンマコオロギ
- ショウリョウバッタ

ア　成虫のえさ　　イ　成虫のからだの色　　ウ　卵を産む場所
エ　成虫の羽の数　　オ　冬ごしのすがた

問7　あなたがひろしさんだとしたら，妹の「ダンゴムシはこん虫なの？」という質問に対して，「ダンゴムシがこん虫ではない」理由をどのように答えますか。からだのつくりに着目して答えなさい。

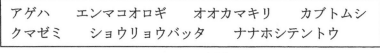

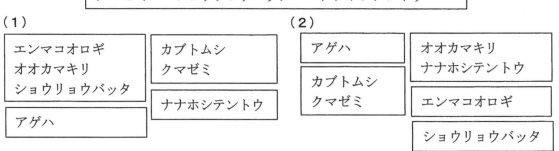

4　ふりこについて**実験１**，**実験２**を行いました。あとの問いに答えなさい。

［実験１］ふりこのきまりを調べる

図１のように糸のはしをスタンドに取り付け支点とし，もう一方のはしにおもりをつけてふりこをつくりました。つるすおもりの重さ，ふりこの長さ，ふれはばの３つの条件について，**表１**の組み合わせ①～⑦に示すようにそれぞれ変え，ふりこの10往復する時間を３回ずつ調べました。**表１**に結果を示します。

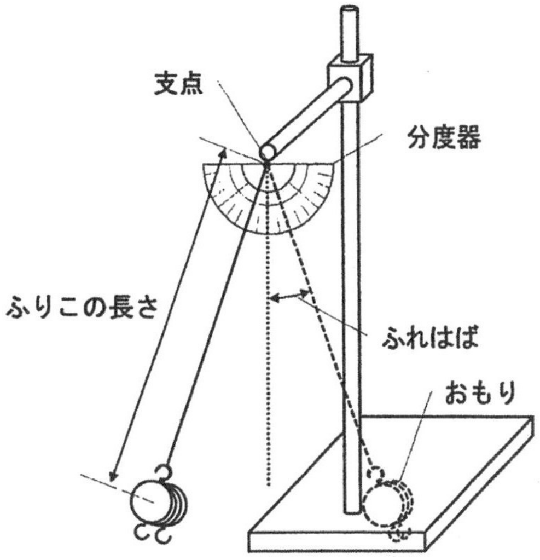

図１

表１

条件の組み合わせ		①	②	③	④	⑤	⑥	⑦
おもりの重さ〔g〕		10	20	30	20	20	20	20
ふりこの長さ〔cm〕		50	50	50	25	75	50	50
ふれはば〔°〕		20	20	20	20	20	10	30
10往復する時間〔秒〕	１回目	14.1	14.0	14.2	10.1	17.2	14.2	14.1
	２回目	14.2	14.1	14.0	10.0	17.4	14.0	14.2
	３回目	14.0	14.2	14.1	9.9	17.3	14.1	14.0

問１　**表１**の結果から，ふりこの１往復する時間はふりこの何によって変わると考えられますか。

問２　条件の組み合わせが④のとき，ふりこの１往復する平均の時間は何秒ですか。小数第１位まで求めなさい。

問３　おもりの重さを40 g，ふりこの長さを100 cm，ふれはばを40°とすると，ふりこの10往復する時間はどのはん囲になると予想できますか。次の**ア**～**ウ**から最も適切なものを１つ選び，記号で答えなさい。

ア　14秒未満　　**イ**　14秒以上17秒未満　　**ウ**　17秒以上

［実験２］おもりのつるし方と往復する時間の関係を調べる

図１と同じように糸をスタンドにとりつけ，おもりのつるし方，糸の長さを，**図２**の①～④のようにそれぞれ変え，ふりこの10往復する時間を３回ずつ調べ，平均の時間を求めました。おもりの重さは１つ10 g，長さが4 cmであり，ふれはばはすべて20°としました。糸とおもりは一直線になってふれていました。**表２**に結果を示します。

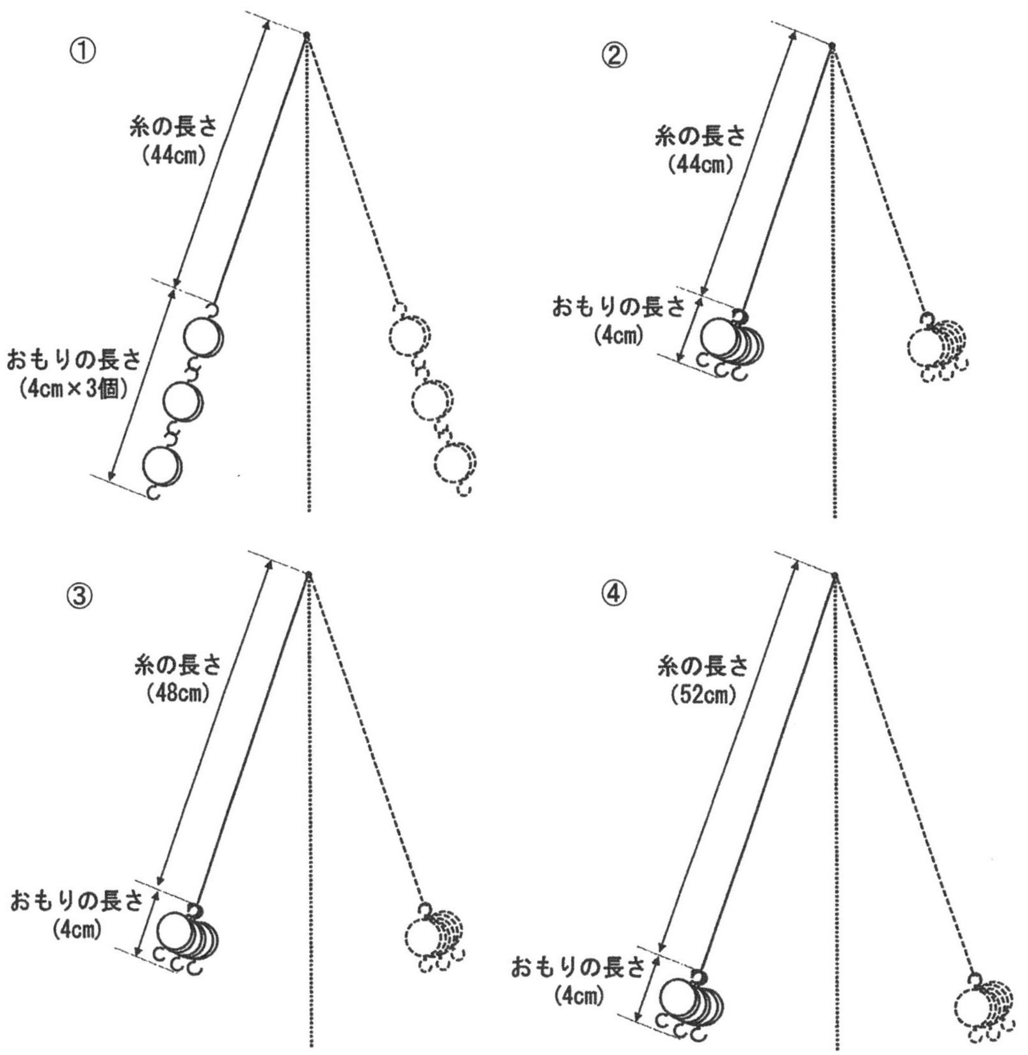

図２

表２

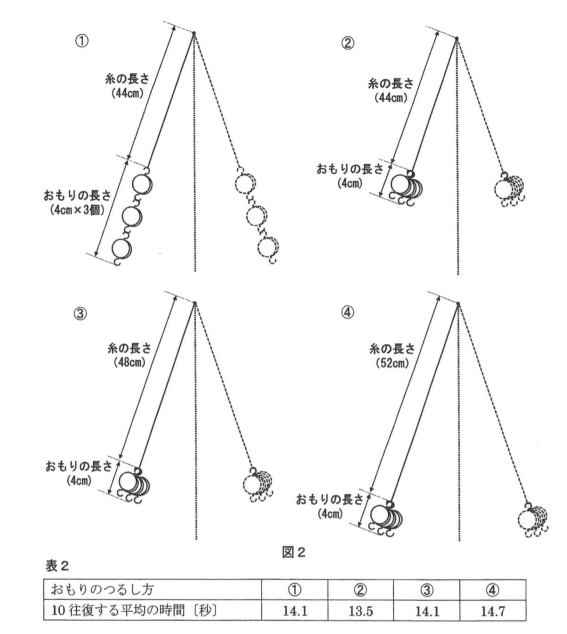

おもりのつるし方	①	②	③	④
10往復する平均の時間〔秒〕	14.1	13.5	14.1	14.7

問４　**表２**の結果から，①の場合のふりこの長さは何cmと考えられますか。

問５　**実験１**と**実験２**から考えられるふりこのきまりをもとに，公園のブランコに乗ったときの１往復する時間について考えます。おとな（身長170 cm・体重60 kg）または子ども（身長100 cm・体重20 kg）が，次に示す**ア**～**カ**の方法でブランコに乗ったとき，１往復する時間が最も長くなると考えられるのはどれですか。適切なものを**すべて選び**，記号で答えなさい。

ア　子どもがすわって乗り，ふれはばが10°
イ　子どもがすわって乗り，ふれはばが30°
ウ　子どもが立って乗り，ふれはばが10°
エ　子どもが立って乗り，ふれはばが30°
オ　おとなが立って乗り，ふれはばが10°
カ　おとなが立って乗り，ふれはばが30°

2024（令和６）年度
中学校入学検査問題

社　会

（検査時間　理科とあわせて 45 分）

〈受検上の注意〉答えは，すべて解答用紙に記入しなさい。

1　次の問いに答えなさい。

問１　次のことばは，消防署や消防団の施設《しせつ》にある看板《かんばん》やポスターで見かけるもので，「火事を出さないように火の元に注意する」ことを呼びかける目的があります。このことばの［　　］に入る最も適当な語を**漢字２字**で答えなさい。

火の［　　　］

問２　１年のうち初めて海水浴場の利用が始まることを「海開《うみびら》き」と言います。沖縄《おきなわ》県の多くの海水浴場で「海開き」が行われる時期として，最も適当なものを次の**ア～エ**から１つ選び，記号で答えなさい。

ア　1～2月　　**イ**　3～4月　　**ウ**　5～6月　　**エ**　7～8月

問３　**図１**は，農場にある牛舎《ぎゅうしゃ》の写真です。農場では，牛舎に壁《かべ》をつくらずに風通しを良くしたり，出入りする人に消毒をお願いしたりするなどの取り組みを行っています。そのような取り組みを行う理由を15字以上20字以内で答えなさい。

図１

問４　自動車工場では，どのような順序で自動車を生産しているでしょうか。次の**ア～エ**を正しくならべかえ，記号で答えなさい。

ア　ようせつ　　**イ**　プレス　　**ウ**　とそう　　**エ**　組み立て

問５　次のことばは，ある条約の正式名称《めいしょう》です。日本では，琵琶湖《びわこ》などがこの条約の登録地となり，湿地《しっち》を守る取り組みが行われています。この条約の一般的な呼び名を解答欄《らん》にあうようにカタカナで答えなさい。

「特に水鳥《みずどり》の生息地として国際的に重要な湿地に関する条約」

問６　次の文章は広島《ひろしま》県にある学校の修学旅行のしおりにある紹介《しょうかい》文です。

> 私たちは，修学旅行の３日間を（　Ａ　）で過ごします。１日目は火山を見学し，そのあと天然の①温泉に入ります。２日目は島に渡《わた》り，通信衛星《えいせい》の打ち上げを行う宇宙センターを見学します。３日目は昼食に，特産の黒豚《くろぶた》を使った料理を食べます。（　Ａ　）では，年間の降水量(1981～2010年の平均値《へいきんち》)が 2000 ㎜を超える地域が多く，②大雨による自然災害から地域住民を守る施設の建設も進んでいます。

（１）（　Ａ　）には修学旅行の行き先となっている都道府県が入ります。（　Ａ　）に入る都道府県を答えなさい。

（２）**下線部**①について，温泉を地図記号で表しなさい。

（３）**下線部**②について，このような施設として最も適当なものを次の**ア～エ**から１つ選び，記号で答えなさい。

ア　砂防《さぼう》ダム　　**イ**　水力発電所　　**ウ**　防火水そう　　**エ**　津波避難《つなみひなん》タワー

2　日本の世界遺産に関する**資料Ⅰ～Ⅵ**に関連して，それぞれの問いに答えなさい。

問１　**資料Ⅰ**に関連して，次の問いに答えなさい。

資料Ⅰ

> 大阪府《おおさかふ》堺《さかい》市の（　Ａ　）古墳《こふん》(仁徳天皇陵《にんとくてんのうりょう》古墳)は，①5世紀につくられた日本最大の前方後円墳《ぜんぽうこうえんふん》です。つくられた当時は，表面に石がしきつめられ，たくさんの（　Ｂ　）がならんでいたと考えられています。

（１）**資料Ⅰ**の（　Ａ　）・（　Ｂ　）に入る適当な語を答えなさい。

（２）**下線部**①に関連して，5世紀ごろの日本について述べた文として，正しいものを次の**ア～エ**から１つ選び，記号で答えなさい。

ア　女王卑弥呼《ひみこ》が中国に使いを送った。
イ　十七条《じゅうしちじょう》の憲法が定められた。
ウ　織物《おりもの》の技術や漢字などが大陸から伝わった。
エ　国を治めるための律令《りつりょう》ができあがった。

問2　**資料Ⅱ**に関連して，次の問いに答えなさい。

資料Ⅱ

②聖武天皇《しょうむてんのう》の時代，シルクロードを通じて，西アジアやヨーロッパの文化や文物が日本へもたらされました。その一部は，東大寺《とうだいじ》にある（　C　）の宝物からうかがうことができます。

（1）**下線部②**に関連して，この時代に活躍《かつやく》した人物を次の**ア～オ**から**すべて**選び，記号で答えなさい。

ア　中大兄皇子《なかのおおえのおうじ》　**イ**　行基《ぎょうき》　**ウ**　藤原道長《ふじわらのみちなが》　**エ**　小野妹子《おののいもこ》　**オ**　鑑真《がんじん》

（2）**資料Ⅱ**の（　C　）に入る適当な語を答えなさい。

問3　**資料Ⅲ**に関連して，次の問いに答えなさい。

資料Ⅲ

（　D　）は厳島《いつくしま》神社にまつられる神を平氏《へいし》の守り神として敬い，平家納経《へいけのうきょう》など，多くの宝物をおさめました。

（1）**資料Ⅲ**の（　D　）に入る適当な語を答えなさい。

（2）平氏を破った源氏《げんじ》について述べた文として，**誤っているもの**を次の**ア～エ**から1つ選び，記号で答えなさい。

ア　平治《へいじ》の乱ののち，源頼朝《みなもとのよりとも》は，伊豆《いず》に流された。

イ　源義経《みなもとのよしつね》たちに率いられた源氏の軍は，壇ノ浦《だんのうら》で平氏をほろぼした。

ウ　源氏により御成敗式目《ごせいばいしきもく》がつくられ，鎌倉幕府《かまくらばくふ》の支配力はいっそう強くなった。

エ　源氏の将軍は3代で絶え，鎌倉幕府の政治は北条氏《ほうじょうし》に引きつがれた。

問4　**資料Ⅳ**に関連して，次の問いに答えなさい。

資料Ⅳ

足利義満《あしかがよしみつ》は，中国の（　E　）と貿易を行うとともに，文化や芸術を保護しました。③14世紀の終わりには，京都《きょうと》の北山《きたやま》に（　F　）を建てました。

（1）**資料Ⅳ**の（　E　）・（　F　）に入る適当な語を答えなさい。

（2）**下線部③**に関連して，14 世紀以降におこった世界のできごとを，おこった時期の早いものから順にならべかえ，次の**ア～ウ**の記号で答えなさい。

ア　ザビエルがアジアに向けて出発した。

イ　コロンブスがアメリカに到達《とうたつ》した。

ウ　マゼランが世界一周航海に出発した。

問5　**資料Ⅴ**に関連して，次の問いに答えなさい。

資料Ⅴ

16世紀ごろから本格的な開発が始まった（　G　）銀山の良質な銀は，スペインやポルトガルとの（　H　）貿易でヨーロッパにも広がり，ヨーロッパとアジアの経済や文化の交流に大きな役割を果たしました。④豊臣秀吉《とよとみひでよし》の財力を支えるうえでも重要な場所でした。

（1）**資料Ⅴ**の（　G　）・（　H　）に入る適当な語を答えなさい。

（2）**下線部④**に関連して，秀吉が行ったことに関わって述べた文として，正しいものを次の**ア～エ**から1つ選び，記号で答えなさい。

ア　二度の朝鮮《ちょうせん》との戦いをきっかけに，優れた焼き物が日本に伝わった。

イ　将軍の足利氏を京都から追い出して，室町幕府《むろまちばくふ》をほろぼした。

ウ　水運などの交通が便利な安土《あづち》に城を築き，城下町《じょうかまち》に家来を住まわせた。

エ　検地《けんち》と刀狩《かたなが》りによって，武士と百姓《ひゃくしょう》の身分の違《ちが》いがなくなった。

問6　**資料Ⅵ**に関連して，次の問いに答えなさい。

資料Ⅵ

（　I　）東照宮《とうしょうぐう》は⑤徳川家康《とくがわいえやす》をまつっている神社であり，家康の孫である（　J　）の時代に，ばく大な費用と多くの人数を使って建てかえられました。

（1）**資料Ⅵ**の（　I　）・（　J　）に入る適当な語を答えなさい。

（2）**下線部⑤**に関連して，江戸幕府《えどばくふ》が直接支配した主な場所として**誤っているもの**を次の**ア～オ**から**すべて**選び，記号で答えなさい。

ア　長崎《ながさき》　**イ**　萩《はぎ》　**ウ**　佐渡《さど》　**エ**　仙台《せんだい》　**オ**　大阪《おおさか》

3 次の**表1**は，日本で開催《かいさい》されたサミットについてまとめたものです。これに関して，あとの問いに答えなさい。

表1

開催年	開催場所
①1979年	②東京《とうきょう》
③1986年	東京
④1993年	東京
⑤2000年	⑥九州《きゅうしゅう》・沖縄
2008年	⑦北海道《ほっかいどう》・洞爺湖《とうやこ》
2016年	伊勢志摩《いせしま》
2023年	⑧広島

（外務《がいむ》省ウェブサイトより作成）

問1　**下線部**①に関連して，1970年代の日本の主なできごとについて述べた文として，**誤っているもの**を次の**ア**～**エ**から1つ選び，記号で答えなさい。

ア　大阪で日本万国博覧会《にほんばんこくはくらんかい》が開かれた。
イ　中華人民共和国《ちゅうかじんみんきょうわこく》との国交が正常化した。
ウ　東海道新幹線《とうかいどうしんかんせん》が開通した。
エ　日中平和友好条約《にっちゅうへいわゆうこうじょうやく》が結ばれた。

問2　**下線部**②に関連して，東京に関わったできごととして，正しいものを次の**ア**～**エ**から1つ選び，記号で答えなさい。

ア　1853年，アメリカの使者・ペリーが上陸した。
イ　フランスの技術を導入した官営富岡製糸場《かんえいとみおかせいしじょう》が完成した。
ウ　もと幕府の役人であった大塩平八郎《おおしおへいはちろう》が兵をあげた。
エ　1872年，日本で初めての鉄道が開通した。

問3　**下線部**③に関連して，1980年以前の日本および世界経済についてのできごとを，おこった時期の早いものから順にならべかえ，次の**ア**～**ウ**の記号で答えなさい。

ア　日本の国民総生産《こくみんそうせいさん》がアメリカに次いで世界第2位になった。
イ　オイルショックと呼ばれる世界的な経済混乱がおこった。
ウ　日本において高度経済成長《こうどけいざいせいちょう》が始まった。

問4　**下線部**④に関連して，1993年に正式に発足した欧州連合《おうしゅうれんごう》の略称《りゃくしょう》として，正しいものを次の**ア**～**エ**から1つ選び，記号で答えなさい。

ア　NGO　　**イ**　EU　　**ウ**　ODA　　**エ**　UNESCO

問5　**下線部**⑤に関連して，2000年以降におこったできごととして，正しいものを次の**ア**～**エ**から1つ選び，記号で答えなさい。

ア　ドイツでベルリンの壁が崩壊《ほうかい》した。
イ　アメリカで同時多発《どうじたはつ》テロがおこった。
ウ　阪神《はんしん》・淡路大震災《あわじだいしんさい》がおこった。
エ　ソビエト連邦《れんぽう》が崩壊した。

問6　**下線部**⑥に関連して，九州・沖縄の歴史に関連して述べた文として，**誤っているもの**を次の**ア**～**エ**から1つ選び，記号で答えなさい。

ア　室町時代，琉球王国《りゅうきゅうおうこく》は日本や中国，東南アジアの国々との貿易で栄えていた。
イ　江戸時代，五街道《ごかいどう》のうち江戸と博多《はかた》を結ぶ東海道は，参勤交代《さんきんこうたい》の行列が通った。
ウ　明治《めいじ》時代，鹿児島《かごしま》の士族《しぞく》たちは，西郷隆盛《さいごうたかもり》をかついで西南戦争《せいなんせんそう》をおこした。
エ　昭和《しょうわ》時代，日本の国際連合《こくさいれんごう》加盟時も，沖縄はアメリカに占領《せんりょう》されたままだった。

問7　**下線部**⑦に関連して，17世紀半ば，アイヌの人々を率い，不正に取り引きを行った松前藩《まつまえはん》と戦った人物の名前を答えなさい。

問8　**下線部**⑧に関連して，広島には世界で最初に原子爆弾《げんしばくだん》が投下されました。そのあと，2度目となる原子爆弾が長崎に投下された年月日《ねんがっぴ》を答えなさい。

問9　2023年の広島サミットにおいて，広島を訪れたウクライナの大統領《だいとうりょう》の名前を答えなさい。

4 次の文章は，小学校 6 年生のゆみさんが社会科の授業を通して学んだことについてまとめたものです。文章を読み，あとの問いに答えなさい。

> 国民の暮《く》らしの願いを実現するために，国はさまざまな仕事をしています。国の政治は国会・①<u>内閣《ないかく》</u>・裁判所の三つの機関が仕事を分担して進めています。同じように，私が住んでいる②<u>広島市</u>でも，市民の暮らしの願いを実現するために，広島市がかかえている問題の解決に取り組んでいます。国や広島市は，③<u>日本国憲法《にほんこくけんぽう》</u>が定めている私たち一人ひとりに認められた権利を守るためにさまざまな仕事を行っているということがわかりました。
>
> 例えば，広島市は，十分に④<u>学校</u>に通うことができなかった人たちが国籍《こくせき》に関係なく通うことができる「中学校夜間学級」を設置しています。これは日本国憲法が定める（　**A**　）を守るためのものです。
>
> また，一人ひとりに認めるべき権利は一つの国の中だけで守ろうとしているわけではありません。⑤<u>国際連合</u>では，1989 年に「⑥<u>子どもの権利条約</u>」を採択《さいたく》し，子どもたちが幸福に生きる権利を確認しました。日本も 1994 年に⑦<u>批准《ひじゅん》</u>しており，世界各国が協力し合って，人々の権利を保障しようとしていることがわかりました。

問１　**下線部**①について，内閣が行う仕事として**誤っているもの**を，次の**ア**～**エ**から 1 つ選び，記号で答えなさい。

ア　裁判官をやめさせる裁判をする。
イ　天皇の国事行為《こうい》への助言や承認をする。
ウ　予算案を作成する。
エ　法律案を作成する。

問２　**下線部**②について，広島市のように，国と分担して地域の住民の豊かな生活のために政治を行う団体のことを何と言いますか。名称を答えなさい。

問３　**下線部**③について，答えなさい。

（１） 日本国憲法が公布されたあと，施行された年月日を答えなさい。
（２） 日本国憲法が定めている国民の義務を，「働く義務」，「子どもに教育を受けさせる義務」以外に 1 つ答えなさい。

問４　**下線部**④について，教育や科学・文化・スポーツなどに関する仕事を行う省として，最も適当なものを，次の**ア**～**エ**から 1 つ選び，記号で答えなさい。

ア　総務《そうむ》省　　**イ**　環境《かんきょう》省　　**ウ**　文部科学《もんぶかがく》省　　**エ**　厚生労働《こうせいろうどう》省

問５　文章中の（　**A**　）には，日本国憲法に定められている国民の権利が入ります。その権利として，最も適当なものを答えなさい。

問６　**下線部**⑤について，国際連合の本部がある国を，次の**ア**～**エ**から 1 つ選び，記号で答えなさい。

ア　アメリカ　　**イ**　ドイツ　　**ウ**　フランス　　**エ**　スイス

問７　**下線部**⑥について，子どもの権利条約の条文をつくり，それにもとづき子どもの権利を守るために活動している国際連合の機関の名前を答えなさい。

問８　**下線部**⑦について，日本において外国と結んだ条約を承認する機関として適当なものを，次の**ア**～**エ**から 1 つ選び，記号で答えなさい。

ア　内閣　　**イ**　国会　　**ウ**　裁判所　　**エ**　外務省

中

国語解答用紙

受検番号

（検査時間　四十五分）　二〇二四（令和六）年度

〈注意〉　※印のところには何も書いてはいけません。

一

問1　a　b　c　d

問2　A　B　C

問3

問4

問5

問6　Ⅰ　Ⅱ

問7

問8

二

問1　A　B　C　D

問2　a　b

問3

問4

問5

問6

問7

問8

※　※　※　※　※　※

※
※100点満点
（配点非公表）

中　算数解答用紙

受検番号

２０２４（令和６）年度

（検査時間　45分）

＜注意＞※印のところには何も書いてはいけません。

1

問１	問２	問３
		度

問４		問５	
（１）	（２）	（１）	（２）
	個		う…　え…　お…

※

2

問１	問２
秒後	秒

※

3

問１	問２
枚	cm^2

※

4

問１	問２	問３
cm^2	種類	種類

※

5

問１		問２	問３	
A　個	B　個	m	最小の整数	最大の整数

※

※

※100点満点
（配点非公表）

中　理科解答用紙

受検番号	

2024（令和６）年度
（検査時間　社会とあわせて45分）
〈注意〉　※印のところには何も書いてはいけません。

1

問1	問2	問3	問4

問5	問6	問7

※

2

問1				問2		
（1）	（2）	（3）	（4）	（1）	（2）	
					①	②

問3	問4

※

3

問1	問2

問3	問4	問5
		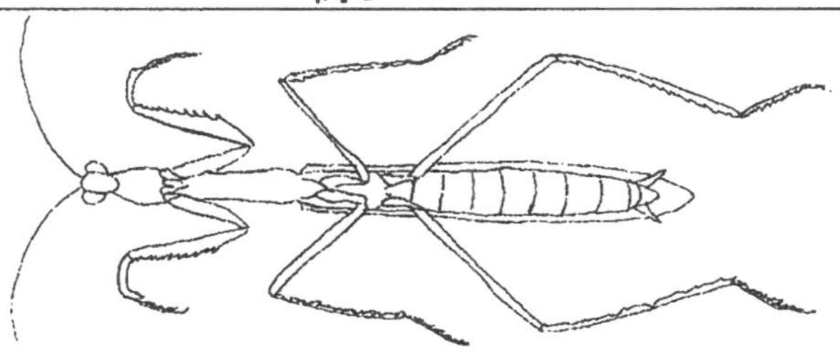

問6	
（1）	（2）

問7

※

4

問1	問2	問3
	秒	

問4	問5
cm	

※

※

※60点満点
（配点非公表）

2024（令和６）年度

中　社会解答用紙

受検番号	

（検査時間　理科とあわせて45分）
〈注意〉※印のところには何も書いてはいけません。

1

問１	問２	問３
		15

問３	問４	問５
20	⇒　⇒　⇒	条約

問６		
（１）	（２）	（３）

※

2

問１			問２	
（１）		（２）	（１）	（２）
A	B			C

問３		問４		
（１）	（２）	（１）		（２）
D		E	F	⇒　⇒

問５			問６		
（１）		（２）	（１）		（２）
G	H		I	J	

※

3

問１	問２	問３	問４	問５	問６
		⇒　⇒			

問７	問８	問９
	年　月　日	

※

4

問１	問２	問３	
		（１）	（２）
		年　月　日	

問４	問５	問６	問７	問８

※

※

※60点満点
（配点非公表）

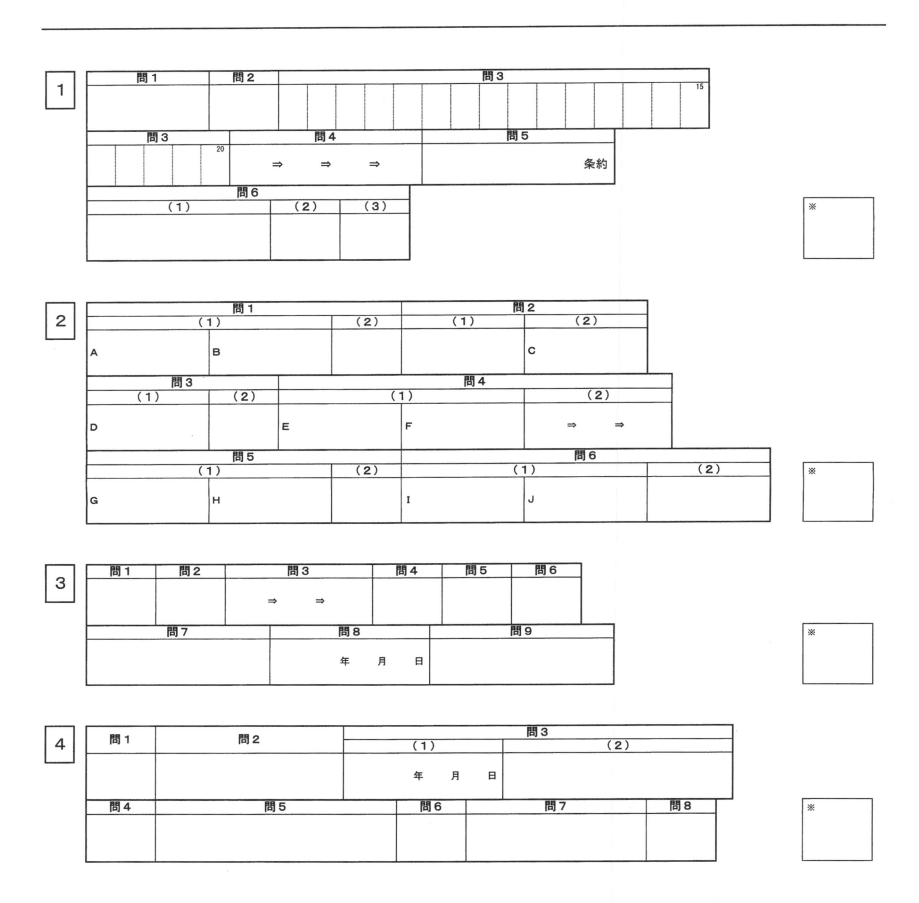

国語

広島大学附属中学校

（検査時間　四十五分）

（受検上の注意）一、答えは、すべて解答用紙に書きなさい。
二、字数制限のある問題では、句読点や記号も一字に数えます。

一　次の文章を読んで、あとの問いに答えなさい。なお、設問の都合上、一部表記を改めた部分があります。

「お掃除《そうじ》ロボットを想像してください」と言われたら、あなたはどんなロボットを思《おも》い浮《う》かべるだろうか。イメージしやすいのは、部屋の中の障害物を避《さ》けながら走り回り、ゴミを吸引してくれるロボットではないだろうか。お掃除ロボットは便利だ。人が掃除をする時間を短縮でき、人は掃除を意識せずともゴミのない環境《かんきょう》で暮らしていくことができる。(a)タショウ、ホコリなどの小さなゴミを床《ゆか》に落としてしまったとしても、お掃除ロボットがきれいにしてくれる。人がいようがいまいが関係なく黙々《もくもく》と動くその姿を「うちのお掃除ロボット」とペットのように見なした(b)ハツゲンをする人もいる。

そんな人の手が介在《かいざい》しない自動のお掃除ロボットと対極の*コンセプトで作られているのが豊橋《とよはし》技術《ぎじゅつ》科学《かがく》大学《だいがく》の岡田《おかだ》美智男《みちお》氏らが開発した*Sociable Trash Box、通称《つうしょう》「ゴミ箱ロボット」である。30 cmほどの高さのゴミ箱には車輪がついていて、動き回ることができる。*センサーも搭載《とうさい》されているため、ゴミを見つけることもできる。ただ、ゴミを拾う手段がこのゴミ箱には付いていない。ゴミを見つけたゴミ箱ロボットは、ゴミのそばに止まって［A］している。その姿を見た人間が、ゴミを拾ってゴミ箱に入れてあげる。人のサポートがあって初めて、このロボットの「ゴミをゴミ箱に入れる」という*タスクが完了《かんりょう》する。

岡田氏はこのロボットを①「弱いロボット」と紹介《しょうかい》する。弱いロボットとは何かを考えるために、まずは逆の「強い」ロボットを考えてみよう。強いロボットとは、人の手を必要としないロボットのことを指す。私たちが一般的《いっぱんてき》に「ロボット」と言われて思い浮かぶものである。強いロボットはその「強さ」ゆえに人間の助けを必要とせず、人とコミュニケーションすることもない。本節の最初に紹介した、人の手を介在させずに自動でゴミを吸《す》い込《こ》む「強い」お掃除ロボットは、人間に知られることなく、人間はいない場所でも黙々と掃除という目的を完遂《かんすい》する。また、ロボットが勝手に掃除をしてくれるため、人間もゴミを拾おうと思ったり、ゴミの存在を意識したりすることもなくなるだろう。人間を様々な仕事やタスク（例えばゴミを拾うなど）から(c)カイホウしてくれるのがロボット、という考え方に基《もと》づいて作られるのが「強い」ロボットといえる。

対する弱いロボットとは、ロボット単体だけでは目的を達成《たっせい》できない「他力本願」なロボットである。技術的に及《およ》ばないために人の手を必要とする場合を弱いロボットというのではなく、あえて人の手を必要とする設計とする。そうすることで人のサポートを引き出して、人とコミュニケーションや相互《そうご》作用を積極的にしながら、タスクを達成するのが弱いロボットの目的である。言《い》い換《か》えれば、人とロボットの相互作用を促《うなが》すのが第一義の目的であり、その一場面として「ゴミを拾う」が選ばれたに過ぎないともいえる。そのため、ゴミ箱ロボットにお掃除ロボットのような高精度の掃除機能は期待してはいけないのだが、私はこのゴミ箱ロボットには、人とロボットの関係性だけではなく、人とゴミの関係性を再考させる要素があると考える。

現在普及《ふきゅう》している家庭用お掃除ロボットも、自動でゴミを吸引した後に集まったゴミを捨てるタスクは人間が行うため、完全に人がゴミから切《き》り離《はな》されたわけではない。［B］、科学技術の自動化、つまり「強さ」は、人々に利便性という恩恵《おんけい》をもたらすと同時に、技術が自動で行ってくれるからこそ、人間の目から途中《とちゅう》経過を見えなくしてしまう。特に現代社会の、ゴミを除去することに関する自動化は加速している。キツイ、汚《きたな》い仕事こそ人間ではなく自動化されたロボットにしてもらうというのは社会の要望としては当然である。

しかし②一方で、ゴミを出すことに無頓着《むとんちゃく》になってしまう、他人事となってしまうと、*コスト的にも自然環境的にも問題がある。場合によっては、冒頭《ぼうとう》の自動洗浄《せんじょう》トイレのように、別のところに後始末のしわ寄せが行く可能性もある。しかし私たちはもはや一度導入した便利な科学技術を手放すことはできない。今ある技術（ロボット）はそのままに、あるいは新たな技術を導入しながら、私たちが人とゴミの関係性を考えられる、*可視化させるような仕掛《しか》けが必要である。

［C］、人とゴミとの関係を新たな形で結びなおす必要性が出てくる。そしてこの結びなおしにはいくつかの方法がある。「ゴミ箱ロボット」は、ロボットがゴミを自動で片づけるのではなく、ゴミがあることを人に教えることでゴミの存在を強調する。③毎日の家の掃除がこのゴミ箱ロボットになってしまうと、ゴミ箱ロボットのあとを追いかけなければならないため(d)フベンこの上ないが、ゴミ箱ロボットは特に小さな子どもたちに人気である。弱いロボットであるゴミ箱ロボットは、人との共同作業を通して「ゴミ箱ロボットを助けてあげよう」という思いやりの心を引き出したり、「ゴミを捨ててきれいにできた」という充足感《じゅうそくかん》を与《あた》えたりする。同時に、ゴミ箱ロボットによってゴミが可視化されることで、「生きていくということは、ゴミを出していくこと」、「ゴミは勝手に消えてなくならない」ということ、というようにゴミの存在が強調され、子どもたちも人とゴミの関係性を意識するようになるだろう。

④一方、お掃除ロボットにも人とゴミの関係性を再考させる仕掛けを搭載することは可能である。 D センサーからデータ量を可視化することによって、ゴミの量や質を利用者が把握《はあく》できるような機能を追加することができる。今週出たゴミの量をグラフ化することで、ゴミの削減《さくげん》に貢献《こうけん》できたかなどを考えるようにすることもできるだろう。場合によっては、それにゲーム的な要素を付け足すこともあるかもしれない。あるいはスマートトイレなどでは、排泄物《はいせつぶつ》の情報から人の健康データを把握、管理することができる仕組みも導入されている。このように人とゴミの関係をデータ化することによって、人の行動や健康などをさらに向上させるための可視化は可能である。

ゴミ箱ロボットとお掃除ロボットは、このように異なる点で人とゴミの関係性を可視化する。たとえば、学校教育で弱いゴミ箱ロボットと強いお掃除ロボットを導入したときの、目的の違《ちが》いを考えてみよう。お掃除ロボットの場合、子どもたちはゴミを実際に見ることはなくても、データという総体でゴミを把握することができる。それを教材として、子どもたちに社会的な議論を喚起《かんき》する授業を行うことも考えられる。それがゴミの出し方などに関する行動変容につながるかもしれない。

一方、ゴミ箱ロボットの場合、そのような客観的なデータはない。ただ、ゴミ箱ロボットと接したときに、そのロボットを助けてあげようという気づかいの心が引き出されたり、そこにあるゴミを実際に見て触《さわ》ることで「ゴミがある」という実体験を得られる。それは、個人個人の主観的な体験に過ぎず、人によっては、ゴミ箱ロボットに気を留《と》めずに通り過ぎてしまうかもしれない。ゴミを拾うか拾わないかは個人にゆだねられているからである。そのため、共通の経験を皆《みな》が得られるとも限らない。しかし、実際にゴミに接することで、できるかぎりゴミを減らそうと思うようになるかもしれないし、ゴミが落ちていたら拾おうという道徳的なメッセージを*非言語的に子どもたちに伝えられるかもしれない。

（江間有沙《えまありさ》「人間とロボットのコミュニケーションの可能性」による）

（注）　*コンセプト…終始一貫《しゅうしいっかん》させる考え。構想。　*Sociable Trash Box…直訳すると「社交的なゴミ箱」。
*センサー…温度、圧力、光、ガスなどを検知・検出する器具。　*タスク…仕事。課されたつとめ。　*コスト…費用。
*可視化…目に見えないものを見える状態にすること。　*非言語的…言語によらないさま。言語を手段として用いないこと。

問1　〰〰部（a）～（d）のカタカナを漢字に直したとき、同じ熟語の構成になっているものを次の**ア**～**オ**から一つずつ選び、記号で答えなさい。

ア　計測　　**イ**　異同　　**ウ**　国境　　**エ**　消火　　**オ**　無料

問2　空らん A に入る適切な語を次の**ア**～**エ**から一つ選び、記号で答えなさい。

ア　イライラ　　**イ**　ヘラヘラ　　**ウ**　モジモジ　　**エ**　バタバタ

問3　空らん B ～ D に入る適切な語を次の**ア**～**エ**から一つずつ選び、記号で答えなさい。ただし、同じ記号をくりかえし使ってはいけません。

ア　つまり　　**イ**　たとえば　　**ウ**　しかし　　**エ**　さらに

問4　――部①とありますが、筆者のいう「弱いロボット」とはどのようなロボットですか。本文中の言葉を使って六十字以内で答えなさい。

問5　――部②とありますが、筆者はこの文章よりも前の部分で、ある小学校の校長先生から聞いた話を紹介しています。それは「小学校に入学して間もない子どもがトイレを使用しても水を流さない傾向《けいこう》が強く、先生が休み時間が終わるたびに流して回っている」という話です。なぜ子どもたちが水を流さないのか、本文の流れに合う理由として最も適切なものを次の**ア**～**エ**から一つ選び、記号で答えなさい。

ア　自動で流れるトイレがある家庭が増えて流す習慣がついていないから。
イ　他の人も使う共同のトイレはだれがさわったか分からず汚いと思うから。
ウ　トイレの機能が複雑でどこをどう押《お》したら流れるか分からないから。
エ　トイレの水を流す音が外にもれて他の人に聞かれるとはずかしいから。

問6　――部③とありますが、なぜ「ゴミ箱ロボットは特に小さな子どもたちに人気」なのですか。筆者が考える理由として最も適切なものを次の**ア**～**エ**から一つ選び、記号で答えなさい。

ア　最後にゴミを拾うという作業をすることで自分が役に立てるから。
イ　自動で走りセンサーでゴミを見つける仕組みに興味があるから。
ウ　自分より弱い存在なのでペットのように世話をしたくなるから。
エ　デザインや動きがかわいらしくて追いかけっこしたくなるから。

問7 ――部④とありますが、筆者がお掃除ロボットに新たな仕掛けを搭載することは可能であると述べているのはなぜですか。その理由を説明した次の空らん [X] 、 [Y] に入る適切なことばを、それぞれあとの**〈条件1〉**、**〈条件2〉**にしたがって答えなさい。

> 筆者は、「お掃除ロボット」の自動化が加速することによって私たちが [X] と考えるようになるだろう、と予測しており、その対極にある「ゴミ箱ロボット」をとり上げながら、あらためて [Y] と考えることの必要性を説いている。「お掃除ロボット」でも、私たちに人とゴミの関係性を再考させる仕掛けが搭載できることを提案し、その必要性を強調しようと考えたから。

〈条件1〉 どちらも二十五字以内で書くこと。
〈条件2〉 それぞれ必ず「人」と「ゴミ」という語を使うこと。

問8 本文の説明として最も適切なものを次の**ア**～**エ**から一つ選び、記号で答えなさい。

ア 「お掃除ロボット」のような「強いロボット」ばかりだと、そのうち人間は何もしなくなると危機感を持って警告している。
イ 「お掃除ロボット」の便利さは認めながらも問題点を挙げ、それを解決できる「ゴミ箱ロボット」の使用をすすめている。
ウ 「お掃除ロボット」にも問題点があることを例にあげながら、いろいろな面を見て判断することの大切さをうったえている。
エ 「お掃除ロボット」と「ゴミ箱ロボット」を対比しながら、人はロボットとどう関わればいいか考えてもらおうとしている。

二

次の文章を読んで、あとの問いに答えなさい。なお、設問の都合上、一部表記を改めた部分があります。

> 奈津子《なつこ》は定年退職した夫と息子夫婦《むすこふうふ》、小学三年生になる孫と札幌《さっぽろ》で暮らしている。息子夫婦は共働きなので孫の面倒《めんどう》はほとんど奈津子がみている。ある日奈津子は、＊釧路《くしろ》の施設《しせつ》に入っている母親の様子を見に日帰りの予定で釧路駅まで出かけてきたが、昔住んでいた＊霧多布《きりたっぷ》行きの列車を見て思わずその列車に乗ってしまう。

＊茶内駅《ちゃないえき》は＊花咲線《はなさきせん》の他の多くの駅と同様、無人駅だった。こぢんまりとした木造の駅舎《えきしゃ》はそこそこ古びているが、 [A] 奈津子が子どもの頃《ころ》から建っていたのと同じ建物ではないだろう。

汽車から降りた乗客は奈津子の他に、男子高校生が一人と老人が一人。老人は駅前の歩道をゆっくり歩いていき、高校生のほうは迷いなく駅舎を出て、目の前に停車していたバスにさっと乗《の》り込《こ》んだ。車体の側面に「霧多布」という表示があり、これが＊さっきの女性が言っていたバスなのだな、と思って奈津子も乗り込む。一応、運転手に聞いてみることにした。

「このバス、霧多布の温泉まで行きます？」

「ええ、終点で停《と》まるとこですよ。そこで降りたら目の前に町営の施設があります」

運転手はハンドルに片手をかけたまま答えてくれた。発車の時間までまだ余裕《よゆう》があるのか、ドアは閉まらない。

「ついでですいません、その近くに、宿とか、あります？」

「温泉の周りにはないかなあ。温泉は高台にあるんで、その下にある市街地まで降りたら民宿とか旅館はありますよ。確かコンビニの近くにもあったかな。バスだと便数少ないし、温泉からその辺りまでなら二、三キロぐらいだから、嫌《いや》でないなら歩いた方が早いかもしれないですね」

「そうですか、ありがとうございます」

奈津子は丁寧《ていねい》に礼を言って、車両の中ほどにある座席に座《すわ》った。それから一、二分経《た》ってドアが閉まり、バスは発車する。見覚えのない集落の間を縫《ぬ》って、すぐに農地を貫《つらぬ》く道へ出た。

のんびりした農地からすぐに海沿いに出るのかと奈津子は思っていたが、想像に反してバスは深い森に入っていった。紅葉が始まっている。札幌よりも秋の進みが早いのだろうか、と思っていると、急なカーブで体が傾《かし》いだ。坂道も多い。 [B] 、内①陸側から海沿いへ出るには傾斜《けいしゃ》のある森林地帯を通るようだ。

かくんと揺《ゆ》れる体につられたように、奈津子の記憶《きおく》の引き出しに隙間《すきま》が空《あ》く。そういえば、霧多布に住んでいた頃、同級生が馬車から落ちた肉を拾いに行くという話を聞いたことがある。

○

あれは確か、霧多布の小学校に転校して間もなくの頃だ。

「なあ、今週から地場のクジラ出荷《しゅっか》するって言ってたから、そろそろだ。＊琵琶瀬《びわせ》の道の角に肉拾いに行くべ！」

「おう、行くべ行くべ！」

「うちの母ちゃんも漁始まったら行って来いって言ってた。いっぱい拾って来んぞ！」

放課後、クラスのガキ大将格の男子達が興奮気味《こうふんぎみ》に話していた。どこの学校でもこういう元気な男子はいるものだが、肉を拾う、という聞き慣れない言葉が気になった。

「ねえ、ヨッちゃん。肉を拾うって、どういうこと？」

奈津子は隣《となり》の席に座っている女の子に尋《たず》ねた。転校してきて以来、何かと世話を焼いてくれている子だ。②ヨッちゃん、という呼び名と、長いおさげ髪《かみ》しか奈津子は覚えていない。

「ああ、ナッちゃん、霧多布の春は初めてだもんね。春はね、地元のクジラ漁が始まるの」

「うん」

霧多布でクジラ漁が盛《さか》んなことは聞いているし、実際に母と姉とで見に行った。だがそのクジラ肉を拾うという意味が分からない。

「工場で肉にしたクジラはね、冬に沼《ぬま》から切り出しておいた氷と一緒《いっしょ》に馬車に乗っけて浜中《はまなか》駅まで運ぶんだけど、山のように載《の》っけるから、道が荒《あら》かったり曲りのきついとこで肉が落っこちることがあるのさ」

「それ拾うの？　黙《だま》って？　泥棒《どろぼう》じゃない？」

奈津子は顔を顰《しか》めた。商売で運ばれていく肉を、落ちたからと言ってネコババのように持っていくだなんて、もし奈津子や姉が同じことをやったら、父が鬼《おに》のように怒《おこ》りそうな気がした。

「違うよ、泥棒じゃなくて。本当に泥棒だったら、運んでいる人が怒って取り返しに来るはずでしょ？　怒んないんだよ、わざと落としてるみたいなもんだから」

「わざと？」

「うん、知り合いの人がいるとこでわざと落としてあげたり、あとは、落ちるのを待ち構えてる人がいたら、そこでわざと馬車ぎゅっと曲げて、肉落としていってくれる人もいるらしいよ」

「なんで？　だって、売る予定の肉、勝手にあげちゃったら入るお金減っちゃうじゃない。肉運んでる人、怒られちゃうんじゃない？」

「よく分かんないけど、いいんじゃない？　そうやって落とすのはあんまり高い種類の肉じゃないって聞いたことあるし、それに、クジラってでっかいから、ちょっとぐらい人にあげても大して減らないらしいよ」

そんなことがあるのだろうか。奈津子はヨッちゃんから説明をしてもらっても半□半□で、家に帰って父に同じことを聞いてみようと思った。

X の字に曲げていた口を、奈津子は Y 開けた。理解が追い付かない。商売の品を、そんな、勝手に人にあげてしまっていいのだろうか。

奇《く》しくも、その日の夕食は、母が満面の笑《え》みで「今日はご馳走《ちそう》よ、クジラの肉、分けてもらったから」と生肉が載《の》った皿を食卓《しょくたく》に並べたのだった。

奈津子の顔が思わず引き攣《つ》った。 C 、母も落ちたクジラの肉を拾いに行ったのだろうか。

「あの。肉、洗った？　砂とか、ついてない？」

「ううん、竹皮に包まれてたし、きれいだったから、洗わないま切ったよ」

皿の上にきれいに盛りつけられているのは、赤身に美しい*サシが入った霜降《しもふ》り肉だった。クジラ肉と言われなければ、年に数度しかお目にかかれないすき焼き用の牛肉にしか見えなかった。

「これ、こんなにきれいなやつ、落とされてたの？」

奈津子は恐《おそ》る恐《おそ》る並んだ肉を指した。

「落とされた肉？　奈津子、お前何言ってるんだ」

怪訝《けげん》そうな両親と姉に、奈津子は恐る恐る、今日ガキ大将が騒《さわ》いでいたことと、ヨッちゃんから聞いた話をした。

姉はぎょっとして皿の肉を見、両親は「これは違うよ」と苦笑いした。食卓に並べられた肉は、校長がクジラ解体工場の場長からもらった肉を分けてくれたものだという。

「ナガスクジラの尾《お》の身だと。最高級品だぞ。奈津子が聞いた、落としていく肉ってのは、汽車で関西に送られるっていう加工用の肉だろう。もちろん良いクジラ肉ではあるだろうが、そこは地元民に気兼《きが》ねなくお裾分《すそわ》けできる種類のものなんだと思うよ」

「お裾分け、ねえ」

母が神妙《しんみょう》な顔をして、海に面した方向の窓を見た。

「確かに、少しはお裾分けして地元の人に還元《かんげん》してもらわないと、この臭《にお》いには我慢《がまん》できそうにないもんねえ」

母が大袈裟《おおげさ》に鼻をつまむので、姉の麻子《あさこ》と奈津子も同じように鼻をつまむ。父が小さく「こらっ」と窘《たしな》めた。

「地域の産業なんだから、他所《よそ》から来た我々がどうこう言うものでないよ。お前たちも、学校で余計なことを言わないようにな」

「はい」

「はーい」

二人は声を合わせて返事をした。父はけっして厳しいだけの人ではないが、自分たちは教師の娘《むすめ》なのだから、他の子よりも良い子でいなければならない。麻子と奈津子の姉妹《しまい》は、示し合わせたわけでもないのにそう思《おも》い込《こ》んでいるところがあった。

○

バスは紅葉が進んだ林に囲まれた道を進んでいく。紅葉といっても、ナラやカシワが多いのか葉の色は茶色っぽいものが多い。それでも、いつの間にか晴《は》れ渡《わた》った青い空との*コントラストはなかなか綺麗《きれい》で、奈津子は飽《あ》きることなく窓の外を眺《なが》めた。

カーブのため窓から見える角度が変わると、木々の間からいきなり風力発電の巨大《きょだい》な風車が見えてはまた林の中に隠《かく》れていく。

D 、奈津子が住んでいた頃にはなかったものだ。

奈津子は心の中で簡単な計算をしてみる。自分は昭和二十八年生まれ。霧多布に転校してきたのは小学三年生、中学に上がる直前に釧路に引《ひ》っ越《こ》したと記憶しているから、霧多布にいたのはもう五十五年も前の話になるのだ。

そりゃ知らないうちに温泉も掘《ほ》るし、風車もできるわ。

③心の中で奈津子は笑った。そうだ、自分の記憶は所々霞《かすみ》がかかりながらも、印象的な出来事ばかりを覚えていて、意外と景色というのはぽろぽろ抜《ぬ》けている。その景色もまた、時とともに移り変わって当たり前なのだ。ましてや、去っていった者の感傷など関係あるはずもない。

どうせ、五十年以上も前に住んでいたところなんて、ほとんど縁《えん》の切れてしまった場所だ。ならば、ちょっとした一泊《ぱく》二日の*サボタージュとして小旅行を楽しんでみようか。

一度そう考えを切り替《か》えてしまうと、母を待たせていること、予定通りに札幌に帰らないことへの後ろめたさが、『普段《ふだん》そこそこ頑張《がんば》っているのだから』という*免罪符《めんざいふ》へと変わっていくような気がする。④幸い、窓から見える天気は晴天だ。発電用風車は白い三本の羽根を絶え間なく回し、のんびりとした時を象徴《しょうちょう》しているようにも見える。

偶然《ぐうぜん》巡《めぐ》り合った天候と風景に行動を後押《あとお》しされたような気がして、奈津子は背もたれに任せた体の力を抜いた。

（河崎秋子《かわさきあきこ》「鯨《くじら》の岬《みさき》」による）

（注）＊釧路、霧多布、琵琶瀬…北海道の地名。　　＊茶内駅…北海道にある駅名。
＊花咲線…北海道にある根室《ねむろ》本線のうち、釧路駅―根室駅間についた愛称《あいしょう》。
＊「さっきの女性」…釧路駅からの列車に乗り合わせて、今の霧多布の様子を教えてくれた女性のことを指す。
＊サシが入った霜降り肉…「サシ」とは脂肪《しぼう》のこと。それが霜が降りたように見える肉。高級な肉の代名詞。
＊コントラスト…対比。対照。明暗や色彩《しきさい》の差異。　　＊サボタージュ…仕事をなまけること。「サボる」の語源。
＊免罪符…ここでは、罪や責めをまぬがれるためのもの、という意味。

問1 空らん［A］～［D］に入る適切な語を次の**ア**～**エ**から一つずつ選び、記号で答えなさい。ただし、同じ記号をくりかえし使ってはいけません。

ア もちろん　**イ** さすがに　**ウ** まさか　**エ** どうやら

問2 空らん［X］に入るひらがな一字を答えなさい。また空らん［Y］に入る最も適切な語を次の**ア**～**エ**から一つ選び、記号で答えなさい。

ア そっと　**イ** ぼうっと　**ウ** ぱっと　**エ** ぽかんと

問3 〰〰部の□に適切な漢字を一字ずつ入れて四字熟語を完成させなさい。

問4 ――部①とありますが、この表現はどういうことを表していますか。六十字以内でわかりやすく説明しなさい。

問5 ――部②とありますが、その説明として最も適切なものを次の**ア**～**エ**から一つ選び、記号で答えなさい。

ア 教師である父親が転勤するたびに奈津子も転校するので、仲の良い友だちができてもその子たちと過ごす時間が短く、世話を焼いてもらったのにぼんやりとした記憶しか残っていないことをたとえている。

イ 転校することが多く友だちができにくかった奈津子にとって、霧多布で過ごした短い間にできた友だちはヨッちゃんしかいなかったのに、それでも記憶がうすれるほど時間が経ったことを示している。

ウ 何かと世話を焼いてもらったにもかかわらず、呼び名と長いおさげ髪しか覚えていないことを描写《びょうしゃ》することで長い時間が経過したことと、他にも記憶から抜け落ちていることがあることを暗示している。

エ ヨッちゃんには世話を焼いてもらい仲が良かったのに、聞いた話を信じることができず、それ以来彼女《かのじょ》と心の距離《きょり》ができてしまい、小学校卒業後は会うこともなく今まで忘れていたことを表している。

問6 ――部③とありますが、このときなぜ「心の中で奈津子は笑った」のですか。その理由として最も適切なものを次の**ア**～**エ**から一つ選び、記号で答えなさい。

ア ここに移り住んだ小学生のころを思い出しながら、今はずいぶん風景が変わったことにさみしさを感じたから。

イ 久しぶりに訪《おとず》れた土地がずいぶん近代的になっていて、どんな温泉ができているのか楽しみがふくらんだから。

ウ 昔と景色がずいぶん変わったことに驚《おどろ》いたが、時の流れを考えれば当然のことだとあらためて気がついたから。

エ 小旅行を楽しみにしたり景色に感動している自分が、どれほど今の生活に疲《つか》れていたかを思い知らされたから。

問7 ――部④とありますが、何に「幸い」したのですか。解答らんに合うように四十字以内で説明しなさい。

問8 本文の表現・内容に関する説明として最も適切なものを次の**ア**～**エ**から一つ選び、記号で答えなさい。

ア 霧多布という言葉でよみがえった幼い日の記憶が、はじめのうちはぼんやりしていたがガキ大将の話を思い出したことで一気に鮮明《せんめい》になったことが語られている。

イ 奈津子を霧多布に導くきっかけとして小学生時代のクジラにまつわる記憶がえがかれ、現在の不安な気持ちも思い出によって解消されることが暗示されている。

ウ 北海道内を旅しながらも記憶に導かれ、知らず知らずに昔過ごした霧多布へと向かっている自分がいることに気がついた奈津子が語り手として設定されている。

エ ふとしたことからよみがえった小学生時代のクジラにまつわる遠い記憶が、ヨッちゃんや家族との生き生きとした会話と奈津子の心の声を通してえがかれている。

2023（令和５）年度
中学校入学検査問題

算　数

（検査時間　45分）

＜受検上の注意＞　答えは，すべて解答用紙に記入しなさい。

1　次の問いに答えなさい。

問１　次の計算をしなさい。

$$\left(\frac{2}{9}+1\frac{1}{3}\right)\div\left(2\frac{1}{5}-\frac{1}{3}\right)$$

問２　１から100までの整数のうち，３でわると２あまり，４でわると１あまり，５でわると２あまる整数をすべて答えなさい。

問３　図のように，いくつかの直方体と三角柱を組み合わせてつくった立体があります。この立体の体積を求めなさい。

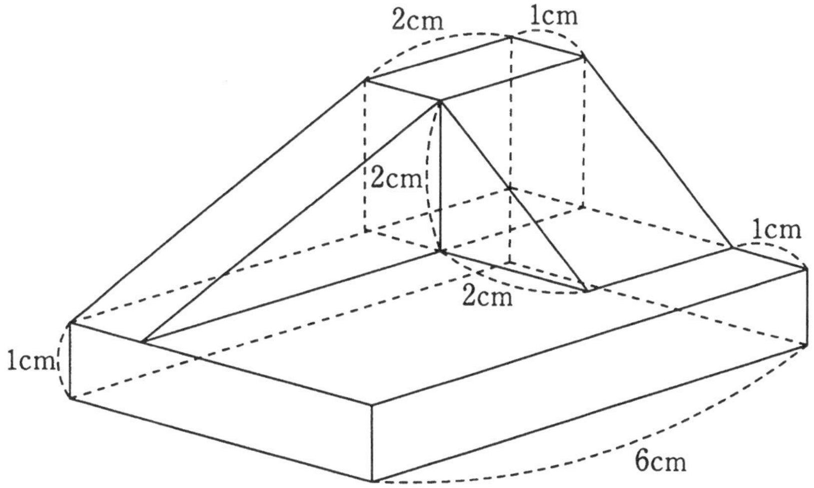

問４　Ａ小学校の６年１組は25人のクラスです。下の表は，このクラスで行った計算テストについて，児童の番号と得点をまとめたものです。

番号	得点	番号	得点	番号	得点	番号	得点	番号	得点
1	14	6	10	11	8	16	5	21	20
2	14	7	14	12	8	17	20	22	5
3	20	8	10	13	10	18	18	23	14
4	8	9	18	14	12	19	12	24	12
5	14	10	12	15	5	20	10	25	8

なお，必要なら下の図を使ってもかまいません。

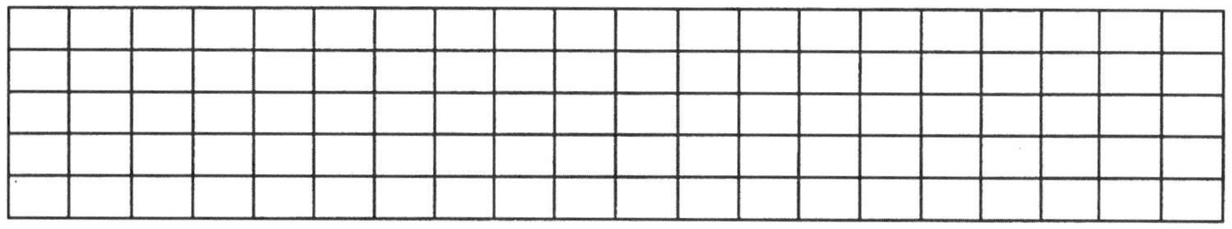

(1)　このクラスの計算テストの得点の中央値を求めなさい。

(2)　このクラスで，計算テストの得点がクラスの平均値より高い人の割合は，クラス全体の何％になるか求めなさい。

問５　右の図は，４けたの数を73でわったときの筆算の様子を表したものです。
Ⓐにあてはまる数字を求めなさい。

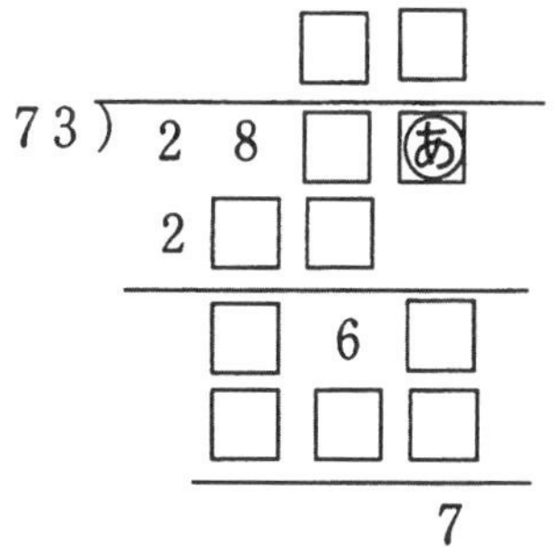

2　ある日，A，B，Cの3人はどんぐりを拾いに公園に行きました。Aが x 個拾い，Bは A の拾った個数の2倍より a 個だけ多く拾いました。Cは Bが拾った個数の2倍より a 個だけ多く拾いました。なお，x も a も1けたの数です。
このとき，次の問いに答えなさい。

問１　下の式は，a が2であるときに，Cが拾ったどんぐりの個数を x を使った式で表したものです。㋐，㋑ にあてはまる数を求めなさい。

（Cが拾ったどんぐりの個数）＝ ［㋐］× x ＋［㋑］

問２　Cが拾ったどんぐりの個数が30個になるような x と a の組をすべて求めて，（例）にならって答えなさい。

（例）x が5で a が3のとき　（x=5，a=3）

3　図のように，3辺の長さが3cm，4cm，5cmの直角三角形ABCがあります。いま，2点P，Qは点Aの位置にあり，三角形ABCの辺の上をA→B→C→Aの順に移動し，一周して点Aに着いたところで止まります。点Pは毎秒1cmの速さで移動し，点B，Cで3秒ずつ止まります。点QはPより1秒遅《おく》れて点Aをスタートして，途中《とちゅう》で止まることなく毎秒 $\frac{2}{3}$ cmの速さで移動します。
このとき，次の問いに答えなさい。

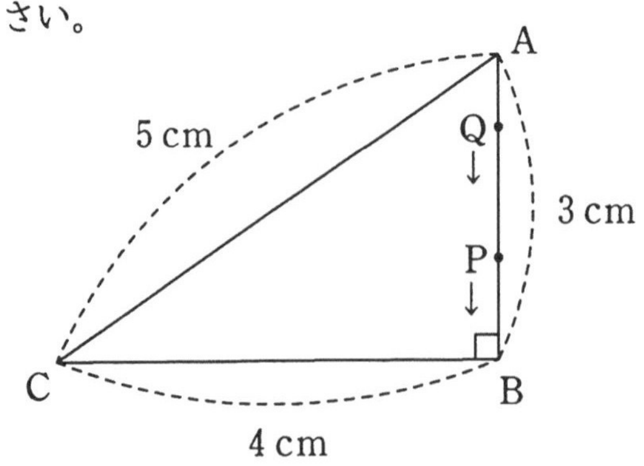

問１　下のグラフは，点Pが点Aをスタートしてから最初の5秒間について，点Pがスタートしてからの時間（秒）と移動した道のり（cm）との関係を表したものです。点Pが点Aにもどるまでの，スタートしてからの時間と移動した道のりとの関係を表すグラフを完成させなさい。

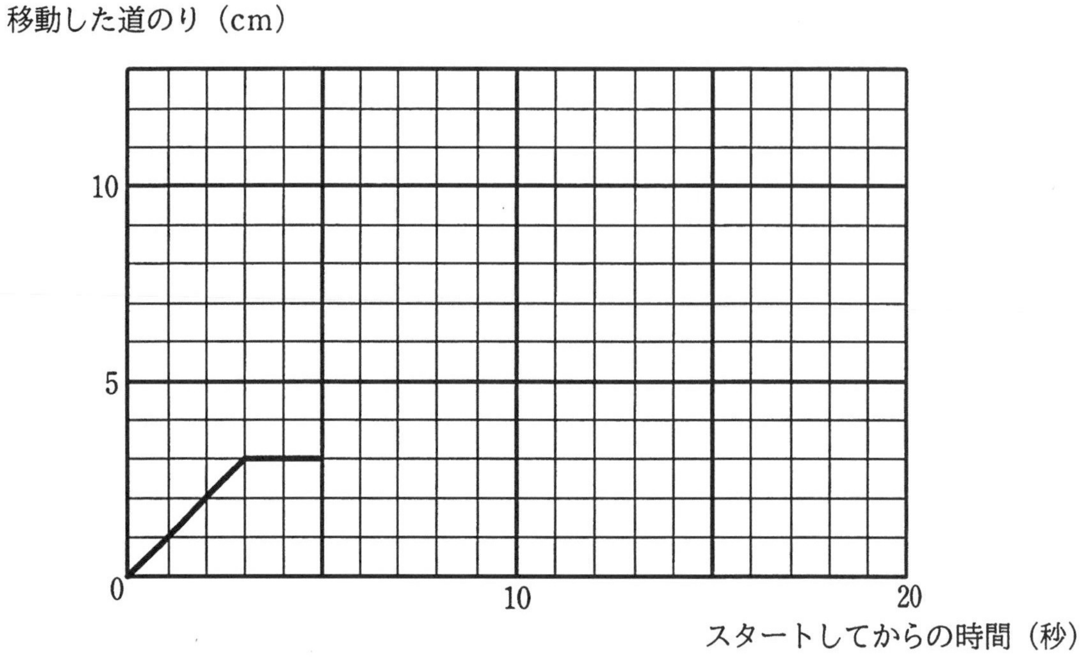

問２　点Pが点Aをスタートしてから a 秒後には，点Pと点Qが同じ位置にあります。a にあてはまる数をすべて答えなさい。ただし，点Pと点Qがどちらも点Aの位置にある場合は除きます。

問３　点Pが点Aをスタートしてから b 秒後には，点P，Qのどちらも辺BCの上にあって，三角形APQの面積が $\frac{1}{2}$ cm² になります。b にあてはまる数をすべて答えなさい。ただし，点P，Qが点Bや点Cにあるときも辺BCの上にあるものとします。

4　あるお店では，下のようにＡ～Ｆの６種類のお弁当を売っています。このお店では夕方にタイムセールをしていて，お弁当の定価の合計が1000円未満のときの代金は定価の合計の２割引きに，1000円以上のときの代金は定価の合計の４割引きになります。

お弁当 A	お弁当 B	お弁当 C	お弁当 D	お弁当 E	お弁当 F
定価 260 円	定価 320 円	定価 420 円	定価 480 円	定価 540 円	定価 620 円

ちょうどいまタイムセールをしているところです。このとき，次の問いに答えなさい。
ただし，消費税は考えないものとします。

問１　この６種類のお弁当の中から，種類の違《ちが》うお弁当をいくつか選んで，１つずつ買います。代金が720円になるようなお弁当の組み合わせを，（答え方の例）にならってすべて答えなさい。

（答え方の例）お弁当Ｐとお弁当Ｑを買うとき　（Ｐ，Ｑ）
お弁当Ｐとお弁当Ｑとお弁当Ｒを買うとき　（Ｐ，Ｑ，Ｒ）

問２　この６種類のお弁当の中から２種類のお弁当を選んで１つずつ買おうとしました。ところが，その２種類とは違うお弁当をもう１つ追加で買っても，代金が同じであることに気がつき，結局３種類のお弁当を１つずつ買うことにしました。
はじめに買おうとした２種類のお弁当と，追加で買うことにしたお弁当を，それぞれＡ～Ｆの記号で答えなさい。

5　右の図１は，点Ｏが中心で半径２cmの円を８等分するように円の上に点をとり，それぞれを直線で結んで正方形を２つかいたものです。
このとき，次の問いに答えなさい。
ただし，円周率は3.14とします。

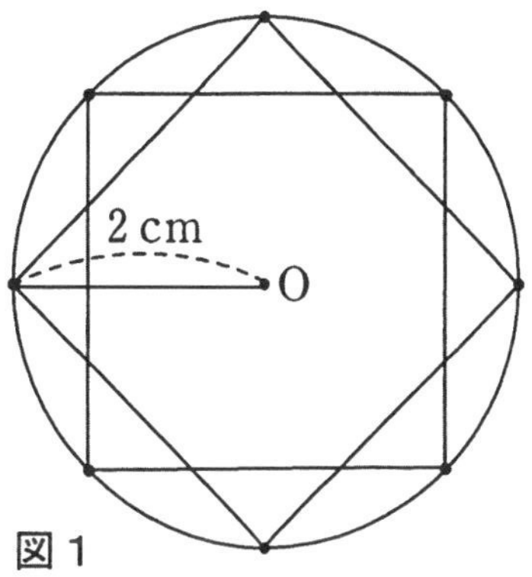

図１

問１　図２の角 あ の大きさを求めなさい。

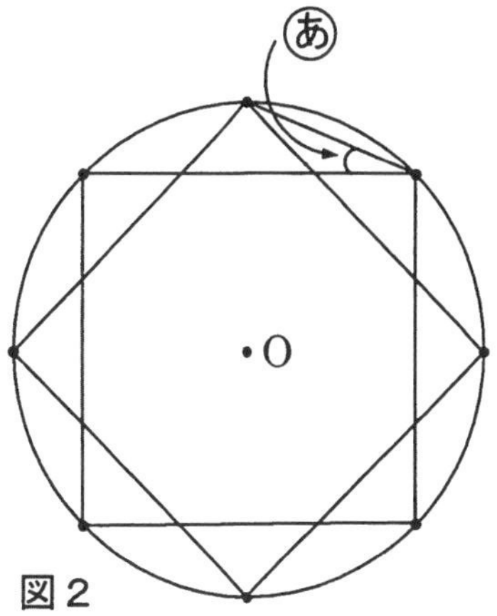

図２

問２　図３の▨をつけた部分の面積を求めなさい。

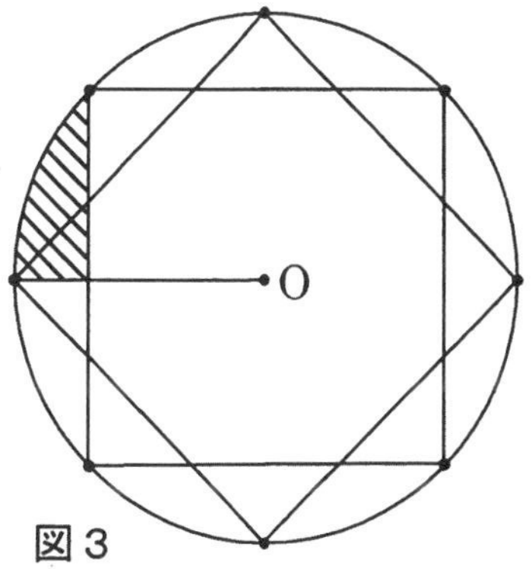

図３

問３　図４の▨をつけた部分の面積を求めなさい。

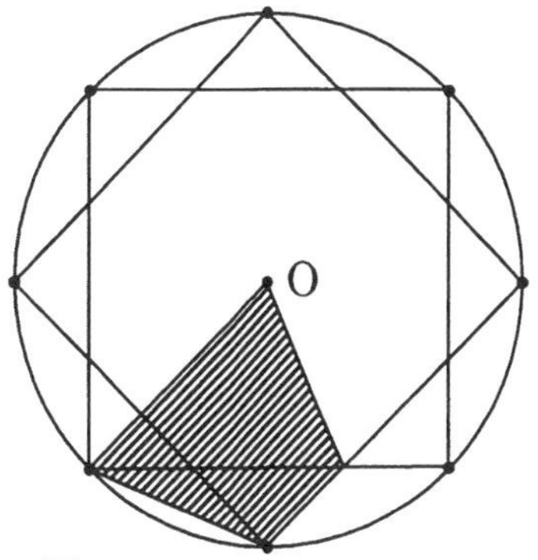

図４

2023（令和５）年度
中学校入学検査問題

理　科

（検査時間　社会とあわせて 45 分）

〈受検上の注意〉　答えは，すべて解答用紙に記入しなさい。

1

図１は，ある学校周辺の地図です。みどりさんとひろしさんの会話を読んで，あとの問いに答えなさい。

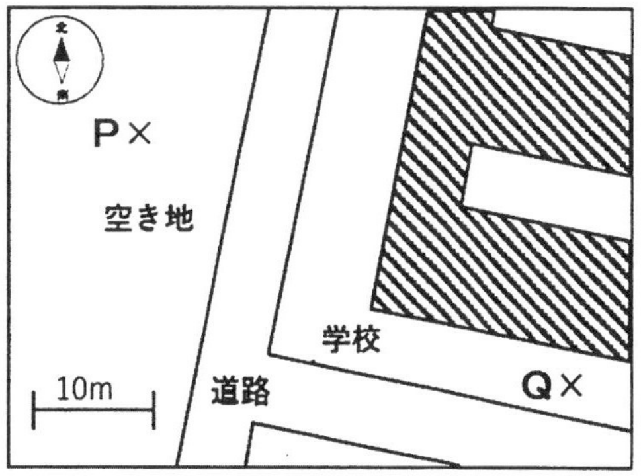

図１

みどり：学校の西側の空き地に，高いビルが建つそうだよ。「調査中」という看板があったけど，何をやっているのかな。

ひろし：この前の理科の授業で，建物を建てる前に，地下の様子を調査することがあると習ったね。①地面にパイプを深く打ちこんで土や岩石を掘《ほ》りとる調査によって得られた試料を観察したよ。その調査をやっているんじゃないかな。

みどり：なるほど，確かに何かを打ちこむ音が聞こえてきたよ。

ひろし：授業では，学校の校舎を建てるときに，この土地で掘りとった土や岩石の試料を観察したね。地表から深い所まで②砂の層が続いていて，途中《とちゅう》に③火山灰の層がはさまれていたね。④空き地の地下の様子はどうなっているのかな。

問１　下線部①の試料を何といいますか。

問２　下線部②について，砂の大きさに似ているものはどれですか。次のア～エから最も適切なものを１つ選び，記号で答えなさい。

ア　米つぶ くらい　　　イ　小麦粉 くらい　　　ウ　豆 くらい
エ　グラニュー糖 くらい

問３　下線部③について，次の（１），（２）に答えなさい。

（１）次のａ～ｅの文章は，火山灰を観察する方法を示したものです。文章中の（　　　）に当てはまることばを 10 字以内で入れなさい。

ａ　火山灰を皿にとる。
ｂ　水を加えて指でよくこする。
ｃ　水を捨てる。
ｄ　（　　　　　）まで，ｂとｃをくりかえす。
ｅ　残った火山灰をかわかしてから，ペトリ皿に移し，かいぼうけんび鏡で観察する。

（２）図２は火山灰と，海岸の砂をかいぼうけんび鏡で観察したときのスケッチです。火山灰のスケッチはア，イのどちらですか。記号で答えなさい。また，その記号を選んだ理由を解答らんに合うように 10 字以内で答えなさい。

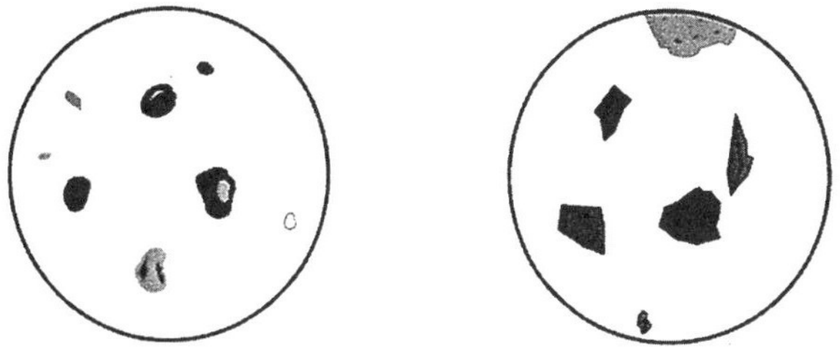
ア　　　イ

図２

問４　下線部④について，図３は学校の校舎を建てるときに図１の地点Ｑから掘りとった試料をもとに，地下の様子を表した図です。次のＡ～Ｃのうち，図１の地点Ｐの地下の様子を表した図として考えられるものはどれですか。あとのア～キから最も適切なものを１つ選び，記号で答えなさい。
　ただし，図１に示す土地の標高はどこも同じで，地下に断層はありません。

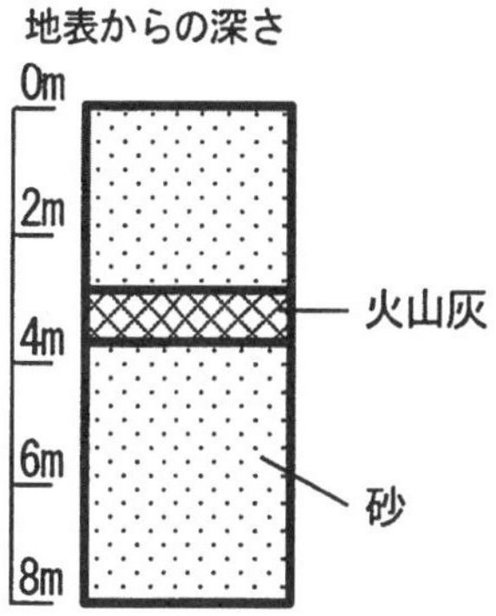

図３

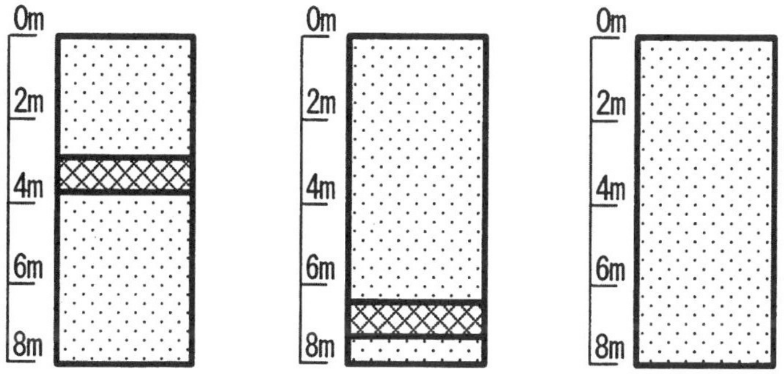

Ａ　　　Ｂ　　　Ｃ

ア　Ａのみ　　　イ　Ｂのみ　　　ウ　Ｃのみ　　　エ　ＡとＢ
オ　ＡとＣ　　　カ　ＢとＣ　　　キ　ＡとＢとＣ

二〇二四（令和六）年度
中学校入学検査問題

国　語

広島大学附属中学校

中（国語）①

（検査時間　四十五分）

〈受検上の注意〉一、答えは、すべて解答用紙に記入しなさい。
二、字数制限のある問題では、句読点や記号も一字に数えます。

一　次の文章を読んで、あとの問いに答えなさい。（問題作成にあたり、一部手を加えました。文章を大きく三つの段落にわけて[1]・[2]・[3]をつけています。）

[1]　コロナ禍《か》で、ホテルなどに〝住み〟こんで、のんびり働く人々が現れた。スーツケースひとつに着《き》替《が》えの服などを詰《つ》めて、身軽で、気軽で、雑用から自由なシンプル・ライフによって、効率的に仕事を進めようというわけだ。だが、もちろん、ホテル代や食事代として支《し》払《はら》われるお金は、はぶかれたムダな雑用を肩《かた》がわりする人々への報酬《ほうしゅう》となる。つまり、ムダはただ消えてなくなってしまったわけではなく、よそに置《お》き換《か》えられただけ。

いや、ぼくが*ミニマリストについて言ったことは、彼《かれ》らだけではなく、日本中のほとんど誰《だれ》についても言えることなのである。[A]、キッチンをはぶくとか、はぶかないとかいうそのはるか前に、キッチンにやってくる食べものたちが、生きものとして成長していた田畑や飼育場などは、都会という場所からすっかりはぶかれていたのである。

ミニマリストに限らず、なるべくモノを所有せずに、シンプルに軽々と生きる、という言い方もよく聞く。例えば、自動車や不動産を個人で所有するというムダをはぶいて、共同で使用するという*シェアリング・エコノミーが注目されている。たしかにそれには*CO2の排出《はいしゅつ》を減らすという効果もあるし、高価なモノを所有するために必要な膨大《ぼうだい》な賃金労働や時間を節約するという人生にとっての大きな効用もあるだろう。

[B]、それでも、その背景に同じ複雑な*インフラからなる巨大《きょだい》な経済システムがしっかりと立っていなければ、シェアリング・エコノミーという*ニッチが成り立たないのは事実だろう。とすれば、「シンプルで、軽々」は、じつはなかなか複雑で、重々しいものによって可能になっているのではないだろうか。①「所有しない生き方」は相変わらず、地球上のほとんどすべてを「所有」しないではおかないしくみの手のひらに乗っている。

現代のリッチでシンプルな生き方を可能にしているのは、スマートフォンに代表される、小さな機械のなかに凝縮《ぎょうしゅく》された豊かな情報の世界である。これもまた、言うまでもなく、モノの資本主義から、情報の資本主義へ、という(a)カッキ的な—ある人々に言わせれば革命的な—大転換《だいてんかん》の成果だ。その果実を存分に享受《きょうじゅ》できる人は、しかし、世にやかましく宣伝されているほど、多くはない。大多数はそこから除外されている、というのは言いすぎだろうか。

もうひとつの大きな問題は、スマートフォンも立派なモノであるということだ。そこに使われる*リチウムやほかのさまざまな*レアメタルをめぐって、いわゆる先進国や巨大企業《きぎょう》は、壮絶《そうぜつ》な競争をくり広げ、その強引《ごういん》な採掘《さいくつ》は、生産国に深刻な環境《かんきょう》破壊《はかい》を引き起こしていることは、あまり知られていない。できた製品を動かすのには電気が必要で、そのために石油や石炭、ウラニウムなどを採掘し、輸送し、燃やすことが、環境や社会に大きな負荷《ふか》を与《あた》えていることにも、まったく目新しさはない。②スマートフォンのどこが「スマート」なのだろう?

モノから情報への転換《てんかん》で、ぼくたちの社会がなんとなく「クリーン」になったように思わされているとすれば、それは幻想《げんそう》でしかないのだろう。なんとなく、より合理的な方向へと社会が進化して、ムダなものが徹底的《てっていてき》にはぶかれたように見えるが、じつは、要と不要を区別する基準がシフトしただけのこと。ある視点からよく見れば、世の中には相変わらず、ムダなモノやコトがあふれかえっているではないか。

問題はどうやら、「ムダをはぶく」ことにあまりに(b)セイキュウに傾《かたむ》いてしまった社会なのである。そんな社会が、かえって物事を増殖《ぞうしょく》させ、この世界をこんなにも煩雑《はんざつ》なものにしてしまったのではないか。人と人、人と自然のあいだにあるべき緊密《きんみつ》な関係を分断し、人間を人類史上もっとも寂《さび》しく孤立《こりつ》した存在にしてしまったのではないか。だとすれば、それはなんと皮肉なことだろう。そして、あれがムダ、これもムダと、〝ムダはぶき〟に励《はげ》んでいるうちに、自分自身が何よりムダな存在になっていた、なんてことはもう、何もめずらしいことではないのだと思う。

[2]　7、8年前のことだったと思う。ぼくと仲間たちは、思想家のサティシュ・クマールを日本に招いて講演ツアーを行っていた。鎌倉《かまくら》での、彼を囲む会も終わりに近づいた頃《ころ》、ぼくと同じようにサティシュ（彼はいつでもどこでも、誰からも、ファーストネームで呼ばれることを望んでいる）を敬愛する友人が、こう質問した。

(注) ＊ミニマリスト…ものを減らして必要最低限のものだけで暮らす人。　＊シェアリング・エコノミー…個人が保有する資産の貸し出しを仲立ちするサービス。　＊CO2…二酸化炭素　＊インフラ…産業基盤《きばん》・生活基盤を形成するものの総称。　＊ニッチ…市場で大企業が進出しない分野。
＊リチウム…電池に使われる金属の一つ。　＊レアメタル…希少な金属のこと。　＊諧謔…おもしろみのある気のきいたことば。
＊サプライチェーン…商品や製品が消費者に届くまでの流れ。　＊バッファ…スケジュールや予算などに持たせる余裕のこと。
＊クラウドファンディング…プロジェクトを立ち上げた人に対して不特定多数の人が資金を供与する仕組みのこと。

問1　‖部(a)～(d)のカタカナを漢字に直しなさい。

問2　空欄《くうらん》[A]～[C]にあてはまる言葉として最も適切なものを次のア～オからそれぞれ選び、記号で答えなさい。

ア　たとえば　　イ　だから　　ウ　そもそも　　エ　しかし　　オ　まるで

問3　――部①とありますが、筆者はどういうことを指して言っているのですか。最も適切なものを次のア～エから選び、記号で答えなさい。

ア　効率的に仕事を進めようとして自分で雑用をせずに、報酬を払《はら》うことで他の人にやってもらえる環境にいること。
イ　田畑や飼育場などを所有していないように見えて、食べものを供給する人はそれらを所有せざるを得ないこと。
ウ　自動車や不動産を個人で所有せずに共同で所有することで、高価なモノを所有するための時間を作っていること。
エ　住まいを一か所に決めずにホテルなどに〝住み〟こむ生活をすることで、様々な場所に家を持つ気分を味わうこと。

問4　――部②とありますが、なぜ筆者はこのように言うのですか。最も適切なものを次のア～エから選び、記号で答えなさい。

ア　スマートフォンの普及《ふきゅう》によって簡単に情報が入手できるようになり、人間の探究心を失わせてしまったから。
イ　スマートフォンに使われる物質やエネルギーを調達することが、社会や環境に大きな影響《えいきょう》を与《あた》えているから。
ウ　スマートフォンは情報の資本主義を生み出したが、その恩恵《おんけい》を受けている人はそれほど多くはないから。
エ　スマートフォンは人間のコミュニケーションのために生み出されたのに、人間を孤独《こどく》にしてしまったから。

問5　――部③とありますが、そのことに対して具体的にどうすればよいと述べられていますか。段落[3]から三十字以内で抜《ぬ》き出《だ》して最初の五字を答えなさい。

問6　――部④とありますが、このことを説明した次の文の空欄[I]・[II]にあてはまる適切なことばを、それぞれ二十字以内で答えなさい。

[I]によって手厚い支援《しえん》をする国をうらやましく思う一方で、[II]とも感じる。

問7　――部⑤とありますが、ここではどういうことを言おうとしていますか。最も適切なものを次のア～エから選び、記号で答えなさい。

ア　音楽を作る人は鑑賞者《かんしょうしゃ》を誤解させるような作品を生み出さないと、感動させることはできないということ。
イ　様々な音楽が人々を感動させてきたが、音楽の正しい解釈《かいしゃく》というものは実際には存在しないということ。
ウ　音楽はその時の個人の状況《じょうきょう》で解釈したもので、いつでも誰でも感動できるというわけではないということ。
エ　誤解を恐《おそ》れずに音楽の評価について発言をしてきた人が、正しいとされる解釈を作ってきたということ。

問8　――部⑥とありますが、ここにあらわれている筆者の主張を、文章全体をふまえて六十字以内で説明しなさい。

二　次の文章を読んで、あとの問いに答えなさい。(問題作成にあたり、一部手を加えました。)

> 奥歯《おくば》の激しい痛みに襲《おそ》われ、「私」は風間《かざま》歯科医院で診察《しんさつ》を受ける。そこで、奥歯は神経が通っておらず、痛みは心因的なものだと宣告される。そして、真なる痛みの正体を見極《みきわ》める必要があると言われる。

芋《いも》づる式《しき》にずるずると浮《う》かぶ。

私にかぎらず、この非常事態の渦中《かちゅう》にいれば、誰しもそれなりの鬱屈《うっくつ》を抱えているだろう。それらのすべてが積みかさなり、総体として私を追いつめている可能性もある。

「全員が犯人ってことはありませんか」

私は風間先生にふたたび電話をして尋《たず》ねた。

「有名なミステリー小説にもありましたよね。登場人物の全員が共犯者なんです」

「確かにそのようなケースもあります」

現実は小説よりも奇《き》なり、を地でいく先生は言った。

「あるんですか」

「ええ、記憶《きおく》に新しいところですと、二十三人の児童を受けもつ小学校の先生を追いつめていたのは、二十三人全員だった、とか」

「あ……今、一瞬どきっとしちゃいましたけど、じつは普通《ふつう》の話かも」

「はい。誰に対しても平等に心を配る、いい先生だったのです。だからこそ、彼女《かのじょ》を日々(a)やきもきさせていた二十三人は、共犯者であるのと同時に、救済者にもなり得ました。皆《みな》からの励ましの手紙が何よりの薬だったようです」

「いい話ですね」

「はい。でも、加原《かはら》さんは違います」

「はい？」

「加原さんのケースは単身犯だと僕《ぼく》は思います」

いつになく確信的な言いきり。私の胸が暴れだす。

「なぜわかるんですか」

「勘《かん》です」

「は？」

「ええ、歯です。僕、歯を見ればわかるんです」

けど、世界は今ひどい状況《じょうきょう》で、前代未聞《ぜんだいみもん》の危機に瀕《ひん》していて……」

目を閉じ、私は思い起こす。日増しにふくれあがっていく各国の死者数。医療現場の*逼迫《ひっぱく》。観光業や外食産業の悲鳴。「マスクない」の大合唱。

「こんなときに、豆皿一枚で、私は……」

「こんなときだからこそ、その豆皿一枚があなたには必要だったんじゃないですか」

この数日間、私がマスクを隔《へだ》てず会話をした唯一《ゆいいつ》の人である先生の言葉に、[D]目を開いた。

無影灯の下には万物《ばんぶつ》の陰《かげ》を吸いこむような笑顔《えがお》があった。

「いつ終わるとも知れない緊張《きんちょう》の連続の中で、あなたはいつも以上に毎日のぬくもりを求めていたはずです。そんなときに太陽を失った。それは宇宙規模の喪失《そうしつ》です。それだけあなたがそのお皿を大切にしていたってことです。僕は素敵《すてき》だと思います。素敵な犯人です」

⑤素敵な犯人。すべてを肯定《こうてい》してくれるその一語に、肩からふっと力が抜《ぬ》けた。私を縛《しば》っていた何かがほつれる。滞《とどこお》っていた感情が流れだす。

「風間先生。私、豆皿のことで悲しんでもいいんですか」

「もちろんです。悲しんでください。思う存分、どっぷりと。その代替ペインが消えるまで、心の痛みを痛みつくしてください」

「十分に悲しめば、痛みは消えますか」

「消えます。もうすでに消えはじめているはずです」

「あ……」

言われてみれば、今朝よりもさらに痛みが薄《うす》らいでいる気がする。今晩はまともにものが食べられるかもしれない。早くも食欲さえ兆《きざ》しはじめている自分の*現金さに驚く。

「わかりました。やってみます。見苦しい未練のかぎりを尽《つ》くして、ジタバタ悲しみぬきます」

私は風間先生に約束した。

「痛みが完全に消えたら、またご報告に来ます」

「ええ、待っています」

(森《もり》 絵都《えと》「太陽」による)

(注) *代替ペイン…代わりに現れる痛み。
*常滑…愛知県にある市。焼き物が有名。
*まごう方なき…間違いない
*逼迫…追いつめられて余裕のない状態になること。
*現金さ…目先の利益によってすぐに態度を変えること。

問1 空欄《くうらん》[A]～[D]にあてはまる最も適切なものを次のア～カからそれぞれ選び、記号で答えなさい。

ア ふうっと　イ ぽっと　ウ すごすごと　エ そろりと　オ ゆったりと　カ はたと

問2 ══部(a)・(b)の意味として最も適切なものを次のア～エからそれぞれ選び、記号で答えなさい。

(a) ア なんとなく暗い気持ちにさせていた　イ 取り合って共有しようとしていた
ウ あれこれと気をもんでいらだたせていた　エ 嫉妬《しっと》による恐怖《きょうふ》におとしいれていた

(b) ア 非日常との出会いを求めて歩き回っていた　イ ある目的を達成するつもりで歩いていた
ウ 人目を気にしながらひそかに歩いていた　エ 気の向くままにのんびり歩き回っていた

問3 ——部①とは、どういうものですか。四十字以内で答えなさい。

問4 ——部②とありますが、その理由として最も適切なものを次のア～エから選び、記号で答えなさい。

ア 自分が大切にしていた豆皿が割れてしまったことを認めたくなかったから。
イ 歯の痛みが引かないのに割れた豆皿を片付けるのがめんどうくさかったから。
ウ 豆皿という単なる物なのに視界に入りこんでくるのが気味が悪かったから。
エ 新たに豆皿を買いに行かなければいけないという気持ちになりたくなかったから。

問5 ——部③・——部④とありますが、これらの部分の「私」の気持ちを説明したものとして最も適切なものを次のア～エから選び、記号で答えなさい。

ア 自分で痛みの原因をわかっていて黙《だま》っていたのに、風間先生にそれを見透かされていたとわかっていたたまれない気持ち。
イ 自分の気持ちを吐露《とろ》することができてうれしく思うと同時に、風間先生の推理については違《ちが》うのではないかと思う気持ち。
ウ 自分の中でうまく整理できていないことを風間先生に言い当てられて恥《は》ずかしく思いながらも、まだ納得《なっとく》しきれない気持ち。
エ 自分の曖昧《あいまい》な推理に対して風間先生の的確な指摘《してき》を受けて納得《なっとく》するも、言葉に含《ふく》まれた皮肉を感じてしまい複雑な気持ち。

問6 ——部⑤とは、「私」にとってどういう意味を持つ言葉ですか。五十字以内で答えなさい。

問7 「風間先生」の存在は本文でどのように描《えが》かれていますか。最も適切なものを次のア～エから選び、記号で答えなさい。

ア 「私」の歯の痛みの原因を明確に把握《はあく》しており、高度な技術で「私」の痛みを適切に取り除いてくれる科学者のような存在。
イ 歯の痛みの原因を「私」が突《つ》きとめられるまで、「私」に厳しいことを言いながら引っ張っていく指導者のような存在。
ウ 世間の情報には疎《うと》く「私」との会話もかみ合わない時もあるが、「私」をリラックスさせてくれるマスコットのような存在。
エ 「私」が自分の気持ちと向き合っていくため、「私」に寄《よ》り添《そ》って言葉で表現させていくカウンセラーのような存在。

問8 「私」の豆皿に対するような態度は[一]の本文でも書かれています。その一文を[一]の段落[2]から抜《ぬ》き出《だ》して最初の五字を答えなさい。

2024（令和６）年度
中学校入学検査問題

算　数

（検査時間　45分）

＜受検上の注意＞　答えは，すべて解答用紙に記入しなさい。

1　次の問いに答えなさい。

問１　次の計算をしなさい。

$1\frac{3}{5}-2.4\times\left(\frac{3}{5}-\frac{7}{40}\right)$

問２　y が x に反比例し，x の値《あたい》が 2024 のときの y の値は 3.75 です。
x の値が 23 のときの y の値を答えなさい。

問３　下の図は正十角形と正十角形の頂点を１つおきに５つ結んでできる正五角形です。
図の あ の角の大きさは何度か答えなさい。

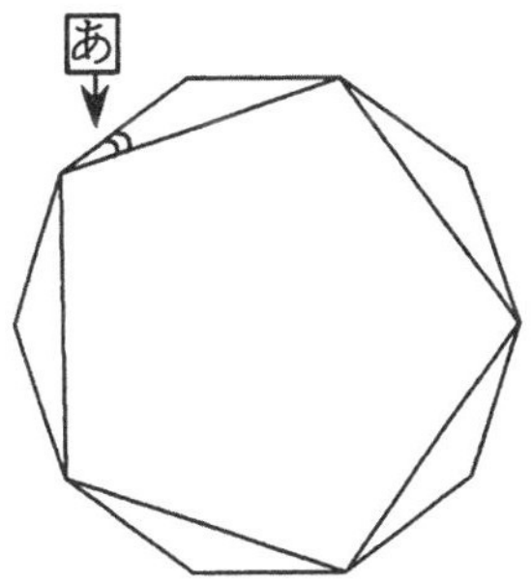

問４　１から４までの数字を右の あ，い，う，え にあてはめて
分母と分子がともに２けたの整数となる分数をつくります。
ただし，同じ数字は１回しか使うことができません。
また，つくった分数は約分せず，例えば，$\frac{32}{14}$ は $\frac{16}{7}$ とせずに $\frac{32}{14}$ として考えます。

$\frac{\text{あ}\ \text{い}}{\text{う}\ \text{え}}$

（１）　つくることができる分数のうち，最も小さい分数を答えなさい。

（２）　つくることができる分数のうち，１より大きい分数は全部で何個あるか答えなさい。

問５　A 小学校の６年１組と６年２組はともに 39 人のクラスです。右の表は，この２つのクラスのソフトボール投げの記録を度数分布表に整理したものです。

きょり(ｍ)	1 組(人)	2 組(人)
10以上 ～ 15未満	3	3
15　～ 20	あ	8
20　～ 25	8	う
25　～ 30	12	え
30　～ 35	い	お
35　～ 40	2	3
合計	39	39

（１）　あ と い にあてはまる数は同じです。
その数は何か答えなさい。

（２）　２組の児童 39 人の記録について次のことがわかっています。う，え，お にあてはまる数をそれぞれ答えなさい。

○２組の記録について，記録が 30 m 以上だった児童の割合は $\frac{1}{3}$ です。

○２組の記録について，最も度数が多い階級は，30 m 以上 35 m 未満の階級です。

○２組の記録について，20 m 以上 25 m 未満の階級と度数が同じ他の階級はありません。

○２組の記録について，中央値は 20 m 以上 25 m 未満の階級に入っています。

4　1 辺の長さが 1 cm の立方体 A がたくさんあります。この立方体 A を面と面がぴったり重なり合うようにはりあわせていろいろな直方体をつくります。ただし，中に空どうのあるものは直方体とは考えません。

このとき，次の問いに答えなさい。

問１　立方体 A をちょうど 12 個使ってできる直方体は全部で 4 種類あります。この 4 種類の直方体のうち表面積がもっとも小さくなるものの表面積は何 cm^2 か答えなさい。

問２　立方体 A をちょうど 24 個使ってできる直方体は全部で何種類あるか答えなさい。

問３　立方体 A をちょうど 108 個使ってできる直方体は全部で何種類あるか答えなさい。

5　ロボット K は X 地点と X 地点から 10 m はなれた Y 地点の間を荷物を運びながら移動し続けるロボットです。ロボット K は次のコマンド（命令）にしたがい，①②③を順にくり返して実行します。ただし，コマンド（命令）の [ア]，[イ]，[ウ] には整数があてはまります。また，②の～～～の条件を満たさない場合には，①を実行した後に②を実行せずに③を実行します。

> **コマンド（命令）**
> ① エネルギーを [ア] だけ補給する。
> ② エネルギーが [イ] 以上あれば，荷物 A を 1 つ持って X 地点から Y地点に運び，
> 　Y 地点に荷物 A を 1 つ置いて，X 地点に戻ってきて，エネルギーを [ウ] だけ補給する。
> ③ 荷物 B を 1 つ持って X 地点から Y 地点に運び，Y 地点に荷物 B を 1 つ置いて，
> 　X 地点に戻ってくる。
> 　（ふたたび①に戻る）

最初，ロボット K には 100 のエネルギーがあり，移動をすることで次のようにエネルギーを消費し，エネルギーが 0 になるとその場で停止します。なお，ロボット K に補給できるエネルギーに上限はなく，移動以外でエネルギーを消費することはありません。また，X 地点には荷物 A と荷物 B がたくさんあるものとします。

○ 荷物 A を持った状態の移動では，ロボット K は 1 m あたり 4 のエネルギーを消費する
○ 荷物 B を持った状態の移動では，ロボット K は 1 m あたり 2 のエネルギーを消費する
○ 荷物を持っていない状態の移動では，ロボット K は 1 m あたり 1 のエネルギーを消費する

例えば，[ア] が 10，[イ] が 70，[ウ] が 5 であれば，ロボット K は次のように X 地点と Y 地点の間を移動します。なお，この例では①②③を実行した直後の残りのエネルギーを（　　）の中に示しています。また，この例では，ロボット K が停止したときに，Y 地点には荷物 A が 1 個，荷物 B が 3 個あります。

①を実行（エネルギー 110）→ ②を実行（エネルギー 65）→ ③を実行（エネルギー 35）
→ ①を実行（エネルギー 45）→ ②を実行せずに③を実行（エネルギー 15）
→ ①を実行（エネルギー 25）→ ②を実行せずに③を実行しようとするが，Y 地点から X 地点に戻ってくる途中でエネルギーが 0 となり停止

このとき，次の問いに答えなさい。

問１　[ア] が 15，[イ] が 60，[ウ] が 30 のとき，ロボット K が停止したときに Y 地点にある荷物 A の個数と，荷物 B の個数をそれぞれ答えなさい。

問２　[ア] が 25，[イ] が 40，[ウ] が 20 のとき，ロボット K が最初の状態から停止するまでに，実際に移動したきょりの合計は何 m か答えなさい。

問３　[ア] が 25，[ウ] が 40 で，ロボット K が停止したときに，Y 地点にある荷物 A の個数はちょうど 3 個でした。このとき，[イ] にあてはまっていたと考えられる整数はいくつかあります。そのうち，最小の整数と最大の整数を答えなさい。

2024（令和6）年度
中学校入学検査問題

理 科

（検査時間　社会とあわせて45分）

〈受検上の注意〉　答えは，すべて解答用紙に記入しなさい。

1

次の文章を読んで，あとの問いに答えなさい。

うすい塩酸，重そう水，炭酸水，食塩水，うすいアンモニア水，石灰水があります。これらの6種類の水よう液について，次に示す**性質A～C**があるかないかを調べることにしました。

性質A　熱して水を蒸発させたときに，固体が出るという性質
性質B　においがあるという性質
性質C　赤色のリトマス紙を青く変え，青色のリトマス紙を変化させないという性質

性質A～Cがあるかないかで，水よう液は下の**表**の①～⑧のいずれかのグループに分けられます。○印は性質があることを，×印は性質がないことを示しています。たとえばグループ①は，**性質A**はあるが，**性質B**と**性質C**はないことを示しています。

表

性質＼グループ	①	②	③	④	⑤	⑥	⑦	⑧
性質A	○	×	×	○	○	×	○	×
性質B	×	○	×	○	×	○	○	×
性質C	×	×	○	×	○	○	○	×

問1　水よう液とは何ですか。次の文の（　　）にあてはまることばを答えなさい。
「ものが水にとけて（　　　　　）になった液」

問2　ある水よう液について，**性質A**があるかないかを調べる実験を行うためには，どの実験器具を使ったらよいですか。次の**ア～ケ**から適切なものを**2つ選び**，記号で答えなさい。

ア　ガラスぼう　　**イ**　蒸発皿　　**ウ**　水そう　　**エ**　ろうと　　**オ**　ろうと台
カ　実験用ガスコンロと加熱用金あみ　　**キ**　メスシリンダー　　**ク**　ピンセット
ケ　温度計

問3　ある水よう液について，**性質C**があるかないかを調べる実験を行うためには，赤色と青色のリトマス紙と，どの実験器具を使ったらよいですか。**問2**の**ア～ケ**から適切なものを**2つ選び**，記号で答えなさい。

問4　**性質C**を何といいますか。

問5　6種類の水よう液のうち，グループ①にあてはまる水よう液はどれですか。水よう液のなまえを答えなさい。

問6　6種類の水よう液のうち，グループ⑧にあてはまる水よう液はどれですか。水よう液のなまえを答えなさい。

問7　グループ②～⑦のうち，6種類の水よう液のいずれもがあてはまらないグループはどれですか。**すべて選び**，番号で答えなさい。

2

図1は，ある川が流れている土地の高さを表したものです。これについて，次の問いに答えなさい。

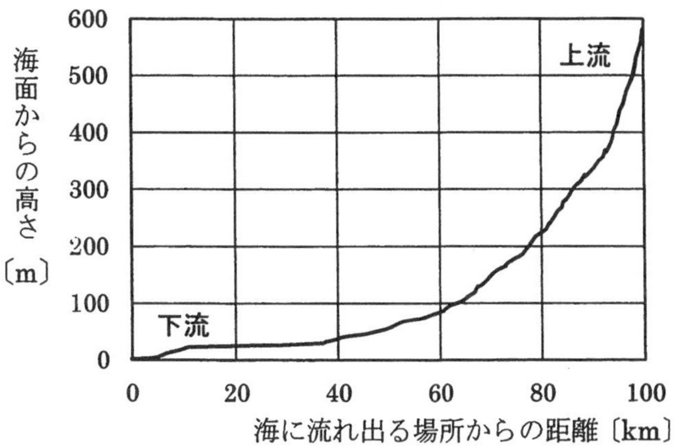

図1

問1　**図1**に示した川の上流と下流でどのようなちがいがあるのかを，次の（1）～（4）について調べました。上流についてあてはまるものは，**ア**と**イ**のどちらですか。（1）～（4）それぞれについて記号で答えなさい。

（1）川を流れる水の速さ　（**ア**　速い　　**イ**　おそい）
（2）川はば　（**ア**　広い　　**イ**　せまい）
（3）川にある石の大きさ　（**ア**　大きい　　**イ**　小さい）
（4）川にある石のかたち　（**ア**　丸い　　**イ**　角ばっている）

問2　**図2**は，**図1**の川の一部を模式的に表したものです。次の（1）と（2）に答えなさい。

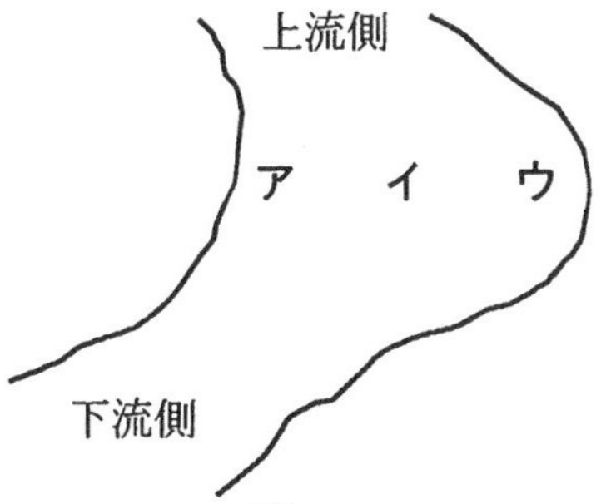

図2

（1）**図2**の**ア～ウ**のうち，川を流れる水の速さが最も速いところはどこになりますか。記号で答えなさい。

（2）流れる水には，①<u>地面をけずるはたらき</u>や，運ぱんされてきた②<u>土や石をつもらせるはたらき</u>があります。下線部①と②の流れる水のはたらきを何といいますか。それぞれ答えなさい。

問3　川を流れる水のはたらきを調べるために，**図3**のようにして，●の部分から水を流し，水そうに れき・砂・どろ がたまる様子を観察しました。しばらくそのままにしておいてから，水そうにたまった れき・砂・どろ を観察しました。れき・砂・どろ はどのようにつもりましたか。あとの**ア～エ**から最も適切なものを1つ選び，記号で答えなさい。

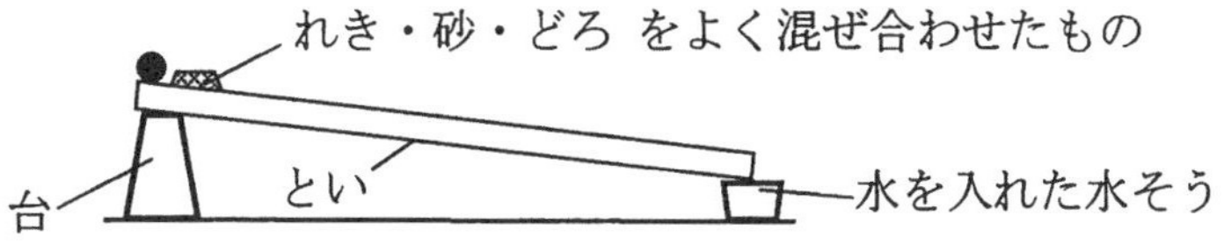

図3

4　ふりこについて**実験1**，**実験2**を行いました。あとの問いに答えなさい。

[実験1] ふりこのきまりを調べる

図1のように糸のはしをスタンドに取り付け支点とし，もう一方のはしにおもりをつけてふりこをつくりました。つるすおもりの重さ，ふりこの長さ，ふれはばの3つの条件について，**表1**の組み合わせ①～⑦に示すようにそれぞれ変え，ふりこの10往復する時間を3回ずつ調べました。**表1**に結果を示します。

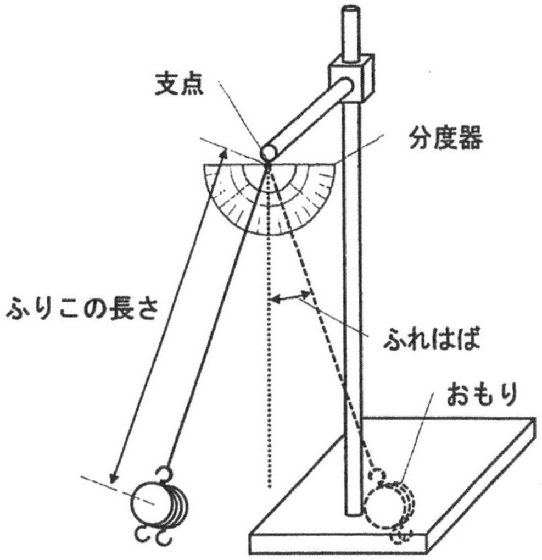

図1

表1

条件の組み合わせ		①	②	③	④	⑤	⑥	⑦
おもりの重さ〔g〕		10	20	30	20	20	20	20
ふりこの長さ〔cm〕		50	50	50	25	75	50	50
ふれはば〔°〕		20	20	20	20	20	10	30
10往復する時間〔秒〕	1回目	14.1	14.0	14.2	10.1	17.2	14.2	14.1
	2回目	14.2	14.1	14.0	10.0	17.4	14.0	14.2
	3回目	14.0	14.2	14.1	9.9	17.3	14.1	14.0

問1　**表1**の結果から，ふりこの1往復する時間はふりこの何によって変わると考えられますか。

問2　条件の組み合わせが④のとき，ふりこの1往復する平均の時間は何秒ですか。小数第1位まで求めなさい。

問3　おもりの重さを40 g，ふりこの長さを100 cm，ふれはばを40°とすると，ふりこの10往復する時間はどのはん囲になると予想できますか。次の**ア**～**ウ**から最も適切なものを1つ選び，記号で答えなさい。

ア　14秒未満　　**イ**　14秒以上17秒未満　　**ウ**　17秒以上

[実験2] おもりのつるし方と往復する時間の関係を調べる

図1と同じように糸をスタンドにとりつけ，おもりのつるし方，糸の長さを，**図2**の①～④のようにそれぞれ変え，ふりこの10往復する時間を3回ずつ調べ，平均の時間を求めました。おもりの重さは1つ10 g，長さが4 cmであり，ふれはばはすべて20°としました。糸とおもりは一直線になってふれていました。**表2**に結果を示します。

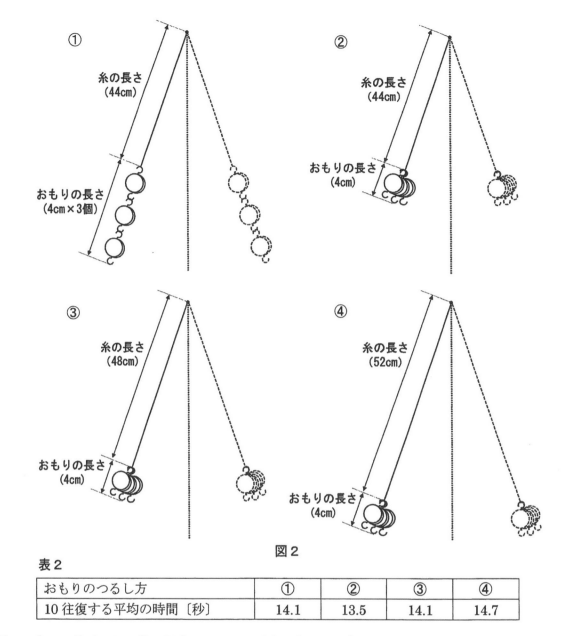

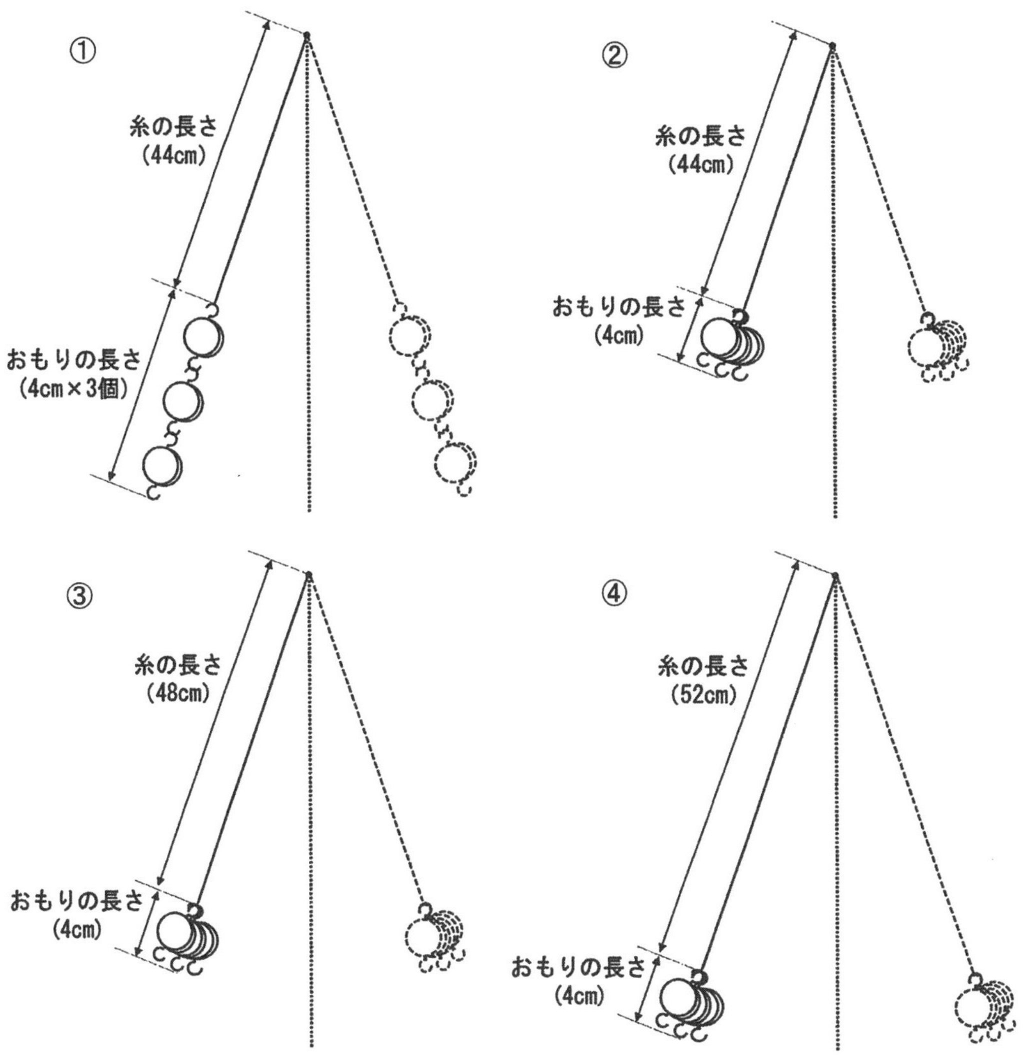

図2

表2

おもりのつるし方	①	②	③	④
10往復する平均の時間〔秒〕	14.1	13.5	14.1	14.7

問4　**表2**の結果から，①の場合のふりこの長さは何cmと考えられますか。

問5　**実験1**と**実験2**から考えられるふりこのきまりをもとに，公園のブランコに乗ったときの1往復する時間について考えます。おとな（身長170 cm・体重60 kg）または子ども（身長100 cm・体重20 kg）が，次に示す**ア**～**カ**の方法でブランコに乗ったとき，1往復する時間が最も長くなると考えられるのはどれですか。適切なものを**すべて選び**，記号で答えなさい。

ア　子どもがすわって乗り，ふれはばが10°
イ　子どもがすわって乗り，ふれはばが30°
ウ　子どもが立って乗り，ふれはばが10°
エ　子どもが立って乗り，ふれはばが30°
オ　おとなが立って乗り，ふれはばが10°
カ　おとなが立って乗り，ふれはばが30°

2024（令和６）年度
中学校入学検査問題

社　会

（検査時間　理科とあわせて 45 分）

〈受検上の注意〉答えは，すべて解答用紙に記入しなさい。

1 次の問いに答えなさい。

問１　次のことばは，消防署や消防団の施設《しせつ》にある看板《かんばん》やポスターで見かけるもので，「火事を出さないように火の元に注意する」ことを呼びかける目的があります。このことばの［　　］に入る最も適当な語を**漢字２字**で答えなさい。

火の［　　　］

問２　１年のうち初めて海水浴場の利用が始まることを「海開《うみびら》き」と言います。沖縄《おきなわ》県の多くの海水浴場で「海開き」が行われる時期として，最も適当なものを次の**ア**～**エ**から１つ選び，記号で答えなさい。

ア　1～2月　　**イ**　3～4月　　**ウ**　5～6月　　**エ**　7～8月

問３　**図１**は，農場にある牛舎《ぎゅうしゃ》の写真です。農場では，牛舎に壁《かべ》をつくらずに風通しを良くしたり，出入りする人に消毒をお願いしたりするなどの取り組みを行っています。そのような取り組みを行う理由を15字以上20字以内で答えなさい。

図１

問４　自動車工場では，どのような順序で自動車を生産しているでしょうか。次の**ア**～**エ**を正しくならべかえ，記号で答えなさい。

ア　ようせつ　　**イ**　プレス　　**ウ**　とそう　　**エ**　組み立て

問５　次のことばは，ある条約の正式名称《めいしょう》です。日本では，琵琶湖《びわこ》などがこの条約の登録地となり，湿地《しっち》を守る取り組みが行われています。この条約の一般的な呼び名を解答欄《らん》にあうようにカタカナで答えなさい。

「特に水鳥《みずどり》の生息地として国際的に重要な湿地に関する条約」

問６　次の文章は広島《ひろしま》県にある学校の修学旅行のしおりにある紹介《しょうかい》文です。

> 私たちは，修学旅行の３日間を（　A　）で過ごします。１日目は火山を見学し，そのあと天然の①温泉に入ります。２日目は島に渡《わた》り，通信衛星《えいせい》の打ち上げを行う宇宙センターを見学します。３日目は昼食に，特産の黒豚《くろぶた》を使った料理を食べます。（　A　）では，年間の降水量(1981～2010年の平均値《へいきんち》)が 2000 ㎜を超える地域が多く，②大雨による自然災害から地域住民を守る施設の建設も進んでいます。

（１）（　A　）には修学旅行の行き先となっている都道府県が入ります。（　A　）に入る都道府県を答えなさい。

（２）**下線部**①について，温泉を地図記号で表しなさい。

（３）**下線部**②について，このような施設として最も適当なものを次の**ア**～**エ**から１つ選び，記号で答えなさい。

ア　砂防《さぼう》ダム　　**イ**　水力発電所　　**ウ**　防火水そう　　**エ**　津波避難《つなみひなん》タワー

2 日本の世界遺産に関する**資料Ⅰ～Ⅵ**に関連して，それぞれの問いに答えなさい。

問１　**資料Ⅰ**に関連して，次の問いに答えなさい。

資料Ⅰ

> 大阪府《おおさかふ》堺《さかい》市の（　A　）古墳《こふん》(仁徳天皇陵《にんとくてんのうりょう》古墳)は，①5世紀につくられた日本最大の前方後円墳《ぜんぽうこうえんふん》です。つくられた当時は，表面に石がしきつめられ，たくさんの（　B　）がならんでいたと考えられています。

（１）**資料Ⅰ**の（　A　）・（　B　）に入る適当な語を答えなさい。

（２）**下線部**①に関連して，5世紀ごろの日本について述べた文として，正しいものを次の**ア**～**エ**から１つ選び，記号で答えなさい。

ア　女王卑弥呼《ひみこ》が中国に使いを送った。
イ　十七条《じゅうしちじょう》の憲法が定められた。
ウ　織物《おりもの》の技術や漢字などが大陸から伝わった。
エ　国を治めるための律令《りつりょう》ができあがった。

3 次の**表1**は，日本で開催《かいさい》されたサミットについてまとめたものです。これに関して，あとの問いに答えなさい。

表1

開催年	開催場所
①1979年	②東京《とうきょう》
③1986年	東京
④1993年	東京
⑤2000年	⑥九州《きゅうしゅう》・沖縄
2008年	⑦北海道《ほっかいどう》・洞爺湖《とうやこ》
2016年	伊勢志摩《いせしま》
2023年	⑧広島

（外務《がいむ》省ウェブサイトより作成）

問1　**下線部**①に関連して，1970年代の日本の主なできごとについて述べた文として，**誤っているもの**を次の**ア〜エ**から1つ選び，記号で答えなさい。

ア　大阪で日本万国博覧会《にほんばんこくはくらんかい》が開かれた。
イ　中華人民共和国《ちゅうかじんみんきょうわこく》との国交が正常化した。
ウ　東海道新幹線《とうかいどうしんかんせん》が開通した。
エ　日中平和友好条約《にっちゅうへいわゆうこうじょうやく》が結ばれた。

問2　**下線部**②に関連して，東京に関わったできごととして，正しいものを次の**ア〜エ**から1つ選び，記号で答えなさい。

ア　1853年，アメリカの使者・ペリーが上陸した。
イ　フランスの技術を導入した官営富岡製糸場《かんえいとみおかせいしじょう》が完成した。
ウ　もと幕府の役人であった大塩平八郎《おおしおへいはちろう》が兵をあげた。
エ　1872年，日本で初めての鉄道が開通した。

問3　**下線部**③に関連して，1980年以前の日本および世界経済についてのできごとを，おこった時期の早いものから順にならべかえ，次の**ア〜ウ**の記号で答えなさい。

ア　日本の国民総生産《こくみんそうせいさん》がアメリカに次いで世界第2位になった。
イ　オイルショックと呼ばれる世界的な経済混乱がおこった。
ウ　日本において高度経済成長《こうどけいざいせいちょう》が始まった。

問4　**下線部**④に関連して，1993年に正式に発足した欧州連合《おうしゅうれんごう》の略称《りゃくしょう》として，正しいものを次の**ア〜エ**から1つ選び，記号で答えなさい。

ア　NGO　　**イ**　EU　　**ウ**　ODA　　**エ**　UNESCO

問5　**下線部**⑤に関連して，2000年以降におこったできごととして，正しいものを次の**ア〜エ**から1つ選び，記号で答えなさい。

ア　ドイツでベルリンの壁が崩壊《ほうかい》した。
イ　アメリカで同時多発《どうじたはつ》テロがおこった。
ウ　阪神《はんしん》・淡路大震災《あわじだいしんさい》がおこった。
エ　ソビエト連邦《れんぽう》が崩壊した。

問6　**下線部**⑥に関連して，九州・沖縄の歴史に関連して述べた文として，**誤っているもの**を次の**ア〜エ**から1つ選び，記号で答えなさい。

ア　室町時代，琉球王国《りゅうきゅうおうこく》は日本や中国，東南アジアの国々との貿易で栄えていた。
イ　江戸時代，五街道《ごかいどう》のうち江戸と博多《はかた》を結ぶ東海道は，参勤交代《さんきんこうたい》の行列が通った。
ウ　明治《めいじ》時代，鹿児島《かごしま》の士族《しぞく》たちは，西郷隆盛《さいごうたかもり》をかついで西南戦争《せいなんせんそう》をおこした。
エ　昭和《しょうわ》時代，日本の国際連合《こくさいれんごう》加盟時も，沖縄はアメリカに占領《せんりょう》されたままだった。

問7　**下線部**⑦に関連して，17世紀半ば，アイヌの人々を率い，不正に取り引きを行った松前藩《まつまえはん》と戦った人物の名前を答えなさい。

問8　**下線部**⑧に関連して，広島には世界で最初に原子爆弾《げんしばくだん》が投下されました。そのあと，2度目となる原子爆弾が長崎に投下された年月日《ねんがっぴ》を答えなさい。

問9　2023年の広島サミットにおいて，広島を訪れたウクライナの大統領《だいとうりょう》の名前を答えなさい。

中

国語解答用紙

受検番号

（検査時間　四十五分）　二〇二四（令和六）年度

〈注意〉　※印のところには何も書いてはいけません。

一

問1　a　b　c　d

問2　A　B　C

問3

問4

問5

問6　Ⅰ　Ⅱ

問7

問8

二

問1　A　B　C　D

問2　a　b

問3

問4

問5

問6

問7

問8

※　※　※　※　※　※　※

※100点満点
（配点非公表）

広島大学附属中学校

（検査時間　四十五分）

二〇二三（令和五）年度
中学校入学検査問題

国語

（受検上の注意）一、答えは、すべて解答用紙に書きなさい。
二、字数制限のある問題では、句読点や記号も一字に数えます。

一　次の文章を読んで、あとの問いに答えなさい。なお、設問の都合上、一部表記を改めた部分があります。

「お掃除《そうじ》ロボットを想像してください」と言われたら、あなたはどんなロボットを思《おも》い浮《う》かべるだろうか。イメージしやすいのは、部屋の中の障害物を避《さ》けながら走り回り、ゴミを吸引してくれるロボットではないだろうか。お掃除ロボットは便利だ。人が掃除をする時間を短縮でき、人は掃除を意識せずともゴミのない環境《かんきょう》で暮らしていくことができる。(a)**タショウ**、ホコリなどの小さなゴミを床《ゆか》に落としてしまったとしても、お掃除ロボットがきれいにしてくれる。人がいようがいまいが関係なく黙々《もくもく》と動くその姿を「うちのお掃除ロボット」とペットのように見なした(b)**ハツゲン**をする人もいる。

そんな人の手が介在《かいざい》しない自動のお掃除ロボットと対極の*コンセプトで作られているのが豊橋《とよはし》技術《ぎじゅつ》科学《かがく》大学《だいがく》の岡田《おかだ》美智男《みちお》氏らが開発した*Sociable Trash Box、通称《つうしょう》「ゴミ箱ロボット」である。30cmほどの高さのゴミ箱には車輪がついていて、動き回ることができる。*センサーも搭載《とうさい》されているため、ゴミを見つけることもできる。ただ、ゴミを拾う手段がこのゴミ箱には付いていない。ゴミを見つけたゴミ箱ロボットは、ゴミのそばに止まって[A]している。その姿を見た人間が、ゴミを拾ってゴミ箱に入れてあげる。人のサポートがあって初めて、このロボットの「ゴミをゴミ箱に入れる」という*タスクが完了《かんりょう》する。

岡田氏はこのロボットを①「弱いロボット」と紹介《しょうかい》する。弱いロボットとは何かを考えるために、まずは逆の「強い」ロボットを考えてみよう。強いロボットとは、人の手を必要としないロボットのことを指す。私たちが一般的《いっぱんてき》に「ロボット」と言われて思い浮かぶものである。強いロボットはその「強さ」ゆえに人間の助けを必要とせず、人とコミュニケーションすることもない。本節の最初に紹介した、人の手を介在させずに自動でゴミを吸《す》い込《こ》む「強い」お掃除ロボットは、人間に知られることなく、人間はいない場所でも黙々と掃除という目的を完遂《かんすい》する。また、ロボットが勝手に掃除をしてくれるため、人間もゴミを拾おうと思ったり、ゴミの存在を意識したりすることもなくなるだろう。人間を様々な仕事やタスク（例えばゴミを拾うなど）から(c)**カイホウ**してくれるのがロボット、という考え方に基《もと》づいて作られるのが「強い」ロボットといえる。

対する弱いロボットとは、ロボット単体だけでは目的を達成《たっせい》できない「他力本願」なロボットである。技術的に及《およ》ばないために人の手を必要とする場合を弱いロボットというのではなく、あえて人の手を必要とする設計とする。そうすることで人のサポートを引き出して、人とコミュニケーションや相互《そうご》作用を積極的にしながら、タスクを達成するのが弱いロボットの目的である。言《い》い換《か》えれば、人とロボットの相互作用を促《うなが》すのが第一義の目的であり、その一場面として「ゴミを拾う」が選ばれたに過ぎないともいえる。そのため、ゴミ箱ロボットにお掃除ロボットのような高精度の掃除機能は期待してはいけないのだが、私はこのゴミ箱ロボットには、人とロボットの関係性だけではなく、人とゴミの関係性を再考させる要素があると考える。

現在普及《ふきゅう》している家庭用お掃除ロボットも、自動でゴミを吸引した後に集まったゴミを捨てるタスクは人間が行うため、完全に人がゴミから切り離《はな》されたわけではない。[B]、科学技術の自動化、つまり「強さ」は、人々に利便性という恩恵《おんけい》をもたらすと同時に、技術が自動で行ってくれるからこそ、人間の目から途中《とちゅう》経過を見えなくしてしまう。特に現代社会の、ゴミを除去することに関する自動化は加速している。キツイ、汚《きたな》い仕事こそ人間ではなく自動化されたロボットにしてもらうというのは社会の要望としては当然である。

しかし②一方で、ゴミを出すことに無頓着《むとんちゃく》になってしまう、他人事となってしまうと、*コスト的にも自然環境的にも問題がある。場合によっては、冒頭《ぼうとう》の自動洗浄《せんじょう》トイレのように、別のところに後始末のしわ寄せが行く可能性もある。しかし私たちはもはや一度導入した便利な科学技術を手放すことはできない。今ある技術（ロボット）はそのままに、あるいは新たな技術を導入しながら、私たちが人とゴミの関係性を考えられる、*可視化させるような仕掛《しか》けが必要である。

[C]、人とゴミとの関係を新たな形で結びなおす必要性が出てくる。そしてこの結びなおしにはいくつかの方法がある。「ゴミ箱ロボット」は、ロボットがゴミを自動で片づけるのではなく、ゴミがあることを人に教えることでゴミの存在を強調する。③毎日の家の掃除がこのゴミ箱ロボットになってしまうと、ゴミ箱ロボットのあとを追いかけなければならないため(d)**フベン**この上ないが、ゴミ箱ロボットは特に小さな子どもたちに人気である。弱いロボットであるゴミ箱ロボットは、人との共同作業を通して「ゴミ箱ロボットを助けてあげよう」という思いやりの心を引き出したり、「ゴミを捨ててきれいにできた」という充足《じゅうそく》感を与《あた》えたりする。同時に、ゴミ箱ロボットによってゴミが可視化されることで、「生きていくということは、ゴミを出していくこと」、「ゴミは勝手に消えてなくならない」というようにゴミの存在が強調され、子どもたちも人とゴミの関係性を意識するようになるだろう。

問7 ――部④とありますが、筆者がお掃除ロボットに新たな仕掛けを搭載することは可能であると述べているのはなぜですか。その理由を説明した次の空らん［X］、［Y］に入る適切なことばを、それぞれあとの〈条件1〉、〈条件2〉にしたがって答えなさい。

> 筆者は、「お掃除ロボット」の自動化が加速することによって私たちが［X］と予測しており、その対極にある「ゴミ箱ロボット」をとり上げながら、あらためて［Y］と考えることの必要性を説いている。「お掃除ロボット」でも、私たちに人とゴミの関係性を再考させる仕掛けが搭載できることを提案し、その必要性を強調しようと考えたから。

〈条件1〉どちらも二十五字以内で書くこと。
〈条件2〉それぞれ必ず「人」と「ゴミ」という語を使うこと。

問8 本文の説明として最も適切なものを次のア～エから一つ選び、記号で答えなさい。

ア 「お掃除ロボット」のような「強いロボット」ばかりだと、そのうち人間は何もしなくなると危機感を持って警告している。
イ 「お掃除ロボット」の便利さは認めながらも問題点を挙げ、それを解決できる「ゴミ箱ロボット」の使用をすすめている。
ウ 「お掃除ロボット」にも問題点があることを例にあげながら、いろいろな面を見て判断することの大切さをうったえている。
エ 「お掃除ロボット」と「ゴミ箱ロボット」を対比しながら、人はロボットとどう関わればいいか考えてもらおうとしている。

二 次の文章を読んで、あとの問いに答えなさい。なお、設問の都合上、一部表記を改めた部分があります。

> 奈津子《なつこ》は定年退職した夫と息子夫婦《むすこふうふ》、小学三年生になる孫と札幌《さっぽろ》で暮らしている。息子夫婦は共働きなので孫の面倒《めんどう》はほとんど奈津子がみている。ある日奈津子は、＊釧路《くしろ》の施設《しせつ》に入っている母親の様子を見に日帰りの予定で釧路駅まで出かけてきたが、昔住んでいた＊霧多布《きりたっぷ》行きの列車を見て思わずその列車に乗ってしまう。

＊茶内駅《ちゃないえき》は＊花咲線《はなさきせん》の他の多くの駅と同様、無人駅だった。こぢんまりとした木造の駅舎《えきしゃ》はそこそこ古びているが、奈津子が子どもの頃《ころ》から建っていたのと同じ建物ではないだろう。［A］

汽車から降りた乗客は奈津子の他に、男子高校生が一人と老人が一人。老人は駅前の歩道をゆっくり歩いていき、高校生のほうは迷いなく駅舎を出て、目の前に停車していたバスにさっと乗《の》り込《こ》んだ。車体の側面に「霧多布」という表示があり、これが＊さっきの女性が言っていたバスなのだな、と思って奈津子も乗り込む。一応、運転手に聞いてみることにした。

「このバス、霧多布の温泉まで行きます？」

「ええ、終点で停《と》まるとこですよ。そこで降りたら目の前に町営の施設があります」

運転手はハンドルに片手をかけたまま答えてくれた。発車の時間までまだ余裕《よゆう》があるのか、ドアは閉まらない。

「ついでですいません、その近くに、宿とか、あります？」

「温泉の周りにはないかなあ。温泉は高台にあるんで、その下にある市街地まで降りたら民宿とか旅館はありますよ。確かコンビニの近くにもあったかな。バスだと便数少ないし、温泉からその辺りまでなら二、三キロぐらいだから、嫌《いや》でないなら歩いた方が早いかもしれないですね」

「そうですか、ありがとうございます」

奈津子は丁寧《ていねい》に礼を言って、車両の中ほどにある座席に座《すわ》った。それから一、二分経《た》ってドアが閉まり、バスは発車する。見覚えのない集落の間を縫《ぬ》って、すぐに農地を貫《つらぬ》く道へ出た。

のんびりした農地からすぐに海沿いに出るのかと奈津子は思っていたが、想像に反してバスは深い森に入っていった。紅葉が始まっている。札幌よりも秋の進みが早いのだろうか、と思っていると、急なカーブで体が傾《かし》いだ。坂道も多い。［B］、内陸側から海沿いへ出るには傾斜《けいしゃ》のある森林地帯を通るようだ。

①かくんと揺《ゆ》れる体につられたように、奈津子の記憶《きおく》の引き出しに隙間《すきま》が空《あ》く。そういえば、霧多布に住んでいた頃、同級生が馬車から落ちた肉を拾いに行くという話を聞いたことがある。

○

あれは確か、霧多布の小学校に転校して間もなくの頃だ。

「なあ、今週から地場のクジラ出荷《しゅっか》するって言ってたから、そろそろだ。＊琵琶瀬《びわせ》の道の角に肉拾いに行くべ！」

「おう、行くべ行くべ！」

「うちの母ちゃんも漁始まったら行って来いって言ってた。いっぱい拾って来んぞ！」

放課後、クラスのガキ大将格の男子達が興奮気味《こうふんぎみ》に話していた。どこの学校でもこういう元気な男子はいるものだが、肉を拾う、という聞き慣れない言葉が気になった。

「ねえ、ヨッちゃん。肉を拾うって、どういうこと？」

奈津子は隣《となり》の席に座っている女の子に尋《たず》ねた。転校してきて以来、何かと世話を焼いてくれている子だ。②ヨッちゃん、という呼び名と、長いおさげ髪《がみ》しか奈津子は覚えていない。

「ああ、ナッちゃん、霧多布の春は初めてだもんね。春はね、地元のクジラ漁が始まるの」

「うん」

霧多布でクジラ漁が盛《さか》んなことは聞いているし、実際に母と姉とで見に行った。だがそのクジラ肉を拾うという意味が分からない。

（注）＊釧路、霧多布、琵琶瀬…北海道の地名。　＊茶内駅…北海道にある駅名。
＊花咲線…北海道にある根室《ねむろ》本線のうち、釧路駅―根室駅間についた愛称《あいしょう》。
＊「さっきの女性」…釧路駅からの列車に乗り合わせて、今の霧多布の様子を教えてくれた女性のことを指す。
＊サシが入った霜降り肉…「サシ」とは脂肪《しぼう》のこと。それが霜が降りたように見える肉。高級な肉の代名詞。
＊コントラスト…対比。対照。明暗や色彩《しきさい》の差異。　＊サボタージュ…仕事をなまけること。「サボる」の語源。
＊免罪符…ここでは、罪や責めをまぬがれるためのもの、という意味。

問1　空らん［A］～［D］に入る適切な語を次の**ア**～**エ**から一つずつ選び、記号で答えなさい。ただし、同じ記号をくりかえし使ってはいけません。

ア　もちろん　**イ**　さすがに　**ウ**　まさか　**エ**　どうやら

問2　空らん［X］に入るひらがな一字を答えなさい。また空らん［Y］に入る最も適切な語を次の**ア**～**エ**から一つ選び、記号で答えなさい。

ア　そっと　**イ**　ぼうっと　**ウ**　ぱっと　**エ**　ぽかんと

問3　〰〰部の□に適切な漢字を一字ずつ入れて四字熟語を完成させなさい。

問4　――部①とありますが、この表現はどういうことを表していますか。六十字以内でわかりやすく説明しなさい。

問5　――部②とありますが、その説明として最も適切なものを次の**ア**～**エ**から一つ選び、記号で答えなさい。

ア　教師である父親が転勤するたびに奈津子も転校するので、仲の良い友だちができてもその子たちと過ごす時間が短く、世話を焼いてもらったのにぼんやりとした記憶しか残っていないことをたとえている。

イ　転校することが多く友だちができにくかった奈津子にとって、霧多布で過ごした短い間にできた友だちはヨッちゃんしかいなかったのに、それでも記憶がうすれるほど時間が経ったことを示している。

ウ　何かと世話を焼いてもらったにもかかわらず、呼び名と長いおさげ髪しか覚えていないことを描写《びょうしゃ》することで長い時間が経過したことと、他にも記憶から抜け落ちていることがあることを暗示している。

エ　ヨッちゃんには世話を焼いてもらい仲が良かったのに、聞いた話を信じることができず、それ以来彼女《かのじょ》と心の距離《きょり》ができてしまい、小学校卒業後は会うこともなく今まで忘れていたことを表している。

問6　――部③とありますが、このときなぜ「心の中で奈津子は笑った」のですか。その理由として最も適切なものを次の**ア**～**エ**から一つ選び、記号で答えなさい。

ア　ここに移り住んだ小学生のころを思い出しながら、今はずいぶん風景が変わったことにさみしさを感じたから。

イ　久しぶりに訪《おとず》れた土地がずいぶん近代的になっていて、どんな温泉ができているのか楽しみがふくらんだから。

ウ　昔と景色がずいぶん変わったことに驚《おどろ》いたが、時の流れを考えれば当然のことだとあらためて気がついたから。

エ　小旅行を楽しみにしたり景色に感動している自分が、どれほど今の生活に疲《つか》れていたかを思い知らされたから。

問7　――部④とありますが、何に「幸い」したのですか。解答らんに合うように四十字以内で説明しなさい。

問8　本文の表現・内容に関する説明として最も適切なものを次の**ア**～**エ**から一つ選び、記号で答えなさい。

ア　霧多布という言葉でよみがえった幼い日の記憶が、はじめのうちはぼんやりしていたがガキ大将の話を思い出したことで一気に鮮明《せんめい》になったことが語られている。

イ　奈津子を霧多布に導くきっかけとして小学生時代のクジラにまつわる記憶がえがかれ、現在の不安な気持ちも思い出によって解消されることが暗示されている。

ウ　北海道内を旅しながらも記憶に導かれ、知らず知らずに昔過ごした霧多布へと向かっている自分がいることに気がついた奈津子が語り手として設定されている。

エ　ふとしたことからよみがえった小学生時代のクジラにまつわる遠い記憶が、ヨッちゃんや家族との生き生きとした会話と奈津子の心の声を通してえがかれている。

2023（令和５）年度
中学校入学検査問題

算　数

（検査時間　45分）

＜受検上の注意＞　答えは，すべて解答用紙に記入しなさい。

1　次の問いに答えなさい。

問１　次の計算をしなさい。

$$\left(\frac{2}{9}+1\frac{1}{3}\right)\div\left(2\frac{1}{5}-\frac{1}{3}\right)$$

問２　1から100までの整数のうち，3でわると2あまり，4でわると1あまり，5でわると2あまる整数をすべて答えなさい。

問３　図のように，いくつかの直方体と三角柱を組み合わせてつくった立体があります。この立体の体積を求めなさい。

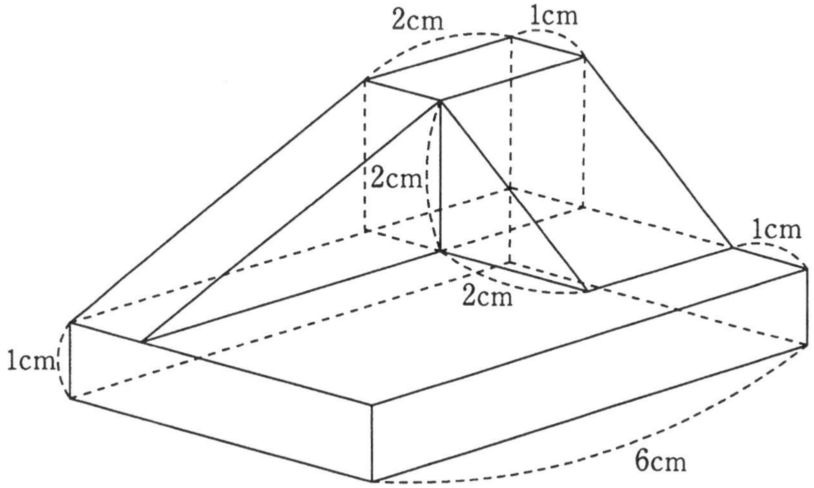

問４　A小学校の6年1組は25人のクラスです。下の表は，このクラスで行った計算テストについて，児童の番号と得点をまとめたものです。

番号	得点	番号	得点	番号	得点	番号	得点	番号	得点
1	14	6	10	11	8	16	5	21	20
2	14	7	14	12	8	17	20	22	5
3	20	8	10	13	10	18	18	23	14
4	8	9	18	14	12	19	12	24	12
5	14	10	12	15	5	20	10	25	8

なお，必要なら下の図を使ってもかまいません。

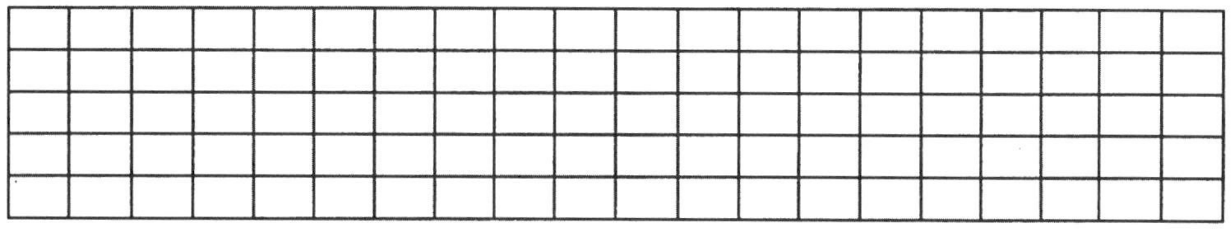

(1)　このクラスの計算テストの得点の中央値を求めなさい。

(2)　このクラスで，計算テストの得点がクラスの平均値より高い人の割合は，クラス全体の何%になるか求めなさい。

問５　右の図は，4けたの数を73でわったときの筆算の様子を表したものです。
㋐にあてはまる数字を求めなさい。

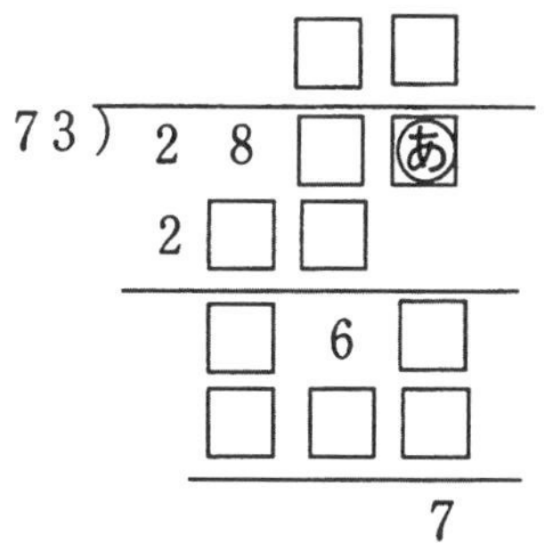

4　あるお店では，下のようにＡ～Ｆの６種類のお弁当を売っています。このお店では夕方にタイムセールをしていて，お弁当の定価の合計が1000円未満のときの代金は定価の合計の２割引きに，1000円以上のときの代金は定価の合計の４割引きになります。

お弁当 A	お弁当 B	お弁当 C	お弁当 D	お弁当 E	お弁当 F
定価260円	定価320円	定価420円	定価480円	定価540円	定価620円

ちょうどいまタイムセールをしているところです。このとき，次の問いに答えなさい。
ただし，消費税は考えないものとします。

問１　この６種類のお弁当の中から，種類の違《ちが》うお弁当をいくつか選んで，１つずつ買います。代金が720円になるようなお弁当の組み合わせを，（答え方の例）にならってすべて答えなさい。

（答え方の例）お弁当Ｐとお弁当Ｑを買うとき　（Ｐ，Ｑ）
お弁当Ｐとお弁当Ｑとお弁当Ｒを買うとき　（Ｐ，Ｑ，Ｒ）

問２　この６種類のお弁当の中から２種類のお弁当を選んで１つずつ買おうとしました。ところが，その２種類とは違うお弁当をもう１つ追加で買っても，代金が同じであることに気がつき，結局３種類のお弁当を１つずつ買うことにしました。
はじめに買おうとした２種類のお弁当と，追加で買うことにしたお弁当を，それぞれＡ～Ｆの記号で答えなさい。

5　右の図１は，点Ｏが中心で半径２cmの円を８等分するように円の上に点をとり，それぞれを直線で結んで正方形を２つかいたものです。
このとき，次の問いに答えなさい。
ただし，円周率は3.14とします。

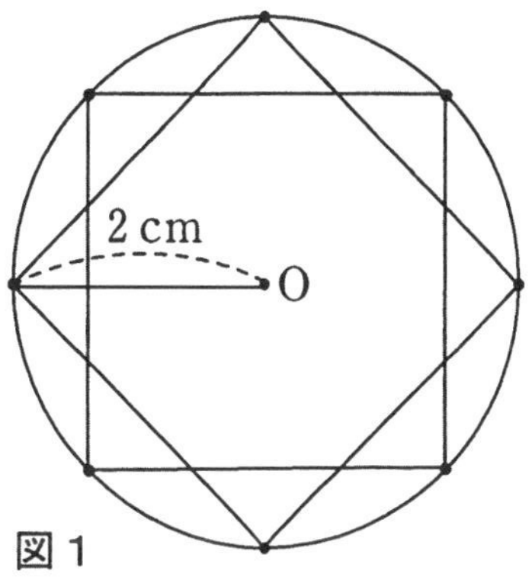

図１

問１　図２の角 ㋐ の大きさを求めなさい。

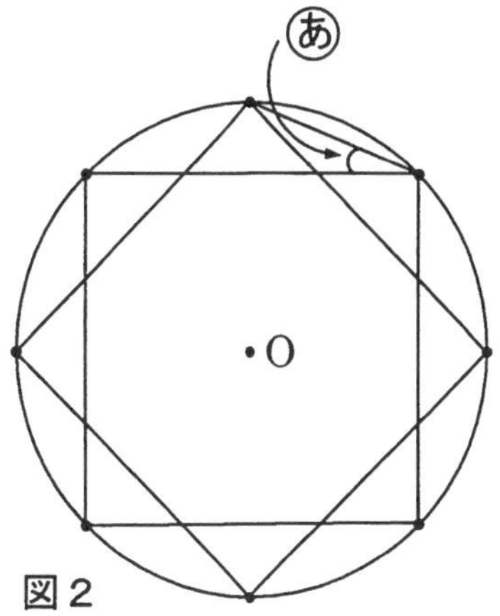

図２

問２　図３のをつけた部分の面積を求めなさい。

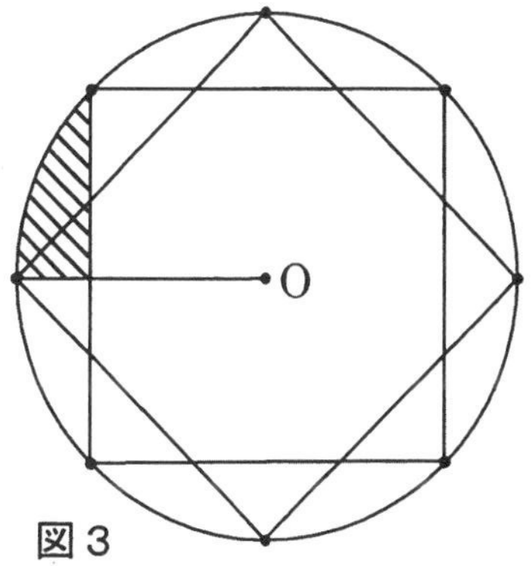

図３

問３　図４の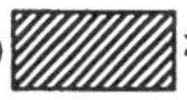をつけた部分の面積を求めなさい。

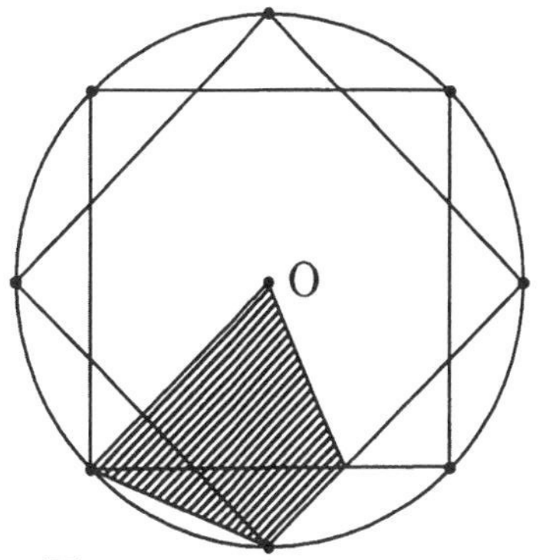

図４

2023（令和５）年度
中学校入学検査問題

理　科

（検査時間　社会とあわせて 45 分）

〈受検上の注意〉　答えは，すべて解答用紙に記入しなさい。

1

図１は，ある学校周辺の地図です。みどりさんとひろしさんの会話を読んで，あとの問いに答えなさい。

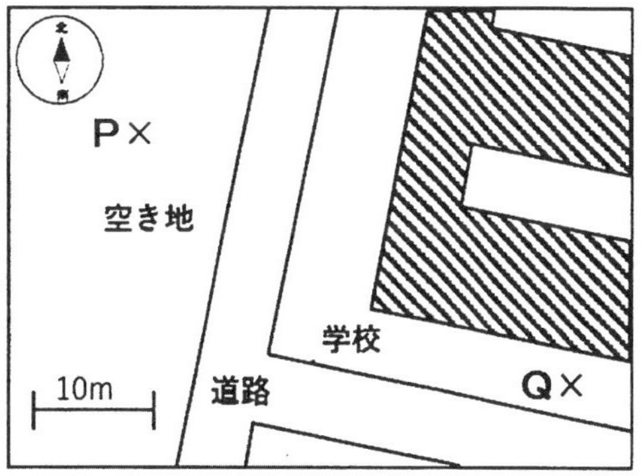

図１

みどり：学校の西側の空き地に，高いビルが建つそうだよ。「調査中」という看板があったけど，何をやっているのかな。

ひろし：この前の理科の授業で，建物を建てる前に，地下の様子を調査することがあると習ったね。①地面にパイプを深く打ちこんで土や岩石を掘《ほ》りとる調査によって得られた試料を観察したよ。その調査をやっているんじゃないかな。

みどり：なるほど，確かに何かを打ちこむ音が聞こえてきたよ。

ひろし：授業では，学校の校舎を建てるときに，この土地で掘りとった土や岩石の試料を観察したね。地表から深い所まで②砂の層が続いていて，途中《とちゅう》に③火山灰の層がはさまれていたね。④空き地の地下の様子はどうなっているのかな。

問１　下線部①の試料を何といいますか。

問２　下線部②について，砂の大きさに似ているものはどれですか。次のア～エから最も適切なものを１つ選び，記号で答えなさい。

ア　米つぶ くらい　　　イ　小麦粉 くらい　　　ウ　豆 くらい
エ　グラニュー糖 くらい

問３　下線部③について，次の（１），（２）に答えなさい。

（１）次のａ～ｅの文章は，火山灰を観察する方法を示したものです。文章中の（　　　）に当てはまることばを 10 字以内で入れなさい。

ａ　火山灰を皿にとる。
ｂ　水を加えて指でよくこする。
ｃ　水を捨てる。
ｄ　（　　　　　）まで，ｂとｃをくりかえす。
ｅ　残った火山灰をかわかしてから，ペトリ皿に移し，かいぼうけんび鏡で観察する。

（２）図２は火山灰と，海岸の砂をかいぼうけんび鏡で観察したときのスケッチです。火山灰のスケッチはア，イのどちらですか。記号で答えなさい。また，その記号を選んだ理由を解答らんに合うように 10 字以内で答えなさい。

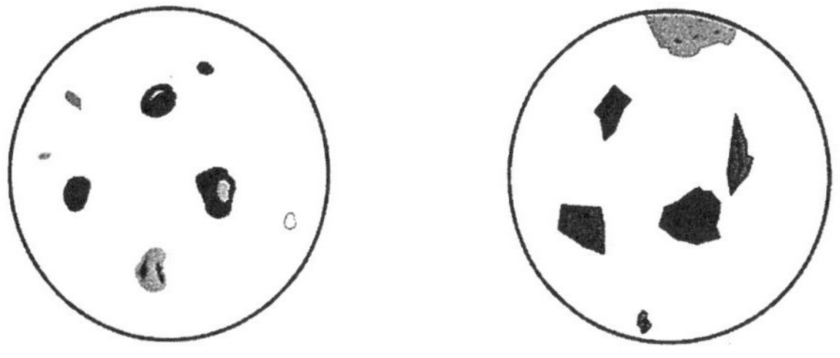

ア　　　イ

図２

問４　下線部④について，図３は学校の校舎を建てるときに図１の地点Ｑから掘りとった試料をもとに，地下の様子を表した図です。次のＡ～Ｃのうち，図１の地点Ｐの地下の様子を表した図として考えられるものはどれですか。あとのア～キから最も適切なものを１つ選び，記号で答えなさい。
　ただし，図１に示す土地の標高はどこも同じで，地下に断層はありません。

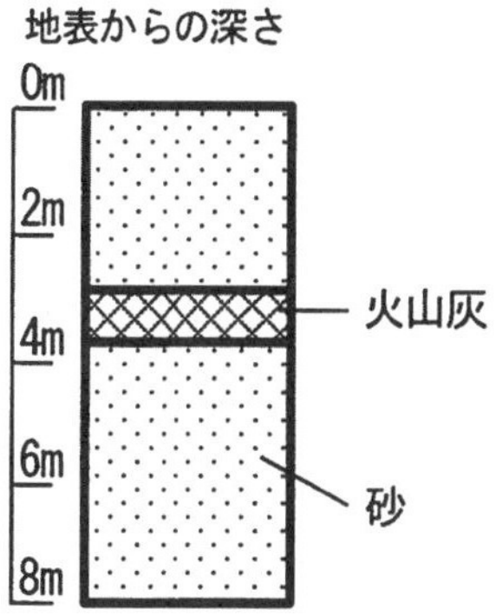

図３

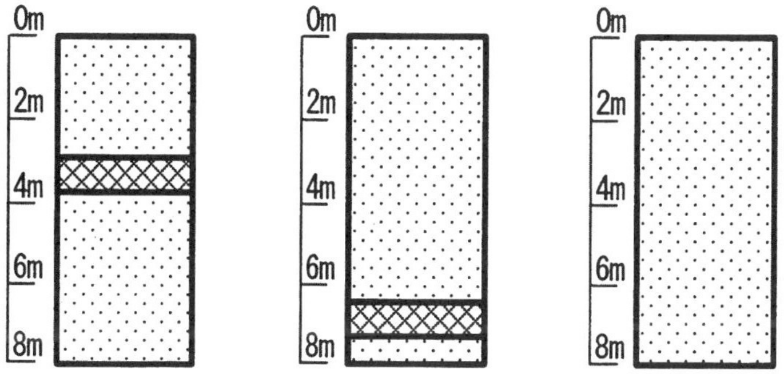

Ａ　　　Ｂ　　　Ｃ

ア　Ａのみ　　イ　Ｂのみ　　ウ　Ｃのみ　　エ　ＡとＢ
オ　ＡとＣ　　カ　ＢとＣ　　キ　ＡとＢとＣ

2　次の文章を読んで，あとの問いに答えなさい。

りか子さんは，夏休みのある日の午前中に勉強していたところ，のどがかわいたので冷蔵庫にあったペットボトルに入ったジュースを半分ほど飲みました。机の上にペットボトルを置いたままにしておいたところ，①ペットボトルの表面に水てきがついていました。再びジュースを飲みましたが，②冷たくなかったので，飲むのをやめてふたを閉めてから冷蔵庫に入れました。夕方になって冷蔵庫に入れたペットボトルを確認したところ，③ペットボトルがへこんでいました。

問1　下線部①について説明した次の文章の空らん（　あ　），（　い　）にそれぞれ当てはまることばを入れなさい。

ペットボトルの表面に水てきがついていたのは，空気中の（　あ　）がペットボトルの表面で冷やされて，気体から液体に水のすがたが変わったからです。このような空気中の（　あ　）が冷やされて，冷たいものの表面に液体の水がつくことを（　い　）といいます。

問2　下線部②について，りか子さんは冷たくない状態になるまでの温度の変化を調べました。飲み口付近まで水を入れたペットボトルを，冷蔵庫で数時間冷やしてから取り出し，**図1**のように2本の温度計をさしこみ，温度を記録しました。どのような結果になったと考えられますか。次の**ア**～**オ**から最も適切なものを1つ選び，記号で答えなさい。ただし，温度計Aの結果を太い線で，温度計Bの結果を細い線で表しています。

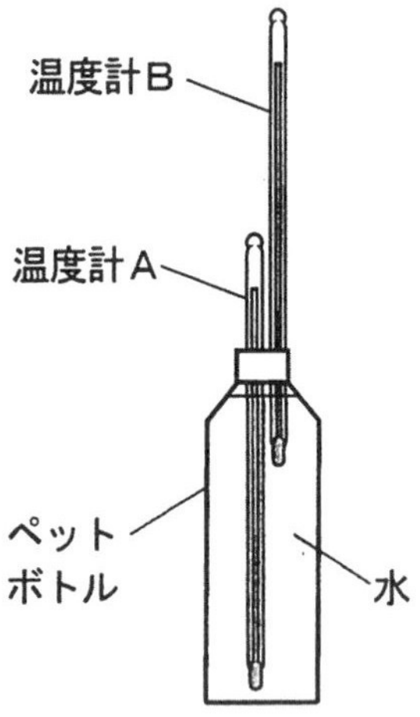

図1

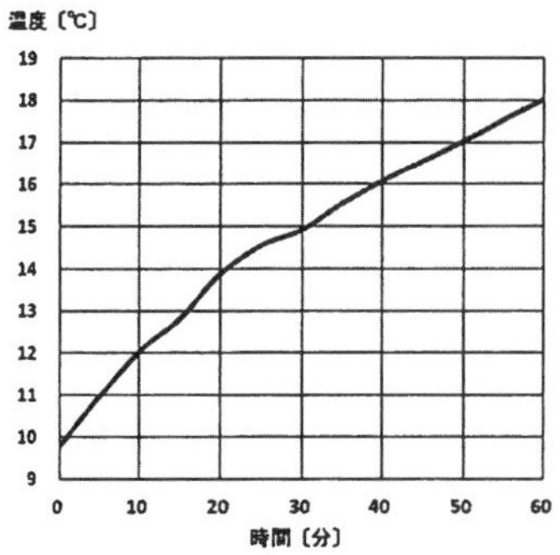

ア　AとBの変化はほぼ同じであった。

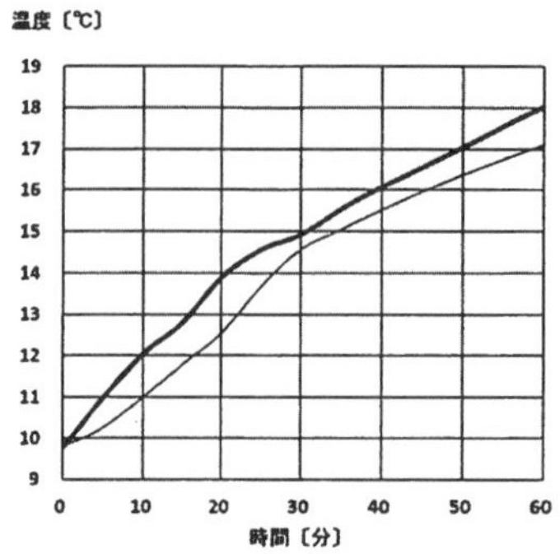

イ　Aの方が高いままで変化した。

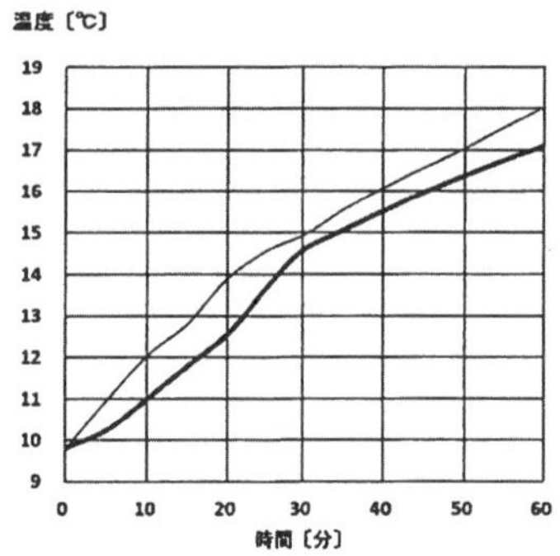

ウ　Bの方が高いままで変化した。

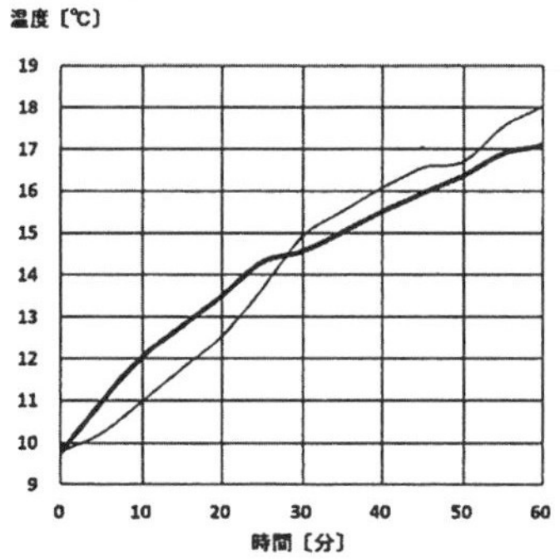

エ　はじめAの方が高かったが，途中でBの方が高くなった。

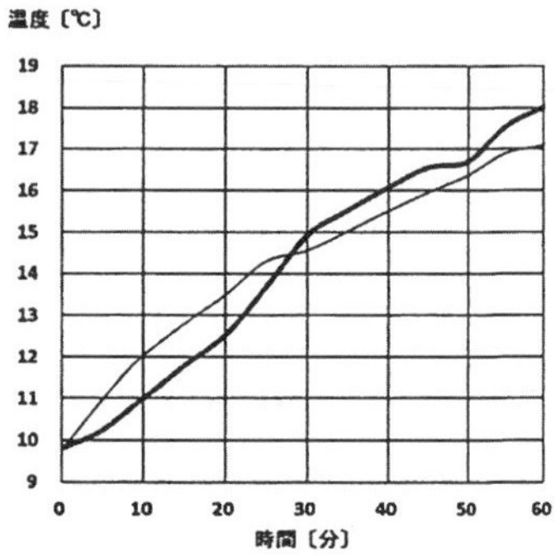

オ　はじめBの方が高かったが，途中でAの方が高くなった。

問3　下線部③について，りか子さんは同じペットボトルを4つ用意し，水の量を変えて冷蔵庫に入れ，数時間後にペットボトルを確認しました。4つのうち，最もペットボトルがへこんでいたものはどれですか。次の**ア**～**エ**から最も適切なものを1つ選び，記号で答えなさい。

ア　ペットボトルの飲み口付近まで水を入れて，ふたをしたもの。
イ　ペットボトルの3分の2程度まで水を入れて，ふたをしたもの。
ウ　ペットボトルの3分の1程度まで水を入れて，ふたをしたもの。
エ　ペットボトルに水は入れずに，ふたをしたもの。

問4　**図2**は，一般《いっぱん》にコンクリートや鋼鉄でつくられた橋で見ることができるつぎ目です。このつぎ目の役割について説明した次の文章の空らん（　う　），（　え　）にそれぞれ当てはまることばを入れなさい。

図2

橋をつくっているコンクリートや鋼鉄が，気温が高くなって（　う　）り，気温が低くなって（　え　）りしたとき，つぎ目の部分で調整している。

3　植物の発芽と成長に関する次の［Ⅰ］～［Ⅲ］の文章をそれぞれ読んで，あとの問いに答えなさい。

［Ⅰ］ある学級で，班にわかれて，植物が発芽するために必要な条件を，インゲンマメを使って調べました。**図1**に示すように，だっし綿を入れたプラスチックの容器を用意して，インゲンマメの種子を4つぶまきました。以下，これを「装置」とします。

　学級の話し合いで，「種子が発芽する条件として水が必要なのではないか」という意見が出たため，それぞれの班で，**表1**のように実験を計画しました。ただし，どの班の実験でも，最初にあたえた水の量が減らないように，そのつど水をあたえることにしました。

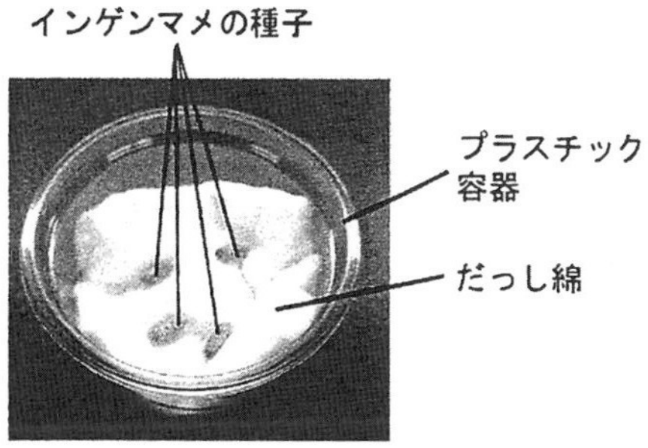

図1

表1

班	実験
1班	装置を2つ用意し，1つは①だっし綿全体がひたる程度に水をあたえる，もう1つは②水をあたえない。2つとも教室内の明るい場所におく。
2班	装置を2つ用意し，1つは①だっし綿全体がひたる程度に水をあたえる，もう1つは②種子がすべてしずむまで水をあたえる。2つとも教室内の明るい場所におく。
3班	装置を2つ用意し，1つは①種子がすべてしずむまで水をあたえる，もう1つは②水をあたえない。2つとも教室内の明るい場所におく。

実際に実験をはじめてから5日後のそれぞれの班の結果は，**表2**のようになりました。

表2

班	結果
1班	実験①の種子は発芽した。実験②の種子は発芽しなかった。
2班	実験①の種子は発芽した。実験②の種子は発芽しなかった。
3班	実験①と実験②の種子はどちらも発芽しなかった。

問1　**表1**について，「種子が発芽するために水が必要かどうか」を調べるために条件を整えて実験を計画できている班はどれですか。次の**ア**～**カ**から最も適切なものを1つ選び，記号で答えなさい。

ア　1班　　**イ**　2班　　**ウ**　3班　　**エ**　1班と2班
オ　2班と3班　　**カ**　1班と3班

問2　**表2**の結果から，学級では次のような意見が出ました。空らん（　**あ**　）～（　**う**　）にそれぞれ当てはまる班の番号を1～3の数字で答えなさい。

> （　**あ**　）班の実験①と実験②の結果を比べたり，（　**あ**　）班の実験①と（　**い**　）班の実験①の結果，（　**い**　）班の実験①と（　**う**　）班の実験①の結果，（　**う**　）班の実験①と（　**あ**　）班の実験②の結果をそれぞれ比べたりすると，種子が発芽する条件として，水のほかに空気が必要なのではないかと考えます。

［Ⅱ］［Ⅰ］の実験のあと，1班の話し合いでは，お店で買ったときにインゲンマメの種子が入っていたふくろに，まく時期や収かくする時期について，**図2**のように書かれていることが話題になりました。**図2**のa～cには「寒地《かんち》・寒冷地《かんれいち》」，「温暖地《おんだんち》」，「暖地《だんち》」のいずれかが書かれています。このことから，1班では「種子が発芽する条件として，水と空気のほかに適切な温度が必要なのではないか」と予想を立てました。そこで，1班は，**表3**のように実験を行いました。ただし，**表1**の実験と同じように，最初にあたえた水の量が減らないように，そのつど水をあたえました。

　5日後の結果は，**表3**のようになりました。

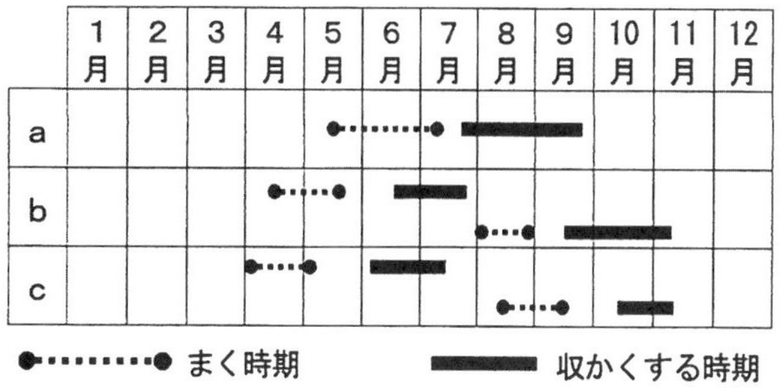

図2

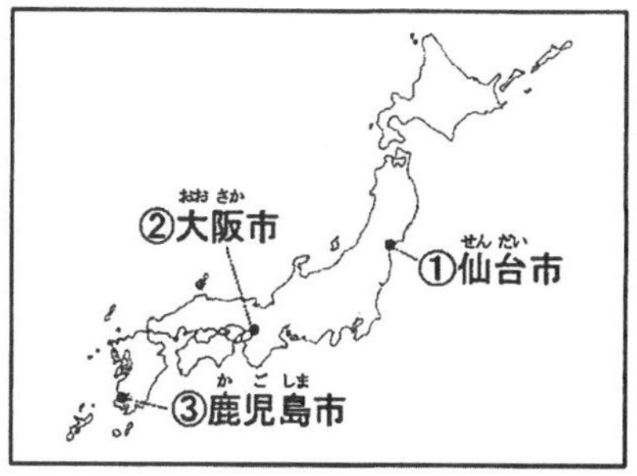

図3

表3

実験	結果
装置を2つ用意し，それぞれだっし綿全体がひたる程度に水をあたえた。1つは①教室のベランダのよく日光が当たる場所におき，もう1つは②冷蔵庫の中に入れた。	実験①の種子は発芽した。実験②の種子は発芽しなかった。

問3　**図3**の①～③の都市でそれぞれインゲンマメを育てようとするとき，**図2**のa～cのどれを参考にすればよいですか。次の**ア**～**カ**から最も適切なものを1つ選び，記号で答えなさい。

ア　①－a，②－b，③－c　　**イ**　①－a，②－c，③－b
ウ　①－b，②－a，③－c　　**エ**　①－b，②－c，③－a
オ　①－c，②－a，③－b　　**カ**　①－c，②－b，③－a

問4　**表3**の実験を行ったあと，先生から実験について下の2つのことを指摘《してき》されました。そこで，**表3**の実験①は**図4**のような「温度が25℃に保たれている保温庫」に入れて，もう一度実験を行いました。空らん（　**え**　），（　**お**　）にそれぞれ当てはまることばを入れなさい。

> 先生が指摘したこと：
> ・（　**え**　）を一定にする条件について，実験②では変わらないのに，実験①では変わってしまっているのではないか。
> ・（　**お**　）の条件が，実験①と実験②でそろっていないのではないか。

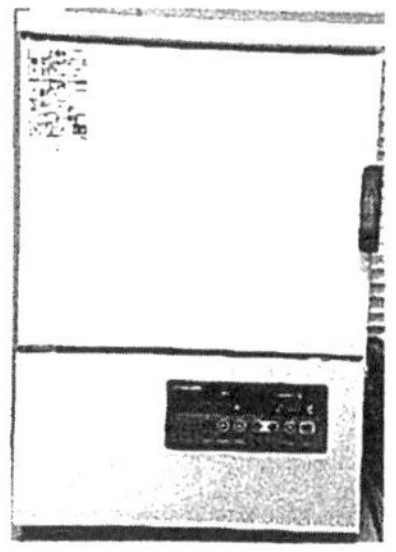
図4

［Ⅲ］1 班は，発芽したインゲンマメを，**図5**のように肥料をふくまない土の入った別の容器に移しかえました。以下，これを「苗《なえ》」とします。苗を4つ用意し，それぞれ**苗1**～**苗4**としました。4つの苗を，**図6**の①～④の場所にそれぞれ1つずつおいて14日間，苗の成長の様子を観察しました。なお，どの苗にも毎日水をあたえ，肥料は水でうすめたものを2日おきにあたえました。

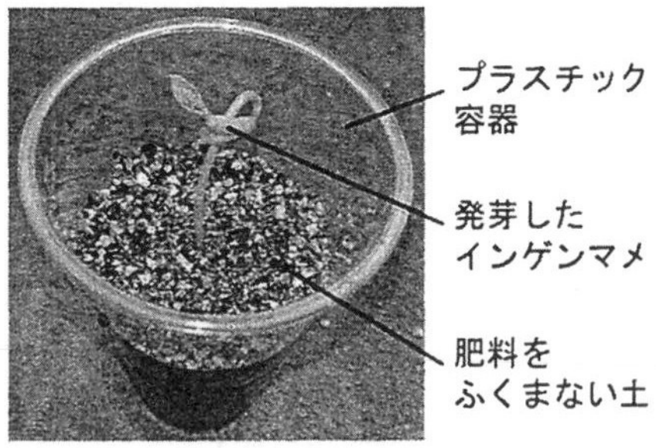

図5

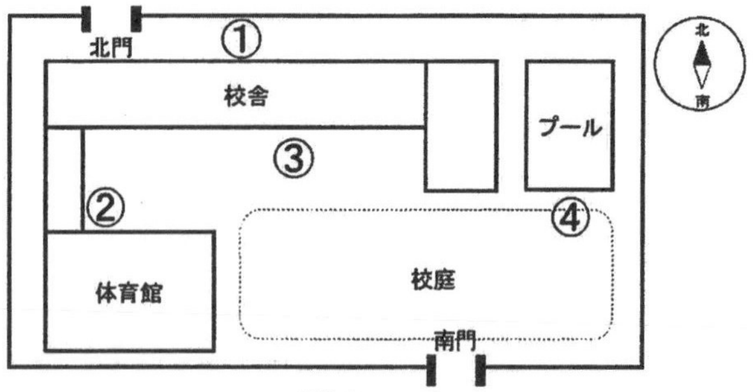

図6

14日後，4つの苗のうち，**苗1**と**苗2**は**図7**のようによく成長し，葉やくきが緑色になっていましたが，**苗3**と**苗4**は**図8**のようにあまり成長せず，葉が黄色くなっていました。

図7

図8

問5　**図6**の①～④のうち，**苗3**や**苗4**がおかれていた場所はどこだと考えられますか。2つ選び，記号で答えなさい。また，なぜ，その場所ではあまり成長しなかったのですか。理由を解答らんに合うように20字以内で答えなさい。

問6　**苗5**と**苗6**を別に用意して，肥料をあたえずに**苗1**および**苗2**と同じ場所においた場合，14日後には，どうなっていますか。次の**ア**～**エ**から最も適切なものを1つ選び，記号で答えなさい。

ア　発芽したままの状態で成長せず，葉も見られない。
イ　**苗3**と**苗4**のようにあまり成長せず，葉が黄色くなっている。
ウ　葉やくきが緑色になっているが，**苗1**と**苗2**に比べると成長していない。
エ　葉やくきが緑色で，**苗1**と**苗2**と同じ程度によく成長している。

4　みどりさんとひろしさんは，電流のはたらきについて調べることにしました。あとの問いに答えなさい。

はじめに，**図1**のようなソケットにとりつけていない豆電球1個と，かん電池1個，導線2本を使って豆電球の明かりをつけることにしました。

図1

問1　豆電球の明かりをつけるには，豆電球とかん電池を導線でどのようにつなげばよいですか。解答らんの図に，導線をかきなさい。

次に，プロペラをつけたモーターを**図2**のようにかん電池につなぎ，モーターの回る向きや，回る速さをたしかめました。その後，2人はかん電池を2個に増やし，**図3**の**ア**～**オ**のつなぎ方で，モーターの回る向きや，回る速さを比べることにしました。実験に使ったかん電池はすべて同じものです。

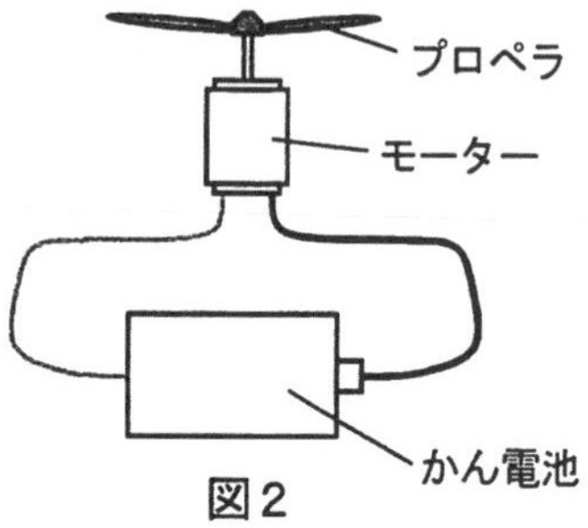

図2

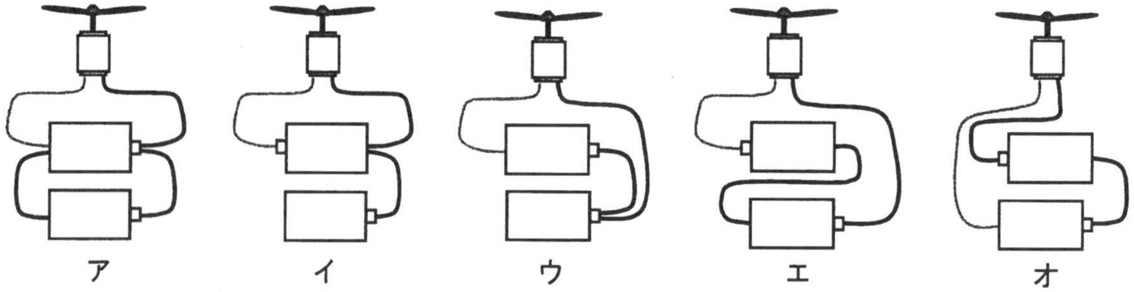

図3

問2　**図3**の**ア**～**オ**のうち，モーターの回る向きが**図2**のときと同じになるものをすべて選び，記号で答えなさい。

問3　**図3**の**ア**～**オ**のうち，モーターの回る速さが**図2**のときよりも速くなるものを1つ選び，記号で答えなさい。

次に，長さ6ｍのエナメル線，ストロー，鉄心を使って，電磁石をつくり，その強さを調べることにしました。次の文章は2人が電磁石をつくっているときの会話です。

ひろし：電磁石にクリップを近づけて，つり下げることのできるクリップの数で電磁石の強さを比べてみよう。
電磁石は巻き数が多いほど，強いと思うよ。

みどり：そうだね。100回巻きと200回巻きの電磁石をつくって，強さを比べよう。

みどり：じゃあ，まず，コイルをつくろう。

ひろし：ストローに鉄心を入れて，エナメル線を巻こう。エナメル線の長さはどうしたらよいかな。

みどり：100回巻きと200回巻きだから，2ｍと4ｍに分けたらいいんじゃないかな。

ひろし：そうだね。それから回路がとぎれないように，エナメル線の両はしを（　あ　）。

みどり：コイルが2つできたね。はじめに100回巻きのものから，電池につないでみるね。
コイルに流れる電流も調べたいから，電流計もつなごう。

ひろし：そうしよう。

問4　会話の空らん（　あ　）に，回路に電流が流れるようにするためのくふうとして当てはまることばを入れなさい。

問5　会話の下線部について，**図4**に示した電流計の−《マイナス》たんしａと＋《プラス》たんしｂ，エナメル線のはしｃ，導線のはしｄ，電池の−極ｅ，＋極ｆをどのようにつなげばよいですか。次の**ア**～**カ**から正しいものをすべて選び，記号で答えなさい。

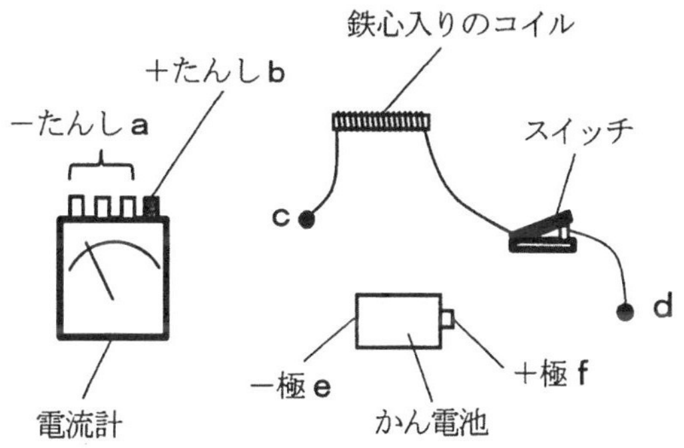

図4

ア　ａとｃ，ｂとｄ，ｃとｅ，ｄとｆ
イ　ａとｄ，ｂとｃ，ｃとｆ，ｄとｅ
ウ　ａとｃ，ｂとｅ，ｄとｆ
エ　ａとｃ，ｂとｆ，ｄとｅ
オ　ａとｅ，ｂとｃ，ｄとｆ
カ　ａとｆ，ｂとｃ，ｄとｅ

問6　2人は調べた結果を**表1**にまとめました。
2人は**表1**を見て，巻き数のちがいによる電磁石の強さが正しく比べられていないことに気づきました。次の（1），（2）に答えなさい。

表1

巻き数（回）	100	200
電流（A）	1.1	0.8
クリップの数（個）	3	8

（1）正しく比べられていない理由は何ですか。解答らんに合うように10字以内で答えなさい。

（2）正しく比べるために，電磁石のつくり方の何をどのようにすればよかったですか。15字以内で答えなさい。

問7　最後に電磁石が使われている道具について調べました。2人が使ったモーターには**図5**のように磁石と電磁石が使われていることを知りました。2人が調べたように，モーターにつなぐかん電池の個数やつなぎ方を変えると，モーターの回る速さが変化するのはなぜですか。下の文章の空らん（　い　）～（　え　）にそれぞれ当てはまることばを入れなさい。

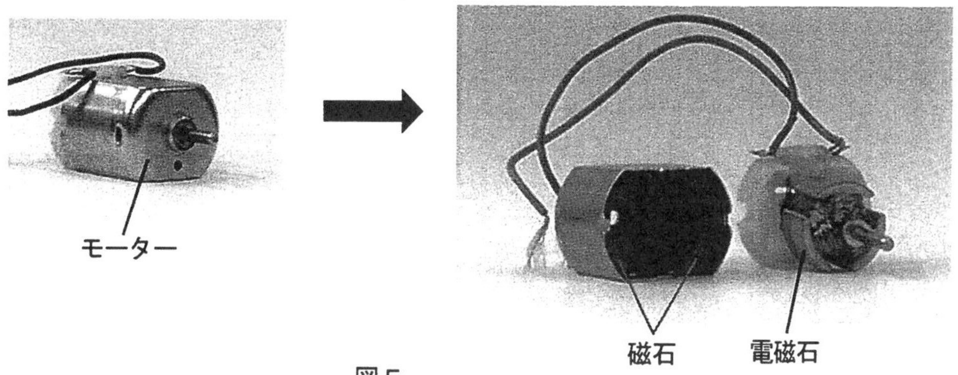

図5

モーターにつなぐかん電池の個数やつなぎ方を変えると，（　い　）の大きさが変化する。すると（　う　）の強さも変化し，（　う　）と（　え　）が引き付け合う力やしりぞけ合う力が，大きくなったり小さくなったりする。このことにより，モーターの回る速さが変化する。

2023（令和５）年度
中学校入学検査問題

社　会

（検査時間　理科とあわせて 45 分）

〈受検上の注意〉答えは，すべて解答用紙に記入しなさい。

1　次の文章は，広島《ひろしま》市に住む中学生が書いた日記です。日記を読み，あとの問いに答えなさい。

8 月 11 日　広島港から愛媛《えひめ》県に船で渡《わた》り，自動車で高知《こうち》県にある祖父母の住む村に行った。
8 月 12 日　高知県は（　1　）が上陸することが多く，大雨やこう水に注意が必要だそうだ。ひなん所を確認するため，地図を見ながら近くの①小学校に行った。
8 月 13 日　神社で夏祭りがあった。村には若い人が少なくなり，準備や片づけが大変になってきたそうだ。65歳《さい》以上の人の割合が大きくなる（　2　）化の例だと思った。
8 月 14 日　近くの川で釣《つ》りをしたあと，さおを倉庫に片づけるときに，**写真 1** のようなめずらしい道具を見つけた。これは昔（　3　）に使っていたものだそうだ。
8 月 15 日　帰りは自動車で徳島《とくしま》県と香川《かがわ》県にも寄ったので，②四国《しこく》地方の 4 つの県をすべてまわることができた。

写真 1

問 1　**下線部①**について，小学校を地図記号で表しなさい。

問 2　**下線部②**について，四国地方の県について説明した文のうち，**誤っているもの**を次の**ア～エ**から 1 つ選び，記号で答えなさい。

ア　高知県ではナスの生産がさかんである。　**イ**　徳島県にはわかめの養殖《ようしょく》場がある。
ウ　香川県には瀬戸大橋《せとおおはし》の出入り口がある。　**エ**　愛媛県には活火山が多くある。

問 3　日記の文中の（　1　）～（　3　）に入る適当な語を答えなさい。

問 4　次の**表 1** は四国地方の県庁所在地の 1 月と 7 月の降水量を示しています。高知県の県庁所在地の降水量を次の**ア～エ**から 1 つ選び，記号で答えなさい。

表 1　四国地方の県庁所在地の降水量

	ア	イ	ウ	エ
1 月	38.9 mm	38.2 mm	51.9 mm	58.6 mm
7 月	148.8 mm	144.1 mm	191.6 mm	328.3 mm

（気象庁《きしょうちょう》資料より作成。1981 年～2010 年の平均値《へいきんち》。）

2　次の問いに答えなさい。

問 1　地域にはさまざまな消防設備があります。道路の路面や学校の校舎などにあり，ホースを使って水道水で消火活動を行うための消防設備の名前を答えなさい。

問 2　写真には社会のようすを伝える力があります。写真集『日本の子ども 60 年』にはマスクをして通学する子どもたちを撮影《さつえい》した写真があります。その写真は，1965 年ごろに三重《みえ》県四日市《よっかいち》市で起きた社会問題のようすを伝えています。当時の社会問題についてさらにインターネットで調べると，四日市市のウェブサイトで解決のための取り組みが紹介《しょうかい》されていました。その取り組みを次の**ア～エ**から 1 つ選び，記号で答えなさい。

ア　工場の煙突《えんとつ》を高くする　　**イ**　新たな空港を建設する
ウ　森林のスギを伐採《ばっさい》する　　**エ**　学校で予防接種を行う

問 3　地球環境《ちきゅうかんきょう》にやさしい自動車の開発が進んでいます。そのうち，電気で動くモーターとガソリンで動くエンジンという 2 つの動力を効率よく使いわける自動車を何と呼びますか，5 字以上で答えなさい。

問 4　コンビニエンスストアでは，商品をならべている棚《たな》に**図 1** のような表示を見かけることがあります。このような表示をする目的について，「食品」という語を必ず使って10 字以上 15 字以内で答えなさい。

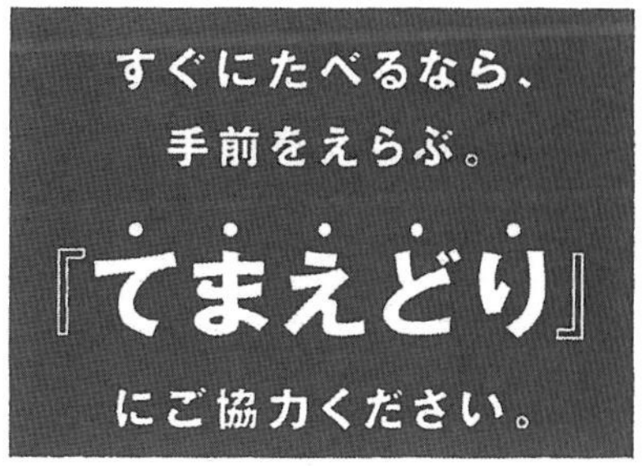
すぐにたべるなら、
手前をえらぶ。
『てまえどり』
にご協力ください。

図 1

3 日本の人々の信仰《しんこう》の歴史について，**資料１～３**を読み，あとの問いに答えなさい。

資料１

①縄文《じょうもん》時代の人々は自然などを信仰の対象とし，豊かな恵《めぐ》みを願う風習もあったと考えられています。そして，弥生《やよい》時代にもそのような風習が用いられており，邪馬台国《やまたいこく》の女王（　１　）は占《うらな》いによって政治を行っていたと言われています。日本に仏教《ぶっきょう》が伝わったのち，聖徳太子《しょうとくたいし》や蘇我《そが》氏は国づくりのよりどころとして仏教を重んじました。その後，仏教の教えは遣唐使《けんとうし》を通じても伝えられました。②平安《へいあん》時代の半ばころになると遣唐使が停止されましたが，その後も中国《ちゅうごく》から貿易船が九州《きゅうしゅう》にやって来るなどの交流が行われました。

問１　**資料１**の（　１　）に入る人物の名前を答えなさい。

問２　**下線部①**について，縄文時代の遺跡《いせき》から出土したものとして正しいものを次の**ア～エ**から１つ選び，記号で答えなさい。

問３　**下線部②**について，この時期の文化について述べた文として正しいものを次の**ア～エ**から１つ選び，記号で答えなさい。

ア　和歌を集めた『万葉集《まんようしゅう》』がつくられた。
イ　本居宣長《もとおりのりなが》は，仏教などが伝わる以前の日本人の考え方を研究した。
ウ　随筆《ずいひつ》として『枕草子《まくらのそうし》』が書かれた。
エ　観阿弥《かんあみ》・世阿弥《ぜあみ》によって能が大成された。

資料２

鎌倉《かまくら》時代には③元《げん》の襲来《しゅうらい》が起きたことで中国との関係が悪化《あっか》しました。一方で，中国の僧侶《そうりょ》から（　２　）などが伝えられたように中国とは文化面での交流もありました。室町《むろまち》時代に雪舟《せっしゅう》らによって（　２　）が多く描《えが》かれたのは，こうしたことが背景となっていました。室町《むろまち》時代の武士たちに好まれた仏教の教えは建築にも影響《えいきょう》を与《あた》えており，将軍（　３　）のつくった銀閣《ぎんかく》はその一つの例と言えます。

問４　**資料２**の（　２　）・（　３　）に入る適当な語を答えなさい。

問５　**下線部③**について，元との戦いに勝ったものの，幕府《ばくふ》は御家人《ごけにん》たちに十分なほうびを与えることができず御家人たちの不満が高まりました。幕府が十分なほうびを御家人に与えることができなかった理由を，解答らんの書き出しに続けて25字以内で説明しなさい。

資料３

応仁《おうにん》の乱ののち，全国各地で戦乱が続く戦国時代になると，一向宗《いっこうしゅう》などの宗教勢力も武力で戦国大名《せんごくだいみょう》に対抗《たいこう》しました。一方で，ザビエルがキリスト教を鹿児島《かごしま》に伝えたことでキリスト教の信者が増え，④ヨーロッパの国々との貿易も始まりました。江戸《えど》幕府が成立したころ，幕府は貿易の利益《りえき》を考えキリスト教の信仰を許可していましたが，のちに禁止しました。さらに幕府は，大名たちが外国と自由に貿易をすることも禁止する，いわゆる「鎖国《さこく》」を行いました。しかし，⑤幕府による貿易は行われ，日本の陶磁器《とうじき》などが輸出されていました。それらはヨーロッパの文化にも影響を与えました。

問６　**下線部④**について，このころにヨーロッパから輸入された武器によって，戦《いくさ》の戦法が大きく変化しました。この武器が日本に初めて伝えられた場所を，**図１**の**ア～エ**から１つ選び，記号で答えなさい。

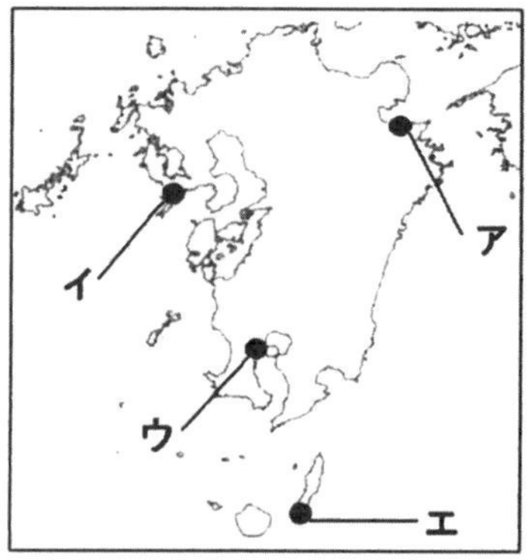

図１

問７　**下線部⑤**について，**写真１**は日本でつくられた陶磁器，**写真２**はそれに似せてドイツでつくられた陶磁器です。「鎖国」が行われているなか，**写真１**の陶磁器は日本からヨーロッパの国に輸出されたあと，ドイツに伝わりました。その国の名前を答えなさい。

写真１　17世紀半ばに日本で生産

写真２　18世紀前半にドイツで生産

4 2025年には「大阪《おおさか》・関西万博《かんさいばんぱく》」が開催《かいさい》されます。翔吾《しょうご》さんの学校では，万国博覧会《ばんこくはくらんかい》について調べ，まとめるという宿題が出ました。次の年表は，翔吾さんがまとめた万国博覧会の年表の一部です。これを見て，あとの問いに答えなさい。

A 1851年　最初の万国博覧会である「ロンドン万博」が開催された。
B 1867年　「パリ万博（第2回）」で，①日本が初めて国際博覧会に出展した。
C 1876年　②アメリカ独立100周年を記念し，「フィラデルフィア万博」が開催された。
D 1889年　「パリ万博（第4回）」の開催にあわせ，パリでエッフェル塔《とう》が完成した。
E 1900年　「パリ万博（第5回）」の開催にあわせ，パリで③地下鉄が開通した。
F 1915年　パナマ運河《うんが》開通を記念して，「④サンフランシスコ万博」が開催された。
G 1928年　国際博覧会条約が結ばれた。
H 1937年　「パリ万博（第6回）」に⑤ピカソの『ゲルニカ』が出展された。
I 1958年　⑥第二次世界大戦《だいにじせかいたいせん》後ではヨーロッパ初の「ブリュッセル万博」が開催された。
J 1970年　大阪府でアジア初の「大阪万博」が開催された。
K 1985年　現在の茨城《いばらき》県つくば市で「つくば科学万博」が開催された。
L 1992年　⑦コロンブス新大陸到達《とうたつ》500周年を記念し，「セビリア万博」が開催された。
M 2005年　愛知《あいち》県で「愛《あい》・地球博《ちきゅうはく》」が開催された。

問1　下線部①に関連して，この博覧会には江戸幕府も出展していました。この博覧会が行われた年に江戸幕府の将軍であった人物の名前を答えなさい。

問2　下線部②に関連して，アメリカ独立のころに活躍《かつやく》していた人物を次のア～エから1つ選び，記号で答えなさい。

ア　杉田玄白《すぎたげんぱく》　イ　天草四郎《あまくさしろう》　ウ　津田梅子《つだうめこ》　エ　今川義元《いまがわよしもと》

問3　下線部③に関連して，日本で地下鉄が開通したのは1927年です。そのころ，日本人の生活のなかに見られたものとして最も適当なものを次のア～エから選び，記号で答えなさい。

ア　デパート　イ　白黒テレビ　ウ　電気冷蔵庫　エ　クーラー

問4　下線部④に関連して，のちに日本はこの都市で，アメリカ・イギリスなど48か国と平和条約を結びました。この条約と同じ日に結ばれた別の条約では，どのようなことが決まりましたか。10字以上20字以内で答えなさい。

問5　下線部⑤に関連して，この作品は，ある国による爆撃《ばくげき》に抗議《こうぎ》して描かれた絵画です。その国は，イギリスやフランスを相手に第二次世界大戦を始めた国です。その国の名前を答えなさい。

問6　下線部⑥に関連して，次のア～エの文は，第二次世界大戦中のできごとです。これらのできごとを起こった順に正しくならべかえなさい。

ア　日本がミッドウェー海戦で敗北《はいぼく》した。
イ　ソ連軍が満州《まんしゅう》や樺太《からふと》南部を攻撃《こうげき》した。
ウ　日本がハワイの真珠湾《しんじゅわん》を攻撃した。
エ　日本で学童疎開《がくどうそかい》が始まった。

問7　下線部⑦に関連して，当時の日本は何時代だったでしょうか。時代の名前を答えなさい。

問8　次の（1）～（4）のできごとを年表に書き加える場合，A～Mのどのあとに書き加えることが適当ですか。それぞれ1つ選び，A～Mの記号で答えなさい。

（1）　日本が国際連盟《こくさいれんめい》から脱退《だったい》した。
（2）　関東大震災《かんとうだいしんさい》が起こった。
（3）　地球温暖化防止京都会議《ちきゅうおんだんかぼうしきょうとかいぎ》が開かれた。
（4）　日本で初めて高速道路が開通した。

5 次郎《じろう》さんは両親と買い物に行きました。次の会話を読み，あとの問いに答えなさい。ただし，この会話は2022年に行われたものとします。

父　最近は色々な商品が値上がりして大変だね。
母　パパはあまり買い物に来ていないからそう思うのよ，スーパーマーケットの商品でも（ 1 ）の値上がりに比べると（ 2 ）の値段は昨年とあまり変わっていないわよ。
次郎　でも（ 2 ）は猛暑《もうしょ》や大雨のときには影響を受けて値段が変わりやすいよね。
父　よく知っているね，学校で習ったの？
次郎　そうだよ。今年の（ 1 ）の値上がりの場合は，多くは①戦争などによって輸入原料の値段が上がっているからだっていうことも習ったよ。
母　でも（ 2 ）を作る農家では，肥料や（ 3 ）も使っているはずよ。
父　そうだね，日本は（ 3 ）の多くを輸入にたよっているからね。
次郎　私たちは安い方がいいけど，生産者やお店の人は大変だね。
父　②お店の人はお客さんの願いにこたえるために，さまざまな工夫《くふう》をしているんだよ。

問1　文中の（ 1 ）～（ 3 ）に入る語として，最も適当なものを次のア～オから1つずつ選び，記号で答えなさい。

ア　燃料　イ　自動車　ウ　加工食品　エ　野菜　オ　電気

問2　下線部①に関連して，2022年2月24日に始まり，世界の経済にも大きな影響を与えた戦争はどこの国とどこの国によるものでしょうか，2つの国の名前を答えなさい。

問3　下線部②について，お店の人は買い物に来るお客さんの願いにこたえるために，どのような工夫をしているでしょうか，「商品」という語を必ず使って，「商品の値段を安くする」以外の工夫を2つ答えなさい。

6 花子《はなこ》さんと太郎《たろう》さんは，宿題で国や地方公共団体が政策を計画し実施《じっし》する流れについて調べています。太郎さんは聞き取りにもとづき**資料１**の年表を作成し，**資料２**をふくめたさまざまな新聞記事を集めました。２人の会話を読み，あとの問いに答えなさい。

太郎　もう宿題はやった？私は町内で子ども食堂を運営している田中《たなか》さんに話を聞いてきたよ。支援《しえん》するための団体をつくってもう 20 年くらいになるんだって。

花子　子ども食堂って何？

太郎　生活が苦しかったり，親が忙《いそが》しかったりして，家で十分にご飯を食べることができない家庭に対して，主に子どもたちのために食事を提供しているんだよ。

花子　子どもの貧困《ひんこん》は，社会問題としてよく聞くようになったね。

太郎　うん，でも田中さんは，最近はいろんなことが改善されはじめたって言っていたよ。

花子　え？この新聞記事では貧困率が高くなってきたと書いてあるんじゃないの？

太郎　①記事はしっかり読まなくちゃ。改善はされてきているけれど，まだ足りないという話だよね。政府にはこれまで以上に②予算をかけてしっかり対策を進めてほしいね。

花子　本当だ，グラフをよく見ると貧困率が 2012 年以降に下がってきているね。国や地方公共団体が，何か具体的な取り組みをしたのかな。

太郎　2013 年に「子どもの貧困対策法」ができたことと関係がありそう。2008 年に出版された本のなかで，日本の③社会保障制度には子ども向けの福祉《ふくし》が足りない，という指摘《してき》があって，それが国民に広く知られるようになったんだ。その後，2013 年に政党の枠《わく》を超えて国会議員によって④法案が提出されたんだよ。

花子　さまざまな専門家の研究の成果があったのかな。

太郎　一般《いっぱん》の人は，なんとなく「こうだ」と思い込《こ》んでしまっていることがあるからね。

花子　そういえば私も，おばあちゃんから「自分たちが若かった 80 年代後半は，日本はだれもが中くらいの生活をしていると思っていて，『一億総中流《いちおくそうちゅうりゅう》』という言葉があった」と聞いたことがある。だけど，このグラフで全体の貧困率に注目すると（　　1　　）。

太郎　田中さんは，当時から専門家は「一億総中流ではない」と指摘していたと言っていたよ。でも多くの人が信じるようになったんだって。だから，報道されたときだけではなく，普段《ふだん》から関心を持ってほしいって言っていたよ。

問１　**下線部①**に関わって，一般に情報を手に入れるとき注意しておきたいことがらとして**誤っているもの**を次の**ア～エ**から１つ選び，記号で答えなさい。

ア　同じできごとでも，新聞社や放送局によって伝える内容が違《ちが》うことがある。

イ　事実と違う報道で悪者にされても，疑いが晴れれば生活に不利益を受けることはない。

ウ　ＳＮＳ《エスエヌエス》には，でたらめなうわさも投稿《とうこう》されていて人々を混乱させることがある。

エ　新聞社や放送局の報道は，インターネットのアクセス数を参考にすることがある。

資料１　太郎さんが作成した年表

年	できごと
2008 年	さまざまな専門家によって子ども向けの福祉が足りないことを指摘した本が出版され，問題が国民の間で広く知られるようになる。
2013 年	国会で「子どもの貧困対策法」が全会一致《いっち》で成立し，子どもの貧困や子ども食堂についての報道が増え，子ども食堂に取り組む人が増えはじめる。
2022 年	「こども家庭庁設置法」，「こども基本法」が成立する。

資料２　太郎さんが集めた新聞記事

子どもの７人に１人が貧困状態　18 年調査で高い水準に

2018 年の子どもの*相対的貧困率《そうたいてきひんこんりつ》が 13.5％だったことが 17 日，［　A　］が３年ごとに発表する国民生活基礎調査《きそちょうさ》でわかった。前回 15 年調査から 0.4 ポイント改善したが，依然《いぜん》として子どもの約７人に１人が貧困状態にあり，国際的に高い水準だ。子どもの貧困率は 03 年の 13.7％から上昇傾向《じょうしょうけいこう》が続き，12 年は過去最悪の 16.3％だった。15 年に続き２回連続の改善となるが，主に先進国でつくる経済協力開発機構《けいざいきょうりょくかいはつきこう》（OECD）の平均 12.8％（17 年）を上回り，主要７カ国（G7）でも貧困率の低い順から５番目だ。

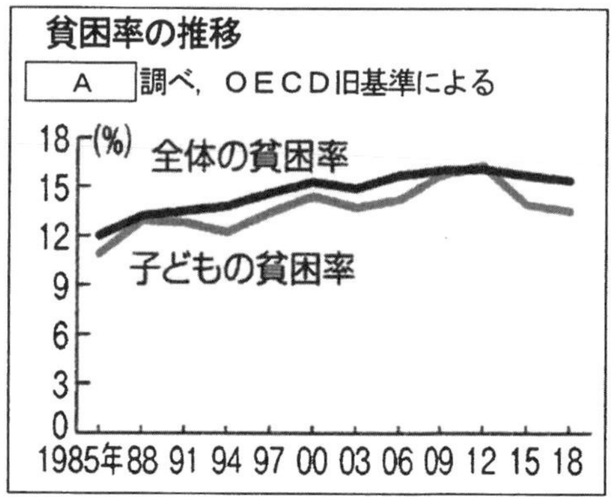

（朝日新聞デジタル 2020 年７月 17 日より抜粋《ばっすい》し一部に手を加えた）

＊相対的貧困率とは，世帯の所得などをもとに子どもをふくめた一人一人の所得を仮に計算し，順番にならべた時，真ん中の人の額の半分に満たない人の割合のこと。

問２　**下線部②**について，日本において国の予算を最終的に決定する位置づけにあるものを次の**ア～エ**から１つ選び，記号で答えなさい。

ア　内閣　　**イ**　財務省　　**ウ**　国会　　**エ**　天皇

問３　**下線部③**について，**資料２**の［　A　］には主な仕事として社会保障を担当している省の名前が入る。その省の名前を答えなさい。

問４　**下線部④**について，日本において国会議員以外で国会に法案を提出できる位置づけにあるものを次の**ア～エ**から１つ選び，記号で答えなさい。

ア　天皇　　**イ**　国民　　**ウ**　内閣　　**エ**　裁判所

問５　会話文中の（　1　）に入る言葉として，最も適当なものを次の**ア～エ**から選び，記号で答えなさい。

ア　80 年代後半は 10％以下と低くて，「一億総中流」だったわけではなさそうね。

イ　80 年代後半は 10％以下と低くて，「一億総中流」だったと言えそうね。

ウ　80 年代後半も 10％以上あって，「一億総中流」だったわけではなさそうね。

エ　80 年代後半も 10％以上あって，「一億総中流」だったと言えそうね。

中 国語解答用紙

二〇二三（令和五）年度

※印のところには、何も書いてはいけません。

受検番号

一

問1 （a） （b） （c） （d）

問2

問3 B C D

問4

問5

問6

問7 X Y

問8

※ ※ ※

二

問1 A B C D

問2 X Y

問3 半 半

問4

問5

問6

問7 晴天や風車の羽根がのんびり回っている風景が、

に幸いしている。

問8

※ ※ ※

※ ※100点満点（配点非公表）

中 # 算数解答用紙

受検番号	

2023（令和５）年度

（検査時間 45分）

＜注意＞※印のところには何も書いてはいけません。

1

問１	問２	問３
		cm³

問４ (1)	問４ (2)	問５
点	%	

※

2

問１ ㋐	問１ ㋑	問２

※

3

問１

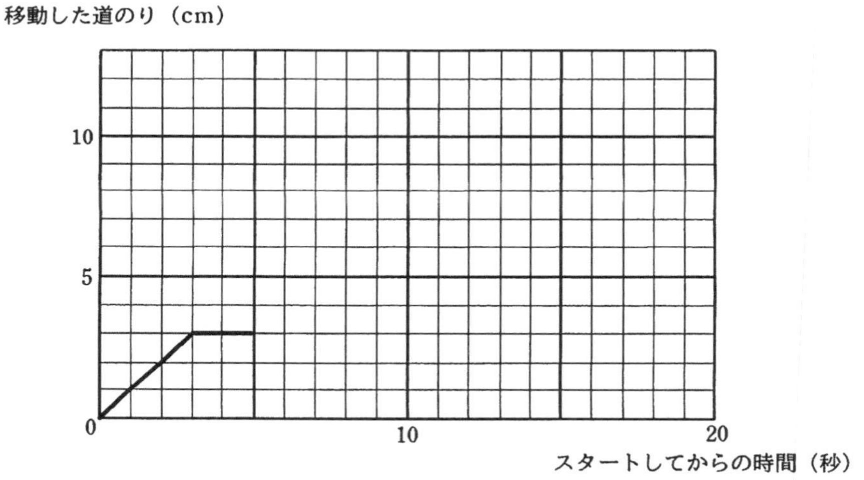

問２	問３

※

4

問１	問２ はじめ	問２ 追加

※

5

問１	問２	問３
度	cm²	cm²

※

※

※100点満点
（配点非公表）

中　理科解答用紙

受検番号	

（検査時間　社会とあわせて 45 分）
〈注意〉※印のところには何も書いてはいけません。

1

問１	問２	問３（１）
		まで

問３（２）			問４
記号		理由　から	

※

2

問１				問２	問３
あ		い			

問４			
う		え	

※

3

問１	問２						問３	問４			
	あ		い		う			え		お	

問５				問６
記号		理由	から	

※

4

問１	問２	問３	問４	問５
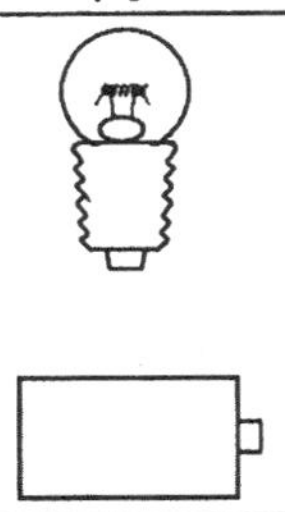				

問６（１）
から

問６（２）

問７					
い		う		え	

※

※

※60点満点
（配点非公表）

2023（令和５）年度

中　**社会解答用紙**

受検番号	

（検査時間　理科とあわせて45分）

〈注意〉※印のところには何も書いてはいけません。

1

問1	問2	問3			問4	※
		1	2	3		

2

問1	問2	問3

問4	※
（15字・10、15）	

3

問1	問2	問3	問4	
			2	3

問5
それまででの国内での戦いとは異なり，この戦いで（25）

問6	問7	※

4

問1	問2	問3

問4	問5
（20字・10、20）	

問6	問7	問8				※
⇒　⇒　⇒		(1)	(2)	(3)	(4)	

5

問1			問2	
1	2	3		

問3		※

6

問1	問2	問3	問4	問5	※

※

※60点満点
（配点非公表）

広島大学附属中学校

二〇二二（令和四）年度
中学校入学検査問題

国語

（検査時間　四十五分）

〈受検上の注意〉　一、答えは、すべて解答用紙に記入しなさい。
二、字数制限のある問題では、句読点や記号も一字に数えます。

一　次の文章を読んで、あとの問いに答えなさい。（問題作成にあたり、一部手を加えた。）

学校に通えなくなった中学三年生の真奈《まな》は、母のすすめもあり一人でハワイに来て、祖母であるハイディの家に滞在《たいざい》することになった。おばにあたるレオナ一家が暮らす家と垣根《かきね》でへだてられた離《はな》れで、目の見えないハイディと二人で過ごす日々が始まった。ハイディの家で迎《むか》える初めての朝、真奈は寝坊《ねぼう》をしてハイディに叱《しか》られた後、朝食の準備のためにパパイアを取ってくるよう言われて庭にでた。

勝手口の網戸《あみど》をおしあけて、はだしのまま、外に出た。

そこには、小さな庭が広がっている。

小さな、というのは、［A］ハワイ、というか、アメリカの基準で言うと「小さいのかな」ということ。日本の感覚からすると、広い庭ということになる。

右手にはハイビスカスの垣根があって、その向こうには、レオナさんたちの暮らしている母屋《おもや》の庭と、きのう三人でランチタイムを過ごした*ラナイがある。

①ハイディの庭には、ラナイのようなものはない。

屋外用のテーブルと椅子《いす》の上には、鉢植《はちう》えの植物が置かれている。盆栽《ぼんさい》みたいに見える。花を咲《さ》かせているものもある。ハイディが世話をしているのだろうか。

それにしても――まるで、ジャングルみたいな庭だ。

すみずみまで手入れが行きとどいていた、レオナさんたちの庭とは対照的。

雑草なのか、庭の植物なのか、区別がつかないほど、そこら中に、いろんな草木が生《お》いしげっている。のびのびと、自由に、②わがもの顔に、わがままに。

こぼれんばかりに花を付けている低木。枝と枝が重なりあっている。つる性の植物が枝にからみついている木もある。

白い花を咲かせているのは、プルメリアだろう。ジャスミンによく似た香りが漂《ただよ》ってくる。ショッキングピンクの花を咲かせているのは、ブーゲンビリア。折り紙で折ったような花がかわいい。

名前を知っているのはこのふたつだけで、あとは、見たこともないような花ばかり。

いったいどれがパパイアの木なんだろう？

だいたいあたしは、パパイアがどんな実なのか、知らない。オレンジ色をした中身を食べたことはあるけれど。

視線《しせん》をめぐらせて、実のなっている木を探《さが》した。

庭の奥《おく》の方に一本、朝の陽射《ひざ》しを浴びて、葉っぱが白く輝《かがや》いている木がある。まんまるい形をした緑の実をいくつか付けている。

あれだろうか？

実は木の上の方に、なっている。あの実を手でもぐことはできそうもない。それに、パパイアの実にしてはちょっと、小さいような気もする。

ぐずぐずしていると、ハイディが庭に出てきた。

きっと、役立たずだと思って、あきれているのだろう。

「ええっと、パパイアの木は、どれですか？」

ふり向いてそうたずねると、ハイディはあたしの真横に立ってから、言った。

「あなたの目の前にある」

えっ、と思って、すぐ目の前に立っている木を見た。

これがパパイアの木か。

背《せ》はあたしの倍くらい。

ひょろりと細長い幹。

幹のてっぺんから四方八方に腕《うで》をのばしているような無数の*葉柄《ようへい》。

その先に、手のひらみたいな葉っぱ。

ちょっと八つ手の葉に似ている。いや、いちじくかな。

葉柄の付け根にいくつか、緑色の実がなっている。

実に手をのばそうとしているあたしに、ハイディは言った。

「下の方の、よく熟《う》れたものを選ぶ。色が黄色くなっているものを。指でそっとおさえてみれば、どれがいいか、わかる。パパイアがあなたに『食べて』と、教えてくれる。あなたは、③パパイアの声を聞かなくてはならない」

ハイディの口調はあいかわらずきびしかった。けれど、説明はわかりやすかった。ところどころ、ゆっくりと発音してくれたのは、ヒアリング力の足りないあたしを気づかってのことだろうか。

教わったとおり、黄色くなりかけているものに触《ふ》れてみると、やわらかさがちょうどいいな、と思えるものがあった。

確かに「ねえ、食べて」と言っているようだった。

「片方《かたほう》の手を添《そ》えて、もう片方で、くるっと回すようにする」

「わあっ、取れた！　ヤッホー！」

うれしくなって、思わず日本語で歓声《かんせい》を上げてしまった。

「いただきます」

「どうぞ」

ハイディと向かいあって座《すわ》った朝食のテーブルの上には、色とりどりのごちそうが並《なら》んでいる。「ごちそう」って、英語でなんて言うんだろう。［B］、

「ゴージャスですね！」

そう言ってみる。

ハイディの返答は「それはよかった」だけだった。

パイナップルとココナツフレーク入りのパンケーキ。厚さは三センチ以上。表面はぱりっと焦《こ》げていて、中身はしっとり、ふわふわ、さくさく。

パンケーキの上には、いちごとブルーベリーとラズベリーが散らされている。その上から、シロップとホイップクリームをどっさりかけて食べる。頭がしびれてしまいそうなほど甘《あま》い。

オレンジジュースは、オレンジをふたつに割《わ》って、フォークをまんなかに突《つ》きさしてぐるぐる回しながら――これがハイディのやり方――ふたりでつくったもの。最後にレモンをたっぷり加えてあるので、すっぱい。

このすっぱさと、パンケーキの甘さの組みあわせがなんとも言えずいい。

もぎたてのパパイアは皮つきのままカットして、黒い種を取りのぞき、上からライムをしぼってかけて、スプーンですくい取るようにして食べる。パパイア自体には強い味はないのに、ライムが混じると、シトラスのムースみたいな味になる。

とにかく、何もかもがすてきで、あたしは④わくわくしていて、目も舌《した》も鼻も喜んでいる。にもかかわらず、残念ながら、ハイディとの会話は、はずまない。

さっきから、ちょっと気まずい時間が流れている。

ハイディは、ゆうべも、ランチのときもそうだったけれど、黙《だま》って静かに上品に食べている。フォークとナイフの使い方が美しい。

ハワイ語で「ナニ＝美しい」と言う。

もともと、口数の少ない人なのだろうか。

感情を顔に出さない人、という気がする。

レオナさんの話によると、ハイディの目が見えなくなったのは、今から十五年ほど前からだったらしい。それまでは、普通《ふつう》に見えていた。原因は、若《わか》いころに受けた目の手術の後遺症《こういしょう》。ちょうど視力《しりょく》を失ったころに、それまで闘病《とうびょう》中だったご主人、つまりあたしのおじいさんにも、先立たれてしまったという。

ハイディに、聞きたいこと、話したいことがいっぱいあるはずなのに、あたしは何も言えない。

「沈黙《ちんもく》はよくない」と、書かれていた*母のメールを思いだす。

何かしゃべらなくちゃ。

なんでもいいから、何か。

「あの、このパンケーキ、おいしいです、すごく。どうやったら、こんなに」

言いかけたあたしのことばに、ふたをするようにして、ハイディは言った。

「しゃべりたくないときに、あなたは無理やり、しゃべらなくていい。アメリカ人の多くは*ノイジーだ。私《わたし》は静かな人が好きだ。ことばというのは、話すためだけではなくて、話さないためにもある。心にもないことは、言うべきではない」

きびしい口調ではなかった。

むしろ、優《やさ》しかった。

ハイディに、あたしの心を見透《みす》かされたような気がしていた。

⑤恥《は》ずかしかった。

ハイディの目は見えない。けれども、見える人には見えていないものが、彼女《かのじょ》には見えているのかもしれない。

ハイディには、人の心が見えている？

「聞きたいことがあります」

気がついたら、そんなことばを口にしていた。

なに？」

「あたしには、知りたいことがあります。庭のいちばん奥の方に、きらきら光って、輝いている木が生えています。あの美しい木の名前は、なんというのですか？」

さっき、パパイアをもぎに庭に出たとき、強く印象に残っていた木だった。

「葉っぱが白く輝いているように見えました」

「あれはククイの木だ」

ハイディはそう答えて、ナイフとフォークをそっと、かたわらに置いた。

それから、あたしの方を見て――方向はちょっと、ずれていたけど、にっこり笑った。

⑥心の底からわいてきたような、ほほ笑《え》み。

それは、ハイディがあたしに見せてくれた、初めての笑顔だった。

「ククイの木は、ハワイでは『人間を守ってくれる木』と言われている。花も実も茎《くき》も根も、薬になる。*種子は*レイにも使われるし、調味料にもなる。種子から取れる油は明かりにもなるし、マッサージオイルにもなるし、シャンプーにも使われている。木の皮は赤色の*染料《せんりょう》になる。根は黒と茶色の染料になる。ハワイ人の生活には、欠かすことのできない木だった」

「日本では、一度も見たことがありませんでした」

そんなことばしか返せなかったけれど、それまでは名前さえ知らなかったククイの木が一本、⑦あたしの心のなかにも生えたようだった。

人間を守ってくれる木は、あたしを守ってくれる木、なのかもしれない。

（小手鞠《こでまり》るい『庭』による）

（注）

ラナイ…ハワイのベランダ。

葉柄…葉の一部で茎《くき》に付着している部分。

母のメール…朝、日本にいる母から届《とど》いたメール。一人で滞在する真奈を気《き》遣《づか》っていくつかの注意が書かれていた。

ノイジー…さわがしい。

種子…たね。

レイ…ハワイの伝統的な首飾《くびかざ》り。花で作られたものが有名。

染料…布などを染《そ》める物質。

問1　空欄《くうらん》［A］・［B］にあてはまる最も適切なものを次の**ア**～**エ**からそれぞれ選び、記号で答えなさい。

A　**ア**　さしあたり　**イ**　あくまでも　**ウ**　どうしても　**エ**　たとえば

B　**ア**　かろうじて　**イ**　さっそく　**ウ**　おもむろに　**エ**　とりあえず

問2　――部①「ハイディの庭」とありますが、庭の様子から読み取れるハイディの人物像の説明として最も適切なものを次の**ア**～**エ**から選び、記号で答えなさい。

ア　合理的な考えで庭に興味はなく、住居の快適さを優先《ゆうせん》させる人物

イ　実がなる植物だけ植えることで、自然の恵《めぐ》みを受けようとする人物

ウ　多様な植物に愛情をそそぎ、自然をあるがままに受け入れる人物

エ　選び抜《ぬ》かれた植物を細かく管理し、大事に育てあげようとする人物

問3　――部②「わがもの顔に」の本文中の意味として最も適切なものを次の**ア**～**エ**から選び、記号で答えなさい。

ア　悪者であるかのように　**イ**　自分の物であるかのように

ウ　楽しそうな様子で　**エ**　おもしろくない様子で

問4　――部③「パパイアの声を聞かなくてはならない」とありますが、パパイアの声を聞くとはどういうことですか。二十字以内で答えなさい。

問5　――部④「わくわくしていて」とありますが、その理由を二十五字以内で答えなさい。

問6　――部⑤「恥ずかしかった」とありますが、この時の真奈がこのように感じた理由を五十字以内で説明しなさい。

問7　――部⑥「心の底からわいてきたような、ほほ笑み」とありますが、ハイディのほほ笑みの説明として最も適切なものを次の**ア**～**エ**から選び、記号で答えなさい。

ア　真奈の言葉が素直《すなお》な心から出た疑問《ぎもん》であることを喜び、真奈と向き合い受け入れようとしている。

イ　ハワイの人なら誰《だれ》でも知っている木の名前すら知らない真奈の知識のなさをかわいいと感じている。

ウ　先ほど注意したばかりなのに、あきらめずに話しかけてくる真奈にあきれて苦々しく思っている。

エ　自分の気持ちすらわからない真奈の幼《おさな》さに気付き、あきらめて丁寧《ていねい》に教えようと考えを改めている。

問8　――部⑦「あたしの心のなかにも生えたようだった」とありますが、この時の真奈の気持ちを五十字以内で説明しなさい。

二　次の文章を読んで、あとの問いに答えなさい。（問題作成にあたり、一部手を加えた。）

国語という教科で、なぜ、何を学ぶか。そのことを考えるために、最初に糸口にしたいのが、次の言葉です。

理想と現実

言うまでもなく、意味の反対の言葉です。対義語などといいます。「国語って何を勉強するのか」の「何」に当たる事柄《ことがら》はたくさんあって、とても一口には言えないのですが、少なくともこの二つの言葉がどう関係するかを考えるだけで、国語で学ぶことの大事なことの一つがわかると思うのです。そして、なぜ国語を勉強するのかを考えるヒントにもなるでしょう。

では、早速《さっそく》ここで問題。「理想」という熟語《じゅくご》を定義してみてください。

「こうなったらいいなという状態」、「望ましいあり方」。だいたいそういう感じですね。それほど難《むずか》しくはないでしょう。

じゃあ「現実」を定義したら、どうなるでしょう。

「実際にあるこの世のこと」、「事実」。そう、間違《まちが》っていない。①だけどぴったり合うかというと、ちょっと物足りなくないですか。「もっと現実を見つめなさい」などという言い方を思い出してください。私たちが「現実」という言葉を使う時には、「自分だけで思《おも》い込《こ》んでいないで」とか、「「理想」ばかり追いかけてはだめだ」というような気持ちが込められている場合があります。「事実」というのは、私たちを取《と》り巻《ま》く実際の事柄すべてに当てはまりますが、「現実」の方は、もう少し意味が狭《せま》くて、しかも「思い込み」と食い違うもの、「理想」の実現を邪魔《じゃま》するもの、という意味合いがある。「現実」の前提に「*想念」や「理想」があります。「想念」や「理想」があるから「現実」があるわけです。

逆のこともまたいえるでしょう。「想念」「理想」が「現実」になったら、それこそ理想的だし、私たちはそのために生きているといってもよいかもしれません。（　Ⅰ　）想念も理想も、簡単《かんたん》に実現しはしないのだと、教えられたりしたことがありませんでしたか。私はずいぶん言い聞かせられてきました。言われ続けたあげくに、思ったこと、願ったことはまずかなわないんだ、と決め込むようになった気さえします。

それは少し行き過ぎにしても、理想は、すぐに現実になったりしてはいけないもののような雰囲気《ふんいき》があります。理想は実際にはかなえられないもの、目指されるもの、つまり現実には存在《そんざい》しないもの、というニュアンスがあるといってよいのでしょう。このように理想と現実の関係は、*相対的で、微妙《びみょう》です。でも私たち人間はこの世に生きていて、たいてい現実を理想化したいと願っています。ですから、人間をめぐって書かれた文章――（　Ⅱ　）あらゆる文章――だって、基本的に理想と、それに相対する現実という枠組《わくぐ》みをいつも抱《かか》え込《こ》んでいる、といっていいでしょう。

文章は全部理想と現実という枠組みを持っているだなんて、少し言い過ぎのような気もします。えっ、と思った人もいるかもしれません。たしかに「理想」だけだと足りないですね。先ほどから「理想」と組み合わせて用いていた「想念」とか、あるいは「*概念《がいねん》」とか「心」とかを合わせて考えてみてください。そうすれば、文章のほとんどは「理想」（想念・*抽象《ちゅうしょう》）と「現実」（事実・具体）との関係から成り立っている、ということに気づくでしょう。事実というものは、*素粒子《そりゅうし》などの*微小なものから、世界や宇宙《うちゅう》といった広がりを持つものまで、無数にあります。一つ一つを知ろう、捉《とら》えようとしたら、訳《わけ》がわからなくなってしまう。aホウっておいたら事実の洪水《こうずい》に、私たちは押《お》し流《なが》されてしまうのです。それを整理したり、体系化《たいけいか》したりして、事実を事実としてしっかり受け止めるよう導いてくれるのが、理想や想念や抽象概念です。大事なのは、理想（想念・抽象）と現実（事実・具体）の関係なのです。

では、その理想と現実の関係について、具体的に考えてみましょう。次の文章がヒントになると思います。

どうすれば虹《にじ》の根もとに行けるか　　黒《くろ》井《い》千《せん》次《じ》

子供《こども》の時に虹を見たことのある人ならば、誰でも一度はあの巨大《きょだい》なbハンエン形の橋の根もとまで行ってみたい、と思った覚えがあるに違いない。初めて虹に出会ったのがいつであったかは忘《わす》れてしまったが、その根もとがどんなふうになっているのだろう、と夢みるように考えた記憶《きおく》だけはぼくの中にもはっきり残っている。

筆者は子供の頃《ころ》から「虹の根もと」が見たかった、と言っています。（　Ⅲ　）「誰でも一度は」その根もとに行ってみたいと思ったはずだ、というのです。もしかしたら、ちょっと待ってくれと、違和感《いわかん》を持った人もいるかもしれませんね。そんなこと考えたこともない、勝手に決めつけないでくれ、と。ただそういう人でも、何かに*一心に憧《あこが》れて、それに近づいてみたいと思ったことはあるはずです。そういう体験を思い出し、それが虹の根もとだと仮定してみて、その時の自分を振《ふ》り返《かえ》ってみることを求めている、と考えてみればよいでしょう。具体的なことは、そのイメージを生かして味わうとともに、②それをいったん抽象化して、*一般化《いっぱんか》してみることが大切です。

ともあれ筆者は、虹の根もとに行く方法を大人に聞くことはしなかった、と言います。

虹の根もとがどうなっているか、それを自分の眼《め》で確かめるにはいかなる方法が適切か、という子供の問いにcマンゾクのいく答を与《あた》えることはむずかしい。あれは橋のように見えているだけで実際には根もとなどないのだ、といっても子供が*承《しょう》服《ふく》するとは思えない。あの虹まではとても遠いので到底《とうてい》人間は行けないのだ、ときかされても、それでもどこかに根もとはあるのだろう、と子供は信じ続けることだろう。

（*同前）

どうやら筆者が問題にしたいのは、［　A　］を追い求め続ける心にあるようです。それにしてもどうして根もとなのでしょう。どうして虹そのものではいけないのでしょう。もしそういう疑問を持ったら、とても大事なことですので、もう少しその疑問を持ったままにしておいてください。後でまた考えましょう。

さあ、文章の本題はここから始まります。

ところがある時、ぼくはその答を偶然《ぐうぜん》手に入れた。自分が既《すで》に子供ではなくなってからではあったけれど。

（同前）

大人になってから、どこで見つけたかというと、ハンス・カロッサというドイツの作家の『幼年《ようねん》時代』という小説集の中の*一篇《べん》でした。それはこんな話でした。

主人公の少年の友だちに、「ニジマス」と*あだ名される年上の女の子がいた。その子は、意地は悪いけれど、地震《じしん》とか地獄《じごく》とか気味の悪い話をするので、子供たちに人気があった。ある時、そのニジマスの家が落雷《らくらい》のために火事になる。ふと見ると暗い空の上に、鮮《あざ》やかな虹がかかっている。主人公は思わず、「世界が滅《ほろ》びる」と*狂喜《きょうき》する。するとニジマスは、今なら虹のところまで歩いて行けるかもしれない、虹は草の中の金の皿の上に立っている、と教える。主人公は、その金のお皿を取りに行こうと、手を引いて女の子を誘《さそ》う。すると彼女はこう言う。

　お皿は取りに行ってはいけない。お皿のことなど夢にも考えずに、ひょっこりそれをみつけたらお皿はあなたのものになるけれど、わざわざそれをさがしたりすると罪になるのよ。

（同前）

筆者は、虹についての問いかけへの答えとして、③美しく完璧《かんぺき》なものだ、と感じるのです。そしてこう思います。

　ぼくが幸せであったのは、ひたすら答をさがし求めていた時にそれを与えられたのではなく、なにも知らずに読みはじめた一篇の小説の中で偶然その答にぶつかったことであった。もしかしたら、カロッサの美しい小説との出会いが、ぼくにとっては虹をのせた金の皿の発見と同じ意味をもっていたのかもしれない。

（同前）

そして、子供の時の疑問を、子供は何十年もかけて追い求め、自分が何を探していたのか忘れかけた頃になって、初めて謎《なぞ》を解く鍵《かぎ》を与えられる。「謎こそが子供の命であり、不思議こそが子供の*糧《かて》なのだ」と言うのです。子供が大人になるとはどういうことなのか、あるいは④大人にとって子供時代とはどういう意味を持つのか、いろいろ考えさせる文章です。子供から大人になろうとしている皆《みな》さんにこそ、読んでもらいたいと思って紹介《しょうかい》しました。

（渡部泰明《わたなべやすあき》他『国語をめぐる冒険《ぼうけん》』岩波ジュニア新書による）

（注）

想念…考え思うこと。
相対的…他のものと関係することで、そのものが成り立っているようす。
概念…それぞれの事柄から共通するところを取り出してまとめた考え。
抽象…物事のどれにも共通な性質や特徴《とくちょう》を見つけ出し、その中にあるものの本質を抜き出すこと。
素粒子…物質を構成する基本的な粒子。
微小…きわめて小さいこと。
一心…心を一つに集中すること。
一般化…特殊《とくしゅ》なものが普通のものになること。
承服…納得《なっとく》してしたがうこと。
同前…前に出てきた「どうすれば虹の根もとに行けるか」の文章の続きであるということ。
一篇…一つの文章。またそれをまとめた書物の一つ。
あだ名される…あだ名で呼《よ》ばれること。
狂喜…ひどく喜ぶこと。
糧…生きていくのになくてはならない大事なもの。

問1　＝＝部a～cのカタカナを漢字に直しなさい。

問2　空欄（　Ⅰ　）～（　Ⅲ　）にあてはまる言葉として最も適切なものを次のア～エからそれぞれ選び、記号で答えなさい。

ア　つまり　**イ**　そして　**ウ**　たとえば　**エ**　だけど

問3　空欄 A にあてはまる語を本文中より抜き出しなさい。

問4　――部①「だけどぴったり合うかというと、ちょっと物足りなくないですか」とありますがどうしてぴったり合わないのですか。五十字以内で説明しなさい。

問5　――部②「それ」とは何ですか。十字以内で抜き出しなさい。

問6　――部③「美しく完璧なものだ、と感じるのです」とありますが、そう感じた理由として最も適切なものを次の**ア**～**エ**から選び、記号で答えなさい。

ア　自分の抱《いだ》いた疑問について集中して考えていれば、いつか答えにたどり着けることがわかったから。
イ　筆者が幼いころから追い求めていた虹の根もとについての疑問は、皆考えることだと理解したから。
ウ　答えを見つけるために多くの小説を読んできた結果、謎に対する納得のいく答えが見つかったから。
エ　求めるものとの出会いは、意図的な行いをしりぞけ偶然によってなされるものと気づかされたから。

問7　――部④「大人にとって子供時代とはどういう意味を持つのか」とありますが、どのような意味を持つと考えられますか。最も適切なものを次の**ア**～**エ**から選び、記号で答えなさい。

ア　理想と現実の関係を理解するために疑問を持ち、納得できる美しく完璧な答えを探すという意味。
イ　たくさん読書をして、大人になるために必要な問いに対する答えを持つ小説に出会うという意味。
ウ　簡単に答えが見つかる謎ではなく、その後何十年も心の奥に持ち続ける謎を見つけるという意味。
エ　生き方を方向付ける理想を探し求めて、生きていくのに必要な大事なものを発見するという意味。

2022（令和 4）年度
中学校入学検査問題

算　数

（検査時間　45分）

＜受検上の注意＞　1．答えは，すべて解答用紙に記入しなさい。
　　　　　　　　　2．問題を解くために，問題用紙などを切り取ってはいけません。

1　次の問いに答えなさい。

問１　次の計算をしなさい。

$$\left(\frac{5}{8}\times2+5\times0.15\right)\div\left(\frac{3}{4}-0.25\right)$$

問２　第32回オリンピック競技大会は，2021年7月23日の金曜日に東京で始まりました。第33回オリンピック競技大会は，2024年7月26日からパリで始まる予定です。2024年7月26日は何曜日ですか。ただし，2024年は「うるう年」で2月が29日まであります。

問３　あるお店の店長のみなとさんと店員のゆきこさんが次のように話しています。
□の中に当てはまる数を書き，（　　）の中から適切なことばを選んで丸で囲みなさい。

みなと：タイムセール中は，全商品を20%引きします。
ゆきこ：お客さんがタイムセール中に100円引きにする割引券《わりびきけん》を使うとしたら，もとのねだんから100円引いたねだんを20%引きしますね。
みなと：いいえ。このお店では，もとのねだんを20%引きしたねだんから100円引きしてください。ゆきこさんの売り方だと，このお店の売り方より，
□円（　高い　・　安い　）ねだんで売ることになってしまいます。

問４　図１のように1辺が2cmの正方形があり，その対角線の交わったところに点がかいてあります。そして，この正方形を2枚《まい》ぴったり合わせると図２のような長方形ができます。この長方形の中の2つの点を「中央点」ということにします。
　図２の長方形をいくつか使って，図３のように 横→縦《たて》→横→… と順に並《なら》べたところ，最後の長方形は横向きでした。一番最初の長方形の中央点と一番最後の長方形の中央点の4つの点を頂点《ちょうてん》とする四角形をかいたところ，その面積が376cm^{2}でした。長方形は全部で何個使っていますか。

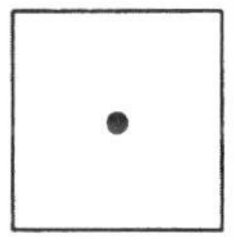
図１

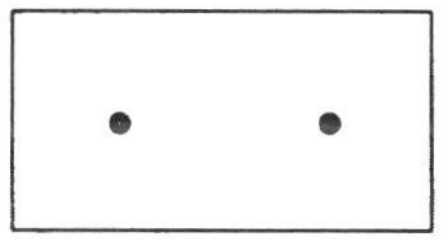
図２

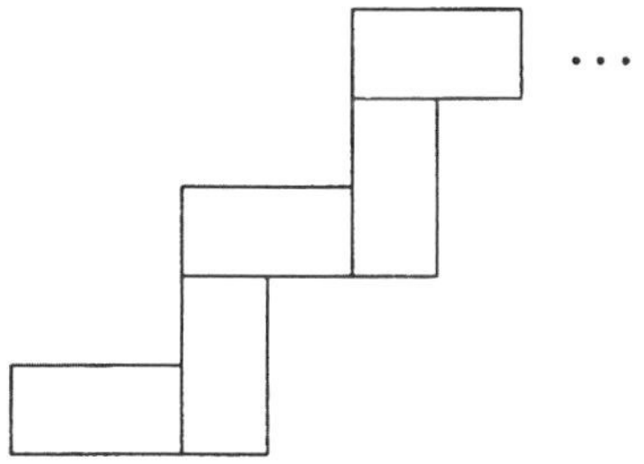
図３

2 たかしさんの家の前には図書館があります。図書館の周りには，辺ABが60m，辺BCが120mの長方形ABCDの形をした散歩コースがあります。たかしさんの弟が，この散歩コースに沿《そ》って分速60mで歩くとき，たかしさんの兄も同じコースを自転車に乗って分速120mで進みます。2人は同時にA を出発し，A →B →C →D →A →･･･ のように時計回りとは反対の向きに進み，弟が散歩コースを 2周したところで散歩をやめることにしました。また，弟は兄に後ろから追い抜《ぬ》かれると，1分間その場で休み，その後，再び歩き始めます。ただし，出発時は追い抜かれたとは考えません。

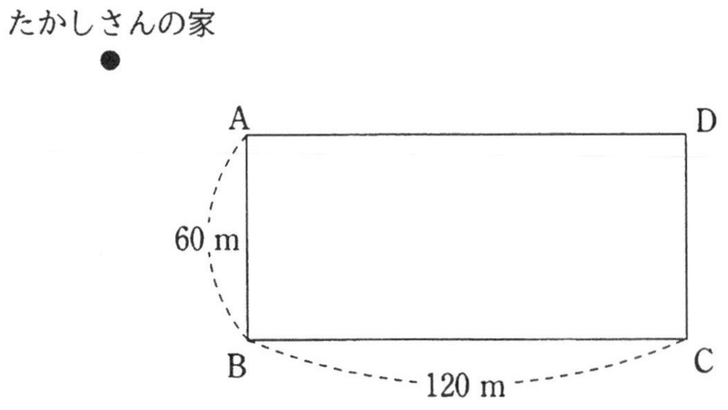

問１ 2人の間の道のりのうち，長さの短い方を「2人の間のきょり」とします。ただし，2人の間の道のりがどちらも同じときは，その長さを「2人の間のきょり」とします。

下の図は，2人が出発してからの時間と，2人の間のきょりの関係を，はじめの11分間だけグラフに表したものです。このとき，図の ㋐ ，㋑ ，㋒ に当てはまる数を求めなさい。

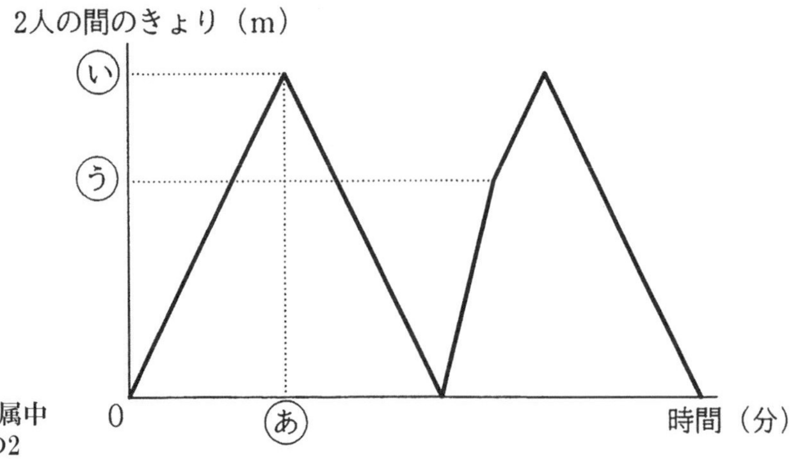

問２ たかしさんの家からは，散歩コースの辺ABと辺ADだけを見ることができ，辺BCと辺CDは見ることができません。たかしさんは，2人が同時にAを出発し，弟が散歩をやめるまで家から2人の様子を見ていました。この間にたかしさんが，2人を同時に見ることができた時間は，全部で何秒間か求めなさい。ただし，一方がBを，もう一方がDを同時に通過する瞬間《しゅんかん》に，2人を同時に見ることができる時間は 0秒間とします。

3 かえでさんは，海の生き物についての自由研究をするために，4日間，水族館に通うことにしました。かえでさんの家では，水族館に通うためのお金について，次のようなルールを決めました。

① 水族館の入館料は，かえでさんが持っているお小遣《こづか》いから払《はら》う。
② 水族館の入館料を払ったことを示すレシートを家に持って帰ると，残りのお小遣いの半分の金額をもらい，残りのお小遣いに追加する。

現在，かえでさんはお小遣いを 1300円持っています。かえでさんは 1日 1回だけ水族館に入館し，自分のお小遣いは水族館の入館料を払うこと以外には使いません。

問１ 水族館の 1回の入館料が 380円だとすると，かえでさんが 4回目に水族館に入館したとき，残りのお小遣いは何円か求めなさい。ただし，4回目に入館したときのレシートは，まだ家に持って帰っていないものとします。

問２ かえでさんが 4回目に水族館に入館したとき，残りのお小遣いがちょうどなくなりました。水族館の 1回の入館料は何円か求めなさい。

4 かべに，右の図のような大中小の3つの円をかきました。その円をねらってボール投げをします。ボールが当たった場所によって，次のように得点が入ります。

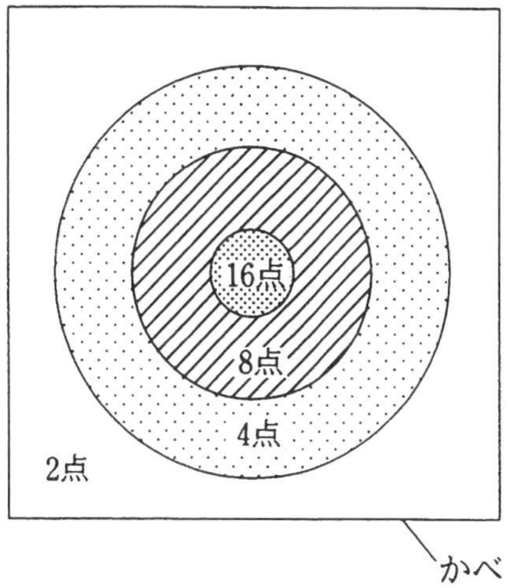

① 一番大きな円より外側の部分に当たったら2点
② 一番大きな円とその内側にある中くらいの円にはさまれる部分に当たったら4点
③ 中くらいの円とその内側にある小さな円にはさまれる部分に当たったら8点
④ 一番小さな円の内側に当たったら16点

あるクラスの20人がそれぞれ3回ずつボール投げを行い，投げたボールはすべてかべのどこかに当たりましたが，円周上には当たりませんでした。その結果の合計得点をまとめたものが下の表です。

出席番号	得点	出席番号	得点	出席番号	得点	出席番号	得点
1	18	6	24	11	22	16	34
2	24	7	34	12	34	17	24
3	34	8	36	13	8	18	18
4	14	9	14	14	36	19	26
5	26	10	26	15	24	20	24

必要がある場合は，下の図を利用して，ドットプロットを作ってもかまいません。

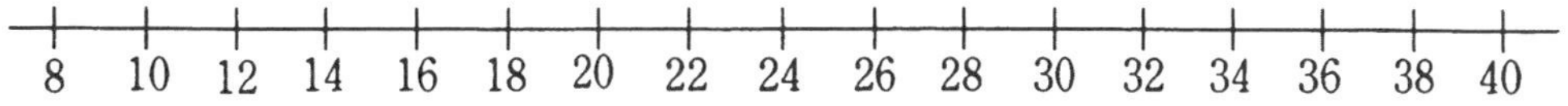

問1 出席番号11の人は，得点の高い方から数えて何番目か求めなさい。

問2 このクラス20人の平均点と得点のちがいが4点以下の人が，クラス全体にしめる割合は何%か求めなさい。

問3 少なくとも1回は一番大きな円より外側の部分に当てたことのある人が，クラス全体にしめる割合は何%か求めなさい。

5 1辺の長さが16cm の正方形の白い紙を用いて「切り紙」をします。------ に沿って折り，——— に沿って切るとき，次の問いに答えなさい。ただし，円周率は3.14とします。

問１ 下の図のように，2回折ってから切ります。の部分をすべてひろげたときにできる図形について正しいものをあとの**ア**～**エ**から1つ選び，記号で答えなさい。

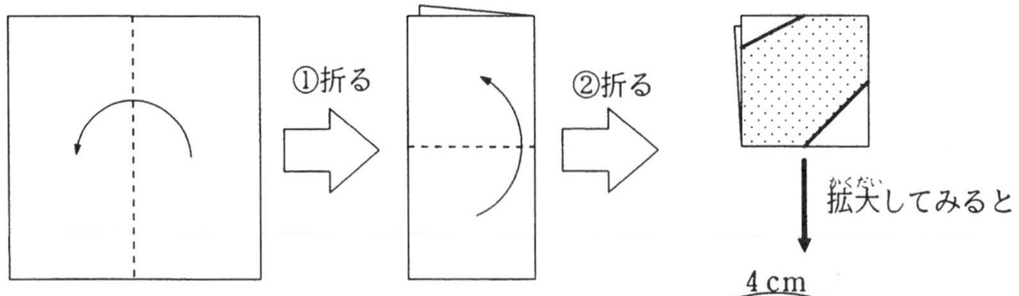

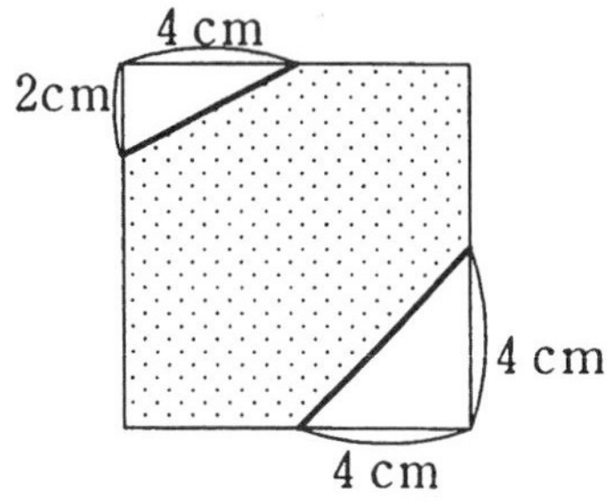

ア 線対称《せんたいしょう》な図形であり，点対称な図形でもある
イ 線対称な図形であるが，点対称な図形ではない
ウ 点対称な図形であるが，線対称な図形ではない
エ 線対称な図形でも，点対称な図形でもない

問２ 下の図のように，3回折ってから切ります。の部分をすべてひろげると，**図１**のような図形ができます。この図形の面積は何 cm^2 か求めなさい。

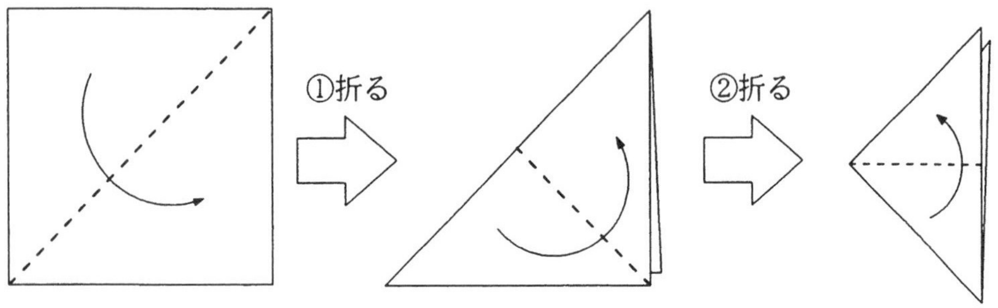

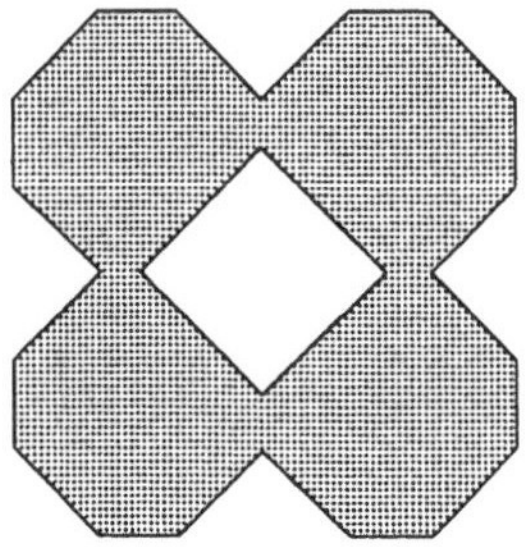

図１

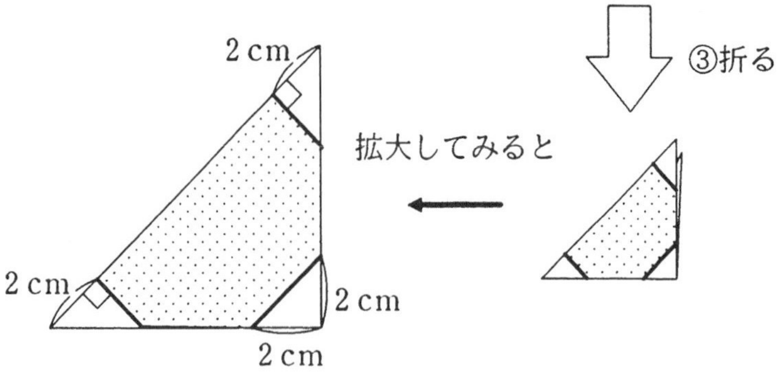

問３ 下の図に示す①～⑥の順で，折ったり開いたり回したりした後，**図２**に示すように4cm の長さに開いたコンパスのはりを点Oにさして線をかき，1cm の長さに開いたコンパスのはりを点Pにさして線をかきます。その後，コンパスでかいた線に沿って切ります。の部分をすべてひろげたときにできる図形の面積は何 cm^2 か求めなさい。

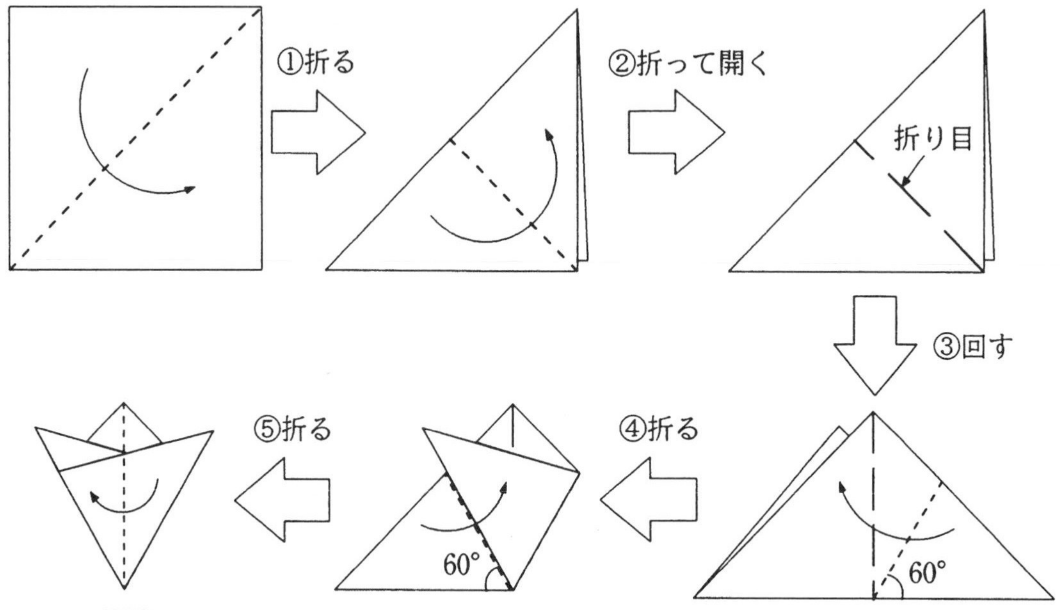

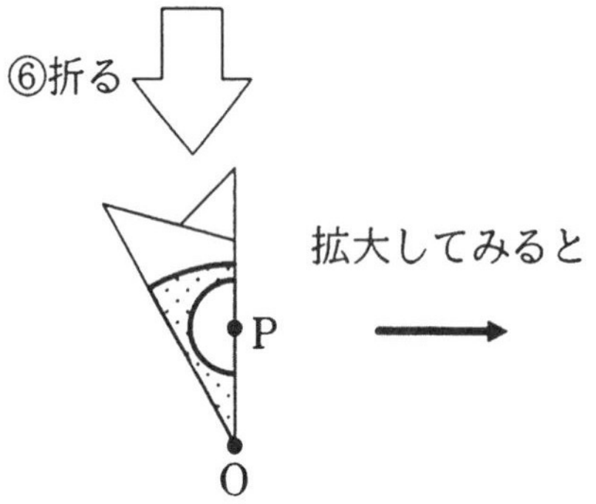

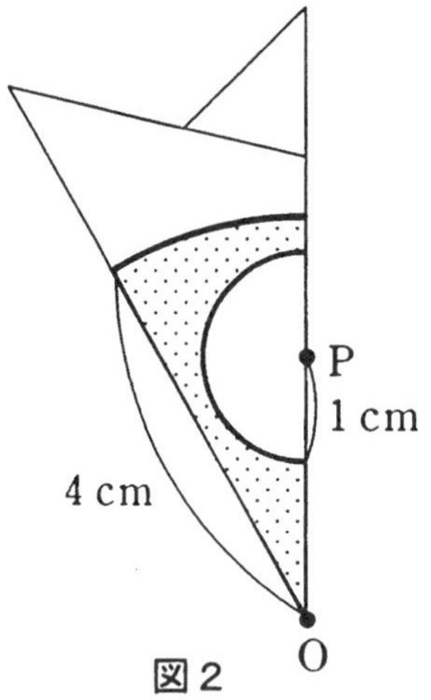

図２

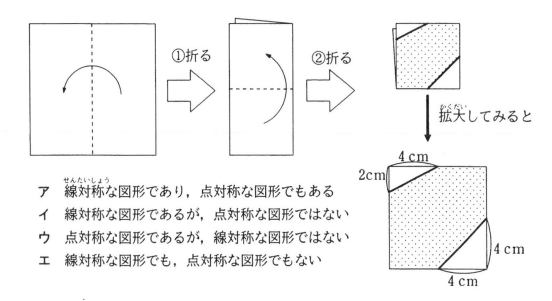

2022（令和４）年度
中学校入学検査問題

理　科

（検査時間　社会とあわせて 45 分）

〈受検上の注意〉 答えは，すべて解答用紙に記入しなさい。

1　次の会話文を読んで，あとの問いに答えなさい。

先生：今日は食べ物を通した生き物どうしのつながりについて学習したいと思います。太郎《たろう》さん，昨日の夕食には何を食べましたか。
太郎：牛肉の入ったカレーライスを食べました。
先生：私たちは，食べ物を食べなければ生きていくことができませんが，それはほかの生き物でも同じです。カレーライスを作るのに必要な材料となる生き物が，生きるための必要な養分をどのように得ているのか調べてみましょう。
太郎：まず，ウシは牧草を食べているね。それから，イネやジャガイモ，ニンジン，タマネギは植物だ。
花子《はなこ》：イネは，私たちヒトに食べられる以外にも，（ ① ）などのこん虫にも食べられているわ。
太郎：<u>イネは（ ① ）に食べられて，（ ① ）はカエルに食べられて，カエルはヘビに食べられて…とつながっていくね。</u>
花子：陸上の生き物どうしの「食べる・食べられる」のつながりと，生き物が空気を通して，周りの環境《かんきょう》とどのように関わっているかをまとめて図にしてみたわ。二重線の矢印（⇒）は，**生き物A**が**生き物B**に食べられて，**生き物B**が**生き物C**に食べられることを，実線の矢印（→）は，生き物が空気中に気体を出していることを，点線の矢印（⇢）は，生き物が空気中から気体を取り入れていることを示しているの。

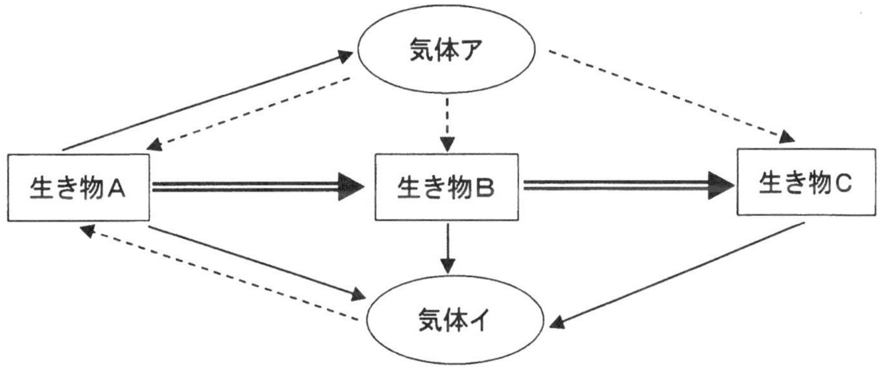

問１　（ ① ）にあてはまる こん虫を，次の**ア**～**キ**から最も適切なものを１つ選び，記号で答えなさい。

ア　クモ　　**イ**　トンボ　　**ウ**　バッタ　　**エ**　ダンゴムシ
オ　チョウ　　**カ**　セミ　　**キ**　カブトムシ

問２　**下線部**のような，生き物どうしの「食べる・食べられる」の関係のひとつながりを何というか答えなさい。

問３　生き物が，**気体ア**を取り入れて，**気体イ**を出すことを何というか答えなさい。

問４　次の文は，花子さんが生き物どうしのつながりについてまとめたものです。（ ② ）にあてはまることばについて，「**養分**」ということばを用いて，10 字以上 15 字以内で答えなさい。ただし，句読点も１字に数えます。

> 生き物は，「食べる・食べられる」の関係でつながっていて，生きるために必要な養分をどのように得ているのかをたどっていくと，植物などの（ ② ）生き物に行きつく。

問５　生き物どうしの「食べる・食べられる」の関係のつながりは，水中の生き物にも見られます。**生き物A**，**生き物B**，**生き物C**の組み合わせとして適切なものを，次の**ア**～**カ**から**すべて**選び，記号で答えなさい。

	生き物A	生き物B	生き物C
ア	ミドリムシ	メダカ	サワガニ
イ	メダカ	アメリカザリガニ	ナマズ
ウ	ナマズ	ミドリムシ	ミジンコ
エ	イカダモ	サワガニ	メダカ
オ	ミジンコ	ボルボックス	ナマズ
カ	クンショウモ	メダカ	アメリカザリガニ

問６　何らかの理由により，**生き物B**の数が増加すると，**生き物A**と**生き物C**の数はどうなると予想できますか。次の**ア**～**ケ**から最も適切なものを１つ選び，記号で答えなさい。

	生き物A	生き物C
ア	増える	増える
イ	増える	変化しない
ウ	増える	減る
エ	変化しない	増える
オ	変化しない	変化しない
カ	変化しない	減る
キ	減る	増える
ク	減る	変化しない
ケ	減る	減る

2　太郎さんたちのグループは理科の時間に2つの実験に取り組むことになりました。グループで行った実験について記録した次の文章を読んで，あとの問いに答えなさい。

[実験1]　理科の時間に学んだ4種類の水溶液《すいようえき》を見分けよう。

方法

① 4種類の水溶液（水溶液**A**～**D**）を，それぞれガラス棒《ぼう》でスライドガラスにつけ，注意深く加熱して水を蒸発《じょうはつ》させて変化を観察した（**観察1**）。

② 4種類の水溶液を，それぞれガラス棒で青色と赤色のリトマス紙につけ，リトマス紙の色の変化を観察した（**観察2**）。

③ 水溶液**A**と**B**については，**図1**のように水溶液の入った三角フラスコに，それぞれ，ガラス管つきゴムせん，ゴム管，ガラス管を取りつけた。そして石灰水《せっかいすい》を入れた試験管に，ガラス管の先を入れ三角フラスコを湯につけてあたため，変化を観察した（**観察3**）。

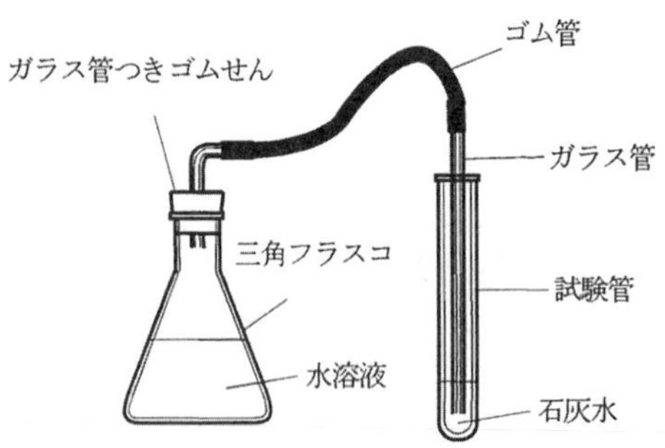

図1

結果

	水溶液A	水溶液B	水溶液C	水溶液D
観察1	何も残らなかった。	何も残らなかった。	白いものが残った。	白いものが残った。
観察2	青色は赤色に変化した。 赤色は変化しなかった。	青色は変化しなかった。 赤色は青色に変化した。	青色は変化しなかった。 赤色は変化しなかった。	青色は変化しなかった。 赤色は青色に変化した。
観察3	気体が発生し，石灰水は白くにごった。	気体が発生し，石灰水は変化しなかった。		

問1　水溶液の性質で，赤色のリトマス紙を青色に変える性質を何といいますか。

問2　水溶液**A**にとけているものの名前を答えなさい。

問3　水溶液**D**は何ですか。考えられるものを次の**ア**～**オ**から**すべて**選び，記号で答えなさい。

ア　さとう水　　**イ**　重そう水　　**ウ**　うすい塩酸　　**エ**　石灰水　　**オ**　食塩水

[実験2]　日常生活で用いられる2種類の白色の粉末の性質と，粉末の水溶液から発生する気体の性質を調べよう。

方法

① 白色の粉末**E**と**F**を，それぞれ三角フラスコに入れ，水を加えてかき混ぜてとかした。粉末**E**と粉末**F**の水溶液を，それぞれガラス棒で青色と赤色のリトマス紙につけ，変化を観察した（**観察4**）。

② 粉末**E**の水溶液の入った三角フラスコに，**図2**のように，ガラス管つきゴムせん，ゴム管，ガラス管を取りつけ，湯につけると，気体が発生した。発生した気体を，水を入れた水そうを用いて試験管に集め，水の中でゴムせんをしてから取り出した。同様に2本目と3本目の試験管にも気体を集めた。

③ 1本目と2本目の試験管については，ゴムせんを取り，集めた気体の中に火のついた線こうをすばやく入れて，変化を観察した（**観察5**）。

④ 3本目の試験管には，水を加えてふり混ぜ，得られた水溶液を，それぞれガラス棒で青色と赤色のリトマス紙につけ，変化を観察した（**観察6**）。

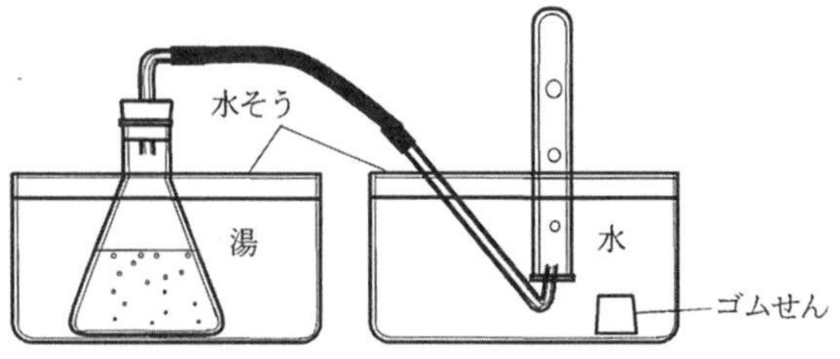

図2

⑤ 粉末**F**の水溶液も同様に②～④を行った。

⑥ 粉末**E**の水溶液から発生する気体を試験管の半分まで集め，残りの半分は粉末**F**の水溶液から発生する気体を集めた。集めた気体の中に，火のついた線こうをすばやく入れて，変化を観察した（**観察7**）。

結果

	粉末E	粉末F
観察4	青色は変化しなかった。 赤色は青色に変化した。	青色は変化しなかった。 赤色は青色に変化した。
観察5	1本目は少し燃えてから消えた。 2本目はすぐに消えた。	1本目は火が少し明るくなった。 2本目ははげしく燃えた。
観察6	青色は赤色に変化した。 赤色は変化しなかった。	（　**あ**　）

問4　**観察5**で，粉末**E**と粉末**F**の水溶液それぞれから発生した気体を集めた試験管の1本目と2本目で，線こうの燃え方がちがうのには理由があります。この理由を説明する次の文の（　　　）に適切なことばを入れなさい。

1本目は2本目に比べて，試験管内にふくまれる（　　　）の量が多いから。

問5　粉末**F**の水溶液から発生した気体の名前を答えなさい。

問6　結果の（　**あ**　）に，適切なことばを入れなさい。

問7　**観察7**で線こうの火は，試験管内に入れる直前と比べて，入れた直後はどうなりますか。次の**ア**～**エ**から最も適切なものを1つ選び，記号で答えなさい。

ア　消える　　**イ**　明るくなる　　**ウ**　暗くなる　　**エ**　変わらない

3　**図1**は，ある日の夕方に見えた月のようすです。**図2**は，**図1**より1週間後の夕方，同じ時刻《じこく》に見えた月のようすです。これについて，あとの問いに答えなさい。

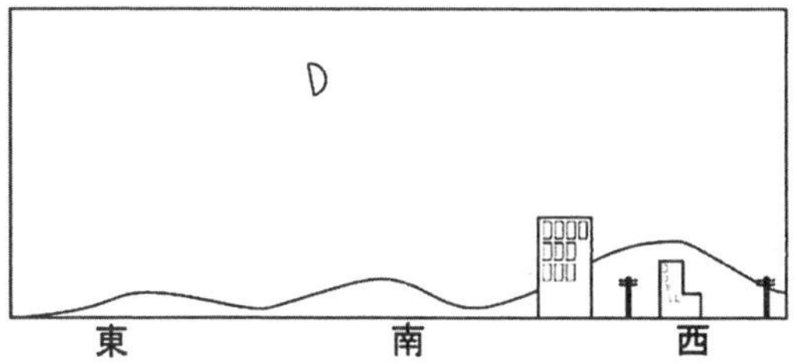

図1

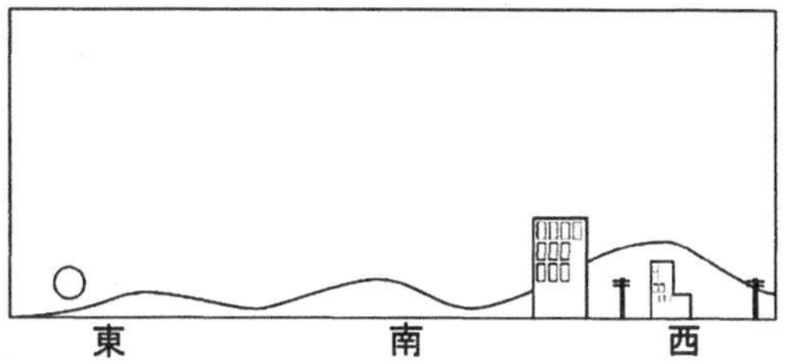

図2

問1　**図1**の月をそう眼鏡で観察すると，表面にたくさんの丸いくぼみが見られました。

（1）この丸いくぼみを何というか答えなさい。

（2）次の文は，丸いくぼみのなかにできた かげ からわかることを説明したものです。（　　　）にあてはまることばとして最も適切なものを，あとの**ア**～**エ**から1つ選び，記号で答えなさい。

> 近くにある 2 つのくぼみを比べると，くぼみのなかにできたかげの（　　　）が同じだった。このことから，月は太陽の光を受けて，かがやいていると考えられる。

ア　形　　**イ**　長さ　　**ウ**　向き　　**エ**　面積

問2　**図1**の月は，このあとどのように動きましたか。**図3**の矢印①～④から最も適切なものを1つ選び，記号で答えなさい。

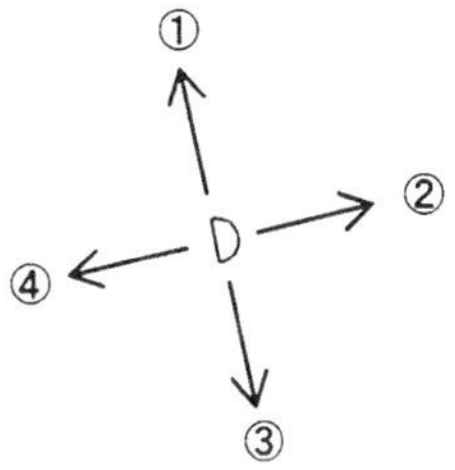

図3

問3　**図2**より1週間後の夕方，同じ場所で，同じ時刻に月はどのように見えますか。次の**ア**～**キ**から最も適切なものを1つ選び，記号で答えなさい。

ア　西に満月が見える　　**イ**　西に半月が見える
ウ　南に満月が見える　　**エ**　南に半月が見える
オ　東に満月が見える　　**カ**　東に半月が見える
キ　月は見えない

問4　**図4**は，太陽と月，観察者の位置関係を示したもので，**ア**～**ク**は月の位置を表します。**図1**のとき，**図2**のとき，月はそれぞれどの位置にあったと考えられますか。**図4**の**ア**～**ク**から最も適切なものをそれぞれ1つずつ選び，記号で答えなさい。

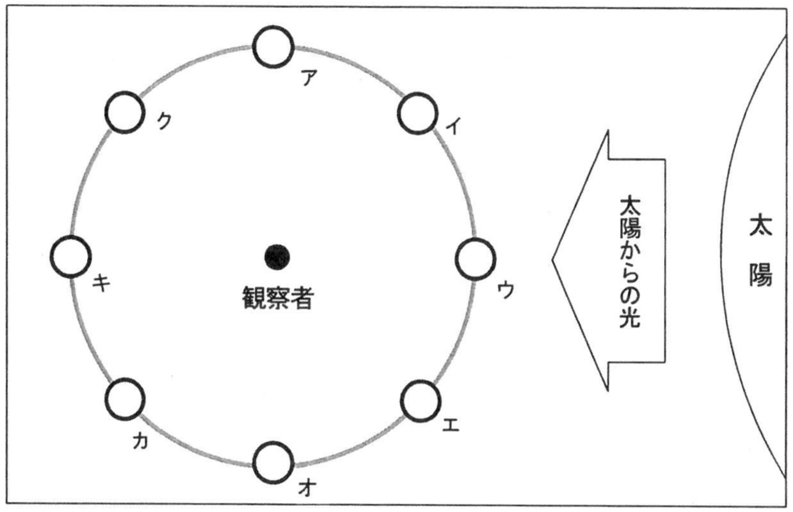

図4

4　太郎さんと花子さんは，**写真1**，**写真2**を見て，次のような会話と実験をしました。あとの問いに答えなさい。

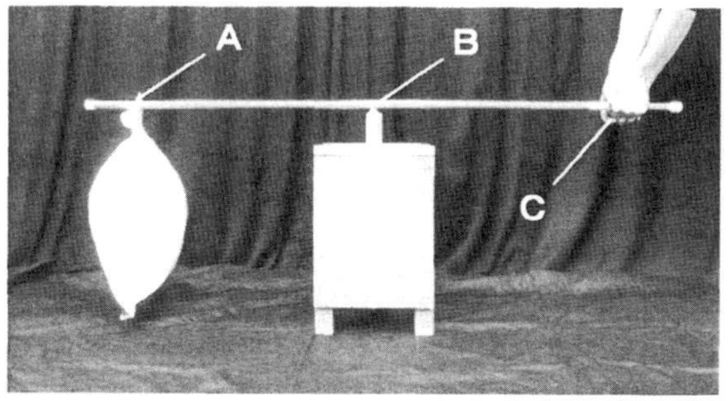

写真1

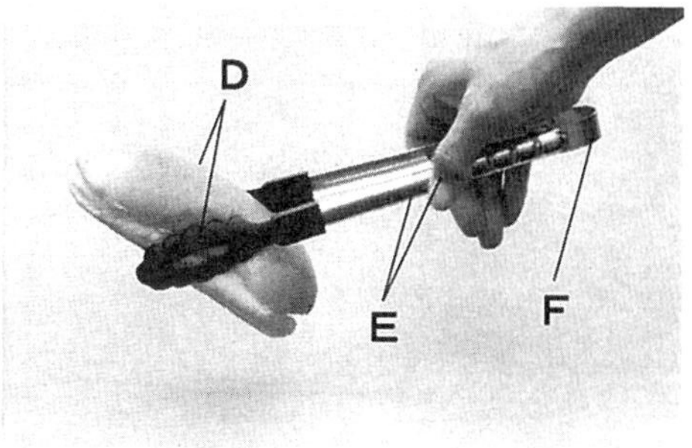

写真2

太郎：**写真1**では重い荷物をてこを使って持ち上げようとしているね。
花子：そうね。**写真1**だと，**B**が支点，**A**が作用点，**C**が力点というんだよ。
太郎：どうやったら力点の手ごたえが小さくなるのかな。
花子：力点や作用点の支点からのきょりを変えてみるとよいと思うよ。
太郎：手ごたえでは力の大きさがわかりづらいから，力点に加える力の大きさがわかるように，力点におもりをつり下げて，おもりの重さで表すことにしようよ。

花子さんと太郎さんは，等しい間かくに 1～9 の目盛《めも》りがついていて，それぞれの目盛りの位置におもりがつり下げられる棒と，30g, 20g, 15g, 10g の黒色と白色のおもりを先生に借りて実験をすることにしました（**図1**）。

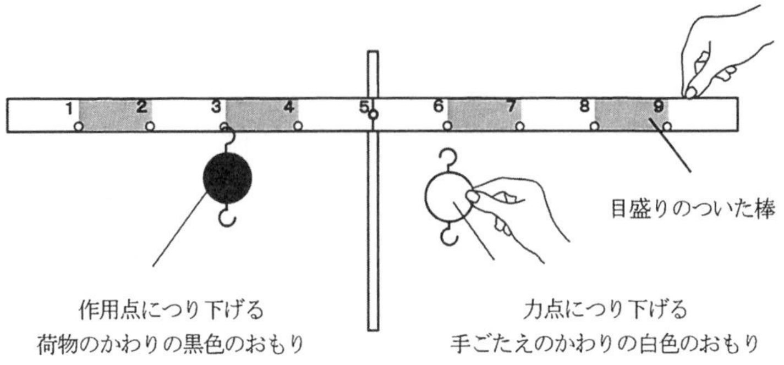

図1

太郎：急にはね上がるとあぶないので，支点は棒の中心に固定して，ためしてみよう。
花子：支点の位置は5の目盛りのところだね。荷物のかわりの 30g の黒色のおもりを3の目盛りのところにつり下げるよ。
太郎：まず，30g の白色のおもりを，6 の目盛りの位置から順につり下げて，棒のかたむきを調べよう。
花子：結果を**表1**にまとめるね。右にかたむいたら＼，水平になったら－，左にかたむいたら／をかくことにするね。

表1

白色のおもりの位置	6	7	8	9
棒のかたむき	／	－	＼	＼

太郎：力点が 8，9 の目盛りの位置で，黒色のおもりが持ち上がるということだね。
花子：小さな手ごたえ，つまり，もっと軽い重さのおもりでは，黒色のおもりは持ち上がらないのかな。
太郎：黒色のおもりの位置は変えずに，白色のおもりを 20g，15g，10g にして，ためしてみよう。結果を**表2**にまとめるね。

表2

白色のおもりの位置	6	7	8	9
20g のときの棒のかたむき	／	／	－	＼
15g のときの棒のかたむき	／	／	／	－
10g のときの棒のかたむき	／	／	／	／

花子：白色のおもりが 20g のとき，黒色のおもりが持ち上がるのは，力点の位置が（ ① ）の目盛りのときだね。
太郎：そうだね。 30g と 20g の白色のおもりを 6 の目盛りから順につり下げていくと，棒が水平になったあと，黒色のおもりが持ち上がるね。何かきまりはあるのかな。
花子：うーん…。棒が水平になるときのきまりがわかったよ。<u>**表3**をつくったら，きまりがわかりやすいよ。</u>

表3

黒色のおもり			白色のおもり				
[あ]	重さ (g)	30	[う]	重さ (g)	30	20	15
[い]	a	b	[え]	a	b	c	d
[あ]×[い]		e	[う]×[え]		e	e	e

太郎：ほんとだね。きまりがはっきりわかるね。
花子：こんどは作用点の位置を変えてみようよ。
太郎：そうだね。力点の位置は 7 の目盛りに決めて，白色の 30g のおもりをつり下げよう。そして，黒色の 30g のおもりを 1 の目盛りの位置から順につり下げて，棒のかたむきを調べよう。
花子：結果を**表4**にまとめるよ。

表4

黒色のおもりの位置	1	2	3	4
棒のかたむき	／	／	－	＼

太郎：作用点が（ ② ）の目盛りの位置ならば，黒色のおもりが持ち上がるということだね。
花子：力点の位置は変えずに，小さな手ごたえ，つまり，もっと軽い重さのおもりで，黒色のおもりを持ち上げることができるかどうかを調べるにはどうしたらよいかな。
太郎：白色のおもりの重さを 20g，15g，10g にして（ ③ ）の目盛りの位置につり下げ，黒色の（ ④ ）g のおもりを 1 の目盛りの位置から順につり下げれば調べられるよ。
花子：そうだね。結果を**表5**にまとめるね。

表5

黒色のおもりの位置	1	2	3	4
20g のときの棒のかたむき	／	／	／	＼
15g のときの棒のかたむき	／	／	／	－
10g のときの棒のかたむき	／	／	／	／

花子：作用点の位置を変えた実験でも，同じきまりがあることがわかるね。
太郎：そうだね。つまり，重い荷物をてこを使って持ち上げるときは，力点を支点からなるべく（ ⑤ ）にして，作用点を支点からなるべく（ ⑥ ）にするくふうをすればよいということだね。
花子：**写真2**のトングは，**写真1**のてことは，はたらきがちがうみたいだね。
太郎：そうだね。トングは（ ⑦ ）が支点，（ ⑧ ）が作用点，（ ⑨ ）が力点だね。支点からのきょりが（ ⑩ ）より（ ⑪ ）のほうが近いことで，力点よりも作用点のほうにはたらく力の大きさが（ ⑫ ）なるくふうがされているんだね。

問1　（ ① ）にあてはまる数字を答えなさい。

問2　**下線部**について，どのような表をつくればよいですか。**表3**の **a** にはあてはまることばを，**b**～**e** にはあてはまる数字をそれぞれ答えなさい。

問3　（ ② ）にあてはまる数字を答えなさい。

問4　（ ③ ），（ ④ ）にあてはまる数字をそれぞれ答えなさい。

問5　（ ⑤ ），（ ⑥ ）にあてはまることばをそれぞれ答えなさい。

問6　（ ⑦ ）～（ ⑨ ）にあてはまる記号を **D**～**F** からそれぞれ 1 つずつ選び，記号で答えなさい。また，（ ⑩ ）～（ ⑫ ）にはあてはまることばをそれぞれ答えなさい。

2022（令和 4）年度
中学校入学検査問題

社　会

（検査時間　理科とあわせて 45 分）

〈受検上の注意〉答えは，すべて※黄色の解答用紙に記入しなさい。

※当社印刷の解答用紙は白色です（実際の解答用紙は，理科が水色，社会が黄色でした）。

1　次の**A～C**についてそれぞれ説明した文**ア～エ**から，内容が適当なものを１つずつ選び，記号で答えなさい。

A　情報の活用

ア　ＳＮＳ《エスエヌエス》は，友だちとだけなら何を書いても問題ありません。

イ　まんがなどの著作物《ちょさくぶつ》は，友だちにならコピーをして配っても構いません。

ウ　日本では，2010 年代にインターネットショッピングの売上額《うりあげがく》は年々増えました。

エ　人工衛星の出す電波によって現在位置を正確に測ることができる仕組みを，ＰＯＳ《ポス》システムといいます。

B　日本の米づくりと消費

ア　稲刈《いねか》りと同時に，もみを稲から外す機械をコンバインといいます。

イ　米は主食なので，第２次世界大戦以降《いこう》外国からの輸入はありません。

ウ　米の消費量は，日本の人口が増加しているため増え続けています。

エ　秋田《あきた》県では，最上川《もがみがわ》流域《りゅういき》の平らな土地で米作りが行われています。

C　地形や気候の特色

ア　日本は国土の約４分の１が山地で，残りの平地に多くの人が住んでいます。

イ　小笠原諸島《おがさわらしょとう》にある西之島《にしのしま》は，2013 年の噴火《ふんか》によって陸地が拡大《かくだい》しました。

ウ　北海道《ほっかいどう》は緯度《いど》が高いため，台風《たいふう》の影響《えいきょう》による被害《ひがい》を受けることはありません。

エ　沖縄《おきなわ》県那覇《なは》市と長野《ながの》県松本《まつもと》市を比べると，那覇市の方が夏と冬の平均気温の差が大きいです。

2　次の問いに答えなさい。

問１　次の**図**は青森《あおもり》県弘前《ひろさき》市の市街地の地図です。**図**に描《か》かれている地図記号をあとの**ア～カ**から**すべて**選び，記号で答えなさい。

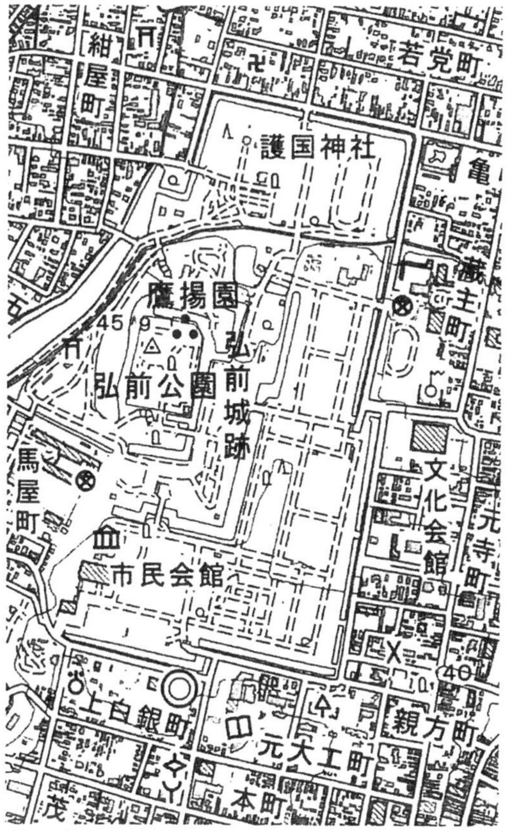

（国土地理院発行２万 5000 分の１地形図「弘前」を拡大）

図　青森県弘前市の市街地の地図

ア　記念碑《きねんひ》　　**イ**　博物館　　**ウ**　県庁《けんちょう》
エ　図書館　　**オ**　小・中学校　　**カ**　果樹園《かじゅえん》

問２　森林・林業について，次の文章の（　１　）～（　３　）に入る適当な語を答えなさい。

青森県と秋田県にまたがる（　１　）山地は，美しい（　２　）の天然林で知られ，そのすばらしさがみとめられています。

林業の作業はいくつかあります。そのうちの一つは，太陽の光がよくとどくように，一部の木を切りたおし，木と木の間を広げる（　３　）という作業です。

問３　工場で自動車が完成するまでには，様々な工程があります。次の工程（Ａ）～（Ｃ）に当てはまるものをあとの**ア～ウ**から１つずつ選び，記号で答えなさい。

（Ａ）→（Ｂ）→（Ｃ）→組み立て

ア　とそう　　**イ**　プレス　　**ウ**　ようせつ

問４　次の**表**の**ア～ウ**は，北九州《きたきゅうしゅう》工業地域・京葉《けいよう》工業地域・中京《ちゅうきょう》工業地帯の工業種類別の工業出荷額《しゅっかがく》割合（2018 年）をまとめたものです。３つの工業地域・地帯を東にあるものから順に並《なら》べ，**ア～ウ**の記号で答えなさい。

表　工業種類別の工業出荷額割合(2018 年)

（単位は％）

	金属工業	機械工業	化学工業	食料品工業	その他
ア	16.5	46.3	6.1	16.9	14.2
イ	9.6	69.1	6.4	4.6	10.3
ウ	20.8	13.0	41.5	15.4	9.3

（矢野恒太《やのつねた》記念会『日本《にほん》のすがた 2021』にもとづいて作成。北九州は福岡《ふくおか》県，京葉は千葉《ちば》県，中京は愛知《あいち》県，三重《みえ》県における工業種類別の工業出荷額割合を示しています。）

問５　日本は地震《じしん》が多く，大きな地震が起きた後には，津波《つなみ》による災害が発生することもあります。海岸に近い地域で，津波が来るのを防ぐために，どのようなものが建設されているかを１つ答えなさい。

3　次の資料Ａ～Ｄについて，それぞれの問いに答えなさい。

Ａ　８世紀の初めには国を治めるための法律《ほうりつ》ができあがり，人々は，租《そ》・調・庸《よう》といった税を納《おさ》めるとともに，役所や<u>寺</u>を建てたり，都や（　１　）を守る兵士の役を務めたりしました。

問１　資料Ａの（　１　）に入る適当な語を答えなさい。

問２　資料Ａの**下線部**について，聖武天皇《しょうむてんのう》の命令で各国につくられた寺の名前を答えなさい。

Ｂ　<u>平安時代にさかんに行われた年中行事のなかには，今でも毎年決まった日に行われるものもあります</u>。政治の中心となった藤原《ふじわら》氏などの（　２　）のくらしは年中行事が中心でした。これをまちがいなく行うことは，（　２　）たちにとって大変重要なことでした。

問３　資料Ｂの（　２　）に，この時代に政治の中心となった人たちを答えなさい。

問４　資料Ｂの**下線部**について，今でも毎年決まった日に行われる年中行事として**誤《あやま》っているもの**を次の**ア～エ**から１つ選び，記号で答えなさい。

ア　正月　　**イ**　端午《たんご》の節句　　**ウ**　七夕《たなばた》　　**エ**　文化の日

Ｃ　源氏《げんじ》の将軍《しょうぐん》がとだえたあと，朝廷《ちょうてい》は，幕府《ばくふ》をたおそうとして兵をあげました。このとき，頼朝《よりとも》の妻の<u>北条政子《ほうじょうまさこ》</u>は，頼朝に従《したが》った主な武士である（　３　）を集めて頼朝から受けた（　４　）を説きました。（　３　）たちは奉公《ほうこう》をちかい，（　５　）にせめのぼりました。

問５　資料**Ｃ**の（　３　）～（　５　）に入る適当な語を答えなさい。

問６　資料**Ｃ**の**下線部**の一族は，将軍を助ける最高の役職を，代々務めました。
その役職の名前を答えなさい。

Ｄ　次の**図**は，関ヶ原《せきがはら》の戦い以後，それぞれの時期に取りつぶされた大名の数を示しています。ただし，白い部分は（　６　）大名を示します。

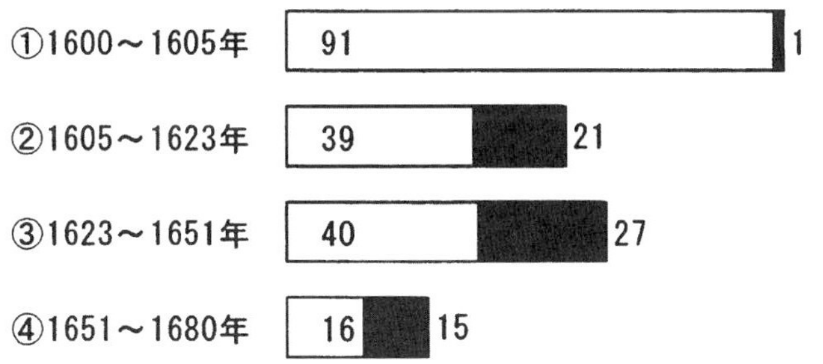

（小学館《しょうがくかん》『日本歴史館《にほんれきしかん》』による）

図　取りつぶされた大名の数

問７　資料**Ｄ**の（　６　）に入る適当な語を答えなさい。

問８　資料**Ｄ**について，大名が取りつぶされたのは，あるきまりに違反《いはん》したことなどが理由です。次の**ア）**・**イ）**は異《こと》なる時期につくられたそのきまりの一部を示したものです。

ア）　一、（　７　）場合は，幕府に届《とど》け出ること。
イ）　一、大きな船をつくってはならない。

１）きまりの名前を答えなさい。
２）**ア）**の（　７　）に入る適当なことばを答えなさい。
３）**イ）**は，どの時期に定められましたか。資料**Ｄ**の①～④から１つ選び，数字で答えなさい。

4　1984 年以降に発行，および今後発行予定の日本銀行券《にっぽんぎんこうけん》の肖像《しょうぞう》，図柄《ずがら》についてまとめた次の表を見て，あとの問いに答えなさい。

表　日本銀行券の肖像・図柄

発行開始年	金　額	肖　像・図　柄	
		表　面	裏《り》面《めん》
1984 年	一万円	（　１　）	きじ
	五千円	①新渡戸稲造《にとべいなぞう》	②富士山《ふじさん》
	千円	③夏目漱石《なつめそうせき》	鶴《つる》
2000 年	二千円	④守礼門《しゅれいもん》	「源氏物語絵巻《げんじものがたりえまき》」 「紫式部日記絵巻《むらさきしきぶにっきえまき》」
2004 年	一万円	（　１　）	鳳凰像《ほうおうぞう》(平等院《びょうどういん》)
	五千円	樋口一葉《ひぐちいちよう》	「燕子花図《かきつばたず》」
	千円	（　２　）	富士山と桜
2024 年（予定）	一万円	渋沢栄一《しぶさわえいいち》	⑤東京駅《とうきょうえき》(丸《まる》の内駅舎《うちえきしゃ》)
	五千円	⑥津田梅子《つだうめこ》	藤《フジ》
	千円	北里柴三郎《きたさとしばさぶろう》	「⑦富嶽三十六景《ふがくさんじゅうろっけい》（神奈川沖浪裏《かながわおきなみうら》）」

（財務省，日本銀行，国立印刷局ウェブサイトより作成）

問１　表中の（　１　），（　２　）に入る適当な語を答えなさい。

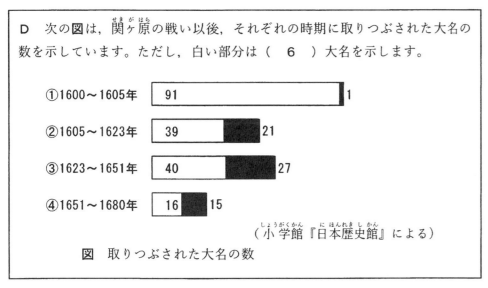

問2　**下線部①**に関連して，新渡戸稲造は国際連盟《れんめい》において，事務局次長を務めた人物です。国際連盟について**誤っているもの**を次の**ア～エ**から１つ選び，記号で答えなさい。

ア　スイスのジュネーブに，国際連盟の本部が置かれた。
イ　国際連盟は，1920 年，国際社会の平和と安全を守ろうとして発足した。
ウ　1933 年，日本は常任理事国でありながら国際連盟に脱退《だったい》を通告した。
エ　国際連盟は，中国東北部の満州《まんしゅう》国の独立を認《みと》めた。

問3　**下線部②**に関連して，富士山は 2013 年に世界文化遺産《いさん》として登録されました。2022 年１月現在，日本の世界自然遺産として登録されているものとして**誤っているもの**を次の**ア～エ**から１つ選び，記号で答えなさい。

ア　小笠原諸島　　**イ**　知床《しれとこ》　　**ウ**　平泉《ひらいずみ》　　**エ**　奄美大島《あまみおおしま》

問4　**下線部③**に関連して，夏目漱石が小説を執筆《しっぴつ》していた期間に生きていた人物として**誤っているもの**を次の**ア～エ**から１つ選び，記号で答えなさい。

ア　東郷平八郎《とうごうへいはちろう》　　**イ**　板垣退助《いたがきたいすけ》　　**ウ**　大隈重信《おおくましげのぶ》　　**エ**　坂本龍馬《さかもとりょうま》

問5　**下線部④**に関連して，次の昭和《しょうわ》時代のできごとを年代順に示した表のⅠ～Ⅳの時期のうち，沖縄が日本に復帰した時期として正しいものをあとの**ア～エ**から１つ選び，記号で答えなさい。

Ⅰ ↕
日米安全保障《ほしょう》条約が結ばれる
Ⅱ ↕
アジアで初となる東京オリンピック・パラリンピックが開かれる
Ⅲ ↕
日中平和友好条約が結ばれる
Ⅳ ↕

ア　Ⅰ　　**イ**　Ⅱ　　**ウ**　Ⅲ　　**エ**　Ⅳ

問6　**下線部⑤**に関連して，日本の鉄道について，次の文中の（　　　）に入る適当な語を答えなさい。

明治《めいじ》時代になると，新橋《しんばし》・（　　　）間に最初の鉄道が開通し，人々の暮《く》らしが変わった。

問7　**下線部⑥**に関連して，津田梅子は岩倉《いわくら》使節団とともにアメリカに渡《わた》った日本初の女子留学生の一人です。岩倉使節団について述べた次の文XとYの正誤《せいご》の組み合わせとして正しいものをあとの**ア～エ**から１つ選び，記号で答えなさい。

X　使節団として，木戸孝允《きどたかよし》や伊藤博文《いとうひろぶみ》，西郷隆盛《さいごうたかもり》らが派遣《はけん》された。
Y　使節団は，ヨーロッパの国々を訪問《ほうもん》し，不平等条約の改正に成功した。

ア　X　正　　Y　正　　　**イ**　X　正　　Y　誤
ウ　X　誤　　Y　正　　　**エ**　X　誤　　Y　誤

問8　**下線部⑦**に関連して，「富嶽三十六景」をえがいた人物として正しいものを次の**ア～エ**から１つ選び，記号で答えなさい。

ア　歌川広重《うたがわひろしげ》　　**イ**　本居宣長《もとおりのりなが》　　**ウ**　近松門左衛門《ちかまつもんざえもん》　　**エ**　葛飾北斎《かつしかほくさい》

5

太郎《たろう》さんは米作りや農業について調べました。次の**図**は太郎さんが調べた農業の工夫《くふう》と工夫から読みとれたねらいをまとめたものです。**図**を見てあとの問いに答えなさい。

農業で行われている工夫	工夫から読みとれたねらい
① 大規模《たいきぼ》化を進め，近くの農家と共同で機械を購入《こうにゅう》している。 ② よりおいしい品種の開発に取り組んでいる。 ③ 温室などを使って出荷時期を工夫している。 ④ 農産物の海外への輸出に取り組んでいる。 ⑤ 生産だけではなく加工や販売《はんばい》まで手がけている。	・生産にかかる費用を下げて利益をふやす。 ・販売をする時の価格を上げて利益をふやす。

図　太郎さんのまとめ

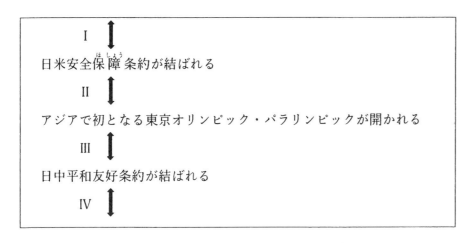

問１　**図**の**下線部**のねらいに最もあてはまる工夫を①～⑤から１つ選び，数字で答えなさい。

問２　工夫②・③のような，新しい品種の開発や様々な農業の技術についての研究を目的に設立されている機関を答えなさい。

問３　漁業に関わっている人たちが行っている，工夫②と同様の工夫の例として最も適当なものを次の**ア**～**エ**から１つ選び，記号で答えなさい。

ア　特別なエサをあたえた魚を養殖《ようしょく》している。
イ　漁港の近くに工場をつくり，かまぼこを生産している。
ウ　海外に向けて，お寿司《すし》のおいしさをＳＮＳで発信している。
エ　魚群探知機《ぎょぐんたんちき》を使って船団で漁をしている。

問４　自動車工業に関わっている人たちが，主に**図**の**下線部**のねらいで行っている工夫にジャスト・イン・タイム方式がありますが，最近では問題があることも分かってきました。どのような問題があるか，次の文中の（　Ａ　），（　Ｂ　）に入る適当なことばを答えなさい。

大きな地震があった時などには，（　　　　Ａ　　　　）ので， （　　　　Ｂ　　　　）。

6

姉の花子《はなこ》さんと弟の次郎《じろう》さんの会話を読んで，あとの問いに答えなさい。

次郎：今日は学校で①ＳＤＧｓ《エスディージーズ》について習ったよ。
花子：次郎も電気をこまめに消すとか，何か環境《かんきょう》に良いことをやってみたら？
次郎：姉《ねえ》さん，②ＳＤＧｓで取り組むのは環境問題だけじゃないんだよ。
花子：確かにそうね。じゃあ次郎は何をするの？
次郎：やっぱり多くの人にＳＤＧｓについて知ってもらうことが大切だと思うんだ。だからみんなに知ってもらうための活動をするよ。
花子：知ってもらうことも大切だけど，「知ってもらう」活動をする人ばかりになったのでは問題は解決しないわね。次郎自身ができることはないの？
次郎：募金《ぼきん》をするくらいしか思いつかないなあ。
花子：ＮＧＯ《エヌジーオー》や国際機関への募金や寄付も大切なことよ。
次郎：そういえば姉さんは中学生の頃《ころ》，街頭募金に参加してたよね。
花子：ええ。今はアルバイトができるようになったから，そこから毎月③ユニセフに寄付をしているわ。

問１　**下線部①**のＳＤＧｓを日本語で何といいますか。適当なものを次の**ア**～**エ**から１つ選び，記号で答えなさい。

ア　持続可能な教育目標
イ　持続可能な開発目標
ウ　持続可能な社会目標
エ　持続可能な環境目標

問２　**下線部②**に関わって，ＳＤＧｓで取り組むべきとされている17のゴールのうち，（１）～（４）のそれぞれの空らんに入る語を答えなさい。

（１）　（２）　（３）　（４）

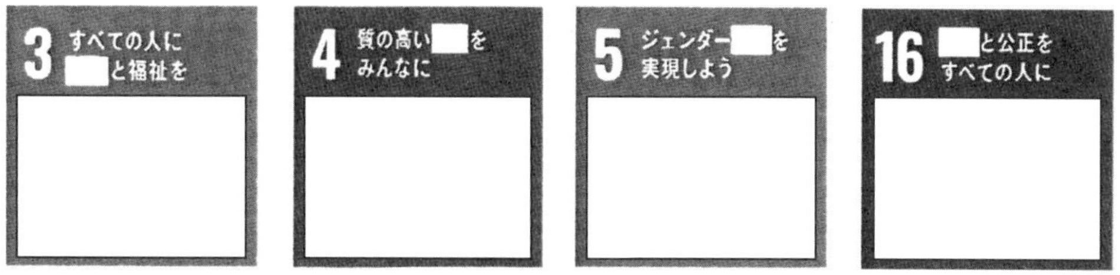

※イラスト省略

問３　**下線部③**について，ユニセフが設立された目的として最も適当なものを次の**ア**～**エ**から１つ選び，記号で答えなさい。

ア　戦争などによって苦しい生活をしている子どもたちを助ける。
イ　教育・科学・文化を通じて平和な社会をつくる。
ウ　健康を基本的人権《きほんてきじんけん》の一つと考え，その達成をめざす。
エ　国際の平和と安全に主要な責任を持つ。

二〇二二（令和四）年度
（検査時間　四十五分）

中

国語解答用紙

受検番号

〈注意〉※印のところには何も書いてはいけません。

一

問1
A
B

問2

問3

問4

問5

問6

問7

問8

二

問1
a
b
c

問2
Ⅰ
Ⅱ
Ⅲ

問3

問4

問5

問6

問7

※100点満点
（配点非公表）

※ ※ ※ ※ ※ ※ ※ ※

2022（令和４）年度

中　算数解答用紙

受検番号	

（検査時間 45 分）

＜注意＞※印のところには何も書いてはいけません。

1

問１	問２
	曜日

問３	問４
円（　高い　・　安い　）	個

※

2

問１			問２
㋐	㋑	㋒	
			秒間

※

3

問１	問２
円	円

※

4

問１	問２	問３
番目	%	%

※

5

問１	問２	問３
	cm^2	cm^2

※

※

※100点満点

中　理科解答用紙

受検番号	

（検査時間　社会とあわせて45分）
〈注意〉※印のところには何も書いてはいけません。

1

問１	問２	問３

問４	問５	問６

※

2

問１	問２	問３	問４

問５	問６	問７

※

3

問１		問２	問３	問４	
（１）	（２）			図１のとき	図２のとき

※

4

問１	問２				
	a	b	c	d	e

問３	問４		問５	
	③	④	⑤	⑥

問６					
⑦	⑧	⑨	⑩	⑪	⑫

※

※

※60点満点
（配点非公表）

中

社会解答用紙

受検番号	

2022（令和4）年度

（検査時間　理科とあわせて45分）

〈注意〉　※印のところには何もかいてはいけません。

1

A	B	C

※

2

問1	問2		
	1	2	3

問3			問4	問5
A	B	C	⇒　⇒	

※

3

問1	問2	問3	問4

問5		
3	4	5

問6	問7

問8		
1）	2）	3）

※

4

問1		問2	問3	問4
1	2			

問5	問6	問7	問8

※

5

問1	問2	問3

問4	
A	B

※

6

問1	問2				問3
	（1）	（2）	（3）	（4）	

※

※

※60点満点
（配点非公表）

二〇二一（令和三）年度
中学校入学検査問題

国語

広島大学附属中学校

（検査時間　五〇分）

〈受検上の注意〉一、答えは、すべて解答用紙に記入しなさい。
二、字数制限のある問題では、句読点や記号も一字に数えます。

一　次の文章を読んで、あとの問いに答えなさい。（問題作成にあたり、一部手を加えた。）

読書の常識はすっかり変わりました。誰《だれ》かが「今日はお休みだから、ゆっくり本でも読んで過ごします」と言ったとしたら、みなさんはいったいどんな「本」を頭に浮《う》かべるでしょう。二十年前であれば、この「本」は小説である可能性が高かったと思います。しかし、今ではこの枠《わく》に小説はまず入らない。きっと*自己啓発本《けいはつぼん》とか、*ハウツーものなどが入る。

人はすっかり小説を読まなくなりました。なぜでしょう。小説といえば娯楽《ごらく》。リラックスしたり、じわっと感動したり、どきどきするようなスリルを味わったりするにはもってこいのジャンルのはずです。もはや誰もそういう娯楽を求めてはいないのでしょうか。

［A］読書そのものから人が遠ざかりつつあるのは確かです。若い人であれば情報を得るために見るのは、紙の頁《ページ》よりもパソコンやスマートフォンの「画面」でしょう。でも、［B］「画面」を通して得る情報であっても、①本質的な部分はそれほど違《ちが》わないのではないでしょうか。やはりそこには文字がある。読むことが必要である。ネットワーク上の言葉のやり取りはたいへん盛んで、読んだり書いたりすることは前よりも身近になっているとさえ言えます。人が言葉と無縁《むえん》になったわけでは決してないのです。ということは、小説が読まれないのは別の理由があるということでしょうか。

実は驚《おどろ》くべきことに、このような本を書いている私自身も、小説が読めない、と感じています。大学の先生の中には「最近の若者はけしからん。〇〇のような古典さえ読んでいないのだから」というようなことをおっしゃる方もいて、私などは［C］自分のことを言われているような気になります。小説離《ばな》れ文学離れは、別に文学部の先生でなくとも気づいていることです。文学部という名称《めいしょう》もたいへん不人気、あちこちの大学で消えつつあります。②「文学」という言葉に伴《ともな》う独特の臭気《しゅうき》のようなもの―そのくさみ―を私も強く感じるのです。「うわ、クサイ」と思う。もし自分が学生で「小説を読め」と先生に言われたとしたら、きっと「うわっ」と思うでしょう。

なぜでしょう。いったいなぜ、私は小説が読めないのか。

その答えは(a)イガイと簡単かもしれません。③小説とは本来、読めないものなのです。何しろ、それは虚構《きょこう》である。私たちの心や身体には元々、異物や偽物《にせもの》や不要な物を排除《はいじょ》するメカニズムが備わっています。腐《くさ》った食べ物を誤って口に入れたら、自然と「まずい！」と思うのです。情報だって同じ。おもしろい話を聞いてそれが嘘《うそ》だとわかると、「な～んだ」としらけるのです。

小説を読むときには、この「な～んだ」をちょっと我慢《がまん》しなければならない。小説とは嘘であることが(b)ゼンテイとなっているという、不思議な言葉のジャンルです。そういうジャンルの言葉と接するとき、私たちはどこかで無理をする必要がある。心や身体が拒絶《きょぜつ》反応を示しても、「まあ、まあ」となだめすかしながら読み進めなければなりません。

これが小説を読むときの第一の(c)カンモンです。小説を読むときには嘘の情報と付き合わねばならない。元々私たちは嘘とのお付き合いをそれなりに上手にこなし、娯楽とさえ感じる余裕《よゆう》があったけれど、最近はやや下手になった。おそらく日々、「本当の情報」とばかり接しているために、あるいは「本当の情報」と接していると信じるようになったため、言葉との付き合い方が頑《かたく》なになってしまったのでしょう。

嘘をつくことができるというのは、人間の最大の能力のひとつです。別に*ペテン師を*擁護《ようご》しようというのではありませんが、私たちの生活ではあちこちで「本当でないこと」がかかわってきます。たとえば「もしこれが××だったら、こういうふうにしよう」と将来について仮想し準備を整えるときにも「嘘」の要素が大事となるでしょう。あるいはすでに起きてしまった現実を前にして「これは見なかったことにしよう」「忘れよう」と思うことで前に進むということもあるかもしれません。私たちは④上手に自分を騙《だま》して心の方向を変えることで、より自分にとって適切なやり方で世界とかかわることができる。

いわゆる「*ヴァーチュアルなもの」が批判的に取り上げられることも多くあります。ネット上の仮想現実にばかりひたっているから現実世界と対応できない、といった批判がされる。若者が大人に叱《しか》られるという構図がここにもあるのですが、⑤どうも違うなと思うこともあります。仮想であること自体が悪いのではありません。虚構を語るというのは人間が長いこと行ってきた、きわめて*ヒューマンな所作です。そういう所作に対してこのような批判が起きるのは、［D］人が虚構との付き合い方を忘れてしまったことの証《あか》しでしょう。私たちは現実すれすれの、だからこそ私たちの現実生活に影響《えいきょう》を及《およ》ぼしうるような際《きわ》どい嘘を、うまく利用することができなくなってきた。

そこはまさに小説の活躍《かつやく》するはずの場所なのです。小説というジャンルの言葉がかくも洗練されてきたのは、際どい嘘を上手に語るためです。今、その際どい嘘が危機に直面している。一部の人がヒステリックに「嘘」を排除しようとするのもそのためです。他方、「嘘」を本当と信じこんでおかしな行動をとる人も出てきた。さらには、非常に劣化《れっか》した単純な「嘘」としか付き合えない、つまり複雑で洗練された「嘘」に反応できない人も増えた。

たしかに「嘘」と付き合うのは難しいです。小説なんてなかなか読めない。私も現代を生きる人間のひとりですから、現代の空気を呼吸しているうちに、小説的な嘘の世界に足を踏《ふ》み入れることの困難を日々感じるようになっています。はっきり言って、面倒《めんどう》くさいです。煩《わずら》わしい。いつの日か、「もう、小説など読まない」と思う日もくるかもしれません。

しかし、それでも今のところ私は小説を読むし、人に小説を読むことを薦《すす》めるし、このような本まで書いて人に小説を読ませようとしている。⑥それは小説を読むという手間のかかる作業に何かがあると信じているからです。

（阿部公彦《あべまさひこ》『小説的思考のススメ「気になる部分」だらけの日本文学』による）

（注）
自己啓発本…能力向上や成功のための手段を説く書籍《しょせき》。　ハウツーもの…実用的な方法や手段を説明したもの。
ペテン師…嘘をついて人をだます人。　擁護…危害を受けないようにかばって守ること。
ヴァーチュアルなもの…コンピュータなどで仮想空間を作り出し、疑似《ぎじ》体験をさせるもの。　ヒューマンな所作…人間らしいふるまい。

問1　＝＝部（a）～（c）のカタカナを漢字に直しなさい。

問2　空欄《くうらん》［A］～［D］にあてはまる言葉として最も適切なものを次のア～カからそれぞれ選び、記号で答えなさい。

ア　もちろん　イ　むしろ　ウ　たとえば　エ　まるで　オ　たとえ　カ　さらに

問3　――部①「本質的な部分」とは、どういうことを言っているのですか。十字以内で答えなさい。

問4　――部②「『文学』という言葉に伴う独特の臭気のようなもの―そのくさみ―を私も強く感じるのです」とありますが、なぜ、そう感じるのですか。その原因が説明された一文を本文中から抜《ぬ》き出し、最初の五字を答えなさい。

問5　――部③「小説とは本来、読めないものなのです」とありますが、筆者はなぜそう言うのですか。最も適切なものを次のア～エから選び、記号で答えなさい。

ア　小説とは、私たちが受け入れるのに抵抗を感じる嘘の情報を含む文章であるから。
イ　小説では、パソコンやスマートフォンのように相手と言葉のやり取りができないから。
ウ　小説では、ネット上の仮想現実の世界のように空間をイメージすることが難しいから。
エ　小説には、読む前に知っておかなければならない知識や教養がたくさんあるから。

問6　――部④「上手に自分を騙して」とは、ここではどういうことを言っていますか。最も適切なものを次のア～エから選び、記号で答えなさい。

ア　現実に起きたことを、こうなる運命だったと落ち着いて受け止める。
イ　現実で思い通りにならなかったことを、仕方ないこととしてあきらめる。
ウ　実際に何か起こる前に、起こるかもしれないことを予想して備える。
エ　これから起こるであろうことについて、あれこれと心配はしない。

問7　――部⑤「どうも違うなと思うこともあります」とありますが、筆者はどういうことに対してそう思うのですか。最も適切なものを次のア～エから選び、記号で答えなさい。

ア　「ヴァーチュアルなもの」が批判的に取り上げられることによって、その技術の発展が滞《とどこお》る危険を含《ふく》んでいること。
イ　若者が大人に叱られるというのはこれまで世間でよく見られた光景であるが、そういう慣習が見られなくなること。
ウ　虚構との付き合い方を忘れてしまったことが問題であるのに、仮想現実にひたることが悪いと批判されていること。
エ　ネット上の仮想現実にひたってしまうことで、現実世界に対応できなくなった若者が次第《しだい》に増えてきていること。

問8　――部⑥「それは小説を読むという手間のかかる作業に何かがあると信じているからです」とありますが、筆者は何があると言うのですか。本文をふまえて五十字以内で答えなさい。

二　次の文章を読んで、あとの問いに答えなさい。（問題作成にあたり、一部手を加えた。）

学校に通えなくなった高校生美緒《みお》は、祖母が作ってくれた赤いショール（肩掛《かたか》け）を大切にしていた。祖母は染織《せんしょく》職人として祖父とともに働いていたが、方針の違いから独立したのち事故で亡《な》くなっていた。ある日美緒は、母と口論になり、家を飛び出して祖父の工房《こうぼう》に身を寄せる。そこで数日を過ごすうちに染織の仕事に興味を持った美緒は、見習いとして働き始める。

薄《うす》く目を開け、美緒は赤いショールに手を伸《の》ばす。

昨夜の*裕子《ゆうこ》の姿に祖母を思った。

整然と並んだ縦糸に一筋ずつ横糸を渡《わた》し、やさしく*筬《おさ》で整える。顔も覚えていない祖母が［A］にして作ってくれたのが、このショールだ。

布に触《ふ》れた指先から、ほのかなぬくもりが伝わってくる。

好きだ、という思いがこみあげてきた。

羊毛の仕事が好きだ。

それなのに母に何も言えなかった。工房や見習いの仕事を悪く言われても、黙《だま》ってうつむいていただけだ。

職人になる覚悟《かくご》はあるのかと母は聞いた。

覚悟……と考えながら、美緒はショールを頭からかぶる。

好きだけれど、そこまではまだ心が決まらない。

開け放した窓から風が入ってきた。日中は暑くても、日が沈《しず》むとこの家は涼《すず》しい。

肌寒《はださむ》さを感じて、美緒は立ち上がった。窓を閉めにいくと、外が明るい。

月の光が木立に落ち、森が白く輝いている。

ああ、と声が漏《も》れた。

昨夜は*「銀の森」の色を裕子の機《はた》で見た。今は目の前に*「ダイヤモンドの森」の光がある。

①月明かりのなかで、岩手山のシルエットがうっすらと見えた。その光景に「水仙《すいせん》月の四日」の絵が心に浮《う》かんだ。

赤い毛布をかぶり、吹雪《ふぶき》のなかで遭難《そうなん》した子ども。

その子の命を取れと命じられた*雪童子《ゆきわらす》は、わざとひどく突《つ》き倒《たお》し、赤い毛布でその子をくるむと、自分の雪で隠《かく》して守ってやる。

部屋のあかりをつけ、鏡の前に美緒は立つ。

赤いショールを頭に深くかぶった自分が映った。

たっぷりとした布の奥《おく》からのぞく目と、小さな身体。見るからに自信がなさそうな子どもを守るようにして、ショールは鮮烈《せんれつ》な色を放っている。

頭からショールを外し、両肩《りょうかた》に掛けてみた。右から下がった布を左肩へ折り上げてみる。

艶《つや》やかな赤い布が身に添《そ》い、優雅《ゆうが》なひだが首のまわりを縁取《ふちど》った。

見たことのない自分の姿に驚き、美緒は一歩前に出る。ショールを肩にまとった自分は堂々としていた。背筋を伸ばすと顔が晴れやかになり、そんな自分の変化に力が湧《わ》いてくる。守られるのではなく、背中を押《お》されているみたいだ。

これが色の力。いや、色と布の力だ。

布の織《お》り目に美緒は目を凝《こ》らす。*精緻《せいち》な織りだ。布の端《はし》も驚くほど、まっすぐに整っている。

今ならわかる。ずっと身近にあったこの布が、どれほど高い技術で作られていたか。

赤がいい。強くそう思った。

赤だ。

こみあげる思いに、美緒はさらに前に進んで鏡に触れる。

同じものを作ろうとしたら、どうなるだろう？　こんなに力がある布を作れるだろうか。

今すぐ、作り始めたい衝動《しょうどう》に突《つ》き動かされ、部屋を出た。

廊下《ろうか》に異様な熱気がこもっている。階段の下から祖父の足音がした。

【　あ　】

「おじいちゃん！　あとで部屋に行ってもいい？」

「今でもいいぞ。なんだ？」

「ショールの色、決めました。すぐに行くけど、ちょっと待って」

「どうした？」

「なんかね、廊下がすごく熱い」

魚が腐ったようなにおいがただよってきた。廊下を歩きながらあちこちを見て、台所のドアを開けた。その途端《とたん》、猛烈《もうれつ》な熱気が顔を打った。

叫《さけ》んだつもりが声にならず、身体が固まった。

「あっ、火……火」

コンロの鉄鍋《てつなべ》から大きな炎《ほのお》が上がっていた。その炎は壁《かべ》を這《は》い、一気に天井《てんじょう》へ燃え移った。

（a）けたたましいベルの音が鳴り響《ひび》いた。

カジデス、カジデス、と火災報知器の声がする。

「おじ、おじい……か、か、みず、み……」

流しに伏《ふ》せてあったボウルを手に取る。しかし炎の熱気が強くて、水道の蛇口《じゃぐち》に近づけない。ようやく蛇口をひねったとき、祖父の声がした。

「水はやめろ、危ない、美緒、下がれ！」

駆《か》け込んできた祖父が、思い切り美緒を後ろへ突き飛ばした。その勢いに尻餅《しりもち》をつく。

祖父の背が目の前に立った。羽織っていた黒い着物を脱《ぬ》ぎ、祖父が炎へ向かっていく。

［B］に立ち上がり、消火器を取りに美緒は廊下へ飛び出す。両腕《りょううで》で抱《かか》えて台所に戻《もど》ると、祖父が咳《せ》き込《こ》みながら着物を鉄鍋に振《ふ》り下《お》ろしていた。しかし炎の勢いは強く、布に火が飛び移った。

「おじいちゃん、下がって！　消火器！」

祖父の寝巻《ねま》きの帯をつかみ、美緒は背後に引く。祖父が消火器に手を伸ばした。

「くれ！」

「おじいちゃんは下がって！」

安全ピンを外し、美緒は炎に消火剤《しょうかざい》を放つ。薬剤《やくざい》の勢いは激しく、瞬時《しゅんじ》に鍋の炎が消えた。すかさず前に踏《ふ》み込み、ホースのノズルを壁と天井に向ける。噴出《ふんしゅつ》する薬剤の泡《あわ》に押されるようにして、炎は消えた。

「消えた、消えたよ、おじいちゃん。すごいね、消火器」

焦《こ》げた天井を見上げた祖父が顔を手で覆《おお》い、床《ゆか》に膝《ひざ》をついた。

美緒、とかすれた声がした。

「さがりなさい、危ないから」

「大丈夫《だいじょうぶ》、もう大丈夫だよ」

②消火器の重さがずしりと腕《うで》にかかる。しかし、なるべく軽《かろ》やかに持ち、美緒は残りの薬剤を天井に吹《ふ》き付《つ》ける。

「おじいちゃん、……もう大丈夫だと思うけど」

床にうずくまった祖父から、かすかな声が聞こえた。

「駄目《だめ》だ……」

「何が駄目？」

祖父の声が聞き取れぬほど小さくなった。

「私はもう……駄目かもしれない」

【　い　】

天ぷら油を火にかけたまま、祖父は父からの電話に出た。話をしながら、一階の染め場に降《お》り、通話のあとはそこで作業をしていたそうだ。

鍋を火にかけていたというより、炊事《すいじ》をしようとしていたこと自体、忘れたのだと言っていた。

火事のことを裕子に連絡《れんらく》すると、すぐに*太一が駆けつけてきた。遅《おく》れて裕子が来て、三人ですすだらけの天井と壁の応急処置をした。

天ぷら油の火災の場合は、水をかけると炎が飛び散り、大やけどをする可能性があるそうだ。もし水をかけていたらと思うと、震《ふる》え上がった。

ここ数年、祖父はもの忘れをするようになり、時折、生活に支障をきたしていたそうだ。

まったく気付かなかったと言うと、美緒ちゃんにだけはきっと気付かれたくなかったのだと、裕子は寂《さび》し気《げ》に語った。

翌日の夜、部屋から出てこない祖父のもとに、ローストチキンのホットサンドを運んだ。丁寧《ていねい》に淹《い》れたコーヒーと一緒《いっしょ》に、祖父の書き物机にトレイを置く。

声をかけると、*屏風《びょうぶ》の陰《かげ》から祖父が出てきた。寝巻きにしている白い着物姿が仙人《せんにん》のようだ。

灰色の着物を羽織った祖父が書き物机に座《すわ》り、何色のショールを作りたいのかとたずねた。

赤、と答えようとして、ためらう。昨夜の炎の色が目にまだ残っている。

「また今度でいいよ。おじいちゃん」

「③聞いておきたい」

食べ物に手を伸ばさず、祖父が静かに言った。

「決めたのだろう。何色だ。色に託《たく》す願いは何だ？」

祖父の前に立ち、美緒は声を張る。

「赤です。」

祖父が目を伏せた。④ひるむ気持ちを抑《おさ》え、美緒は言葉を続ける。

「託す願いは『強くなりたい』」

「美緒は決して弱くはない」

「でも……」

好きなものを好きと言える強さが欲《ほ》しい――。

大きく息を吸って姿勢を正し、美緒は祖父の目を見つめる。

「おじいちゃん、染めを教えてください。新しいショールはすべて、自分の手で作りたい」

「どうして染めもしたいんだ？」

「見てみたい……今の自分が、どこまでやれるのか」

祖父が目を閉じた。

「お前のお祖母《ばあ》さんも昔、まったく同じことを言って、私のもとから去っていった」

わかった、と[C]な声で祖父が答えた。

「やってみなさい。ただし、おまえは決して絶望するな」

【　う　】

三日後の朝、祖父と一緒に美緒は染め場に入った。

薬剤の飛び散りに強いという真新しいエプロンを付け、美緒は祖父の隣《となり》に並ぶ。

祖父が隅《すみ》に置かれた大釜《おおがま》に目をやった。*曾祖父《そうそふ》の時代に使われていたが、昔ほどの注文がない今は出番がない釜《かま》だ。

ゴム長靴《ながぐつ》を履《は》き、祖父がコンクリートの*土間《どま》に下りていった。

「私が染めの見習いを始めたとき、父が言った。だいたい千回染めると感覚がつかめてくると。その通りだった。千回とは土曜も日曜も休まず朝晩染めて三年近く。週に五日なら四年、三日なら七年弱だ。染めに限らず、どの道も一人前になるには時間がかかる。美緒……」

染料《せんりょう》の薬品が入った戸棚《とだな》の前に祖父が歩いていった。

「お前が千回の染めを迎《むか》える日まで、私は一緒にいてやれない。だから今、全力で教える」

「はい……先生」

祖父が(b)怪訝《けげん》そうな顔で振り返った。

「ここにいるときは『先生』って呼びます」

そうか、と祖父が微笑《ほほえ》んだが、すぐに表情を引き締《し》めた。

「始めるぞ。色、音、匂《にお》い、熱、手の感覚、全部記憶《きおく》に叩《たた》き込《こ》め。言葉だけじゃない。全身でつかみとるんだ」

汗《あせ》取りの手ぬぐいを固く額に結び、美緒はうなずく。

遠い昔、祖父もこうして曾祖父から染めを教わったのだ。

【　え　】

(伊吹有喜《いぶきゆき》『雲を紡《つむ》ぐ』文藝春秋刊 による)

(注)

裕子…美緒の父のいとこ。染織工房を経営している。

筬…機織《はたお》りの道具の一つ。縦糸を整え、横糸をたたいて織り込むのに使う。

銀の森、ダイヤモンドの森…絵本に描かれた森。

雪童子…宮沢賢治《みやざわけんじ》の童話「水仙月の四日」に出てくる登場人物。

精緻…非常に細かなところまで注意が行き届いていること。

太一…裕子の息子《むすこ》。

屏風…部屋の仕切りに使うもの。

曾祖父…祖父母の父。ひいおじいさん。

土間…屋内で、床板《ゆかいた》を張らずに地面のままにしてあるところ。

問1　空欄[A]～[C]にあてはまる最も適切なものを次の**ア**～**カ**からそれぞれ選び、記号で答えなさい。

ア　慈《いつく》しむよう　**イ**　絞《しぼ》り出すよう　**ウ**　決意したよう　**エ**　諦《あきら》めたよう　**オ**　弾《はじ》かれたよう

カ　導かれるよう

問2　――部①「月明かりのなかで～心に浮かんだ」とありますが、「水仙月の四日」がここに引用されている理由の説明として最も適切なものを次の**ア**～**エ**から選び、記号で答えなさい。

ア　羊毛の仕事が好きでも、職人になる覚悟はまだできない美緒の心境をあらわす。

イ　夜になったことを表し、美緒が時間が経《た》つのが早く感じられたことを強調する。

ウ　吹雪のなかで遭難した子どものことが忘れられない、美緒の感受性を表現する。

エ　美緒に赤い毛布に守られた子どもを思い出させ、色と布の力に思いを至らせる。

問3　＝＝部（a）「けたたましい」・（b）「怪訝そうな」の本文中における意味として最も適切なものを次の**ア**～**エ**からそれぞれ選び、記号で答えなさい。

a　**ア**　急に高い音が響《ひび》きわたって騒《さわ》がしい様子。　**イ**　無気味な雰囲気《ふんいき》をただよわせている様子。

ウ　大きな音がしてびっくりさせられる様子。　**エ**　低い音が響いて恐怖《きょうふ》を感じさせられる様子。

b　**ア**　突然《とつぜん》起こったことに驚いたような様子。　**イ**　なんとか理由をつけて納得《なっとく》したような様子。

ウ　不思議で合点《がてん》のゆかないような様子。　**エ**　どうしようもないことに諦めるような様子。

問4　――部②「消火器の重さがずしりと腕にかかる。しかし、なるべく軽やかに持ち、美緒は残りの薬剤を天井に吹き付ける」とありますが、この部分から美緒のどのような様子がわかりますか。五十字以内で答えなさい。

問5　――部③「聞いておきたい」とありますが、この言葉に込められた祖父の気持ちとして最も適切なものを次の**ア**～**エ**から選び、記号で答えなさい。

ア　自分がこれから仕事を続けて行けるか不安ではあるが、今、美緒にそれを感じ取らせて心配させたくないという気持ち。

イ　自分はいつまでこの仕事を続けられるかわからないので、美緒の強さを感じた今、思いを聞いておきたいという気持ち。

ウ　自分はこれからも美緒たちと一緒にこの仕事を続けたいと思っているので、美緒の気持ちを聞いておきたいという気持ち。

エ　自分たちの仕事に美緒を職人として迎え入れるため、美緒の気持ちが変わらないうちに決意表明させたいという気持ち。

問6　――部④「ひるむ気持ちを抑え」とありますが、この時の美緒の気持ちとして最も適切なものを次の**ア**～**エ**から選び、記号で答えなさい。

ア　まだ気持ちが決まったわけではないが、今を逃《のが》したらいつ祖父に気持ちを伝えられるかわからないと考え、意を決する気持ち。

イ　祖父の期待に応《こた》えられないかもしれないが、自分のやりたいことを見つけた今、祖父に気持ちを聞いて欲しいという気持ち。

ウ　早く自分の手で作りたいという気持ちを祖父にわかってもらえないかもしれないが、気持ちだけは伝えておこうという気持ち。

エ　祖父の様子を見て、自分の気持ちを素直に伝えることをためらったが、ここで伝えなければ自分を変えられないという気持ち。

問7　本文中から「木立の奥から蝉《せみ》の声が響いてきた。」という一文を抜いています。この一文は本文中の**【あ】**～**【え】**のどこにあてはまりますか。最も適切なものを選び、**【あ】**～**【え】**の記号で答えなさい。

問8　〰〰部「赤いショール」の役割は本文中で変化しています。どのように変化していますか。五十字以内で説明しなさい。

2021（令和 3）年度

中学校入学検査問題

算　数

（検査時間　50分）

＜受検上の注意＞　答えは，すべて解答用紙に記入しなさい。

1　次の問いに答えなさい。

問１　次の計算をして，わり算の商とあまりを求めなさい。

$(27+83\times47)\div77$

問２　りんごジュースとオレンジジュースとパインジュースが，それぞれ入ったビンが何本かあります。りんごジュースの本数とオレンジジュースの本数の比は 22:21 で，オレンジジュースの本数とパインジュースの本数の比は 9:11 です。このとき，りんごジュースの本数とパインジュースの本数の比について，その**比の値《あたい》**を答えなさい。

問３　下の表は，ある小学校の５年生に一番好きなスポーツの種目を聞いて，その結果をまとめたものです。ところが表の一部が破れて，テニスが一番好きな人の人数がわからなくなりました。ただし，それぞれのスポーツの種目を一番好きな人が全体にしめる割合《わりあい》を，小数第３位を四捨五入《ししゃごにゅう》して百分率で表すと，サッカーが 40 %で，野球が 32 %であることはわかっています。また，この表に書かれた種目以外のスポーツを一番好きと答えた人はいませんでした。テニスが一番好きな人の人数を求めなさい。

一番好きなスポーツ

スポーツの種目	人数(人)
サッカー	19
野球	15
テニス	[redacted]
バスケットボール	4
バレーボール	3

問４　A さんが１時間でペンキをぬることのできるかべの面積と B さんが 50 分でペンキをぬることができるかべの面積は同じです。

あるとき，A さんと B さんが２人で協力して２日間でかべにペンキをぬりました。１日目は２人が同時に１時間 40 分ぬったので，かべ全体の $\frac{2}{3}$ にペンキをぬることができました。２日目は，１日目にぬり残したかべに A さんが先にペンキをぬり始め，その 11 分後に B さんも作業に加わって，残りのかべをぬり終わるまで２人で作業しました。２日目に，A さんがかべをぬり始めてから２人がぬり終えるまでにかかった時間は何分かを求めなさい。

問５　次の（１），（２）の文章は，下の方眼紙を利用してかいた６つの四角形㋐〜㋕のうちのどれかの四角形について説明したものです。説明文の内容にあてはまる四角形を，㋐〜㋕からそれぞれ１つずつ答えなさい。

（１）この四角形は線対称《たいしょう》な図形であり，また点対称な図形です。対称の軸《じく》は２本だけあります。２本の対角線は垂直《すいちょく》に交わっていますが，長さは等しくありません。

（２）この四角形は，線対称な図形ですが，点対称な図形ではありません。２本の対角線の長さは等しく，垂直に交わっています。

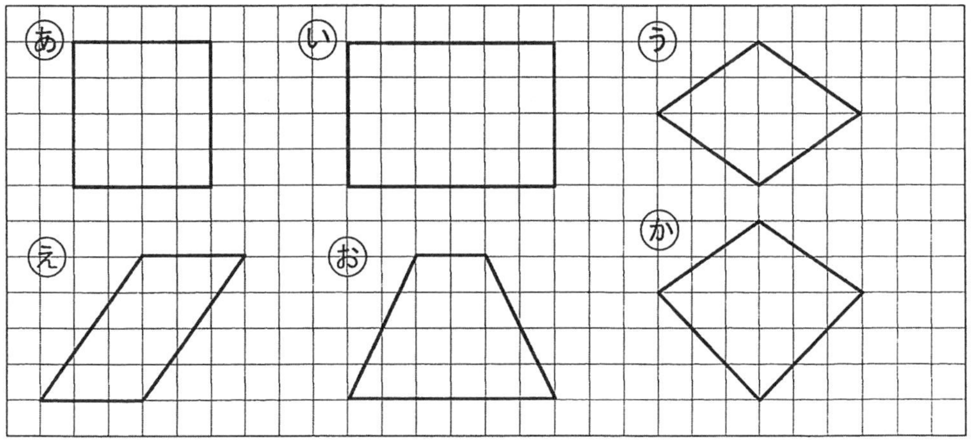

2　Aさんの家から図書館までまっすぐの道があり，家から図書館までは 2 km あります。この道をAさんの家から図書館の方へ 800 m 進んだところに，コンビニエンスストアがあります。

ある日，Aさんはかさを持ち図書館に向かって，ちょうど 10 時に家を出ました。はじめ時速 3 km で歩いていましたが，10 時 4 分からは時速 4.5 km で歩きました。図書館に行く途中《とちゅう》でコンビニエンスストアに寄って飲み物を買い，そこで休憩《きゅうけい》しました。Aさんはコンビニエンスストアを 10 時 20 分に出発し，再び時速 3 km で歩いて図書館に向かいましたが，300 m 進んだところでコンビニエンスストアにかさを忘《わす》れたことに気がつき，時速 9 km で走って取りに行きました。Aさんは入口のかさ立てにあったかさを時間をかけることなく取り，その後すぐコンビニエンスストアを出発し，図書館に向かって一定の速さで歩きました。図書館まで残り 300 m のところで雨がふってきましたが，Aさんは止まることなくかさをさし，歩く速さは変えずに図書館まで歩きました。Aさんが図書館に着いたのはちょうど 10 時 40 分でした。

問1　下のグラフは，Aさんが家を出てからはじめの 8 分間について，家を出てからの時間（分）と家からのきょり（m）の関係を表したものです。Aさんが図書館に着くまでの，家を出てからの時間と家からのきょりとの関係を解答用紙の方眼紙にグラフで表しなさい。

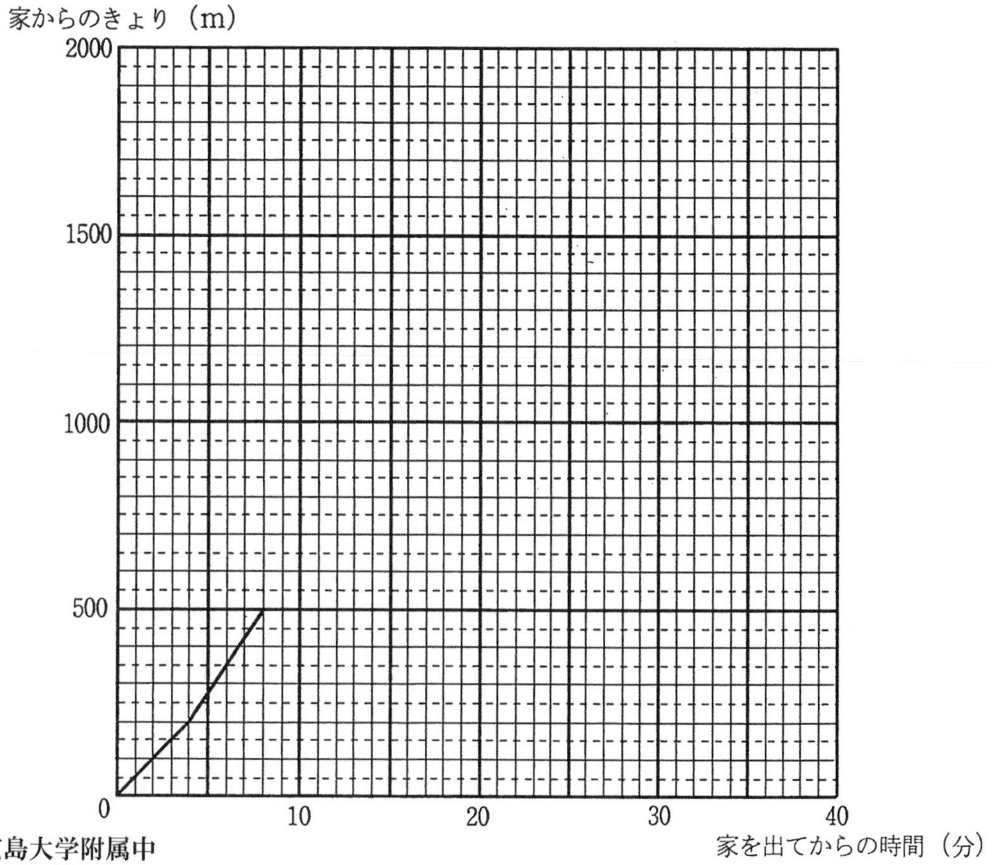

問2　Aさんがかさをさして歩いた時間は何分間かを求めなさい。

問3　Aさんの兄がちょうど 10 時 28 分に家を出て，自転車に乗って時速 12 km で，Aさんと同じ道を通りどこにも止まることなく図書館に行きました。兄が図書館に向かう途中でAさんに追いついた地点は，家からのきょりが何 m かを求めなさい。

3　次の問いに答えなさい。

問１　図１は，ある四角柱の展開《てんかい》図です。この四角柱の底面あは台形です。また，側面のい は正方形です。この展開図を組み立てて四角柱をつくり，図２の見取《みとり》図のように，いを下にして四角柱を平らな面に置きました。そして四角柱の各頂点《ちょうてん》に A，B，C，D，E，F，G，H の記号をつけました。

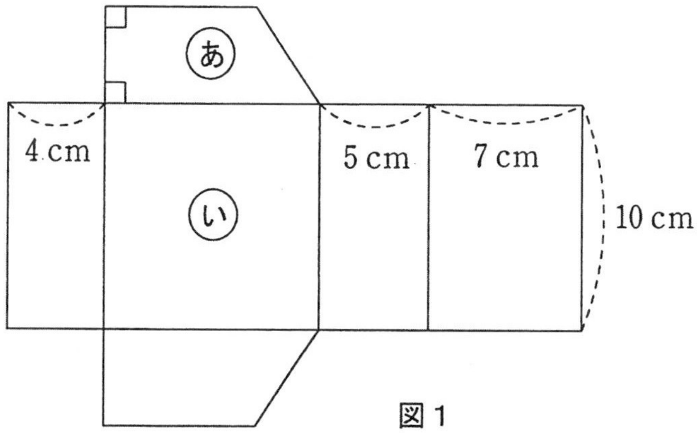

図１

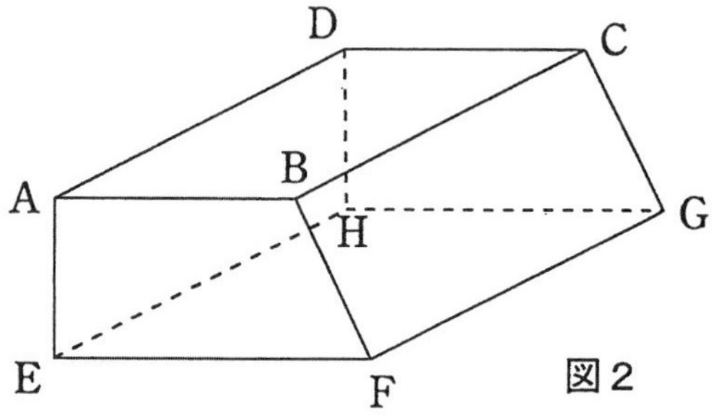

図２

（１）四角柱の辺のうち，辺 AB と平行な辺をすべて答えなさい。

（２）この四角柱の体積は何 cm^3 かを求めなさい。

問２　図３は１辺の長さが 4 cm の透明《とうめい》な正方形のシートに，正方形の１つの辺が直径になるように円の半分をかいたものです。

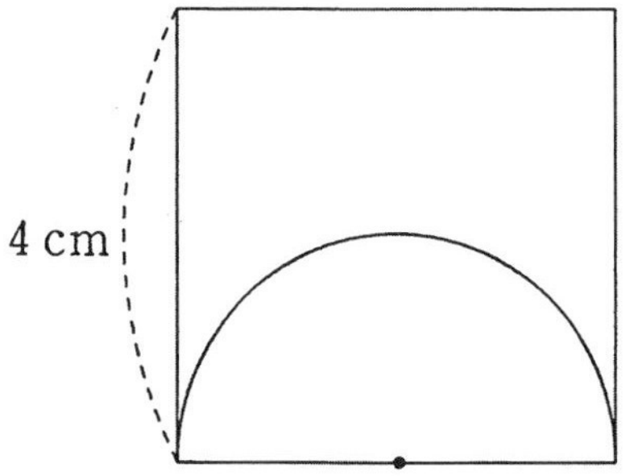

図３

（１）このシートを２枚重ねて図４のような図形を作りました。斜線のついている部分の面積は何 cm^2 かを求めなさい。ただし，円周率は 3.14 とします。

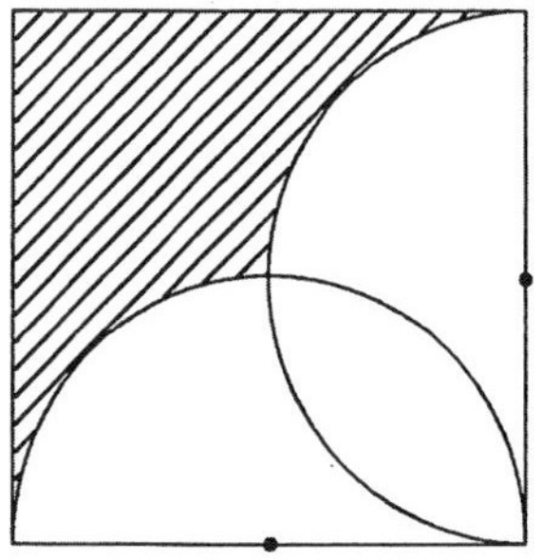
図４

（２）このシートを３枚使って図５のような図形を作りました。角うの大きさは何度かを求めなさい。

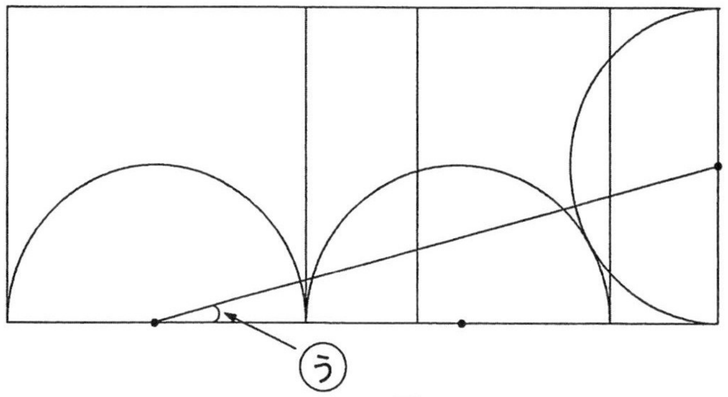

図５

4　次のルールにしたがって，整数を変化させます。

（ルール）
2以上のある整数を考えます。その整数が偶数《ぐうすう》なら2でわります。奇数《きすう》なら15をたします。この変化を，整数が1になるか，途中で同じ整数が出るまでくり返します。

例えば，最初に考えた整数が8なら　8→4→2→1　となり，1になって変化は終わりです。また，最初に考えた整数が21なら　21→36→18→9→24→12→6→3→18　となり，2回目の18が出るので変化は終わりです。

最初に考えた整数のうち，ルールにしたがって順に変化させたときに，1になって終わりになる整数は「1になる整数」，同じ整数が出て終わりになる整数は「同じになる整数」ということにします。上の例であれば，8は「1になる整数」，21は「同じになる整数」となります。

問1　11，13，17，23，29を「1になる整数」と「同じになる整数」に分けなさい。

問2　33以上の奇数で「1になる整数」のうち，最も小さい奇数を答えなさい。

5　あるスポーツ店の倉庫には，ボールが20個入っている箱A，15個入っている箱B，12個入っている箱Cがいくつも置かれています。

問1　箱Aと箱Bを合わせて，ボールが170個になるようにします。箱Aと箱Bはそれぞれ何箱あればいいですか。あてはまる箱の数の組み合わせをすべて答えなさい。ただし，箱Aがa箱，箱Bがb箱のときの箱の数の組み合わせは（a，b）と表すようにします。

問2　箱Aと箱Bと箱Cを合わせて，箱が16箱でボールが254個になるようにします。箱Aと箱Bと箱Cはそれぞれ何箱あればいいですか。あてはまる箱の数の組み合わせをすべて答えなさい。ただし，箱Aがa箱，箱Bがb箱，箱Cがc箱のときの箱の数の組み合わせは（a，b，c）と表すようにします。

2021（令和３）年度
中学校入学検査問題

理　科

（検査時間　社会とあわせて 50 分）

〈受検上の注意〉 答えは，すべて解答用紙に記入しなさい。

1　次のＡとＢに答えなさい。

Ａ　４月のはじめにヘチマのたねをまき，11月まで１週間おきにヘチマの成長と気温を調べました。図１は，４月 18 日にヘチマを観察した結果をまとめたものです。図２と図３は，５月から 11 月のうち，ある月における１週間おきの午前10時の気温を表したものです。また，４月から 11 月までの季節ごとの鳥や虫の活動の様子を調べました。これについて，あとの問いに答えなさい。

ヘチマ	４年	１組	広島　たろう
４月 18 日 天気 くもり	午前 10 時 気温 17 ℃		
【観察した場所】 広島市（校庭）			
【観察して気づいたこと，調べてわかったこと】 2 cm ぐらいの芽が出ていた。図かんで調べると，これは（　あ　）とよばれることがわかった。ヘチマの（　あ　）は（　い　）枚にわかれている。			

図１

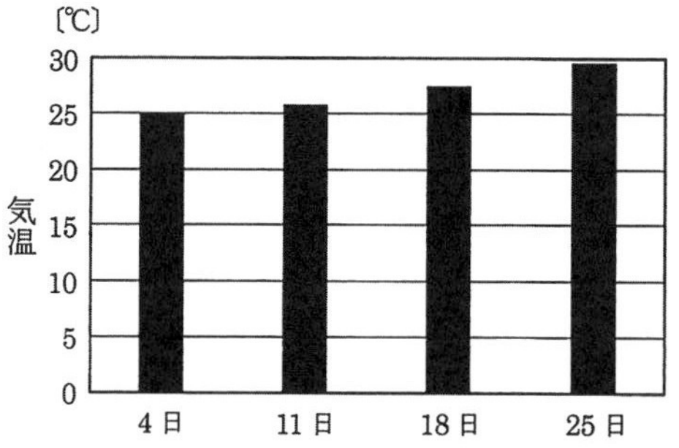

図２

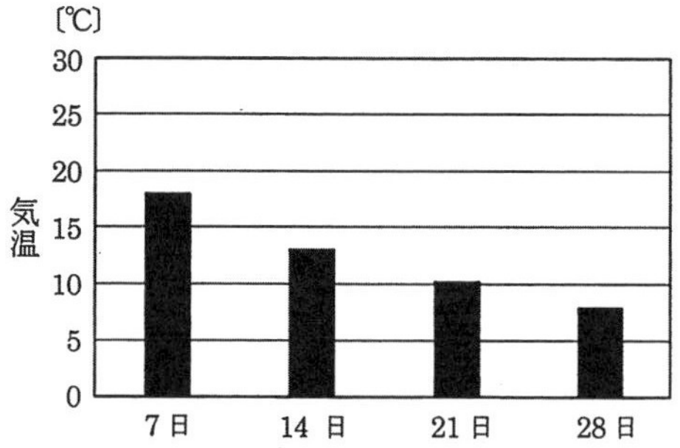

図３

問１　図１の（　あ　）にあてはまる語を漢字で答えなさい。また，（　い　）にあてはまる数字を答えなさい。

問２　図２のように気温が変化した月のとき，ヘチマはどのような様子でしたか。次のア～エから最も適切なものを１つ選び，記号で答えなさい。

ア　くきがのびて，葉の数がふえていた。
イ　くきはのびなくなった。実が大きくなっていた。
ウ　葉が出はじめて，３ ～ ４枚になっていた。
エ　全体がすっかりかれた。たねが残っていた。

問３　図３のように気温が変化した月のとき，鳥や虫の活動はどのような様子でしたか。次のア～エから最も適切なものを１つ選び，記号で答えなさい。

ア　カモが池にみられた。
イ　ツバメが子を育てていた。
ウ　カマキリが卵《たまご》からかえっていた。
エ　ショウリョウバッタのよう虫が葉を食べていた。

Ｂ　体のつくりや筋《きん》肉の動きを調べる観察に関する以下の文章を読み，あとの問いに答えなさい。

［観察１］
自分の体を動かして，手やうでの曲がるところをさがした。曲がるところにシールをはってしるしをつけたところ，図４のようになった。

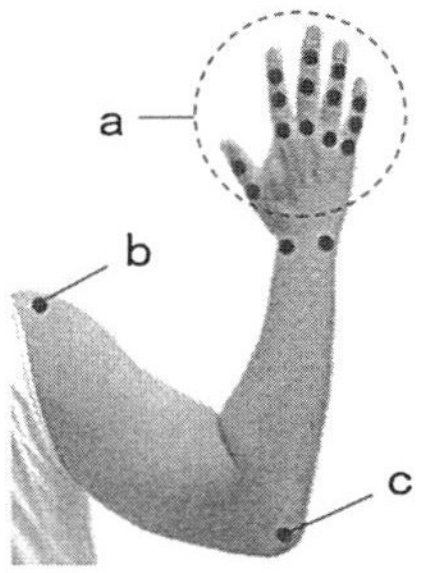

図４

問４　観察１を行ったあと，しるしをつけたところについて図かんを使って調べると，次のことがわかりました。あとの問いに答えなさい。

しるしをつけたところは，骨《ほね》と骨のつなぎ目になっているため，曲がります。このつなぎ目を（　あ　）といいます。（　あ　）にはさまざまなつくりがあり，動き方がちがいます。例えば，図４のａ～ｃに見られるつくりは，骨を黒くして図に示すと，次のように表されます。

ａに見られるつくり	ｂに見られるつくり	ｃに見られるつくり
（　い　）	（　う　）	

（１）（　あ　）にあてはまる語を漢字で答えなさい。

（２）（　い　）と（　う　）にあてはまる図はどれですか。次のア～ウから最も適切なものをそれぞれ１つずつ選び，記号で答えなさい。

ア

イ

ウ

［観察２］

図５のように，うでを曲げたりのばしたりしたときの，うでの筋肉の様子を調べた。その結果は，表のようになった。

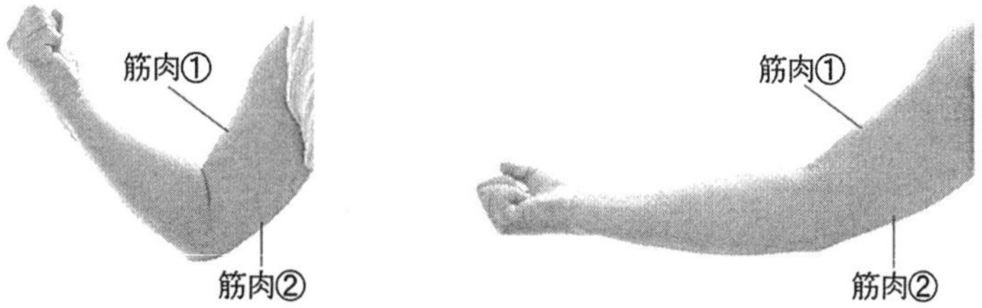

図５

表

うでを曲げたとき	うでをのばしたとき
筋肉①がもり上がってかたくなった。 筋肉②が平らになった。	筋肉①が平らになってやわらかくなった。 筋肉②がもり上がった。

問５　**観察２**の結果から，次の（１），（２）のときに筋肉①と筋肉②はどのようになっていると考えられますか。あとの**ア**～**エ**から最も適切なものをそれぞれ１つずつ選び，記号で答えなさい。

（１）うでを曲げたとき
（２）うでをのばしたとき

ア　筋肉①はちぢみ，筋肉②はゆるむ。　**イ**　筋肉①はゆるみ，筋肉②はちぢむ。
ウ　筋肉①と筋肉②はどちらもちぢむ。　**エ**　筋肉①と筋肉②はどちらもゆるむ。

２　次のＡとＢに答えなさい。

Ａ　図１のＰ～Ｒは，広島県内を流れる同じ川の一部の様子を表したものです。これについて，あとの問いに答えなさい。

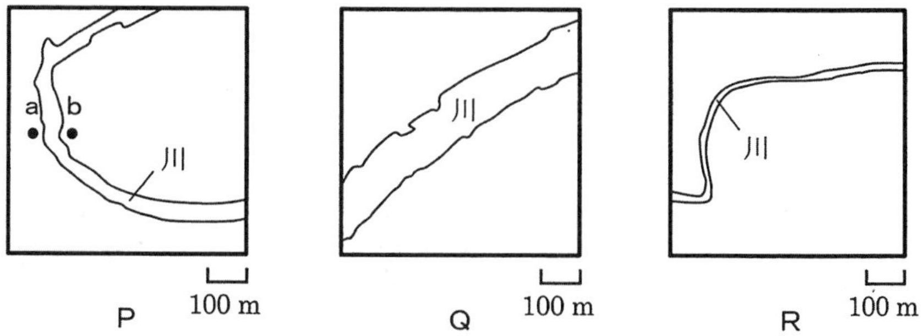

図１　（地理院地図をもとに作成）

問１　図１のＰ～Ｒを上流から下流の順に並《なら》べかえたものとして，正しいものはどれですか。次の**ア**～**カ**から最も適切なものを１つ選び，記号で答えなさい。

ア　Ｐ → Ｑ → Ｒ　**イ**　Ｐ → Ｒ → Ｑ　**ウ**　Ｑ → Ｐ → Ｒ
エ　Ｑ → Ｒ → Ｐ　**オ**　Ｒ → Ｐ → Ｑ　**カ**　Ｒ → Ｑ → Ｐ

問２　図２は，川原にあった丸みのある石です。川原やこの石について説明した次の①と②の文について，正しい場合は○の記号で，まちがっている場合は×の記号でそれぞれ答えなさい。

①　川原は，図１のａに見られ，ｂには見られない。
②　川の流れる水が石の角をけずった。

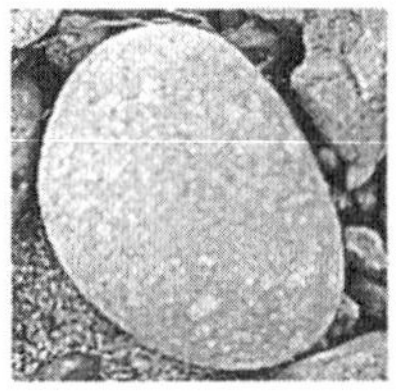

図２

Ｂ　星と星座《ざ》について，次の問いに答えなさい。

問３　星の位置は，方位のほかに何によって表すか答えなさい。

問４　オリオン座とさそり座に赤っぽい色の星はありますか。次の**ア**～**エ**から最も適切なものを１つ選び，記号で答えなさい。

ア　オリオン座，さそり座のどちらにもある。
イ　オリオン座にはあるが，さそり座にはない。
ウ　オリオン座にはないが，さそり座にはある。
エ　オリオン座，さそり座のどちらにもない。

問５　５月のある日の午後８時に，オリオン座の一部とさそり座の一部が見えます。それぞれの星座は，どの方位の空に見えますか。次の**ア**～**エ**から最も適切なものを１つ選び，記号で答えなさい。

ア　オリオン座は西の空，さそり座は東の空に見える。
イ　オリオン座は西の空，さそり座は南の空に見える。
ウ　オリオン座は東の空，さそり座は西の空に見える。
エ　オリオン座は東の空，さそり座は南の空に見える。

3　水をあたためたり冷やしたりする実験を行い，水のすがたや体積の変化について調べました。この実験に関する以下の文章を読み，あとの問いに答えなさい。

［実験１］

① 図１のように，20℃の水を満たした試験管に細いガラス管をつけたゴムせんをさしこみ，水面の位置にしるしをつけた。これを２本用意した。

② １本は図１に示す試験管のＸの部分を60℃の湯に入れて試験管の水をあたため，水面の位置を調べた。

③ もう１本は図１に示す試験管のＸの部分を０℃の氷水に入れて試験管の水を冷やし，水面の位置を調べた。

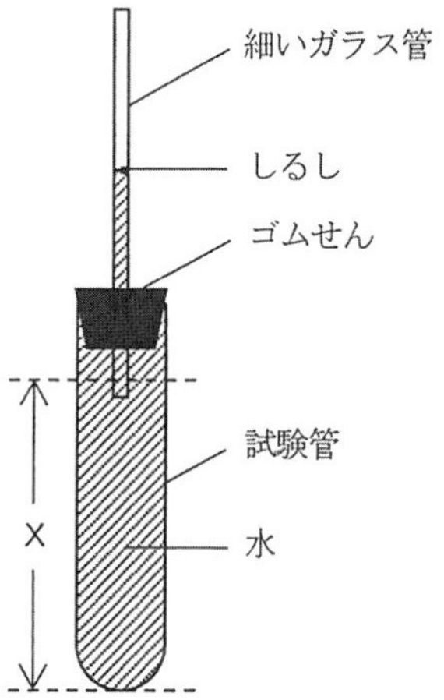

図１

問１　次の文は，実験１で調べた水面の位置を述べたものです。（　あ　）と（　い　）にあてはまることばは何ですか。あとのア～ウから最も適切なものをそれぞれ１つずつ選び，記号で答えなさい。

②のとき，水面は（　あ　）にあった。③のとき，水面は（　い　）にあった。

ア　しるしと同じ位置　　イ　しるしよりも上の位置　　ウ　しるしよりも下の位置

問２　実験１で，図１のように細いガラス管を用いて水面の位置を調べたのはなぜですか。この理由を述べた次の文の（　あ　）と（　い　）にあてはまることばをそれぞれ答えなさい。

水の温度の変化による（　あ　）を（　い　）するためです。

［実験２］

① 図２のように，丸底フラスコに20℃の水とふっとう石を入れ，温度計とガラス管をつけたゴムせんをさしこんだ。そして，水面の位置にしるしをつけた。

② 実験用ガスコンロの火で図２の丸底フラスコの底を熱し，しばらく水をふっとうさせた。(a) このときの水の温度の変化を調べた。

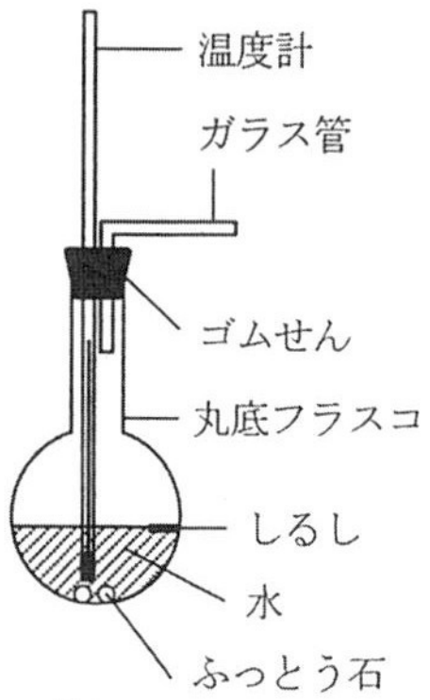

図２

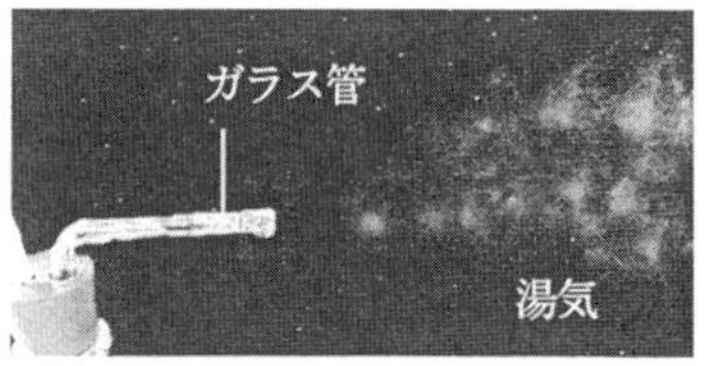

図３

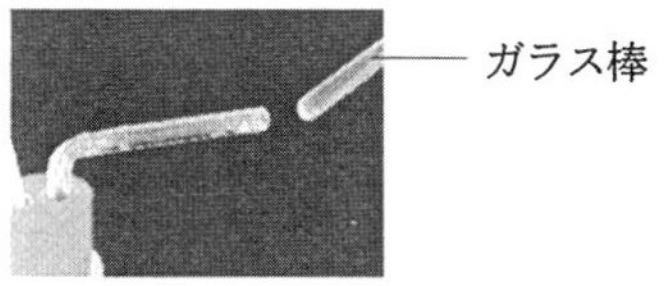

図４

③ 図３のようにガラス管の近くに白い湯気が見えてきたときに，(b) 図４のようにガラス管と湯気の間に乾《かわ》いたガラス棒《ぼう》を近づけ，ガラス棒の先の様子を観察した。

④ 実験用ガスコンロの火を消し，(c) 水の温度が実験を行った部屋の温度と同じになるまでそのまま置き，水面の位置を調べた。

問３　丸底フラスコにふっとう石を入れたのはなぜですか。20字以内で答えなさい。ただし，句読点も１字に数えます。

問４　下線部（ａ）について，熱しはじめてからふっとうしている間，水の温度はどのように変化しましたか。次のア～エから最も適切なものを１つ選び，記号で答えなさい。

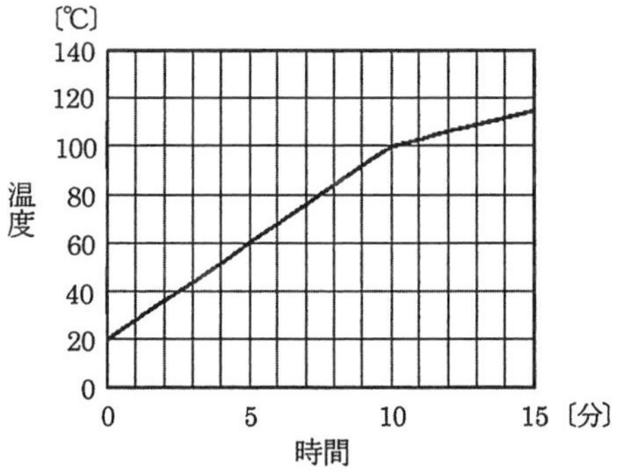

ア

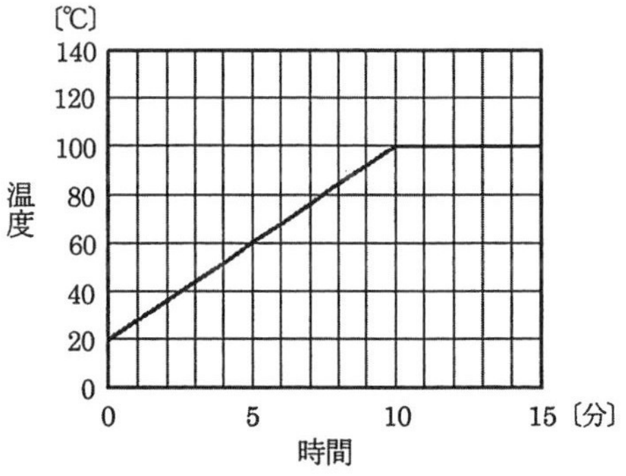

イ

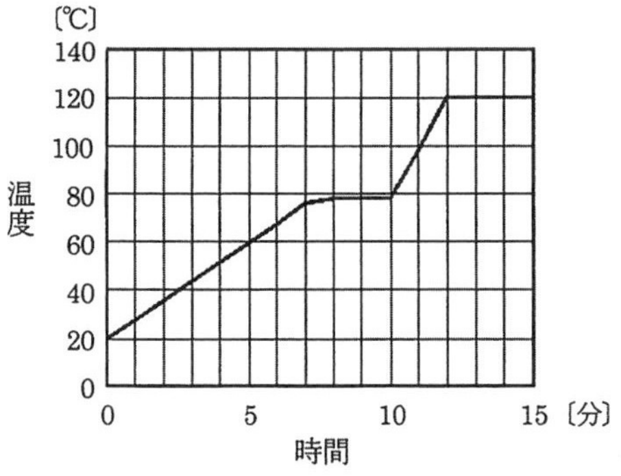

ウ

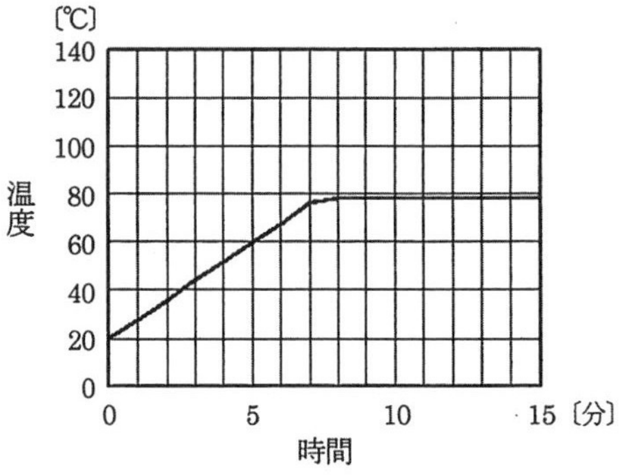

エ

問５　下線部（ｂ）について，ガラス棒の先に水てきがつきました。次の文は，実験２においてて水がふっとうしているときの水のすがたを述べたものです。（　あ　）～（　う　）にあてはまることばは何ですか。あとのア～ウから最も適切なものをそれぞれ１つずつ選び，記号で答えなさい。ただし，同じものをくり返し選んでもかまいません。

・　丸底フラスコの水の中のあわは（　あ　）の水です。 ・　ガラス棒を近づけていないとき，ガラス管と湯気の間には（　い　）の水があります。 ・　湯気は（　う　）の水です。

ア　気体　　イ　液体　　ウ　固体

問6　下線部（ｃ）について，水面はどの位置にありましたか。次のア～ウから最も適切なものを１つ選び，記号で答えなさい。また，そのようになった理由を答えなさい。

ア　しるしと同じ位置にあった。
イ　しるしよりも上の位置にあった。
ウ　しるしよりも下の位置にあった。

4　虫めがねをつかって日光を紙に当て，光の明るさやあたたかさを調べました。図１はそのときの様子を横から見たもの，また，図２はそのときの紙にうつった様子を示しており，「虫めがねのはしのかげ」と「取っ手のかげ」の部分をそれぞれ鉛《えん》筆でなぞりました。あとの問いに答えなさい。ただし，虫めがねのはし，取っ手は日光を通さないものとします。

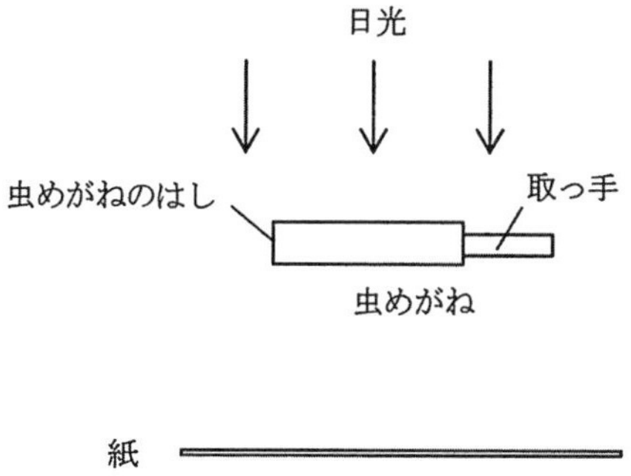

図１

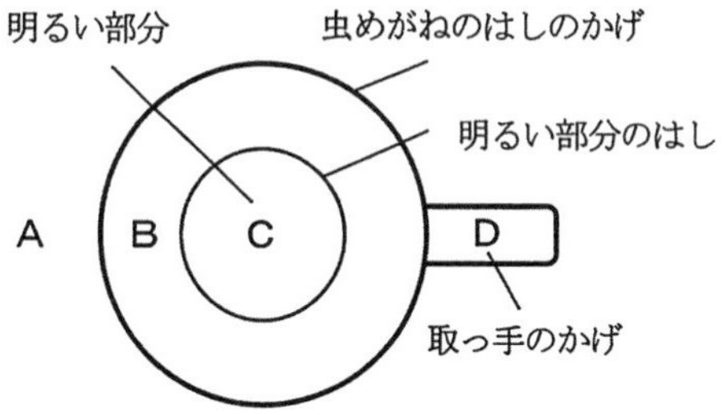

図２

問１　図２において，「虫めがねのはしのかげ」よりも外側の部分をＡ（ただしＤの部分は除《のぞ》く），「虫めがねのはしのかげ」と「明るい部分のはし」とで囲まれた部分をＢ，「明るい部分」をＣ，「取っ手のかげ」の部分をＤとします。このとき，それぞれの部分を明るい順に並べるとどのようになりましたか。次のア～カから最も適切なものを１つ選び，記号で答えなさい。ただし「○＝△」で示した記号は，○と△の部分は同じ明るさであることを表しています。

ア　Ａ，Ｃ，Ｂ，Ｄ　　イ　Ａ，Ｃ，Ｂ＝Ｄ
ウ　Ｃ，Ａ，Ｂ，Ｄ　　エ　Ｃ，Ａ，Ｂ＝Ｄ
オ　Ａ＝Ｃ，Ｂ，Ｄ　　カ　Ａ＝Ｃ，Ｂ＝Ｄ

問２　図２で示した状態から，虫めがねを紙から遠ざけていくと，Ｃは小さくなっていきました。図３はそのときの紙にうつった様子を示しています。このとき，図３で示したＢ，Ｃの明るさはどのようになりましたか。次のア～ウから最も適切なものをそれぞれ１つずつ選び，記号で答えなさい。

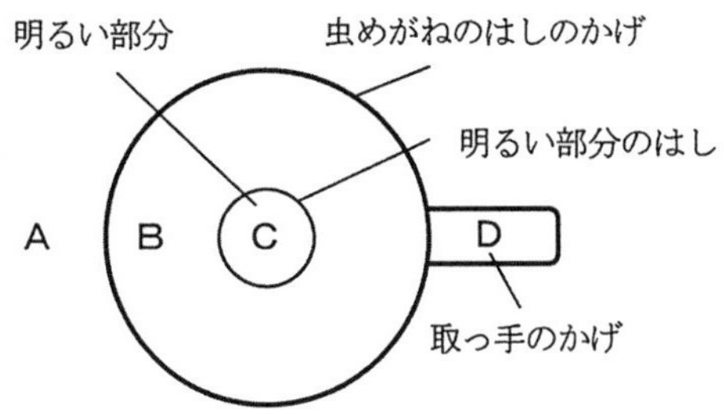

図３

ア　しだいに暗くなった。　　イ　変化しなかった。　　ウ　しだいに明るくなった。

問３　図３で示した状態から，虫めがねをさらに紙から遠ざけていくと，「明るい部分のはし」は「虫めがねのはしのかげ」を通りこしました。図４はそのときの紙にうつった様子を示しています。ここで，「明るい部分のはし」よりも外側の部分をａ（ただし「取っ手のかげ」の部分は除く），「明るい部分のはし」と「虫めがねのはしのかげ」で囲まれた 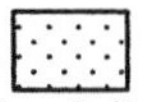 で示した部分をｂ，「虫めがねのはしのかげ」で囲まれた部分をｃ，「取っ手のかげ」のうち 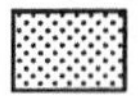 で示した部分をｄとします。

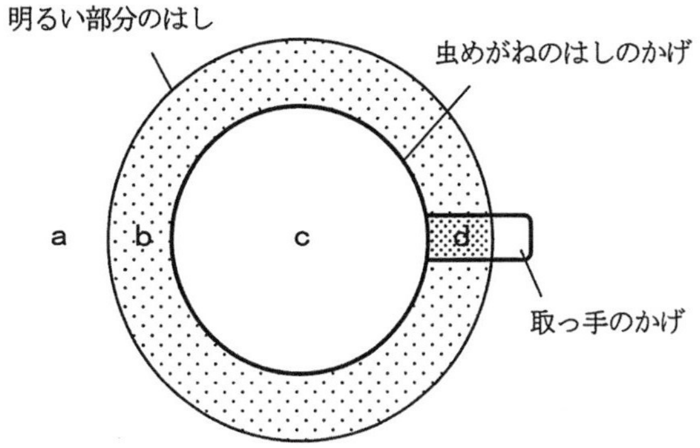

図４

（１）このとき，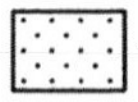 で示したｂが他の部分と比べ，最も明るいことがわかりました。ａ，ｃ，ｄを明るい順に並べるとどのようになりましたか。次のア～コから最も適切なものを１つ選び，記号で答えなさい。ただし「○＝△」で示した記号は，○と△の部分は同じ明るさであることを表しています。

ア　ａ，ｃ，ｄ　　イ　ａ，ｄ，ｃ　　ウ　ｃ，ａ，ｄ　　エ　ｃ，ｄ，ａ
オ　ｄ，ａ，ｃ　　カ　ｄ，ｃ，ａ　　キ　ａ＝ｃ，ｄ　　ク　ａ，ｃ＝ｄ
ケ　ｃ，ａ＝ｄ　　コ　ａ＝ｄ，ｃ

（２）このとき，最もあたたかくなっていた部分はどこですか。ａ～ｄから１つ選び，記号で答えなさい。

問４　図４で示した状態から，虫めがねをさらに紙から遠ざけました。遠ざけていくにつれて，図４で示したａ～ｃの明るさはどのようになりましたか。次の**ア**～**ウ**から最も適切なものをそれぞれ１つずつ選び，記号で答えなさい。ただし，同じものをくり返し選んでもかまいません。

ア　しだいに暗くなった。　**イ**　変化しなかった。　**ウ**　しだいに明るくなった。

問５　虫めがねをさらに紙から遠ざけていくと，「明るい部分のはし」は「虫めがねのはしのかげ」から遠ざかり，やがて紙からはみだしました。図５はそのときの紙にうつった様子を示しています。ここで，「虫めがねのはしのかげ」よりも外側の部分をｅ（ただしｆの部分は除く），「取っ手のかげ」の部分をｆとします。このとき，ｃの明るさはどのようになりましたか。次の**ア**～**エ**から最も適切なものを１つ選び，記号で答えなさい。

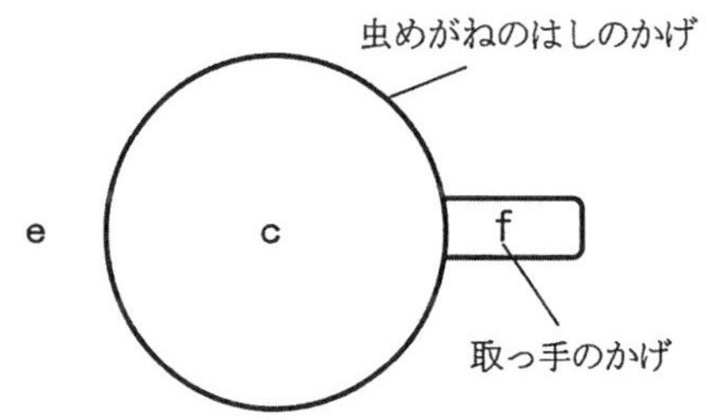

図５

ア　ｅの明るさと区別できなくなった。
イ　ｆの明るさと区別できなくなった。
ウ　ｅとｆの両方の明るさと区別できなくなった。
エ　ｅとｆよりも明るくなった。

2021（令和3）年度
中学校入学検査問題

社　会

（検査時間　理科とあわせて 50 分）

＜受検上の注意＞　答えは，すべて解答用紙に記入しなさい。

1　次の問いに答えなさい。

問１　地球のおもな海洋は３つあり，それらは「三大洋《さんたいよう》」と呼《よ》ばれています。そのうち，２番目に面積が大きな海洋を答えなさい。

問２　地図帳には，地域《ちいき》の情報を伝えるためにさまざまな記号があります。次の文章の（　　　）にあてはまるものをあとの**ア**～**エ**から１つ選び，記号で答えなさい。

地図帳で都道府県ごとに交通機関を調べていると，栃木《とちぎ》県，群馬《ぐんま》県，埼玉《さいたま》県，神奈川《かながわ》県，山梨《やまなし》県，岐阜《ぎふ》県，三重《みえ》県，滋賀《しが》県，京都《きょうと》府，奈良《なら》県には，（　　　）の記号がないことがわかりました。

ア　灯台　　　**イ**　空港　　　**ウ**　新幹線　　　**エ**　高速道路

問３　広島《ひろしま》市には**図１**のようなかんばんが約 800 か所に設置《せっち》されています。
　このかんばんは自然災害から身を守るために設置されています。その自然災害を１つ答えなさい。

図１（広島市ウェブサイトより）

問４　森や林のはたらきについて紹介《しょうかい》した文のうち，**誤《あやま》っているもの**を次の**ア**～**エ**から１つ選び，記号で答えなさい。

ア　新潟《にいがた》県には，冬の季節風《きせつふう》がもたらす大雪から鉄道を守るために，防雪林《ぼうせつりん》があります。

イ　山形《やまがた》県には，夏の季節風がもたらすたくさんの砂から農地を守るために，防砂林《ぼうさりん》があります。

ウ　富山《とやま》県には，山地からふく暖かくかわいた風から家を守るために，防風林《ぼうふうりん》があります。

エ　宮城《みやぎ》県には，川の上流地域に，海の魚を保護するための植林《しょくりん》活動によってできた森林があります。

問５　中国《ちゅうごく》地方の瀬戸内《せとうち》地域は，日本のなかでは降水量《こうすいりょう》が少ない地域の１つです。
　次の文章は，その理由について説明したものです。［　　　］に適当な語句を 10 字以上 20 字以内で答えなさい。ただし，句読点も１字に数えます。

「瀬戸内地域は，［　　　　　　　　　　］地域で，季節風がそれらの山地をのぼるときに雨を降《ふ》らすため，一年を通して降水量が少なくなります。」

2　日本の産業について，次の問いに答えなさい。

問１　さいばい漁業について，正しく説明した文を次の**ア**～**エ**から１つ選び，記号で答えなさい。

ア　ヒラメのたまごをかえして海に放流し，海で育ててからとります。
イ　夏にとった小さなホタテ貝《がい》を，出荷《しゅっか》する大きさまであみの中で育てます。
ウ　マダイは 15 ㎝以下のものがとれた場合，海にかえしています。
エ　海でたまごからかえったウニをとり，さいばいセンターで育てます。

問２　農業について，次の文章の（　１　），（　２　）に適当な語を答えなさい。

（　１　）は効率よく稲《いね》に栄養分をあたえることができますが，使いすぎると土がかたくなったり，稲が成長しすぎてたおれたりする心配があります。そのため，農家の人々は，牛やぶたなどのふん尿《にょう》や稲のわらをまぜて発《はっ》こうさせた（　２　）を肥料として使うなどのくふうをしています。

問３　次の**表１**は，1960 年，2017 年の日本の工業生産額（出荷額）の上位５分野を示したものです。**表１**の（　　　）は同じ語が入ります。（　　　）に適当な語を答えなさい。機械工業には，自動車や電子部品の生産額もふくまれます。

表１　日本の工業生産額（出荷額）

	1960 年	2017 年
1 位	機械工業	機械工業
2 位	金属工業	金属工業
3 位	食料品工業	（　　　）工業
4 位	せんい工業	食料品工業
5 位	（　　　）工業	せんい工業

（矢野恒太《やのつねた》記念会「日本国勢図会《にほんこくせいずえ》2020/21 年版」にもとづいて作成）

2021(R3) 広島大学附属中
教英出版　社4の1

問４　図１は日本地図の一部で，Ａ～Ｄの都道府県があります。次の文の（　　　）にあてはまる語をあとのア～エから１つ選び，記号で答えなさい。

図１の●の地域には，この地域の自然条件をいかした日本最大の（　　　）発電所があります。

ア　原子力
イ　地熱
ウ　火力
エ　水力

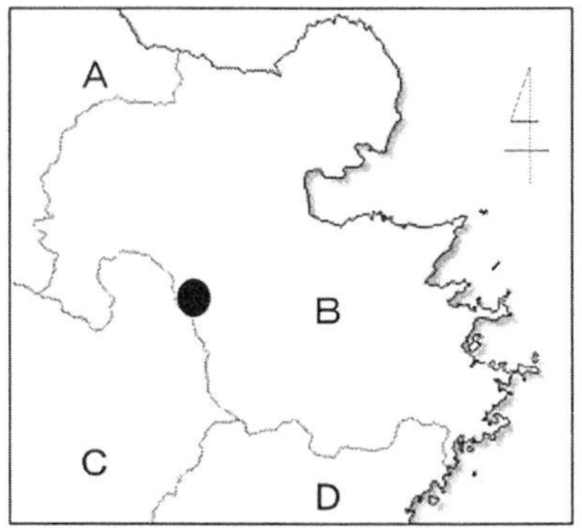

図１

３

次の日本の年表《ねんぴょう》について，あとの問いに答えなさい。

	Ａ
約2300年前	九州《きゅうしゅう》北部で米づくりがおこなわれる。
	Ｂ
593年	聖徳太子《しょうとくたいし》が摂政《せっしょう》になる。
	Ｃ
794年	都が平安京《へいあんきょう》にうつる。
	Ｄ
1167年	平清盛《たいらのきよもり》が政治の実権《じっけん》をにぎる。
	Ｅ
1338年	足利尊氏《あしかがたかうじ》が征夷大将軍《せいいたいしょうぐん》となる。
	Ｆ
1600年	関ヶ原《せきがはら》の戦いがおきる。
	Ｇ
1853年	ペリーが浦賀《うらが》に来る。
	Ｈ

問１　この年表に，外国とのつながりを書き加える場合に，次の（１）～（３）のできごとがあてはまる時期をＡ～Ｈから１つずつ選び，記号で答えなさい。同じ記号を何回選んでもかまいません。

（１）明《みん》と貿易をはじめる。
（２）中国の皇帝《こうてい》から，卑弥呼《ひみこ》に倭王《わおう》の称号《しょうごう》や銅の鏡があたえられる。
（３）織物《おりもの》の技術や漢字などが大陸から伝えられる。

問２　年表のＡ～Ｈのうちある１つの時期に，仏教《ぶっきょう》に関わる次の①～③のできごとがありました。

①日本に仏教が伝わる	②中国に仏教が伝わる	③朝鮮《ちょうせん》に仏教が伝わる

（１）①～③のできごとがおこった時期をＡ～Ｈから１つ選び，記号で答えなさい。
（２）①～③のできごとを年代の古い順に番号で答えなさい。

問３　年表のＡ～Ｈのうちある１つの時期に，次の①～③の戦いがありました。

①元寇《げんこう》	②承久《じょうきゅう》の乱《らん》	③一《いち》の谷《たに》の戦い

（１）①～③のできごとがおこった時期をＡ～Ｈから１つ選び，記号で答えなさい。
（２）①～③のできごとを年代の古い順に番号で答えなさい。

問４　次の写真ａ～ｃは，寺や神社について，その庭や建物《たてもの》をうつしたものです。これらについてあとの問いに答えなさい。

ａ

ｂ

ｃ

（1） a～cがつくられた時期を年表のA～Hからそれぞれ１つずつ選び，記号で答えなさい。同じ記号を何回選んでもかまいません。

（2） a～cの寺や神社の名前を次のア～カからそれぞれ１つずつ選び，記号で答えなさい。

ア 法隆寺《ほうりゅうじ》　イ 東大寺《とうだいじ》　ウ 龍安寺《りょうあんじ》

エ 唐招提寺《とうしょうだいじ》　オ 日光東照宮《にっこうとうしょうぐう》　カ 平等院《びょうどういん》

問５ 次の文章の（　１　）～（　４　）に適当な語を入れなさい。

年表のGの時期には，鎖国《さこく》までのできごとが入ります。鎖国とは，幕府《ばくふ》が他の国や地域との貿易や交渉《こうしょう》を行う場所をきびしく制限することで，国を完全に閉《と》ざしたのではありません。蝦夷地《えぞち》の（　１　）の人たちとの交易は（　２　）藩《はん》がおこない，（　３　）との外交や貿易は対馬《つしま》藩を通しておこないました。また，18 世紀のなかばには，（　４　）語の書物を通して，ヨーロッパの学問を研究することがさかんになりました。

4

誠也《せいや》さんの学校では，広島の歴史について調べて年表にまとめる宿題が出ました。次の年表は，誠也さんがまとめた年表の一部です。これを見てあとの問いに答えなさい。

A	1871（明治 4）年	（　１　）により広島藩は広島県となった。
B	1884（明治 17）年	宇品港《うじなこう》の建設が始まった。
C	1894（明治 27）年	（　２　）のため，大本営《だいほんえい》や帝国議会《ていこくぎかい》が広島にうつった。
D	①1902（明治 35）年	広島高等師範学校《ひろしまこうとうしはんがっこう》が設立された。
E	1912（大正 元）年	広島市で広島電鉄《ひろしまでんてつ》の運転が始まった。
F	1931（昭和 6）年	広島電鉄の路線が宮島口《みやじまぐち》までのびた。
G	1945（昭和 20）年	②原子爆弾《げんしばくだん》が投下された。
H	1961（昭和 36）年	広島空港が開港した。
I	1975（昭和 50）年	広島カープがセントラル・リーグで初優勝《はつゆうしょう》した。
J	1994（平成 6）年	アジア競技大会が広島で開催《かいさい》された。
K	2006（平成 18）年	③広島平和記念資料館《ひろしまへいわきねんしりょうかん》の本館が国の重要文化財となった。
L	2019（令和 元）年	④ローマ教皇《きょうこう》フランシスコが広島を訪問《ほうもん》した。

問１ 年表の（　１　），（　２　）に最も適当なできごとを答えなさい。

問２ 下線部①について，この年に日本が同盟《どうめい》を結んだ国の名前を答えなさい。

問３ 下線部②に関連して，次のア～エは原子爆弾が投下されるまでの第二次世界大戦中のできごとです。年代の古い順にならべかえ，記号で答えなさい。

ア 日独伊《にちどくい》三国同盟が結ばれた。

イ アメリカ軍が沖縄《おきなわ》に上陸した。

ウ 日本はハワイの真珠湾《しんじゅわん》を攻撃《こうげき》した。

エ 学徒出陣《がくとしゅつじん》が始まった。

問４ 下線部③の近くには世界遺産《せかいいさん》に登録された原爆《げんばく》ドームがあります。広島県にあるもう１つの世界遺産を答えなさい。

問５ 下線部④について，ローマ教皇との関わりが最も深いできごとを次のア～エから１つ選び，記号で答えなさい。

ア 種子島《たねがしま》に鉄砲《てっぽう》が伝えられた。

イ 九州の大名が少年使節《しょうねんしせつ》を派遣《はけん》した。

ウ 堺《さかい》が南蛮貿易《なんばんぼうえき》によってさかえた。

エ 島原《しまばら》・天草一揆《あまくさいっき》がおこった。

問６ この年表に日本の社会のできごとを書き加える場合，次の（1）～（4）のできごとは，それぞれA～Lのどのできごとのあとに書き加えることが適当ですか。A～Lの記号で答えなさい。同じ記号を何回選んでもかまいません。

（1）大韓民国《だいかんみんこく》と国交《こっこう》を開いた。

（2）東日本大震災《ひがしにほんだいしんさい》がおこった。

（3）男子普通選挙《だんしふつうせんきょ》の制度が定められた。

（4）東海道《とうかいどう》新幹線が開通した。

5 日本国憲法《にほんこくけんぽう》が定める基本的人権《きほんてきじんけん》について，次の文章を読んであとの問いに答えなさい。

日本国憲法は，人は生まれながらに基本的人権を持っているという考え方に立っています。この考えにもとづいて憲法にはさまざまな権利が定められていますが，それらは３つに分類することができます。１つ目は，①生まれながらに持っている基本的人権について国から制限を受けないという権利《けんり》をあらわしたもので，職業を選ぶ自由や言《げん》論《ろん》の自由，法のもとの平等などがこれにあたります。２つ目は，②国が積極的《せっきょくてき》に関わることによって保障《ほしょう》される権利をあらわしたもので，健康で文化的な生活をおくる権利などがこれにあたります。３つ目は，③基本的人権を守るために必要な権利をあらわしたもので，選挙権や裁判《さいばん》を受ける権利などがこれにあたります。

問１　下線部①～③の権利にあてはまるものを次の**ア**～**ウ**からそれぞれ１つずつ選び，記号で答えなさい。

ア　学問の自由　　**イ**　教育を受ける権利　　**ウ**　議員《ぎいん》に立候補《りっこうほ》する権利

問２　下線部①について，このように権利として自由が定められていても，他の人の権利をおかす自由は許されません。そのために，国は国会《こっかい》できまりをつくることで，憲法に反しない範囲《はんい》で自由を制限することができます。国や地方公共団体もこのきまりにしたがって行動しなくてはならないと考えられています。

（１）国会でつくられるきまりを何と言いますか，答えなさい。

（２）国会でつくったきまりが憲法に反していないかどうかを判断する機関を何と言いますか，その名前を答えなさい。

問３　下線部②について，次の問いに答えなさい。

（１）このような権利を保障するために地方公共団体がおこなっていることの例を１つ答えなさい。

（２）（１）をおこなうための費用を，地方公共団体は，何によってまかなっていますか，２つ答えなさい。

問４　下線部③に関わって，次の問いに答えなさい。

（１）選挙について**誤っているもの**を次の**ア**～**エ**から１つ選び，記号で答えなさい。

ア　入院中の人は，病院で不在者投票《ふざいしゃとうひょう》をすることができる。
イ　近年，投票率が低いことが問題になっている。
ウ　インターネットを利用した選挙運動ができるようになった。
エ　衆議院《しゅうぎいん》に立候補できる年齢《ねんれい》が 18 才以上に引き下げられた。

（２）裁判員裁判がおこなわれるのはどのような裁判ですか，次の**ア**～**エ**から１つ選び，記号で答えなさい。

ア　人々の間の大きな利益をめぐる対立を解決するための裁判
イ　人々の間の小さな利益をめぐる対立を解決するための裁判
ウ　比かく的軽い犯罪を裁《さば》くための裁判
エ　重い犯罪を裁くための裁判

問５　日本国憲法の三原則について，「基本的人権の尊重《そんちょう》」以外の原則を２つ答えなさい。

（検査時間　五〇分）　二〇二一（令和三）年度

〈注意〉※印のところには何も書いてはいけません。

受検番号

中

国語解答用紙

一

問1 a b c

問2 A B C D

問3

問4

問5

問6

問7

問8

二

問1 A B C

問2

問3 a b

問4

問5

問6

問7 【　　】

問8

※ ※ ※ ※ ※ ※ ※ ※

※100点満点（配点非公表）

2021（令和３）年度

中　算数解答用紙

受検番号	

（検査時間 50分）

＜注意＞※印のところには何も書いてはいけません。

1

問１		問２	問３	問４	問５		※
商	あまり		人	分	（１）	（２）	

2

問１	問２	※
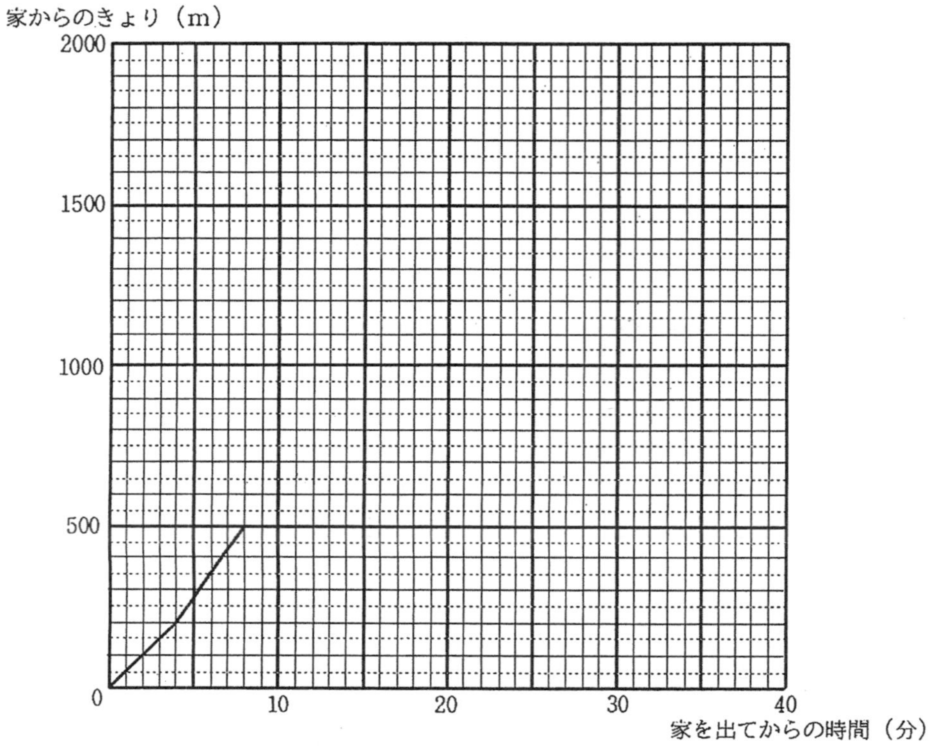	分間	
	問３	
	m	

3

問１		問２		※
（１）	（２）	（１）	（２）	
	cm^3	cm^2	度	

4

問１		問２	※
１になる整数	同じになる整数		

5

問１	問２	※

※
※100点満点 （配点非公表）

中　理科解答用紙

受検番号	

（検査時間　社会とあわせて50分）
〈注意〉※印のところには何も書いてはいけません。

1

問１		問２	問３
あ	い		

問４			問５	
（１）	（２）		（１）	（２）
	い	う		

※

2

問１	問２		問３	問４	問５
	①	②			

※

3

問１		問２	
あ	い	あ	い

問３

問４	問５			問６
				記号
	あ	い	う	

問６
理由

※

4

問１	問２		問３	
			（１）	（２）
	B	C		

問４			問５
a	b	c	

※

※

※60点満点
（配点非公表）

2021（令和3）年度

中

社会解答用紙

受検番号	

（検査時間　理科とあわせて50分）
〈注意〉※印のところには何も書いてはいけません。

1

問 1	問 2	問 3	問 4

問 5

※

2

問 1	問 2	
	1	2

問 3	問 4

※

3

問 1			問 2	
(1)	(2)	(3)	(1)	(2) ⇒ ⇒

問 3	
(1)	(2) ⇒ ⇒

問 4					
(1) a	b	c	(2) a	b	c

問 5		
1	2	3

問 5
4

※

4

問 1		問 2
1	2	

問 3	問 4	問 5
⇒ ⇒ ⇒		

問 6			
(1)	(2)	(3)	(4)

※

5

問 1			問 2
①	②	③	(1)

問 2	問 3
(2)	(1)

問 3	問 4	
(2)	(1)	(2)

問 5

※

※
※60点満点
（配点非公表）

国語

広島大学附属中学校

（検査時間　五〇分）

〈受検上の注意〉一、答えは、すべて解答用紙に記入しなさい。
二、字数制限のある問題では、句読点や記号も一字に数えます。

一　次の文章を読んで、あとの問いに答えなさい。（問題作成にあたり、一部手を加えた。）

咲良《さくら》は中学校時代にバレーボール部で活躍《かつやく》していた。高校入学後は、陸上部のマネージャーを務めている。直《なお》は先輩《せんぱい》マネージャーである。陸上部は最近実力をつけてきて、地区ブロック大会を経て、スポーツに情熱をかたむける全国の高校生が出場を目指している全国大会（インターハイ）に出場することが決まった。インターハイでライバルの山科《やましな》と競《きそ》い合いたい天野《あまの》をはじめ、部員は熱心に練習に取り組んでいる。

「天野先輩、待ってくださーい」

咲良は第一走の天野に勢いのまま駆《か》け寄《よ》った。

やっぱり止めなければ。

それしか思いつかなかったのだ。無理をすれば天野の脚《あし》は取り返しがつかなくなるかもしれない。

「なによ、咲良ちゃーん」

（　Ⅰ　）近寄ってきた咲良に、天野はいつもの調子だった。

「さあ、本気出すかってときに」

「先輩、足、大丈夫《だいじょうぶ》ですか」

さすがに極力声は抑《おさ》えたつもりだ。だが、天野はぎくっとしたような顔になった。

「気づかれてたか」

「はい。今日はまだ休んだ方がいいです」

素早《すばや》く言って、天野の腕《うで》を引っ張った。

「おーい、大黒頼《だいこくたの》むわー」

引っ張られながら、天野は大黒を呼び、バトンを渡《わた》した。

「咲良ちゃんが大事な話があんだって。マジ照れるわ」

チャラッと言う天野を咲良はグラウンドのはじっこに連れていった。

「足、どれくらい悪いんですか？」

咲良の問いかけに天野は①うるさそうに眉《まゆ》をひそめたものの、

「いつから気づいてた？」

と問い返した。

「ブロック大会のリレー決勝のときです。バトンを渡すときに、ちょっと詰《つ》まった気がしたから」

「……」

天野は少し黙《だま》ったのち、にっと口のはじをゆがめた。

「②さすが、と、言いたいけど甘《あま》いな」

「え？」

咲良は首をかしげたが、続いた言葉はさらに驚《おどろ》くものだった。

「だって俺《おれ》が異変を感じたの、100の決勝の前だもん」

「えーっ、神ってたじゃないですか」

ブロック大会での天野は、本当に調子が良かった。これまで咲良が見てきた中でいちばんの走りだったと思う。練習で出せない力が試合で出せるわけはないとはよく言われることだが、たまに、試合で思いもよらない結果が出ることがある。試合の緊張《きんちょう》感とプレッシャーがいい具合に刺激《しげき》となる場合だ。まさに神が舞《ま》い降《お》りたという表現がぴったりで、あの日の天野がそうだった。

「そうだよ。自分でもびっくりした。山科ぶったおすんじゃないかと思った。でも本当は*ブロックに足を置いたとき、くるぶしにちょっとした痛みが走ってたんだよね。前に捻挫《ねんざ》したことがあってたまに痛むんだよね」

「それであのタイムですか」

10秒77

「ああ、体なんか、だませばなんとかなんだよ。痛くても気がつかないふりをしてりゃ、丸めこめるんだって」

天野は③うそぶいた。

「病院には？」

「*接骨院《せっこういん》には行ってるよ。じいさまやばあさまに混じって電気当てたりしてるんだけどな」

少し顔をしかめたのは、思うように回復しないと言うことだろう。

「だましたまんま行こうと思ってたけど、ちょっと無理だったかな」

天野は遠くの空を見上げるようにして言った。

「しかたないか」

そして歩き出した。グラウンドに戻《もど》るのかと思ったら、逆の方向だ。公園の入口。ちょうどやってきた大熊《おおくま》先生に近寄ると、話をし始める。距離《きょり》はあるが、先生の顔が（　Ⅱ　）曇《くも》ったのはわかった。天野から足の不調を告げられたのだろう。

その日のリレー練習は、通常通りに行われたが、終わりのミーティングで大熊先生が突然《とつぜん》の発表をした。

「インターハイ、リレーは天野に代わって大黒」

「えっ」

大黒は④目の前で風船でも割れたみたいな顔になった。ほかの部員もあっけにとられた顔をしている。

「なんでですか？　天野先輩めっちゃ調子がいいじゃないっすか」

いち早く東平《ひがしだいら》が声を上げた。

「そうですよ。ほかのやつならまだしも、天野はいちばんタイムがいいんですよ」

つい*気色《けしき》ばむ大黒に、堂本《どうもと》も続ける。

「それに天野先輩は三年生ですよ」

三年生にとっては高校生活最後の夏であり、部活の締《し》めくくりだ。そのラストを悲願のインターハイで飾《かざ》れるとあって、確かに天野は張り切っていた。

それなのにどうして？　誰《だれ》の胸にも同じ疑問が湧《わ》いているようだった。

「右足の古傷ちゃんがねえ」

興奮気味《ぎみ》の部員たちをなだめるように、天野は右足に視線を落とし、ため息をついた。だがもちろん堂本は納得《なっとく》しない。

「え？　今日だって、大丈夫だったじゃないですか。まったく問題なかったですよ」

バトンを受け取る際に気がつくこともなかったらしい。

「そうだよ。足が痛いなんて気がつかなかったよ」

「ですよ。自分もぜんっぜん気がつきませんでした」

大黒が言うのに、東平は大声で同意し、山下《やました》もこくこくとうなずいた。だが、天野は言った。

「ところがひとり気がついた人がいたんだな」

（　Ⅲ　）視線を咲良に流す。

「咲良ちゃんが気づいちゃったんだな」

みんなの視線が集まって、咲良はぎくっと肩《かた》をすぼませる。

そんな咲良を見て、天野はなぜか愉快《ゆかい》そうに笑った。

「誰にも気づかれなければ、やり過ごせるかと思ったんだけど、わかっちゃったらしかたない」

「そうだな」

先生もうなずく。

「⑤なんか、すみません」

咲良はかえって悪いことをしたような気になったが、天野は首を振《ふ》った。

「咲良ちゃんがあやまることないっしょー。むしろよかったよ。無理したら将来にも影響《えいきょう》があるかもしれないんだから。俺、この先も陸上続けるつもりだし」

気分を変えるように言う天野を、大熊先生は気づかうようにたずねた。

「じゃあ、個人も今回は見送るか？」

と、天野は即座《そくざ》に反応《はんのう》した。

「それは出ますっ！」

はね返すような声だった。

「走りたい。走らせてください」

一瞬《いっしゅん》、場が静まった。咲良も息を呑《の》み込《こ》んだ。

「山科に勝ちたいんだ。いや、勝てなくても一緒《いっしょ》に走りたい」

絞《しぼ》り出《だ》すように天野は言った。みぞおちのあたりから、熱いものがこみ上げた。天野は山科と大好きな走りを共有したいのだ。咲良は⑥あふれそうになる涙《なみだ》を必死にこらえた。同時に、天野の自己規制の厳しさにも気圧《けお》されそうになる。

真に痛いのはどっちだろう。脚と心と。

天野は本当はリレーにだって出たいのだ。

「すごかったね、咲良ちゃん」

マネージャー室で咲良は直から声をかけられた。

「天野くんの脚の不調によく気がついたね。あの人、絶好調だったのに」

直は素直《すなお》に感心したようだった。咲良の頬《ほお》は赤くなる。直からこんなにほめられたのは、初めてではないだろうか。

「私、クラスも一緒なのに、ぜんぜん気がつかなかった」

「天野先輩はちゃんと隠《かく》してたから、普通《ふつう》は気がつかないと思います」

言いながら咲良は、だから自分は気がついたのだと改めて思った。

「私はおんなじことしてたから、わかったんです」

ちょっとやそっとの痛みやけがは、周囲に悟《さと》られないようにする選手は少なくないが、咲良はその思いが強かった。相手には当然のこと、チームメートにさえ弱みを見せたくはなかった。余計な気づかいはいらないし、フォローが試合の邪魔《じゃま》になると思っていた。ともかく自分自身の力でやりとげたかった。大切なのはチームよりもまず、自分。

「だから、天野先輩はすごいな、と思いました」

咲良はまだ残る胸のうずきを感じながら言った。

あのとき。バレーの全国大会で、あっさりけがを認めて自分が引いていればせめてあの試合は勝てたかもしれない。痛みをこらえるあまり、体と心がぶれた自分よりも、戦える選手はほかにいただろう。でもそれよりも譲《ゆず》りたくない気持ちの方が強かった。

「リレーでなら、インターハイでメダルの可能性があるから、天野先輩だって本当はそれにかけてみたかったんだと思います」

「……そうだね」

直は少し黙ったのち、つぶやいた。咲良の意見に同意したというよりも、別のなにかを考えているような顔だった。

次の日から、新メンバーでの練習が始まった。メンバーの入《い》れ替《か》えに伴《ともな》って、走者も入れ替えられることになった。

「一走、山下。二走。大黒。三走、東平。アンカー、堂本」

大熊先生から告げられた走順は、ブロック大会以降のタイムが反映されていた。これまでのタイムの速い順に逃《に》げ切《き》る作戦から、一走とアンカーに力点を置く作戦への変更《へんこう》だ。一走でこのところタイムを上げてきた山下が勢いをつけ、大黒がそれを保ち、カーブが得意な東平がつなぐ。アンカーは好タイムが安定している堂本。

練習はすぐに始まったものの、日を重ねてもなかなか軌道《きどう》に乗らなかった。バトン渡しの相手が変わったせいだろうか、目に見えてぎこちない。

「やっぱり天野先輩を戻した方がいいんじゃないでしょうか」

見かねた咲良はこっそり直に相談したくらいだ。

「……そうだね」

直は*思案気《しあんげ》な表情を浮《う》かべた。

「先生に言いましょう」

煮《に》え切《き》らない直がもどかしくて、駆けだしそうになった咲良を、

「待って」

直は止めた。

「バトン渡しって言うよりも、全体のバランスが崩《くず》れている気がする。みんなちょっと、落ち着きがない感じ」

（　A　）直は言った。

「そうですか」

咲良は改めて部員たちを見てみる。言われてみると確かに表情が硬《かた》い。ブロック大会の前はもっと明るかった。それでいて試合に向けて*収斂《しゅうれん》された力を感じた。

「ファイトッ」

⑦咲良は叫《さけ》んでみたが、部員たちに届く前に見えない壁《かべ》にぶつかって砕《くだ》けているように感じた。やはり天野が抜《ぬ》けた不安やプレッシャーは大きかったみたいだ。

気がつかなかった方がよかったかも。

咲良は思わず唇《くちびる》をかみしめてしまう。自分さえ天野の脚の調子に気がつかなければ、少なくとも表向きは取りつくろえただろう。それどころか、なんとかやり過ごせたかもしれない。天野を柱にしたチームで入賞し、みんなで喜びを分かち合えたかもしれない。天野の脚もそれからの治療《ちりょう》で完治したかもしれない。

最高の結果が待っていたかもしれないのに。

次から次へと逃《のが》してしまった栄光の空想が湧《わ》き上《あ》がってきた。自分がしでかしてしまったことの愚《おろ》かさに、胃袋《いぶくろ》が裏返りそうだった。

と、隣《となり》で直の声がした。

「助《すけ》っ人《と》を頼みましょう」

（　B　）声だった。

（まはら　三桃《みと》『疾風《しっぷう》の女子マネ！』による）

（注）

ブロック…スタートの時に足を置くもの。

接骨院…折れた骨などをつぎあわせて治す施設《しせつ》。

気色ばむ…納得できないという気持ちを顔にあらわすこと。

思案気…いろいろ考える様子。

収斂…まとまっていくこと。

問1 （ Ⅰ ）～（ Ⅲ ）に入る語の組み合わせとして最も適切なものを次の**ア**～**エ**から選び、記号で答えなさい。

ア Ⅰ ずかずかと Ⅱ ゆっくり Ⅲ じろじろと
イ Ⅰ こそこそと Ⅱ おもむろに Ⅲ さっと
ウ Ⅰ すたすたと Ⅱ さっと Ⅲ へなへなと
エ Ⅰ あたふたと Ⅱ にわかに Ⅲ すっと

問2 ――部①「うるさそうに眉をひそめた」とありますが、天野がこのように反応する理由を説明したものとして、最も適切なものを次の**ア**～**エ**から選び、記号で答えなさい。

ア 足の不調に苦しんでいるのに、咲良が気にすることなく話しかけるから。
イ 選手ではない咲良に、足の不調を分かるように説明するのは難しいから。
ウ 隠していた足の不調を咲良が口にしたため、認めないといけなくなったから。
エ 足の不調を咲良に知られた上に、咲良以外の部員にまで知られそうだったから。

問3 ――部②「さすが、と、言いたいけど甘いな」について、

（1）天野は咲良のどのような点を「さすが」と言っているのですか。「咲良が」から書き始めて「点」で終わるようにして、二十五字以内で説明しなさい。

（2）天野は咲良のどのような点を「甘い」と言っているのですか。「咲良が」から書き始めて「点」で終わるようにして、二十五字以内で説明しなさい。

問4 ――部③「うそぶいた」とありますが、ここでの天野の様子の説明として、最も適切なものを次の**ア**～**エ**から選び、記号で答えなさい。

ア 咲良の遠慮《えんりょ》のない言動に納得できず、怒《おこ》っている。
イ 自分の実力に自信を持って、前向きである。
ウ ごまかすために、咲良に言い逃《のが》れをしている。
エ できそうにないのに、大きなことを言っている。

問5 ――部④「目の前で風船でも割れたみたいな顔」とありますが、ここでの大黒の様子の説明として、最も適切なものを次の**ア**～**エ**から選び、記号で答えなさい。

ア 予想外のことに力が抜けている。
イ 突然のことに驚いている。
ウ 瞬間《しゅんかん》に事態を見抜いている。
エ 未知のことに緊張している。

問6 ――部⑤「なんか、すみません」とありますが、咲良がこのように言うのはなぜですか。理由を五十字以内で説明しなさい。

問7 ――部⑥「あふれそうになる涙」とありますが、咲良がこのような状態になる理由を説明したものとして、最も適切なものを次の**ア**～**エ**から選び、記号で答えなさい。

ア ライバルに負けたくない一心で、足の不調をチームに隠してまで試合に出ようとした天野の苦しみを思うと、胸が痛むから。
イ 天野の足の不調を心配する先生の思いと、試合に出たい天野の思いがぶつかりあうのを間近で見て、その迫力《はくりょく》に圧倒《あっとう》されたから。
ウ チームに迷惑《めいわく》をかけたくないのでリレーへの出場を我慢《がまん》しながらも、ライバルと何とか走り合いたいと願う、天野の陸上への熱意に感動したから。
エ 個人的思いよりもチームの事情を優先する天野に比べると、チームのことを考えることなく、思ったことをそのまま口にした自分が情けないから。

問8 （ A ）・（ B ）に入る語の組み合わせとして最も適切なものを次の**ア**～**エ**から選び、記号で答えなさい。

ア A 言葉を選びながら B 意を決したような
イ A ためらいながら B 悩《なや》んでいるような
ウ A あわてて B 覚悟《かくご》を決めたような
エ A ぶっきらぼうに B あきらめたような

問9 ――部⑦「咲良は叫んでみたが、部員たちに届く前に見えない壁にぶつかって砕けているように感じた」とありますが、ここで咲良が「感じた」ことを、六十字以内で説明しなさい。

二　次の文章を読んで、あとの問いに答えなさい。（問題作成にあたり、一部手を加えた。）

1

　ヨーロッパを旅すると、車窓に広がる*牧歌的《ぼっかてき》な風景の美しさにはため息が出る。

　そんな風景に見慣れてから、日本に帰国すると、本当にガッカリさせられる。飛行機から見る風景も、車窓から見える風景も、とにかく日本はごちゃごちゃしていて*猥雑《わいざつ》なのだ。

　しかし……と私は思う。

　これこそが、①日本の田んぼのすごさを物語っているように思えるのである。

　ヨーロッパの農村風景を見ると、広々とした畑が広がり、その遠くに家々が見える。

　しかし、この風景の成立した背景を考えてみると、昔は、この小さな村の人たちが食べていくために、これだけ広大な農地が必要だったということでもある。

　一方、日本では田畑の面積が小さく、そこら中に農村集落がある。つまり、少ない農地でたくさんの人たちが食べていくための食糧《しょくりょう》を得ることが可能であったということに他ならない。

　ヨーロッパは土地がやせていて、土地の生産力が小さい。

　しかも、ヨーロッパの中でもムギを作ることができたのは恵《めぐ》まれた土地である。

　やせた土地では、ムギを作ることはできなかった。そのため、牧草を育てて、家畜《かちく》を育てたのである。

2

　さらには、土地の生産力の違《ちが》いに加えて、ムギとイネという植物の違いもある。イネはムギに比べて、収穫量《しゅうかくりょう》の多い作物なのである。

　また、収量の多いイネは生産効率も良かった。

　ヨーロッパでは主にコムギやオオムギなどのムギ類が栽培《さいばい》されるが、一五世紀のヨーロッパでは、播《ま》いた種子の量に対して、三～五倍程度の収量しか得ることができなかった。一方、日本ではイネが栽培されるが、同じ一五世紀の室町《むろまち》時代の日本では、イネは播いた種子の量に対して二〇～三〇倍もの収量が得られたのである。

　化学肥料が発達した現在で比較《ひかく》しても、コムギは播いた種子の二〇倍前後の収量であるのに対して、イネは一一〇～一四〇倍もの収量がある。イネは生産力がずば抜けて高いのである。

　イネとムギ類とは栽培されている環境《かんきょう》や土地も異なるし、栽培aギジュツも異なるから、単純な比較はできないが、イネが多くの食糧を生み出してきたことは間違《まちが》いがない。

　実際に、現在でも、世界の人口密度が高い地域は、稲作《いなさく》地帯と一致《いっち》する。イネを作ることは多くの人口をbヤシナうことを可能にするのである。

　田んぼで展開される稲作は、世界が（　Ａ　）ような農業だったのである。

3

　一八世紀、江戸《えど》時代中期の江戸の町の人口はすでに一〇〇万人を超《こ》えていた。これは当時、世界一の人口の大都市であったとされている。大都市であるロンドンやパリが四〇万都市だったから、江戸の方がずっと人口が多かったのである。

　世界一の人口と簡単に言うが、たくさんの人が集まるのには、色々なcジョウケンが要《い》る。

　人は誰しも腹が減る。日々、一〇〇万人の人々の腹を満たしていかなければならないのである。これは、日本の食糧生産の豊かさによって可能になったのである。

　日本は広大なヨーロッパ大陸に比べると、平野が少なく国土が狭《せま》い。しかし、一六世紀、戦国時代の日本では、同じ島国の英国と比べて、すでに六倍もの人口を擁《よう》していたとされている。さらに江戸時代の日本には、すでに二〇〇〇万～三〇〇〇万人の人口がいた。これは、日本では狭い農地でも、十分な食糧を得ることができたからに他ならない。

　日本の過密な人口は、「田んぼ」というシステムと、「イネ」という作物によってdササえられてきたのである。

4

　教科書では、日本の農業は、欧米《おうべい》に比べて農家一軒《けん》あたりの経営面積が小さいと習う。

　（　Ⅰ　）、現代では、規模を拡大した農業経営が求められている。（　Ⅱ　）、日本の農家の経営面積が小さいという理由には、もともと農業の質が違うという面もある。

　前述のようにヨーロッパの農地はもともと生産性が低い。そのため、収量を上げようとすれば、農地の面積を広げるしかない。

　狭い土地では、どんなに頑張《がんば》っても収量は増えることなく、それよりも少しでも土地を広げる方が良いし、やせた土地であれば、そこにウシを放して、一頭でも多く飼う方が良い。そのため、ヨーロッパでは伝統的に土地を広げ大規模にする努力がなされ、面積を広げた代わりに一つ一つの農地には手をかけない*粗放的《そほうてき》な農業が伝統的に発達した。

　一方、日本では土地の潜在的《せんざいてき》な生産性が高い。

　手をかければかけるほど、収量は増える。同じ田んぼを工夫《くふう》すれば、イネとムギの両方を作ることさえ可能だし、畑でも手をかければ、さまざまな野菜や作物を栽培することができる。

　そのため日本では、やみくもに面積を広げるのではなく、限られた面積の中で、いかに手をかけて、収量を増やすかに努力が払《はら》われてきた。ていねいに手をかけていれば、限られた労力では、農地の面積を増やすことに限界がある。こうして、日本では伝統的に小規模で集約的な農業を発展させてきたのである。

　②欧米の農業は広く広くと横方向に発達をするのに対して、日本の農業は深く深くと縦方向に発達を遂《と》げてきた。ちなみに日本人は欧米人《おうべいじん》に比べて内向的と言われるが、もしかすると限られた農地の中で内向きに展開する農業が関係しているのかも知れない。

5

　*これまで紹介《しょうかい》してきたように、世界の農業は環境を破壊《はかい》していく。

　農業は水資源を奪《うば》い、豊かな土を荒廃《こうはい》させる。農業を行った土地は砂漠化《さばくか》し、人々は新たな農地を作るために、豊かな森林を破壊する。

　これに対して、日本の水田は、豊かな水資源に恵まれて、豊かな自然の恵みを享受《きょうじゅ》している。そして、世界の農業に比べて高い生産力を誇《ほこ》っているのである。

　それなのに……日本の田んぼを見渡《みわた》してみるとどうだろう。

　日本の田んぼではイネが作られていない。耕作放棄《ほうき》地となってただ荒《あ》れ果《は》てて雑草まみれになっている田んぼもある。

　田んぼを耕し、イネを作る人は年々減って、荒れ果てた田んぼは年々増えている。

　もちろん、問題は単純ではない。日本人の米の消費量は減っているから、米は余り、米の価格は下がっている。外国からは安い米が輸入されてくるし、外国に輸出するのにはコストがかかる。その結果、イネを栽培する人は減っているのだ。

③問題は単純ではない。それは十分にわかっている。

しかし、B世界の人が日本の田んぼを見たらどう思うだろう。人口は増え続け、農地は圧倒的《あっとうてき》に足りない。食糧不足で飢《う》えている人々が八億人以上もいると言われている。世界の人口の一〇人に一人だ。水資源も足りない。異常気象による不作も続いている。

それなのに、水資源に恵まれ、高い生産力を誇る日本の農地が使われずに荒れ果てているのだ。かつて手入れの行き届いた日本の美しい*里山の風景は、日本を訪《おとず》れた外国人たちを驚嘆《きょうたん》させた。しかし、C今飢餓《きが》に苦しむ世界の人々がこの風景をみたら、どう思うことだろう。

（稲垣《いながき》　栄洋《ひでひろ》『イネという不思議な植物』ちくまプリマー新書による）

（注）
牧歌的…そぼくな様子。
猥雑…ごたごたと入り乱れている様子。
粗放的…おおざっぱなこと。
これまで…筆者は本文章の前の部分で、環境を破壊する農業について述べている。
里山…人々の生活とかかわりの深い農地や山などのこと。

問1　＝＝部a「ギジュツ」・b「ヤシナ」・c「ジョウケン」・d「ササ」のカタカナを漢字に直しなさい。

問2　――部①「日本の田んぼのすごさ」とありますが、日本の田んぼのすごさを説明した部分を本文中から三十字以上四十字以内で見つけ、最初と最後の五字を抜き出して答えなさい。

問3　（　A　）にあてはまる語として最も適切なものを次の**ア**～**エ**から選び、記号で答えなさい。

ア　見習う　**イ**　うらやむ　**ウ**　不思議がる　**エ**　ありがたがる

問4　（　Ⅰ　）・（　Ⅱ　）に入る語の組み合わせとして最も適切なものを次の**ア**～**エ**から選び、記号で答えなさい。

ア　Ⅰ　確かに　Ⅱ　しかし　**イ**　Ⅰ　また　Ⅱ　つまり
ウ　Ⅰ　さらに　Ⅱ　だから　**エ**　Ⅰ　むしろ　Ⅱ　なぜなら

問5　――部②「欧米の農業は広く広くと～発達を遂げてきた」について、

（1）「広く広くと横方向に発達」するとはどういうことですか。「欧米の農業は」から書き始めて三十五字以内で具体的に説明しなさい。

（2）「深く深くと縦方向に発達」するとはどういうことですか。「日本の農業は」から書き始めて三十五字以内で具体的に説明しなさい。

問6　――部③「問題は単純ではない。それは十分にわかっている」とありますが、ここで筆者が言いたいのはどのようなことですか。言いたいことの説明として最も適切なものを次の**ア**～**エ**から選び、記号で答えなさい。

ア　イネを栽培する人が減り続ける原因はいろいろ想像することができるが、複雑すぎて何が決定的な原因なのか、よくわからない。

イ　イネを栽培する人を増やすのが難しいことは分かっているが、あきらめることなく田んぼとイネのよさをいかした農業を行うべきだ。

ウ　外国から輸入される米との販売《はんばい》競争や国内の米の消費量が減っている現状では、イネを栽培する人が減っていくのはどうしようもないことだ。

エ　現代では外国とのつながりが深いので、日本の農業の問題だけでなく、異常気象への対応など外国の農業の直面する問題の解決も図《はか》るべきだ。

問7　〰〰部BとCとあります。筆者がほぼ同じ内容をくり返したのはどのような効果をねらったからですか。筆者のねらいの説明として最も適切なものを次の**ア**～**エ**から選び、記号で答えなさい。

ア　日本人が注目していないイネと田んぼが、世界的な注目をあびるほど優《すぐ》れたものだということを強調している。

イ　イネと田んぼを日本だけのものにするのではなく、今後は世界に広げていかしていく必要があることを訴《うった》えている。

ウ　イネと田んぼというすばらしいものがあるのに、それをいかしていない日本の農業の現状について問題提起している。

エ　日本の農業が世界の飢餓問題の解決のために何ができるのか、日本人一人ひとりが考えることが必要だと強調している。

問8　段落番号[1]から[5]の役割の説明として最も適切なものを次の**ア**～**エ**から選び、記号で答えなさい。

ア　[1]で日本の農業の問題点を指摘《してき》し、[2]・[3]・[4]で解決案を提案し、[5]で問題点を再度述べて、強調している。

イ　[1]・[2]・[3]・[4]で外国との比較をしながら日本の農業の特徴《とくちょう》を説明し、[5]で日本の農業の問題点を指摘している。

ウ　[1]・[2]・[3]・[4]で外国の農業の欠点を指摘し、[5]で優れた日本の農業と外国とのかかわり方について提案している。

エ　[1]で現在の日本の農業、[2]・[3]・[4]で過去の日本の農業について説明し、[5]で今後の方向性について予想している。

2020（令和2）年度
中学校入学検査問題

算　数

（検査時間　50 分）

＜受検上の注意＞　答えは，すべて解答用紙に記入しなさい。

1　次の問いに答えなさい。

問１　次の計算をしなさい。

$2\frac{2}{5}-0.4\times(6-2)$

問２　えんぴつが何本かあり，Aさん，Bさん，Cさんの３人で分けます。まずAさんが全体の $\frac{1}{4}$ と３本をとり，次にBさんが残りの $\frac{1}{3}$ と３本をとると，Cさんの分は11本になりました。えんぴつは最初何本ありましたか。

問３　下の図のような三角形ABCの紙があり，DFを折り目として折ると，頂点Aが辺BC上の点Eと重なり，そのまま，DEを折り目として折ると，頂点Bが辺AC上の点Fと重なりました。このとき，㋐の角の大きさを求めなさい。

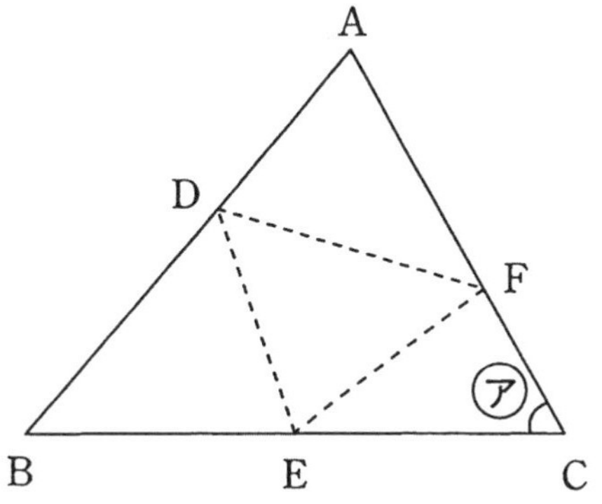

問４　下の表は，かずおさんのチームのバスケットボールの試合の記録です。
この試合では，シュートをした場所により３点シュートか２点シュートかが決まり，その他のシュートはないものとします。例えば，かずおさんの得点は，３点シュートの入った数が１，２点シュートの入った数が０なので，3×1＋2×0＝3から３点となります。

表　かずおさんのチームのバスケットボールの試合の記録

名まえ	3点シュートをした数	3点シュートの入った数	2点シュートをした数	2点シュートの入った数
かずお	5	1	2	0
きょうへい	0	0	16	9
くにひろ	2	0	4	3
けんたろう	3	1	8	4
こころ	1	0	9	6

（１）　かずおさんのチームの中で，この試合で最も多く得点した人の得点の割合は，５人の得点の合計の何％になりますか。

（２）　個人が試合で直接得点に関わったことを表す数として「**得点貢献度**《とくてんこうけんど》」というものを考えることにします。得点貢献度は

（個人の得点）÷（個人のシュートの総数＋１）

と計算することにします。ここで，個人のシュートの総数とは，３点シュートをした数と２点シュートをした数の合計のことです。このとき，得点貢献度について，次の**ア**～**オ**から正しいものをすべて選び，記号で答えなさい。

ア　この試合では，３点シュートをした数の多い人のほうが，いつも得点貢献度は大きくなる。
イ　この試合での，くにひろさんの得点貢献度は１である。
ウ　この試合で得点貢献度が最も大きいのはきょうへいさんである。
エ　個人のシュートの総数が０の人がいるとき，その人の得点貢献度は０である。
オ　どのような場合でも，得点貢献度は必ず３よりも小さくなる。

2　図１のような，半径６㎝，高さ10㎝の円柱から半径２㎝，高さ10㎝の円柱をくり抜《ぬ》いた形の立体があります。このとき，あとの問いに答えなさい。
ただし，円周率は3.14とします。

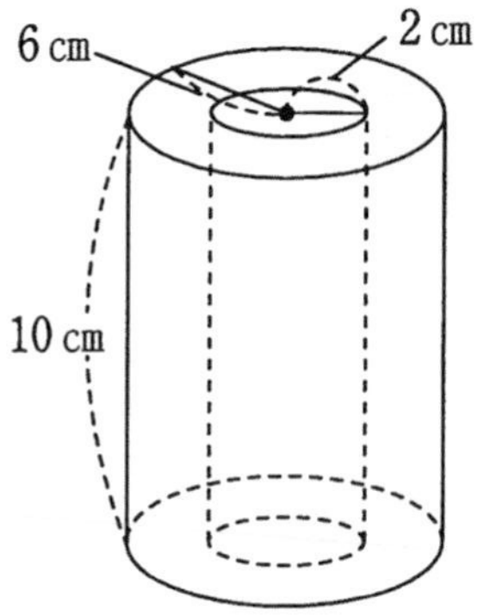

図１

問１　図１の立体の体積を求めなさい。

問２　図２のように，図１の立体を７個まとめてひもで結びます。このとき，必要なひもの長さを求めなさい。ただし，ひもの結び目は考えないものとします。

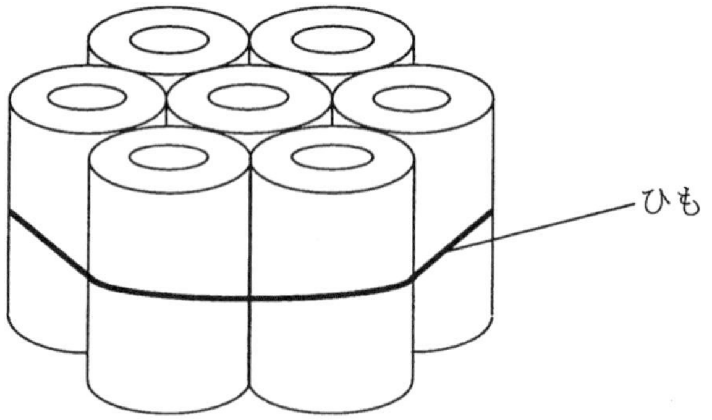

図２

問３　図３は，図１の立体を４個まとめてひもで結び，それを上から見たようすを表したものです。この状態から立体を少し横にずらすと，上から見たようすが図４のようになり，幅《はば》が23㎝になりました。このとき，図３と図４の色のついた部分の面積の差を求めなさい。

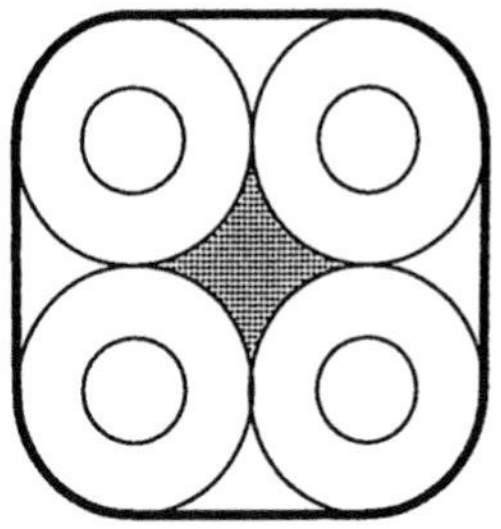
図３

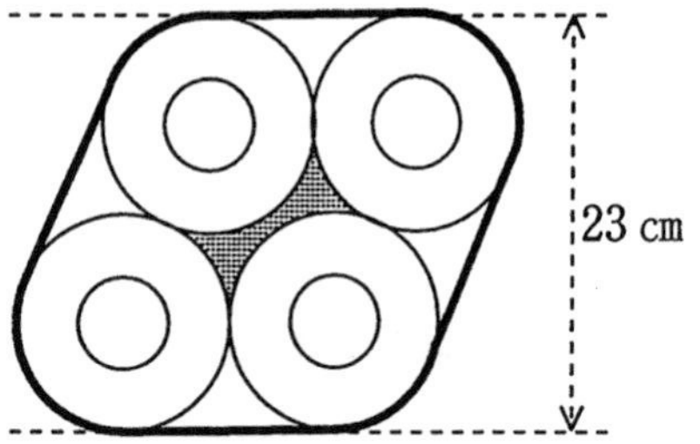

図４

2020(R2) 広島大学附属中
K 教英出版　算5の2

3　０から９までの数字が１つずつ書かれたカードがたくさんあります。このカードを使って整数をつくり，下のように１から順に並べていきます。

[1],[2],[3],[4],[5],[6],[7],[8],[9],[1][0],[1][1], ……

このとき，次の問いに答えなさい。

問１　１から順に 120 までの整数をつくるのに，カードは全部で何枚使いますか。

問２　１から順に整数をつくっていきます。使ったカードの合計枚数がはじめて 3000 枚をこえるのは，どの整数までつくったときですか。

問３　１から順に 99 までの整数をつくりました。そして，最初の[1]のカードに色をぬり，そこから下のように２枚おきにカードに色をぬっていきます。

[1],[2],[3],[4],[5],[6],[7],[8],[9],[1][0],[1][1], ……

（１）　色をぬったカードは全部で何枚ありますか。

（２）　色をぬったカードで，[1]のカードは全部で何枚ありますか。

4　下の図のような，たて 30 cm，横 80 cm，高さ 50 cmの水そうがあり，この水そうのちょうど真ん中には高さ 30 cmの仕《し》切《き》りがあって，この水そうを左側と右側の２つの部分に分けています。また，水そうの辺ABと辺CDには，水面の高さを測る目《め》盛《も》りがついていて，辺ABの目盛りで水そうの左側の水面の高さを，辺CDの目盛りで水そうの右側の水面の高さをそれぞれ測ることができます。

さらに，水道管Xは毎分 2.4 Lの割合で水そうの左側から，水道管Yは毎分 3.6 Lの割合で水そうの右側からそれぞれ水を入れることができます。このとき，あとの問いに答えなさい。ただし，水そうと仕切りの厚さは考えないものとします。

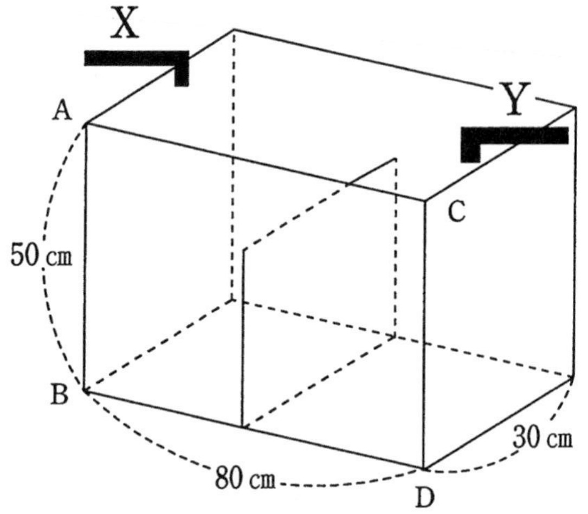

問１　水の入っていない水そうに水道管Yだけを使って水を入れるとき，水そう全体がいっぱいになるのに何分何秒かかりますか。

問２　水の入っていない水そうに水道管Xを使って水を入れ始め，その１分後に水道管Yからも水を入れ，水そう全体をいっぱいにしました。このとき，水そうの左側，右側ともに水が入っていて，水面の高さのちがいが１cmになることが何回かありました。このうち，最後に水面の高さのちがいが１cmになるのは，水道管Xで水を入れ始めてから何分何秒後ですか。

問３　水の入っていない水そうに水道管Xを使って水を入れ始めます。そして，しばらくして水道管Yからも水を入れます。すると，左側の水面の高さが先に 30 cmになり，しばらくして右側の水面の高さも 30 cmになり，その後，水そう全体がいっぱいになりました。このとき，水道管Xで水を入れ始めてから水そう全体がいっぱいになるまで 25 分かかりました。水道管Yから水を入れ始めたのは，水道管Xから水を入れ始めてから何分何秒後ですか。

5　同じ長さの棒を使って図１のような正方形をつくります。これにいくつか棒を加えて図２のように同じ大きさの正方形が，辺と辺がぴったり重なり合うようにつながった図形をつくります。このとき，あとの問いに答えなさい。ただし，回転したり，うら返したりして重なるものは同じ図形とみなします。また，図３のように辺のとちゅうに別の辺がつながった図形は考えません。

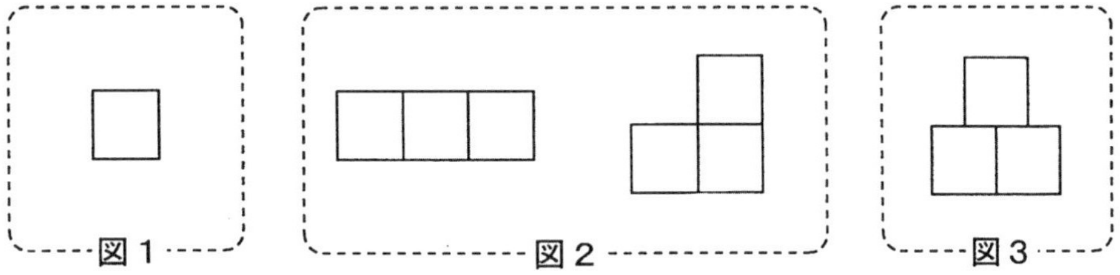

図１　図２　図３

問１　次の□にあてはまる数をそれぞれ答えなさい。

同じ大きさの正方形が4つつながった図形をつくるのに必要な棒の本数は，最も多くて［ア］本で，最も少なくて［イ］本になります。

問２　同じ大きさの正方形が5つつながった図形で，線対称《せんたいしょう》になっている図形をすべてつくると全部で6個できました。

（１）　6個の図形それぞれについて対称の軸《じく》の本数を調べ，その本数によってグループ分けします。このとき，いくつのグループに分けることができますか。

（２）　対称の軸の本数が1本だけである図形は何個ありますか。

問３　同じ大きさの正方形が6つつながった図形で，立方体の展開図となっているものをすべてつくると全部で11個できました。

（１）　この11個のうち，4つの正方形が一列につながっていて，点対称《てんたいしょう》になっているものを方眼紙に1つかきなさい。

（２）　この11個のうち，4つの正方形が一列につながることなく，線対称でも点対称でもないものを方眼紙に1つかきなさい。

※　下の方眼紙は自由に使ってください。

2020(R2) 広島大学附属中
教英出版　算5の5

2020（令和２）年度
中学校入学検査問題

理　科

（検査時間　社会とあわせて 50 分）

〈受検上の注意〉答えは，すべて解答用紙に記入しなさい。

1　次の問いに答えなさい。

問１　図１は，連続した３日間の気温の変化を表しており，その３日間のうち，１日中雨が降った日が１日だけありました。１日中雨が降った日は１日目，２日目，３日目のうち，どれですか。また，選んだ理由を 20 字以内で説明しなさい。

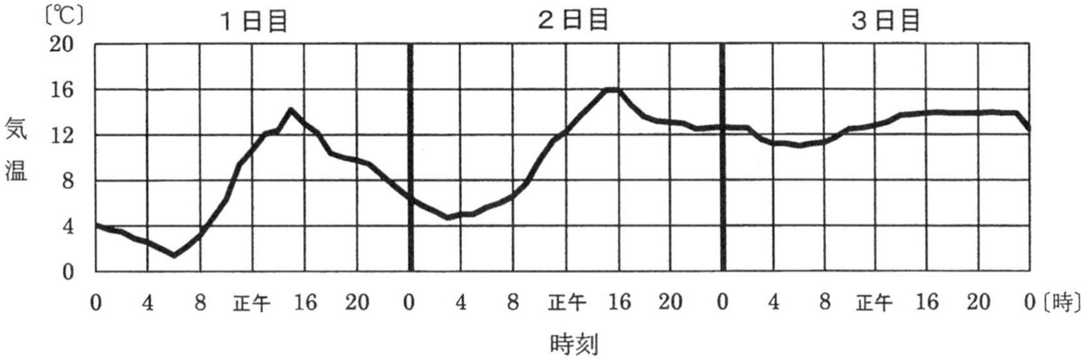

図１　（気象庁の過去の気象データより作成）

問２　図２のＡ～Ｃは，それぞれ日付けのちがうある日の正午における，気象衛星からさつえいした日本付近の雲画像です。雲画像Ａ～Ｃに関するあとの問いに答えなさい。

雲画像Ａ　雲画像Ｂ　雲画像Ｃ

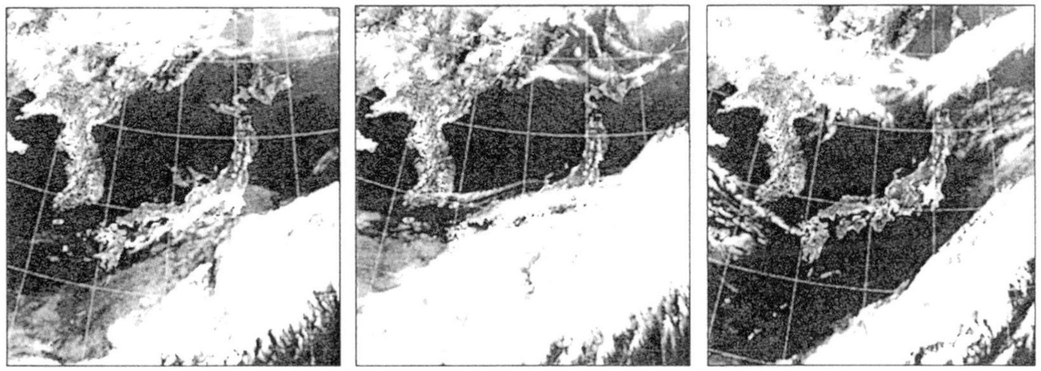

図２

（１）右のア～ウは，雲画像Ａ～Ｃにおける札幌《さっぽろ》市，広島市，那覇《なは》市のいずれかの天気を示しています。札幌市と広島市の天気を示しているものはどれですか。ア～ウからそれぞれ選び，記号で答えなさい。

	雲画像Ａ	雲画像Ｂ	雲画像Ｃ
ア	晴れ	晴れ	くもり
イ	くもり	雨	晴れ
ウ	晴れ	くもり	晴れ

（２）雲画像Ａ～Ｃは連続する３日間の画像です。日付け順になるように並べかえなさい。

問３　図３は，ある年の８月のある日の正午における気象衛星の雲画像で，日本の南側には台風があります。台風に関する次の問いに答えなさい。

図３

（１）次の文の（　　）にあてはまる雲の種類を答えなさい。

台風は，非常に発達した（　　）雲の集まりです。

（２）台風の進む方向の右側では，特に強い風がふきます。それはなぜですか。次の文の（　①　）と（　②　）にあてはまることばを入れて，強い風がふく理由について説明している文を完成させなさい。

台風の中心に向かう台風の風の向きは，時計の針の動きと（　①　）向きです。このため，台風の進む方向の右側では台風の風の向きと（　②　）が同じになるので，特に強い風がふくのです。

（３）図３のような日本の南側で発生した台風は，このあと，どの方向に進むことが多いでしょうか。図中のア～ウから最も適切なものを１つ選び，記号で答えなさい。

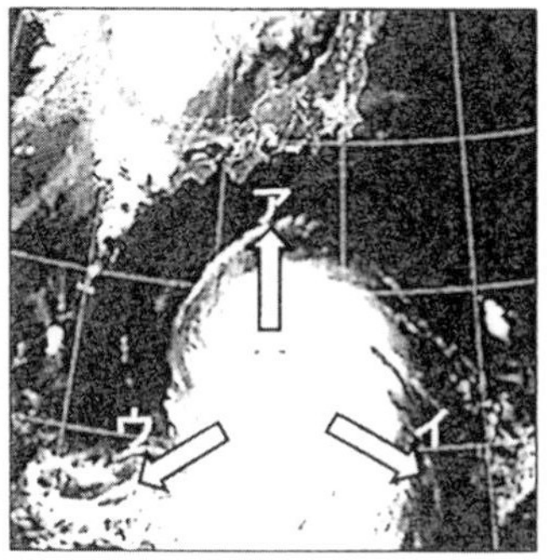

2 たろうさんとりかさんは，電気の利用について，理科で学んだことや身の回りのものを題材に調べてみることにしました。あとの問いに答えなさい。

問１　たろうさんとりかさんは，防災用のかい中電灯に手回し発電ができるものがあることを知り，手回し発電で電気をたくわえるはたらきについて調べることにしました。先生に手回し発電機とコンデンサー，豆電球，発光ダイオードをもらって，次の実験をしました。

手回し発電機のハンドルを20回または40回一定の速さで回し，コンデンサーに電気をたくわえる（図１）。次に，コンデンサーを豆電球や発光ダイオードにつないで，明かりがつく時間を調べる。

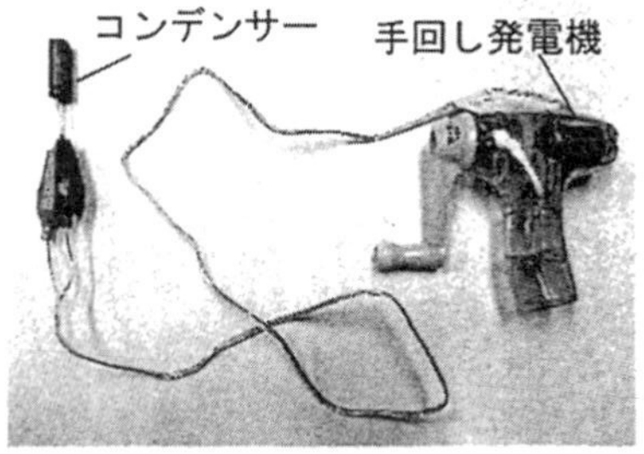

図１

二人は，結果を次の表にまとめました。また，実験中に気づいたこともまとめました。

ハンドルを回す回数	豆電球に明かりがついている時間	発光ダイオードに明かりがついている時間
20回	24秒	120秒
40回	34秒	165秒

<気づき>　手回し発電機のハンドルを決めた回数回し終えたとき，手をハンドルからはなすと，ハンドルがひとりでに回りはじめた。

（１）実験の結果の表から，どのようなことがわかりますか。簡単に説明しなさい。

（２）二人が実験中に気づいたことについて，次の①，②に答えなさい。

①ハンドルがひとりでに回る向きは，はじめにハンドルを回していたときと同じ向きですか。それとも逆向きですか。

②ハンドルがひとりでに回っているとき，手回し発電機は主にどのようなはたらきをしていますか。次のア～カから最も適切なものを１つ選び，記号で答えなさい。

ア　電気を光に変かんする　　イ　電気を熱に変かんする
ウ　電気を音に変かんする　　エ　電気をものの動き（運動）に変かんする
オ　電気をつくる　　カ　電気をたくわえる

問２　たろうさんとりかさんは，防災用のかい中電灯に光電池がとりつけられているものがあることを知り，光電池について調べることにしました。先生に光電池と豆電球，発光ダイオードをもらって，次の実験をしました。

光電池と豆電球を図２のようにつないで，光電池に太陽の光をあて，明かりがつくかどうかを調べる。また豆電球を発光ダイオードに変えて，明かりがつくかどうかを調べる。

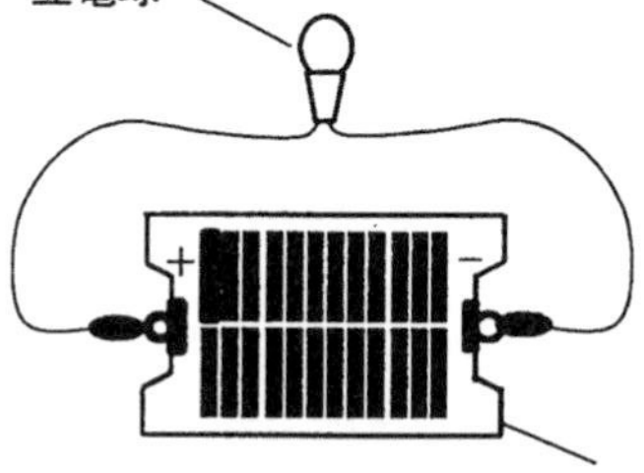

図２

二人は，結果を次の表にまとめました。また，実験中に気づいたこともまとめました。

電球の種類	明かりがついたかどうか
豆電球	つかなかった
発光ダイオード	つかないときとつくときがあった

<気づき>　発光ダイオードをつないだとき，はじめは明かりがつかなかったが，光電池の＋《プラス》極と−《マイナス》極を逆にしてつなぎなおしたら，発光ダイオードの明かりがついた。

（１）実験の結果から，明かりのつかなかった豆電球の明かりをつけるにはどのような工夫をするとよいですか。次のア～ウから最も適切なものを１つ選び，記号で答えなさい。

ア　光電池の＋極と−極を逆にしてつなぎなおす。
イ　同じ光電池をもう１つもらって，光電池を直列につなぐ。
ウ　同じ光電池をもう１つもらって，光電池をへい列につなぐ。

（２）（１）のように豆電球の明かりがつく工夫をして，豆電球の明かりをつけました。太陽の光が図３の矢印の向きから届いているとき，光電池をどのように置いたら，豆電球の明かりが最も明るくなりますか。解答用紙の図に光電池をかきなさい。ただし，図３には地面に水平に置いた光電池のようすが　で示してあります。

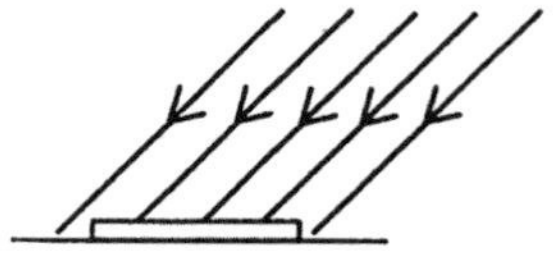
図３

3 水中の小さな生物の観察に関する以下の文章を読み，あとの問いに答えなさい。

よく晴れた日に，たろうさんが学校の池をのぞいてみると，①池の水は緑色ににごっており，②水面近くでは小さな生物がたくさん動き回っていました。そこで，たろうさんは池の水を理科室に持って帰り，けんび鏡を使って観察しました。下の**図１**は，観察できた生物のスケッチを，**図２**は，使用したけんび鏡を示しています。

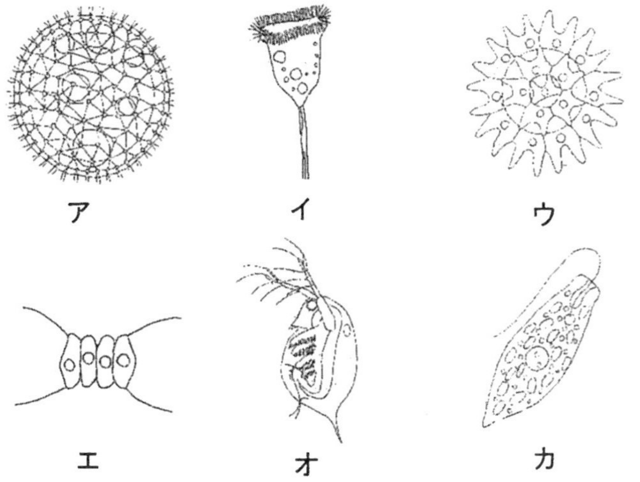

図１

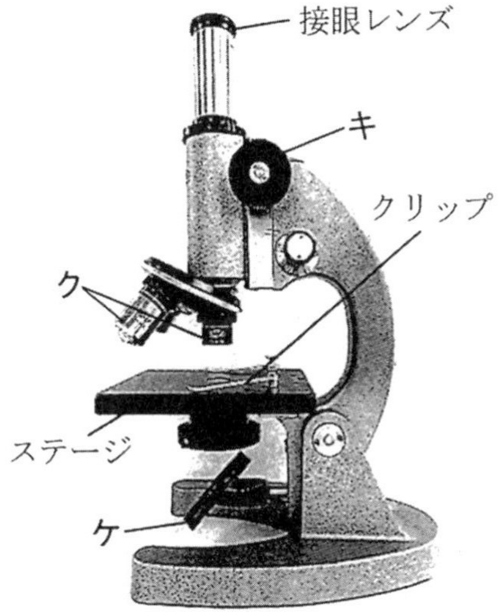

図２

問１　**図１**の生物**ウ**・**オ**の名前をそれぞれ答えなさい。

問２　下線部①について，水が緑色ににごっていたのは，水中にどのような生物がいたからと考えられますか。**図１**の**ア**～**カ**の生物のうちから適切なものをすべて選び，記号で答えなさい。

問３　下線部②について，たろうさんが見た水面近くで動き回っていた小さな生物はどれだと考えられますか。**図１**の**ア**～**カ**の生物のうちから最も適切なものを１つ選び，記号で答えなさい。

問４　**図２**の**キ**～**ケ**の部分の名前をそれぞれ答えなさい。

問５　次のＡ～Ｄはけんび鏡の使い方について述べたものです。Ａ～Ｄを正しい順番に並べかえなさい。ただし，空らんの記号は，**図２**の記号と対応しています。

Ａ　接眼レンズをのぞきながら，（　**キ**　）を回して，（　**ク**　）とプレパラートの間をはなしていき，ピントを合わせる。
Ｂ　プレパラートをステージに置き，クリップで留める。
Ｃ　接眼レンズをのぞきながら（　**ケ**　）を動かして，明るく見えるようにする。
Ｄ　横から見ながら（　**キ**　）を回して，（　**ク**　）とプレパラートの間をできるだけ近づける。

問６　けんび鏡でプレパラートを観察したときに，見えるはんいの左下に観察したいものがある場合，プレパラートをどの方向に動かせば，観察したいものを見えるはんいの中央に移動することができますか。次の**ア**～**エ**から最も適切なものを１つ選び，記号で答えなさい。

ア　左下　　**イ**　右下　　**ウ**　左上　　**エ**　右上

問７　けんび鏡の倍率を高くしたとき，観察したいものの見えるはんいと，観察したいものの見える大きさの関係はどのようになりますか。次の**ア**～**カ**から最も適切なものを１つ選び，記号で答えなさい。

ア　見えるはんいは広くなり，観察したいものは大きく見える。
イ　見えるはんいの広さは変わらないが，観察したいものは大きく見える。
ウ　見えるはんいは広くなり，観察したいものは小さく見える。
エ　見えるはんいはせまくなり，観察したいものは大きく見える。
オ　見えるはんいの広さは変わらないが，観察したいものは小さく見える。
カ　見えるはんいはせまくなり，観察したいものは小さく見える。

4 実験に関する以下の文章を読み，あとの問いに答えなさい。

［**実験１**］20℃と60℃で，水 100 g にとける食塩とミョウバンの重さを調べたところ**表１**のような結果になった。

表１

	20℃	60℃
食塩	36 g	37 g
ミョウバン	11 g	58 g

［**実験２**］ふたつき容器に水 50 g を入れ，容器全体の重さをはかった。次に食塩 *a* g をはかり，これを容器に入れ十分ふりまぜたあと，容器全体の重さをはかった。そして，ふりまぜたあとの容器全体の重さと，はじめにはかった容器全体の重さとの差を求めると，*b* g であった。加える食塩の量を少しずつ変化させて *a* と *b* の関係を調べた。

問１　20℃で水 100 g の入ったビーカーに食塩 18 g を加えてとかしました。このとき，ビーカー全体の重さをはかると，220 g でした。このビーカーをしばらく熱したあと，冷やして20℃にして再びビーカー全体の重さをはかると，200 g でした。20℃で，この水よう液に食塩はあと何 g とけますか。

問２　*a* と *b* の関係を表したグラフはどのようになりますか。次の**ア**～**エ**から最も適切なものを１つ選び，記号で答えなさい。

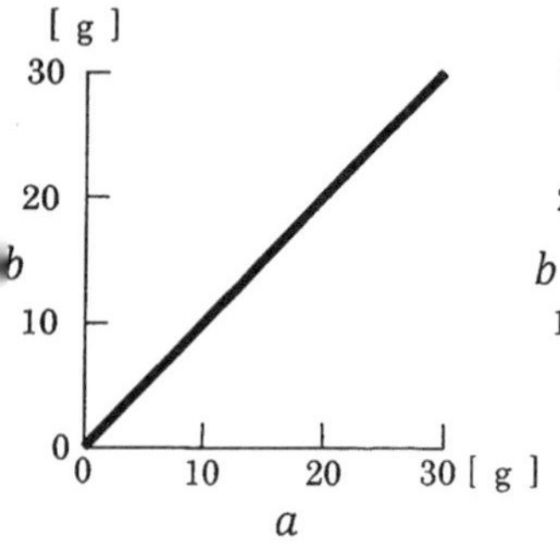

ア

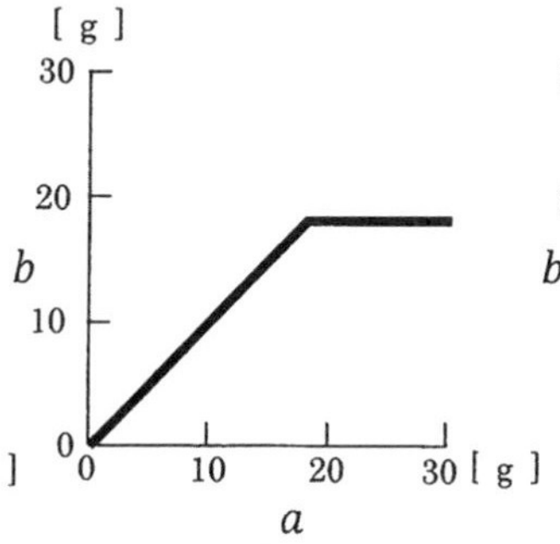

イ

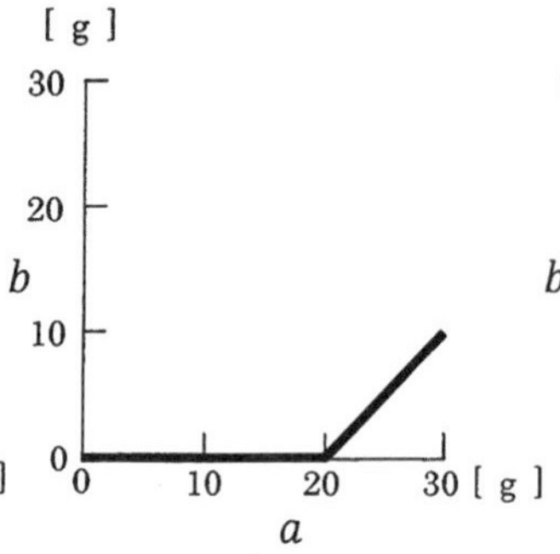

ウ

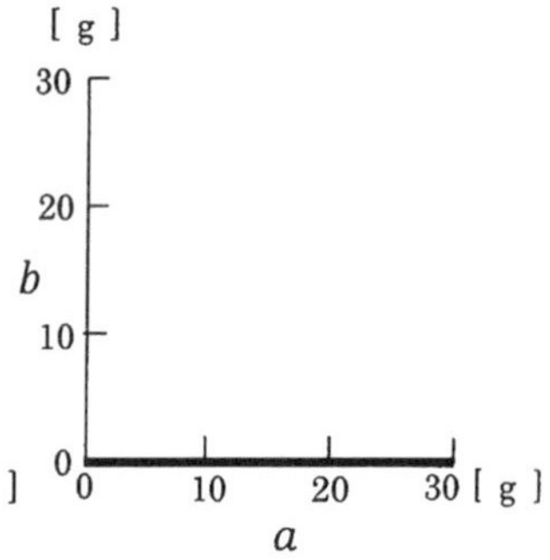

エ

問３　60 ℃で水 100 g の入ったビーカーにミョウバン 58 g を加えてとかした水よう液をつくりました。この水よう液に，**図１**のようにモールをひたし，そのまま数日放置すると，モールにミョウバンのつぶがついていました。観察の結果として最も適切なものを次の**ア**～**ウ**から１つ選び，記号で答えなさい。

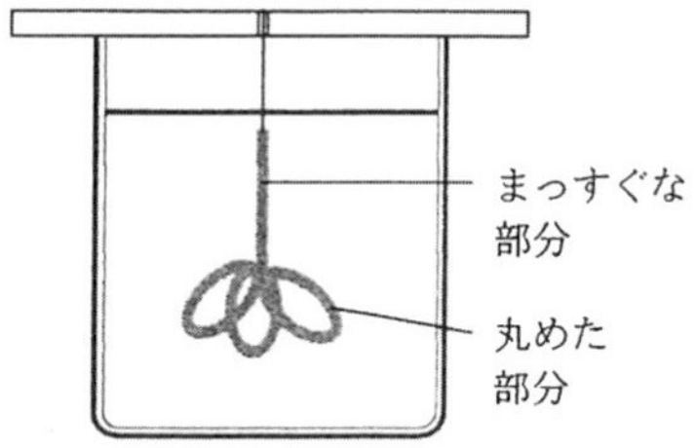

図１

ア　ミョウバンのつぶは，モールのまっすぐな部分のみにつき，丸めた部分にはついていなかった。
イ　ミョウバンのつぶは，モールの丸めた部分のみにつき，まっすぐな部分にはついていなかった。
ウ　ミョウバンのつぶは，モールの丸めた部分と，まっすぐな部分の両方についていた。

問４　食塩水をつくるとき，食塩を水に入れる前と，水に入れたときのようすを**図２**のようなイメージ図で表すとします。食塩をとかしたあとの水よう液を，解答用紙にイメージ図で表しなさい。

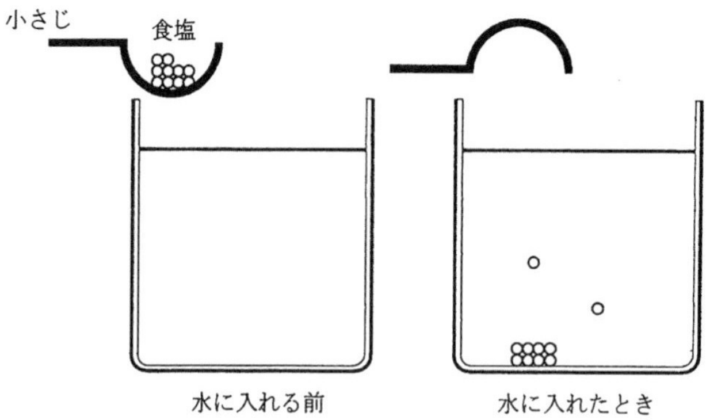

図２

問５　次の文は海水から塩を取り出す方法の１つを述べたものです。（　①　），（　②　）に適当なことばを入れなさい。

> 塩田に海水を取り入れ，太陽の熱と風のはたらきにより，海水を（　①　）したあと，大きなかまで熱して水を（　②　）させます。

［**実験３**］４種類の水よう液Ｐ，Ｑ，Ｒ，Ｓがある。これらは，うすい塩酸，炭酸水，食塩水，うすいアンモニア水のいずれかである。４種類の水よう液を観察したところ，水よう液Ｓは見たようすに他とはちがいがあった。水よう液Ｐと水よう液Ｒには，においがあった。さらに，それぞれの水よう液をリトマス紙につけ変化を観察したところ**表２**のような結果が得られた。

表２

	水よう液Ｐ	水よう液Ｑ	水よう液Ｒ	水よう液Ｓ
赤色リトマス紙	青色になった	変化なし	変化なし	変化なし
青色リトマス紙	変化なし	変化なし	赤色になった	少しだけ赤色になった

問６　石灰水《せっかいすい》を加えると白くにごるのはどの水よう液ですか。次の**ア**～**エ**から最も適切なものを１つ選び，記号で答えなさい。

ア　水よう液Ｐ　　**イ**　水よう液Ｑ　　**ウ**　水よう液Ｒ　　**エ**　水よう液Ｓ

問７　水よう液Ｒは，４種類のうちのどの水よう液ですか。

問８　水よう液Ｐを入れた試験管の口に，水でぬらしたリトマス紙を近づけると，リトマス紙の色が変化しました。この理由を説明する次の文の（　①　），（　②　）に適当なことばを入れなさい。

> 水よう液Ｐにとけていた（　①　）が空気中に飛び出して，リトマス紙の上で再び（　②　）になったからです。

2020（令和2）年度
中学校入学検査問題

社　会

（検査時間　理科とあわせて 50 分）

＜受検上の注意＞　答えは，すべて黄色の解答用紙に記入しなさい。

1　次の問いに答えなさい。

問１　日本で，火災を知らせたり，救急車を呼んだりするために電話をかける場合，電話番号は何番にかければよいでしょうか。3 けたの数字で答えなさい。

問２　世界遺産《いさん》に登録されている知床《しれとこ》，屋久《やく》島，父島（小笠原諸島《おがさわらしょとう》）は，東京からおおよそ同じ距離《きょり》にあります。その距離に最も近いものを次の**ア～エ**から１つ選び，記号で答えなさい。

ア　300 km　　**イ**　500 km　　**ウ**　1000 km　　**エ**　2000 km

問３　次の**ア～オ**のうち，県庁所在地の都市名が県名と同じである県を１つ選び，記号で答えなさい。

ア　岩手県　　**イ**　群馬《ぐんま》県　　**ウ**　福井《ふくい》県　　**エ**　滋賀《しが》県　　**オ**　愛媛《えひめ》県

問４　次の**表１**は，日本の都市**Ａ**，**Ｂ**について，気温と降水量を示したものです。

表１　都市の気温と降水量

		3月	6月	9月	12月	年間
Ａ	気　温　（℃）	10.3	22.0	24.1	9.0	16.5
	降水量　（mm）	216.8	292.8	292.0	63.0	2324.9
Ｂ	気　温　（℃）	6.9	21.2	22.7	6.7	14.6
	降水量　（mm）	159.2	185.1	225.5	282.1	2398.9

（気象庁ウェブサイトより作成。気温，降水量は 1981～2010 年の平年値。年間の欄《らん》については，気温は 1～12 月の平均，降水量は 1～12 月の合計を示している。）

(1)　**Ａ**の都市について説明した次の文の，（　　　）に入る適当な語を答えなさい。

> **Ａ**の都市で6月に降水量が多くなるのは（　　　）のため，また9月に降水量が多くなるのは台風のためです。

(2)　**Ｂ**の都市は，12 月に降水量が最も多くなります。この都市はどのような地域《ちいき》にあると考えられますか，次の**ア～エ**から１つ選び，記号で答えなさい。

ア　太平洋側の地域　　**イ**　日本海側の地域　　**ウ**　内陸の地域　　**エ**　瀬戸内《せとうち》の地域

2　日本の産業や生活に関する次の問いに答えなさい。

問１　農業について，次の文章の（　　　）に入る適当な語を答えなさい。

> 山形《やまがた》県にある水田農業試験場で研究されている「つや姫《ひめ》」は，「山形 70 号」と「東北 164 号」の良いところを集めてつくり出されました。このように，土地や気候にあわせて，おいしく育てやすい作物をつくることを（　　　）といいます。

問２　水産業について，次の文章の（　　　）に入る適当な語を答えなさい。

> 日本の水産業の漁獲《ぎょかく》量は，1970 年代の後半から遠洋漁業のしめる割合が小さくなりました。それは，（　　　）が設定されたことが影響《えいきょう》しています。

問３　日本では，製鉄所はどのような場所に建てられていますか。その理由もあわせて 20 字以上，30 字以内で答えなさい。

問４　右の**図１**は，岩手県で使用されている情報通信機器の画面のようすをおおまかに表したものです。
　毎朝 1～3 のいずれかを押《お》して，「れんらく」のボタンを押すと，社会福祉《ふくし》協議会に連絡《れんらく》できるようになっています。このような情報通信機器を使ったしくみが広まった理由として，**誤っているもの**を次の**ア～エ**から１つ選び，記号で答えなさい。

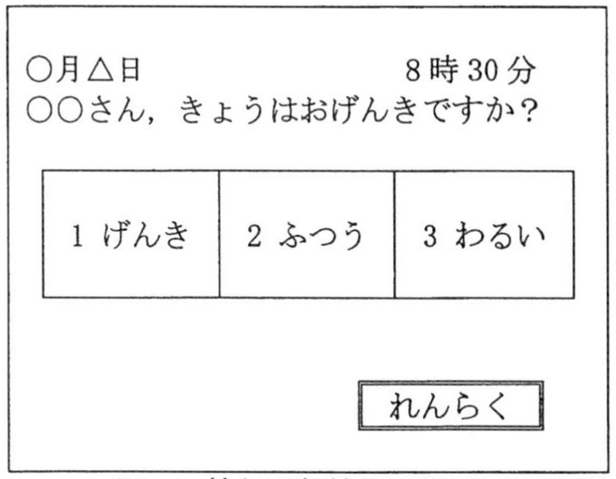

図１　情報通信機器の画面

ア　日本で外国人労働者が増えていること。
イ　日本で高齢《こうれい》者の割合が高まっていること。
ウ　日本で過疎《かそ》化の進む地域が増えてきたこと。
エ　日本で情報ネットワークが発達してきたこと。

問５　日本の食料品には，輸入されたものが多く含《ふく》まれています。ハンバーガーセットの食品や容器の主な原材料の輸入先として正しい組み合わせを，次の**ア～エ**から１つ選び，記号で答えなさい。（　　）内は，主な原材料を表しています。

	ハンバーグ（牛肉）	パン（小麦）	紙コップ（パルプ）	ストロー（原油）
ア	カナダ	サウジアラビア	オーストラリア	アメリカ
イ	オーストラリア	アメリカ	カナダ	サウジアラビア
ウ	アメリカ	オーストラリア	サウジアラビア	カナダ
エ	サウジアラビア	カナダ	アメリカ	オーストラリア

3　日本の歴史に関する次の問いに答えなさい。

A　古墳《こふん》時代について，次の問いに答えなさい。

問1　次の古墳について述べた**ア**～**エ**の文のうち，**誤っているもの**を1つ選び，記号で答えなさい。

ア　古墳の石室からは，ほうむられた人とともに銅鏡や鉄の刀が見つかることがある。
イ　古墳は，前方後円墳だけでなく，さまざまな形のものがある。
ウ　古墳は，九州地方の南部から近畿《きんき》地方にかけての地域以外には見られない。
エ　古墳の分布から，各地に強い力を持った豪族《ごうぞく》がいたことがわかる。

問2　2019年に世界文化遺産に登録された古墳群は，どこにありますか。次の**ア**～**オ**から1つ選び，記号で答えなさい。

ア　京都府　　**イ**　大阪《おおさか》府　　**ウ**　奈良《なら》県　　**エ**　兵庫《ひょうご》県　　**オ**　岡山《おかやま》県

問3　大王《おおきみ》が各地の王を従えてできた政府を，何といいますか，答えなさい。

B　鎌倉《かまくら》時代の武士について，次の問いに答えなさい。

問4　次の図1は，武士のやかたをイラストで示したものです。図にある設備のうち，ほり・垣根《かきね》のほかに，守りを強めるための設備を1つあげて，名前を答えなさい。

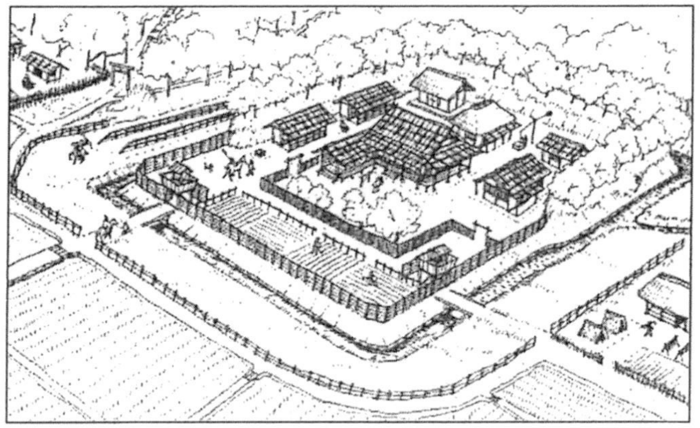

図1　武士のやかた
（『大系日本の歴史　5』による）

問5　鎌倉時代の武士は，将軍《しょうぐん》から領地を認めてもらったり新たに領地をあたえられたりするご恩に対して，戦いに出かけたり京都や鎌倉を守る警備についたりしました。このことを何といいますか，答えなさい。

問6　鎌倉幕府《ばくふ》がほろぶのは，御家人《ごけにん》の支持が失われたからです。その大きな原因になったできごとは何でしたか，答えなさい。

C　次の図2・3を見て，あとの問いに答えなさい。

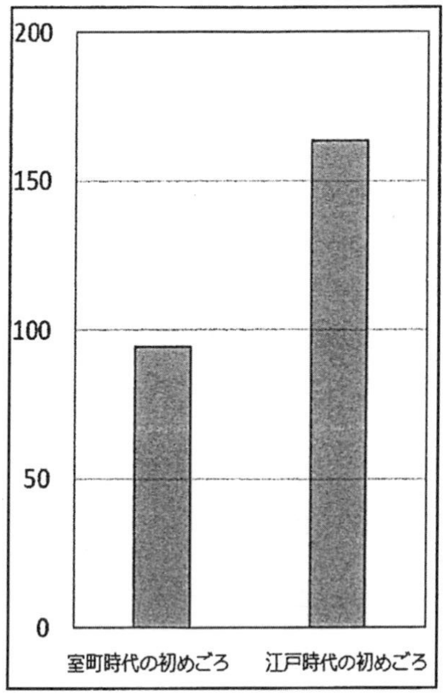

図2　耕地面積の変化
（単位　万町歩《ちょうぶ》，1町歩は約100m四方の面積）
（『土地制度史Ⅱ』による）

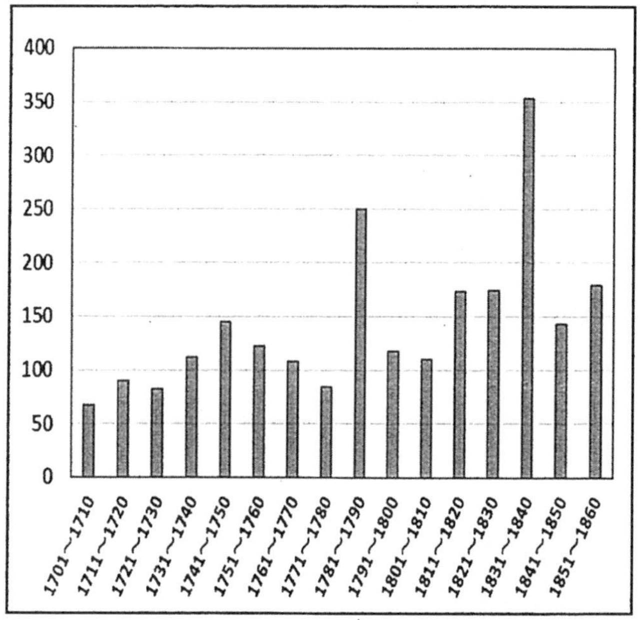

図3　10年ごとの百姓一揆《ひゃくしょういっき》の件数　（単位　件）
（『百姓一揆総合年表』による）

問7　図2の耕地面積は，室町《むろまち》時代の初めから江戸《えど》時代の初めをへて，江戸時代の中ごろは，どのようになりましたか。次の**ア**～**エ**から1つ選び，記号で答えなさい。

ア　江戸時代の初めごろと同じで，変わらなかった。
イ　江戸時代の初めごろより，100万町歩以上増加した。
ウ　江戸時代の初めごろより，少し減少し，150万町歩ほどで落ちついた。
エ　江戸時代の初めごろより，大幅《おおはば》に減少した。

問8　図3は，1701年から1860年までの10年ごとの百姓一揆の発生件数を表しています。1781～1790年と1831～1840年に百姓一揆が特に多く発生した背景には，どのようなことがありましたか，答えなさい。

4　近代オリンピック（夏季）についてまとめた次の表を見て，あとの問いに答えなさい。

開催《かいさい》年	開催地	開催国
①1896年	アテネ	ギリシャ
1900年	パリ	フランス
1904年	セントルイス	②アメリカ
1908年	ロンドン	イギリス
③1912年	ストックホルム	スウェーデン
1916年	ベルリン	ドイツ
1920年	アントワープ	ベルギー
1924年	パリ	フランス
1928年	アムステルダム	オランダ
④1932年	ロサンゼルス	アメリカ
1936年	ベルリン	ドイツ
1940年	ヘルシンキ	フィンランド
1944年	ロンドン	イギリス
1948年	ロンドン	イギリス
1952年	ヘルシンキ	フィンランド
⑤1956年	メルボルン	オーストラリア
1960年	ローマ	イタリア
1964年	⑥東京	日本
1968年	メキシコシティー	メキシコ
1972年	ミュンヘン	西ドイツ
1976年	モントリオール	カナダ
1980年	モスクワ	ソビエト連邦《れんぽう》
1984年	ロサンゼルス	アメリカ
1988年	ソウル	韓国《かんこく》
1992年	バルセロナ	スペイン
1996年	アトランタ	アメリカ
2000年	シドニー	オーストラリア
2004年	アテネ	ギリシャ
2008年	北京《ペキン》	中国
2012年	ロンドン	イギリス
2016年	リオデジャネイロ	ブラジル
2020年	東京	日本

（日本オリンピック委員会（JOC）ウェブサイトより作成。開催年・開催地・開催国は中止を含む。）

問１　下線部①に関連して，19 世紀に日本で起こったできごととして正しいものを，次の**ア～オ**からすべて選び，記号で答えなさい。

ア　社交の場として，東京に鹿鳴館《ろくめいかん》が建てられた。
イ　小村寿太郎《こむらじゅたろう》が条約改正を達成した。
ウ　学制が公布され，全国に小学校が設けられた。
エ　男子普通《ふつう》選挙の制度が定められた。
オ　関東大震災《だいしんさい》が起こり，大きな被害《ひがい》が出た。

問２　下線部②について，アメリカに関係するできごととして**誤っているもの**を，次の**ア～エ**から１つ選び，記号で答えなさい。

ア　日米和親条約によって，日本に下田《しもだ》と函館《はこだて》の２つの港を開かせた。
イ　1929 年，世界中を巻きこむ不景気がはじまった。
ウ　1945 年，ドイツに対して無条件降伏《こうふく》をうながすポツダム宣言を発表した。
エ　第二次世界大戦後，ソ連を中心とする国々と激しく対立した。

問３　下線部③について，西暦《せいれき》1912 年は大正元年にあたりますが，大正時代に活躍《かつやく》した人物として**誤っているもの**を，次の**ア～エ**から１つ選び，記号で答えなさい。

ア　北里柴三郎《きたさとしばさぶろう》　**イ**　与謝野晶子《よさのあきこ》　**ウ**　平塚《ひらつか》らいてう《ちょう》　**エ**　大久保利通《おおくぼとしみち》

問４　下線部④の前年に起こったできごとについて，次の文章の（　　　）に共通して入る語を答えなさい。

（　　　）にいた日本軍は，鉄道の線路を爆破《ばくは》し，これを中国軍のしわざだとして攻撃《こうげき》をはじめました。これを（　　　）事変といいます。その後，戦争は中国の各地に広がっていきました。

問５　下線部⑤に関連して，1950 年代の中ごろには，日本の経済は急速に発展し，高度経済成長がはじまりました。しかし，急速な経済の発展は水や空気をよごし，各地で公害をひき起こしました。明治時代に近代産業が発達したころ，足尾《あしお》銅山鉱毒事件に取り組み，公害とのたたかいに半生をささげた人物の名前を答えなさい。

問６　下線部⑥について，1964 年の東京オリンピックに向けて，競技施設《しせつ》だけでなく，新しい都市づくりが行われました。地上高くに高速道路が通され，さらに東京と大阪の間に，ある交通機関がつくられたことで，移動の時間が大幅に短くなりました。この交通機関の名前を具体的に答えなさい。

問７　表の中から，昭和最初と平成最初のオリンピック（夏季）の開催地を，それぞれ答えなさい。

問８　近代オリンピック（夏季）では，1916 年，1940 年，1944 年の大会が中止になりました。その理由を具体的に説明しなさい。

5 次の資料は，2019 年 8 月 25 日の新聞記事の一部です。これを読んで，あとの問いに答えなさい。

2020 年東京パラリンピックの開幕が 1 年後に迫《せま》る。誰《だれ》もが安心して訪《おとず》れ，過ごせる街を目指し，競技会場やその周辺，交通機関などの整備が進む。一方，心の①バリアフリーにはまだ課題がありそうだ。共生社会(注 1)に向けた機運を一過性のものとしないために，何が必要なのか。

< 中 略 >

交通インフラ(注 2)も整備が進む。

国は 2011 年，1 日 3 千人以上が利用する約 3500 の鉄道駅について，20 年度までにすべて段差を解消する方針を示した。②国土交通省によると，18 年 3 月現在の達成率は 89.3%。東京大会の招致《しょうち》が決まった 13 年から 7.5 ポイント上昇《じょうしょう》した。都内に限れば，711 駅中，667 駅（93.8%）にのぼる。

ただ，駅の入り口からホームまで段差のないルートが 1 本あれば「解消」となるため，不満の声は根強い。同省は昨年 10 月，大規模駅でのルートの複数化や，ルートを最短距離にするよう義務付けたが，鉄道を運行しながら工事を進めるのは鉄道会社の負担も大きい。

車いす利用者の重要な移動手段として期待されるタクシー。国などによると，車いすで乗れる（　　　）デザインのタクシーは，今年 3 月までに東京 23 区で 5615 台導入されている。

（「朝日新聞」2019 年 8 月 25 日の記事より）

＊注 1　共生社会：　みんながおたがいの権利を尊重し，ともに理解しあうことで，だれもが積極的に参加できるような社会。

注 2 インフラ：「インフラストラクチャー」の略語であり，道路や通信設備など社会生活を行う土台になる施設のこと。

問 1　下線部①について，次のア～エのうち「バリアフリー」の事例として**当てはまらないもの**を 1 つ選び，記号で答えなさい。

ア　学校の入り口にある階段のそばに，なだらかな斜面《しゃめん》の通路がつくられた。
イ　バスには，乗降口に段差がないものが多くなった。
ウ　周囲の家の日当たりを考えてビルの高さを低くした。
エ　駅の構内の券売機に点字がつけられるようになった。

問 2　下線部②について，国土交通省の仕事として正しいものを次のア～エから 1 つ選び，記号で答えなさい。

ア　国道が常に安全に使えるように保つこと
イ　大気中に二酸化炭素が多く出ないよう監視《かんし》すること
ウ　国の予算の作成や，財政に関わる仕事をすること
エ　外国との貿易に関する話し合いをすること

問 3　資料中の（　　　）に入る適当な語を答えなさい。

6 次の文章を読んで，あとの問いに答えなさい。

天皇は，日本国憲法で，「天皇は，日本国の〔　あ　〕であり日本国民統合の〔　あ　〕であって，この地位は，（　a　）」を持っている「日本国民の総意に基《もとづ》く」と定められています（第 1 条）。また「①天皇の国事に関するすべての行為《こうい》には，（　b　）の（　c　）と承認《しょうにん》を必要とし，（　b　）が，その責任を負う」と定められています（第 3 条）。

現行の憲法ではこのように定められていますが，明治時代につくられた大日本帝国《ていこく》憲法では，天皇に（　a　）があるとされました。また，議会には〔　い　〕院と衆議院が置かれていました。さらに，②国民の権利には制限がありました。

問 1　文章中の〔　あ　〕〔　い　〕に入る適当な語を答えなさい。

問 2　文章中の（　a　）～（　c　）に入る適当な語を，次のア～クからそれぞれ選んで，記号で答えなさい。

ア　人権	イ　主権	ウ　平和	エ　助言	オ　国会
カ　内閣	キ　裁判所	ク　公布		

問 3　下線部①について，天皇の国事行為として**定められていないもの**を次のア～オから 1 つ選び，記号で答えなさい。

ア　内閣総理大臣の任命　　イ　憲法改正の提案　　ウ　国会の召集《しょうしゅう》
エ　衆議院の解散　　オ　外国の大使などに会うこと

問 4　下線部②について，次の文章は，大日本帝国憲法にあった国民の権利の制限について説明したものです。（　A　）（　B　）に入る適当な語を答えなさい。

> 大日本帝国憲法は，第29条で，国民は，（　A　）の範囲《はんい》の中で，言論，出版，集会，結社の（　B　）を有することを記しています。しかしそのことは，（　A　）によって取りしまることを認めるものでもありました。

二〇二〇（令和二）年度

〈検査時間 五〇分〉

中

国語解答用紙

受検番号

〈注意〉※印のところには何も書いてはいけません。

一

問1

問2

問3（1） 咲良が　　点。

問3（2） 咲良が　　点。

問4

問5

問6

問7

問8

問9

二

問1 a b c d

問2 〜

問3

問4

問5（1） 欧米の農業は

問5（2） 日本の農業は

問6

問7

問8

※ ※ ※ ※ ※ ※ ※

※100点満点
（配点非公表）

中 算数解答用紙

受検番号	

2020（令和２）年度
（検査時間　50分）
＜注意＞
※印のところには
何も書いてはいけません。

1

問1	問2	問3
	本	度

問4	
（1）	（2）
%	

※

2

問1	問2	問3
cm^3	cm	cm^2

※

3

問1	問2	問3	
		（1）	（2）
枚		枚	枚

※

4

問1	問2	問3
分　秒	分　秒後	分　秒後

※

5

問1		問2	
ア	イ	（1）	（2）
		グループ	個

問3	
（1）	（2）

※

※
※100点満点
（配点非公表）

中　理科解答用紙

受検番号	

2020（令和2）年度
（検査時間　社会とあわせて 50 分）
〈注意〉 ※印のところには何も書いてはいけません。

1

問1	
雨が降った日	理由

問2 (1) 札幌市	問2 (1) 広島市	問2 (2)	問3 (1)	問3 (2) ①	問3 (2) ②	問3 (3)
		→ →		①	②	

※

2

問1 (1)

問1 (2) ①	問1 (2) ②	問2 (1)
①	②	

問2 (2)

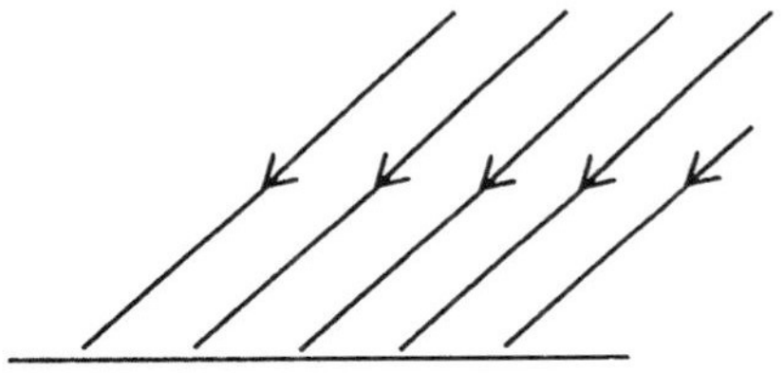

※

3

問1 ウ	問1 オ	問2	問3
ウ	オ		

問4 キ	問4 ク	問4 ケ
キ	ク	ケ

問5	問6	問7
→ → →		

※

4

問1	問2	問3
g		

問5 ①	問5 ②	問6
①	②	

問7	問8 ①	問8 ②
	①	②

問4

とかしたあと

※

※
※60点満点
（配点非公表）

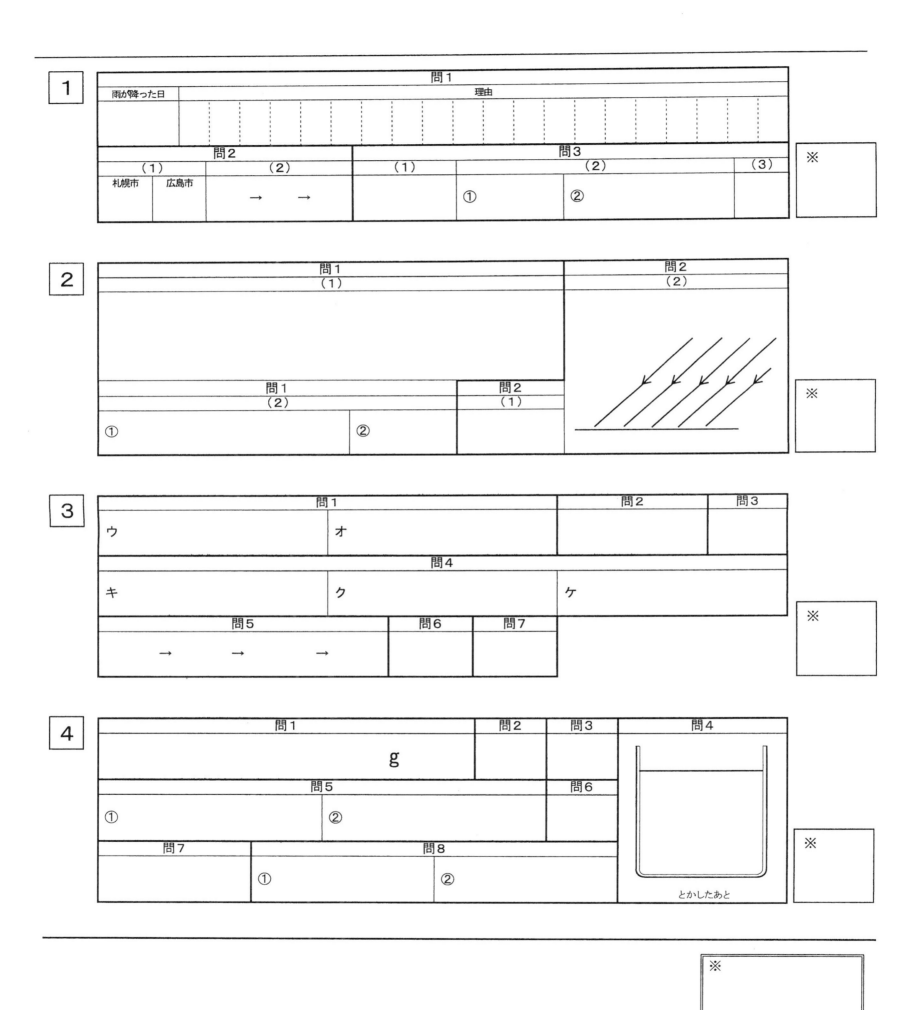

中　社会解答用紙

受検番号	

(検査時間　理科とあわせて50分)
〈注意〉 ※印のところには何も書いてはいけません。

1

問1	問2	問3	問4 (1)	問4 (2)

※

2

問1	問2

問3　20字　30字

問4	問5

※

3

問1	問2	問3

問4	問5	問6

問7	問8

※

4

問1	問2	問3	問4

問5	問6	問7 昭和最初	問7 平成最初

問8

※

5

問1	問2	問3

※

6

問1 あ	問1 い	問2 a	問2 b	問2 c

問3	問4 A	問4 B

※

※

※60点満点
(配点非公表)